中央高校基本科研业务费专项资金资助

U0880999

从"民主岛"到"郁金香革命"：

吉尔吉斯斯坦政治转型研究

焦一强　著

蘭州大學出版社

图书在版编目(CIP)数据

从"民主岛"到"郁金香革命":吉尔吉斯斯坦政治转型研究/焦一强著. —兰州:兰州大学出版社,2010.8

(中亚与西北边疆研究系列/汪金国主编)

ISBN 978-7-311-03583-9

Ⅰ.①从… Ⅱ.①焦… Ⅲ.①政治体制改革—研究—吉尔吉斯斯坦 Ⅳ.①D736.4

中国版本图书馆 CIP 数据核字(2010)第 151939 号

责任编辑 刘 琦
封面设计 张友乾

书　　名 从"民主岛"到"郁金香革命":
　　　　　吉尔吉斯斯坦政治转型研究
作　　者 焦一强 著
出版发行 兰州大学出版社 (地址:兰州市天水南路 222 号 730000)
电　　话 0931-8912613(总编办公室) 0931-8617156(营销中心)
　　　　 0931-8914298(读者服务部)
网　　址 http://www.onbook.com.cn
电子信箱 press@lzu.edu.cn
印　　刷 兰州残联福利印刷厂
开　　本 710×1020 1/16
印　　张 16.75
字　　数 309 千
版　　次 2010 年 12 月第 1 版
印　　次 2010 年 12 月第 1 次印刷
书　　号 ISBN 978-7-311-03583-9
定　　价 32.00 元

(图书若有破损、缺页、掉页可随时与本社联系)

前 言

自20世纪70年代中期以来，从南欧到拉美，再到东亚，最后是苏东地区，相继出现了一股具有全球性意义的、被亨廷顿称为“第三波”的民主化改革浪潮，从而开启了上述地区国家以制度变迁为核心的全面的社会转型。显然，就上述广大地区的社会转型而言，当数前苏东地区的转型最为引人注目。其中，尤以该地区的政治转型为甚，原因是前苏东国家不同于上述其他三个地区的国家，其政治转型不仅是国家基本政治制度和政治生态的简单变迁，而且国家的“颜色”发生了变化，即国家和社会制度的性质发生了根本改变，由原来的社会主义转向了资本主义。前苏联中亚地区新独立国家吉尔吉斯斯坦的政治转型正是在上述这一广阔的宏观历史背景下发生的整个转型过程当中的一个重要组成部分。

长期以来，国内外学术界研究中亚基本上是以地区为对象，而缺乏对地区单个国家具体情况作深入仔细的研究。以政治转型为例，即便是在现有的相关中亚地区政治转型研究十分有限的科研成果中，对一些重大问题的认识也往往是比较笼统。如在中亚各国政治体制转型的路径依赖或模式描述上，所得出的结论就比较宽泛：要么是总统集权制，要么是权威主义。事实上，就权威主义统治状况而言，吉尔吉斯斯坦与其邻国乌兹别克斯坦和土库曼斯坦是不可等量齐观的。

作为个案，吉尔吉斯斯坦政治转型在后苏联空间的特征表现极具戏剧性色彩。由中亚“民主岛”的狂热追求到“郁金香革命”的骤然发生，由奉西方自由民主制度为圭臬到集权政体的回归，由对外来文明的盲目模仿到因制度“叠合”的无效性而陷入“民主—专制”的怪圈，由多次修宪到至今尚未厘清“总统制”与“议会制”而塑造了一个模糊不清的脆弱的政权体系，凡此等等，吉尔吉斯斯坦政治转型所表现出的大起大落、摇摆不定等现象在后苏联转型国家中并不多见。尽管俄罗斯、格鲁吉亚和乌克兰等国在特定时期上述特征有某种程度的表现，但是吉尔吉斯斯坦有自己的特色。

综上所述，为了解读吉尔吉斯斯坦政治转型的全貌，本书所要探究和解决的主要问题是:促使吉尔吉斯斯坦政治转型的动因究竟何在;吉尔吉斯斯坦政治转型制度建构的状况及所面临的问题是什么;为什么以民主化为导向的政治转型反而落得权威主义的结局;"郁金香革命"是否意味着"第二次转型"的成功;吉尔吉斯斯坦政治转型有何特征;影响吉尔吉斯斯坦政治转型的基本因素有哪些;如何评价吉尔吉斯斯坦民主化转型的绩效;当代西方政治发展理论与吉尔吉斯斯坦政治转轨实践的悖论对中国的警示意义和启示作用又是什么。本书将以辩证唯物主义和历史唯物主义作为基本指导思想,同时批判地吸收并借鉴当代西方政治转型理论,运用比较分析法、系统综合分析法、文献解读法以及定量分析法等理论分析工具尝试着对上述问题作出解答。

本书的内容分为导论、第一章至第八章。

本书的导论主要阐述了研究的缘起及选题的现实和理论意义、国内外研究现状及文献综述、研究的思路框架和分析工具以及研究课题的新意等。

第一章主要分析了吉尔吉斯斯坦政治转型的历史背景与动因。把吉国政治转型置于其独立前社会状况的宏观历史背景下,并以苏联解体为视角探究转型的动因,不仅是本书研究的逻辑起点,同时也是理解吉国整个转型过程的基础。

第二章根据相关政治转型阶段划分理论来探讨吉尔吉斯斯坦政治转型的启动。其中,戈尔巴乔夫执政期间作为加盟共和国的政治改革标志着吉国政治转型的正式启动,独立国家身份的确立是吉国政治转型的基本前提之一。

第三章通过对吉尔吉斯斯坦政治转型进程的总体把握与描述来分析其基本政治制度的构建状况。首先,宪政改革是任何体制转型的关键。关于国家体制与发展模式的探索不但为新独立的吉尔吉斯斯坦指明了国家发展的方向,而且更重要的是为首部宪法的制定奠定了基础。其次,以宪政为视角对首部宪法进行了分析。最后,分别对吉尔吉斯斯坦转型期间的立法制度、司法制度、政党制度的改革与发展状况及所面临的问题作了极为详尽的分析。上述有关吉尔吉斯斯坦国家基本政治制度建构状况的阐释,为后来对其政治转型特征进行理论抽象与概括并对相关问题作出评价奠定了基础。

第四章着重分析了吉尔吉斯斯坦总统集权制政体的确立与巩固,并对该权威主义政体所造成的影响给予了评价。总统集权制是吉尔吉斯斯坦政治转型模式选择的结果,它与吉尔吉斯斯坦的政治生态相匹配。转型期总统权威虽说一时能够起到稳定秩序的作用,但却难以成就永久的合法性。

第五章主要是对吉尔吉斯斯坦政治转型过程中的"郁金香革命"进行分析。除对吉国"郁金香革命"的性质及原因进行探究之外,还以"第二次转型"为分析范式对该事件后吉国政治发展的状况作了评价。

第六章是对吉尔吉斯斯坦政治转型特征的评析。结合此前相关章节对吉尔吉斯斯坦十多年政治转型历程的宏观描述与分析，对其政治转型的特征及规律进行理论抽象。本章从五个方面总结出了吉尔吉斯斯坦以下政治转型特征。“激烈—缓和—激烈”的转型进程；“强总统、弱议会、小政府”的权力格局；政治转型与民族国家建构同步进行；政治运作非制度化：困扰政治转型的痼疾；不断的宪政危机：一道独特的政治景观。

第七章以社会经济、传统政治文化、民族宗教和外部环境为视角，对影响吉尔吉斯斯坦政治转型的主要因素进行了深刻的分析。吉尔吉斯斯坦政治转型是一系列内外综合因素共同作用的结果：就政治与经济的互动关系而言，经济因素无疑是吉国政治转型的基本动因；传统政治文化是吉国民主化政治转型中出现恶质因素、政治运作非制度化的重要动因；民族关系和宗教极端势力是影响吉国政治转型所需和谐稳定环境以及民族国家建构的又一重要因素；吉国政治转型陷入盲目模仿及摇摆不定的困境在很大程度上与外部势力的影响有关。

第八章通过对吉尔吉斯斯坦民主化政治转型绩效的总结与评价，得出了本书研究的六点结论，同时也就当代西方政治发展理论与吉尔吉斯斯坦政治转型实践的悖论给予中国的启示提出了自己的观点和看法。

目 录

导论

一、研究的缘起及选题的意义

自20世纪70年代中期以来，先是在南欧的西班牙、葡萄牙和希腊，紧接着在拉美，继而是东亚，最后到苏东地区，相继出现了一股具有全球性意义的、也就是亨廷顿所称的“第三波”民主化改革浪潮，从而开启了上述地区的国家以制度变迁为核心内容的全面的社会转型。① 在发生在上述地区的制度与社会变迁中，当推前苏东地区的转型最为引人注目。显然，就政治转型而言，前苏东国家不同于上述其他三个地区的国家，因为其政治转型不单单是国家根本政治制度和政治生态的简单变迁，而且国家的“颜色”也发生了变化，即国家和社会制度的性质发生了根本的改变，由原来的社会主义转为资本主义。前苏联中亚地区新独立国家吉尔吉斯斯坦的政治转型正是在上述这一广阔的宏观历史背景下发生的。

以制度变迁为核心的社会转型是最近大约20年来国际学术界新兴的一个学科知识领域。② 尽管转型是一个涉及研究领域十分宏大的命题，然而，就目前研究的热点来看，如何通过对制度变迁所发生的各个领域的考察与描述，来看待各国转型过程或模式，并对其作出一个阶段性的结论与评价，已成为国内外学术界普遍关注的一个核心研究课题。其中，相关转型模式的同一性、普适性和本土性、独特性问题尤能引起学者的研究旨趣，同一性与多样性并存是目前学者们对转型研究所作出的最为醒目的结论之一。关于这一点，国内外学术界在某种程度上已达成了一定共识。冯绍雷教授认为：“转型既是一个具有内在联系的广泛的历史进程，又具有复杂多样的路径依赖，形成各不相同的战略选择，并表现为尚未终了的、面貌各异并日益被制度化了的转型结果。转型过程不仅是内在

①参见冯绍雷：《原苏东、南欧、拉美与东亚国家转型的比较研究》，载于《世界经济与政治》2004年第8期。

②参见冯绍雷：《制度转型与范式转换——以俄罗斯的体制转型为例》，载于冯绍雷、相蓝欣的《转型理论与俄罗斯政治改革》，上海人民出版社2005年版，“总论”第1页。

统一的、相似的,而且是多样化的;转型的实质不仅在于其普遍性,还在于其各自不同的独特性。”①丹麦学者奥勒·诺格德也曾指出:“显而易见的是,并不存在某种‘放之四海皆真理’的普适化转型模式。每个国家都有自己一套独特的社会、经济和文化环境,这些独特性因素有助于塑造在当前的全球化背景下似乎不可避免的制度变革。”②日本著名转型理论家青木昌彦也曾说过:“我们将看到全球性制度安排的双重趋势:一方面是跨国家制度的重要性上升;另一方面是地域性国家和地方制度多样性的持续深化。”③作为上述地区,尤其是前苏东地区转型的一个重要组成部分,吉尔吉斯斯坦的国家转型也不例外,即其转型同样体现了同一性与多样性的内在关联和统一。其中,政治制度的变迁可谓是吉尔吉斯斯坦社会转型过程中最为关键的内容。

以前苏东地区政治转型为视点,吉尔吉斯斯坦政治转型与其他前苏东国家在路径切入和选择以及发展模式上存在的相似性因素是毋庸置疑的。苏联解体是所有前苏东国家政治转型的基本历史前提,其转轨过程中的制度安排均脱胎于前苏联体制的遗产,从一定意义上讲,这也是其转型启动的动因基础。从总的发展脉络来看,吉尔吉斯斯坦国内政治的演变历程同其他前社会主义国家一样,也表现为以西方宪政民主制度的政治模式取代苏联一党专政的高度集权的传统政治模式的过程。民主的发展方向及相关宪政制度安排,如三权分立、多党制、普选制、言论自由、媒体自由、独立开放的市民社会等西方民主政治所必需的法律形式已通过国家根本大法——宪法基本确立。

然而,与大多后苏联国家一样,吉尔吉斯斯坦政治转型绝非一部宪法就能解决问题,其转型的绩效与制度构建状况的差异性同样有明显的体现。由于吉尔吉斯斯坦历史上一直是漫长的游牧社会,传统社会根基极其深厚,部族主义思想根深蒂固,加之阿拉伯帝国、俄罗斯帝国等外来势力的入侵以及前苏联的长期统治,致使吉国缺乏自己的核心文化价值观,其传统政治文化更多的是以政治亚文化的表现形式而存在,因此,吉尔吉斯斯坦的政治转型历程显得极其艰难而复杂:现代性与传统性、西方化与本土化,既相融共生,又相互排斥和博弈,从而对其政治转轨进程产生了无尽影响。有俄罗斯学者指出:“当代民主转型在大多数情况下不能说在最终都建立了巩固的民主制度,反而是民主制度常常遭遇停滞,甚或是导致在伪民主花言巧语修饰下的权威主义秩序的复归,后苏联国家的

①参见奥勒·诺格德:《经济制度与民主改革:原苏东国家的转型比较分析》中译本序,孙友晋译,上海人民出版社 2007 年版,第Ⅴ页。

②参见奥勒·诺格德:《经济制度与民主改革:原苏东国家的转型比较分析》中译本序,孙友晋译,上海人民出版社 2007 年版,第Ⅵ页。

③〔日〕青木昌彦:《比较制度分析》,周黎安译,上海远东出版社 2001 年版,第 391 - 392 页。

情形就是这样。”①应该说，后苏联时期的吉尔吉斯斯坦可谓是此类案例的典型，十多年的转型非但没有造就政治精英们当初所憧憬的真正的民主和法制国家，反而在转型过程中，既非复归传统制度，亦非走向既定目标。

众所周知，20 世纪 90 年代初苏联解体之前，吉尔吉斯斯坦一直躲在历史神秘面纱之后，鲜为外部世界所知。然而，2005 年一场“郁金香革命”②和 2010 年的政变使吉尔吉斯斯坦一下子成为国际社会关注的焦点。从独立初期对中亚“民主岛”的狂热追求，到 2005 年“郁金香革命”的骤然发生，从阿卡耶夫总统因对民主津津乐道而被西方赞誉为“中亚民主战士”，到其一夜之间被赶下台而被迫流亡异国他乡，吉尔吉斯斯坦的民主神话顷刻破灭……人们不禁要问：吉尔吉斯斯坦到底怎么了?！客观而论，“郁金香革命”可谓是吉尔吉斯斯坦十余年政治转型的一次总检阅，同时也给本书研究提供了一个极好的案例。

在此值得一提的是，2007 年 1 月至 2008 年 1 月，受国家留学基金委资助，笔者作为普通访问学者，在吉尔吉斯斯坦吉尔吉斯—俄罗斯斯拉夫大学进行了为期一年的学术访问。在此期间，除与当地一些专家学者进行学术交流外，体察吉国社情亦给本课题研究提供了一定的感性认识。吉国独立后因失去了前苏联时期国家对科研的投入，科研状况十分落后，图书资料也比较匮乏，即便如此，笔者还是克服重重困难，收集到了第一手宝贵资料，从而奠定了本书研究的基础。

综上所述，本书研究的缘起主要是吉尔吉斯斯坦政治转型研究的现实意义和理论意义。

（一）研究的现实意义

本书研究的现实意义主要基于包括吉尔吉斯斯坦在内的中亚独特地缘战略地位对中国的重要性考量。而此种考虑的缘由是，中国是中亚的近邻，且不说别的，单就中国西部边陲地区的安全及西部大开发战略而言，其现实意义之重大便显而易见。

由于历史的原因，中亚五国的历史是一个地区的历史，而不是五个独立的政治实体的历史。③ 中亚地处欧亚大陆接合部，同时也是连接东西方交通的要道。

---

①См.：Мельвиль А Ю. Опыт теоритико – медотологического синтеза структурного и процедурного подходов к демократическим транзитам. Политические исследования. 1998. № 2.

②所谓“颜色革命”，是对一些独联体国家议会或总统选举过程中发生的政权更迭方式的称谓。在这些国家，由于游行示威者头上或胳膊上戴着与其国家盛产的鲜花颜花相同的丝巾或标志，因此人们将在野的反对派通过组织群众示威游行而取得政权的行为称为“颜色革命”。格鲁吉亚的为“玫瑰革命”，乌克兰的为“橙色革命”，吉尔吉斯斯坦的为“郁金香革命”。参见潘德礼主编：《俄罗斯东欧中亚政治概论》，中国社会科学出版社，2008 年版，第 245 页。有关“颜色革命”及吉国的“郁金香革命”，本书第五章将有详细论述。

③〔美〕胡曼·佩马尼：《虎视中亚》，王振西主译，新华出版社 2002 年版，第 34 页。

古代的"丝绸之路"和当代的"欧亚大陆桥"都从这里经过。独特的地理位置赋予了中亚自古以来就十分重要的地缘战略地位,正因为如此,英国著名地缘政治学家麦金德曾视中亚为"欧亚大陆的心脏"。苏联解体后,中亚五国的独立极大地改变了欧亚大陆地缘政治的版图,使地区地缘政治意义再度凸现。另外,加之该地区极为丰富的自然资源,尤其是号称"第二个波斯湾"的里海油气资源的发现,使中亚更加引起国际社会的关注,从而使得其成为各种大国外部势力的利益交汇点和外交角逐的重大场所。

除全球视阈中的中亚备受外部势力和相关大国高度关注外,就地区层面而言,中亚对中国的地缘政治和经济,尤其是安全合作与西部大开发,意义无疑是举足轻重的。五国中的三国(哈萨克斯坦、吉尔吉斯斯坦、塔吉克斯坦)与中国有着3300多千米的共同边界(中吉边界858千米);四国(哈萨克斯坦、吉尔吉斯斯坦、塔吉克斯坦、乌兹别克斯坦)为上海合作组织成员国;中亚与中国有着深厚的历史交往和渊源,我国西北部,尤其是新疆地区有不少民族与中亚邻国相应的民族同属跨界民族,在语言文化、宗教信仰、风俗习惯等方面都有极为相似之处。虽说本书的论题是中亚五国之一的吉尔吉斯斯坦,但由于在漫长的历史过程中,五国在语言和宗教文化、生活习俗等方面存在着一致性,加之又同属前苏联的加盟共和国,相同的经历和社会状况将五国紧密地联系在一起。可见,笔者在此较多地介绍中亚并非与本书的论题毫无关系,何况中国在制定中亚政策时首先考虑的是地区层面。

尽管在中国西部战略利益棋盘上,中亚常常是以整个地区形象出现而备受关注的,但作为整体的一个组成部分,吉尔吉斯斯坦在地缘政治和经济,尤其是国家安全方面对中国同样具有不可替代的作用。

首先,就地缘政治来看,吉尔吉斯斯坦虽说是一个面积不足20万平方千米、人口只有500多万的中亚山地小国,但却是外部势力大国比较看重并积极介入的一个国家。比如,吉尔吉斯斯坦不但拥有地区最多的国外非政府组织,而且还曾是中亚国家中唯一一个美俄都建有军事基地的国家。以美俄两国建有军事基地的首都比什凯克为例,距离阿富汗才643千米,距哈萨克斯坦仅32千米,距中国只有321千米。另外,中吉两国人民的历史文化交往源远流长。中国新疆境内的十多万柯尔克孜族(吉尔吉斯族在中国的别称)与吉国的主体民族吉尔吉斯族同宗同源,在语言、宗教、生活习俗等方面完全相同。这是加强中吉两国睦邻友好关系与政治互信的一个极其重要的有利因素。

其次,就地缘经济而言,吉国虽说是中亚地区经济最落后的国家之一,经济存量十分有限,加之自然资源禀赋较差,客观上讲,中吉双方的经济合作潜力远不如哈乌等地区大国;但中吉两国的优势是,双方同属世界贸易组织成员国,加之陆上口岸的便利条件,吉国近几年来一直是中国在中亚地区的第二大贸易伙伴,双方贸易额已从1992年的0.36亿美元增加到2006年的22.3亿美元。[①] 此外,中吉双方还就修筑两国跨国铁路以便辐射整个中亚地区达成协议,这对中国的西部大开发无疑具有更大的拉动作用。

最后,就安全方面而言,反恐领域的合作是中吉合作的亮点,其重大意义应该说要远远超过两国在包括经济合作在内的其他领域的合作。冷战后,中亚地区成为当今世界安全的一个脆弱地带。位于乌兹别克斯坦、吉尔吉斯斯坦、塔吉克斯坦三国交界处的费尔干纳盆地是当今中亚宗教极端势力和恐怖主义滋生、活跃的地带,吉国南部就靠近该地带。由于"三股恶势力"(宗教极端主义、民族分裂主义和国际恐怖主义)兴风作浪,严重影响到了中国的国家安全和西部边疆的和平稳定。2002年10月,中吉双方举行了首次反恐联合军事演习,此后,两国在上合组织框架内的安全合作一直保持着良好的态势,这对保持西部安宁起到了积极作用。

总之,中亚的地缘政治、经济状况以及安全形势对中国而言既是机遇,同时也有挑战。因此,加强与包括吉尔吉斯斯坦在内的中亚国家的睦邻友好与合作关系,营造良好的周边安全环境,完全符合中国的国家利益。

(二)研究的理论意义

选择吉尔吉斯斯坦作为研究的对象,笔者认为其理论意义主要包括以下几个方面。

首先,有助于推动我国"当代中亚学"学科建设的丰富与发展。"当代中亚学"概念是由我国研究中亚问题著名专家赵常庆首次提出的。从研究对象与研究领域出发,他对"当代中亚学"的基本界定是:当代中亚学是以中亚地区和位于该地区的哈萨克斯坦、乌兹别克斯坦、吉尔吉斯斯坦、塔吉克斯坦和土库曼斯坦等五国为基本研究对象,侧重于对该地区和五个国家的政治、经济、社会、对外关系进行综合与国别研究,因此,属于国际政治、世界经济、国际关系三个二级学科的研究范畴。世界上对"中亚"的涵盖面理解不同,中国学术界通常把"当代中亚"界定为上述五国。[②] "当代中亚学"在我国尚属一门年轻的学科。随着20世纪90年代初苏联解体以及中亚五个独立主权国家的出现,一门新的学科——"当代中亚学"在我国学术界盛行起来。在接下来的近20年的学科建设与发展历程中,中亚研究一直备受我国学术界高度关注,且时至今日依然是一个经久不衰的热门话题。多年来,广大理论工作者从多维视角对其进行了深入仔细的探

①王海燕:《中国参与中亚区域经济合作的前景》,载于《俄罗斯中亚东欧市场》2007年第9期。
②参见赵常庆:《中国"当代中亚学"的形成与现状》,载于《东欧中亚研究》2002年第4期。

讨和研究,著述甚丰,研究成果也颇多,目前,新的论著依然层出不穷。纵观十余年来的研究成果,单就研究的内容来看,政治、经济、对外政策、民族、宗教、社会转型等均有涉猎。然而,遗憾的是,通过研究笔者发现,在现有的著述中,不管内容如何,几乎所有著者都是以整个中亚地区作为其研究对象的,而很少有学者对地区具体国别进行研究,致使中亚国别研究成果十分贫乏。造成这种境况的原因是多方面的,既有因苏联解体中亚国家的贫困、资金不足而影响到学术研究的因素,也受我国学者因赴中亚考察交流的机会少而难以收集到第一手资料的客观条件所限。当然,笔者绝非厚此薄彼,因为区域研究与国别研究各有千秋,两者是整体与部分,或者说是“面”与“点”的关系,彼此之间存在着一定的内在逻辑关联。在中亚地区层面上进行研究,其优点在于可以通过把握总体来获得全面的认识和结论,但不足之处是易导致泛泛而论,大而化之,最终因缺乏细化研究而影响到总体认识的质量。在这方面,吉尔吉斯斯坦独立以来的政局变化可为一例。国内不少有关中亚政治形势的著述中对中亚独立以来政局走势所作的总体判断是除塔吉克内战外是平稳的,但 2005 年发生在吉尔吉斯斯坦的“郁金香革命”曾波及乌兹别克斯坦,并对该国“安集延事件”的发生起到了推波助澜的作用。上述两大事件曾一度影响到了中亚地区的和平与安宁。表面上看,吉尔吉斯斯坦的“郁金香革命”是偶发事件,但若对吉国独立以来的社会现状和政治生态进行细究,该事件的发生也就不难理解了。因为,中亚国家虽说有其地区发展的一般特征,但毕竟各国独立后所选择的发展道路不尽相同,并且在经历了十余年的发展历程之后形成了各自的发展模式和特色。做到“点”“面”结合不失为一种科学的研究方法。对“点”的研究越是细致入微,就越有利于从“面”上进行宏观把握,进而有利于提高对事物进行整体把握和判断的准确性。

在此值得一提的是,目前在我国学术界,有关中亚具体国别研究的成果尚不多见,至于对地区国别政治转型的研究就更是凤毛麟角了。有关吉尔吉斯斯坦政治转型研究,目前尚无专著问世,论文也不多见,这方面的研究基本上处于空白状态。

基于上述考虑,选择吉尔吉斯斯坦作为中亚区域的一个案例研究,对促进中亚研究、丰富我国“当代中亚学”的理论宝库具有十分重要的意义。

其次,对吉尔吉斯斯坦独立以来政治变迁的重大实践活动进行理论上的反思与总结,目的是揭示其政治转型的内在规律及特殊性。纵观吉尔吉斯斯坦十余年的政治转型历程,可谓是跌宕起伏,一波三折。由中亚“民主岛”或“中亚瑞士”的理想追求到“郁金香革命”民主神话的破灭,吉尔吉斯斯坦政治转轨的大起大落充满了极大的变数,不由得引发了人们对当代政治转轨理论的反思。很长一段时间以来,当代政治转型理论所涉猎的研究对象基本上是以区域为载体,在方法论上更是过分地注重通过比较研究来提炼有价值的理论与规律，而缺乏对单独国别这一“特殊客体”的具体国情及其所处政治环境的详尽分析，以至于对政治转轨过程中新出现的一些政治现象的解释显得苍白无力，进而不但影响到了对区域政治形势的总体把握和预测，而且亦使政治转型理论难免带有某种缺陷。在这方面，吉尔吉斯斯坦的政治转型不失为一个特殊案例。笔者研究吉尔吉斯斯坦政治转型的一个极为重要的原因也就在于其自身的独特性。通过研究笔者发现，在中亚，乃至在独联体国家，很少有哪个国家的政治转型像吉尔吉斯斯坦那样因缺乏自己的核心价值观而显得游离多变，又因盲目模仿他国的转型模式而导致其政治转型表现得摇摆不定。立国伊始，吉尔吉斯斯坦鉴于本国资源贫乏，一时难以找到发展的支撑点，便把目光投向西方，寄希望于中亚“民主岛”来吸引外援；当西方的民主制度与吉国政治环境不适并引发一系列国内问题时，受其中亚邻国及俄罗斯的影响，吉国统治模式也开始回归权威，国家权力结构逐渐适应了总统专制的模式。客观地讲，权威统治固然能起到稳固秩序的作用，但却难以成就永久的合法性。事实上，进入21世纪以来，反对阿卡耶夫权威统治似乎成了吉国政治生活中的一项重要内容，这从吉国常为街头政治困扰、频频修宪、政治危机不断、政局时常不稳等一系列政治形势中均可得到清晰的反映。

在此需要说明的是，吉尔吉斯斯坦政治转型模式与后苏联很多国家一样，具有“混合体制”的特点，即既有形式上的民主成分，同时又不乏集权和专制的色彩，也就是说，其政治转型陷入了“民主—专制”的怪圈。至于吉尔吉斯斯坦的政体形式，更是模糊不清，随着宪政制度的反复多变，吉国政体形式究竟是总统制还是议会制，抑或是总统—议会制，连吉国内学者也难以说清。① 吉尔吉斯斯坦政治转型之所以呈现出上述特点，是由其特殊的国情、传统政治文化、多元平衡对外政策等一系列因素所决定的，关于这点在本书第五、第六章里将有详尽的分析。总而言之，通过对吉尔吉斯斯坦政治转型特征和规律从理论高度上进行把握和提炼，不仅能为我们正确理解和认识吉国的政治转型及其与中亚地区乃至独联体其他国家政治转型的差异，提供一个科学的分析框架和研究视角，更重要的是有助于对吉国乃至中亚地区政局走势的进一步深入把握和准确预测。

鉴于权威主义是本书一个重要的理论分析向度，故在此对权威主义的内涵

①笔者在吉尔吉斯斯坦进行学术访问期间，曾就此问题与诸多当地学者进行过交流，除说法各异外，也有不少学者认为吉尔吉斯斯坦目前的政体是一种难以说清的混合形式。

及与此相关的权威主义政体①从理论上进行一定程度的阐释是极为必要的。何况有学者指出,“对民主化原因的研究必然首先从对非民主政权的研究开始”,因为,“在向民主化转型的政权中,权威主义国家占了相当重要的比例”。② 事实上,关于威权政体及其转型的研究是20世纪下半叶政治社会学研究的主流。③然而,由于种种原因,关于权威主义的概念,国内外学术界至今尚无统一定论。

“权威主义”即权威政治,也称“威权主义”,英文是“authoritarianism”。据说权威主义概念是由西方学者沃格林于20世纪30年代最先提出的。④ 此后,有不少学者相继从不同角度提出了自己对权威主义的理解和阐述,如美国学者胡安·林兹、珀尔玛特、亨廷顿等,南美学者奥唐奈尔以及中国学者罗荣渠等。除此之外,西方一些有名的工具类辞书也对权威主义进行了解释。

《美国政治学词典》对权威主义的定义是:“政治权威集中在一个人或一个小集团手中,它强调统治者对普通民众的绝对权力以及普通民众对统治者的绝对服从,而个人权利和自由则从属于国家。”⑤《布莱克维尔政治学百科全书》将权威主义定义为:“一种统治形式,或者拥护这种形式的哲学。在这种统治形式下,统治者把他们的价值观强加给社会。……这一术语意味着一系列为数众多的政府体制,它包括专制政治、暴政、法西斯主义、纳粹以及极权主义。”⑥而《剑桥百科全书》则认为:“权威主义是指一种相对于民主制的政府形式或者理论。它并不强调社会对其统治者及其决定的认可。……权威主义的统治很大程度上基于胁迫。”⑦在亨廷顿看来,一党体制、极权体制、个人独裁、军人政权等都属于权威主义不民主政体。⑧ 哈耶克在其《自由秩序原理》一书中曾指出:“对于民主政制而言,它的对立面是权威政府,而对于自由主义来讲,它的对立面则是全权主义。”⑨阿根廷学者奥唐奈尔通过对拉美政治变革的考察,提出了官僚权威

①西方学者一般把政治制度分为三大类,即民主政体、权威主义和极权主义,其中权威主义政体还有诸如“威权主义”和“威权政治”等多种称法。该观点可参见王孝勇的《权威主义政体:概念、特征和类型》一文,载于《南京工程学院学报》(社会科学版),2007年第4期。因此,本书在不作特别说明的情况下,“权威主义”可与“权威主义政体”混用。

②参见陈尧:《新权威主义政权的民主转型》,上海人民出版社2006年版,第3页。

③孙代尧:《现代化进程中的威权政治——政治社会学研究范式述评》,载于《华东理工大学学报》(社科版)2002年第3期。

④参见陈峰君:《威权主义概念与成因》,载于《东南亚研究》2000年第4期。

⑤Jack C. Plano and Milton Greenberg ,The American Political Dictionary (7th edition), Holt Rinehart and Wiston, 1985.

⑥转引自陈尧:《新权威主义政权的民主转型》,上海人民出版社2006年版,第23页。

⑦转引自王明芳:《权威主义政治文化与德国国家性格的改变》,载于《欧洲》2005年第6期。

⑧参见〔美〕塞缪尔·亨廷顿:《第三波——20世纪后期的民主化浪潮》,刘军宁译,上海三联书店1998年版,第11页。

⑨〔英〕弗里德利希·冯·哈耶克:《自由秩序原理》,邓正来译,北京三联书店1997年版,第126页。

主义理论以概括该地区出现的军人政权体制。中国学者罗荣渠教授认为："所谓权威主义政权，是指二战后一些发展中国家和地区的军人政权或非军人统治（一般是一党执政）的具有高度压制性的政权。"①孙代尧从现代化的角度出发，提出了"威权政体是现代化进程中出现的介于极权政体和民主政体之间的较温和的专制政体"的观点。②

综合上述分析，由于权威主义的含义不尽相同，曾有学者将其集中概括为广义和狭义两个范畴。权威主义政体的广义、狭义两种概念的共性在于都强调权威主义政体的非民主性，两者的主要差异在于狭义权威主义政体概念更赋予了其特定的历史和现实内涵。③ 在笔者看来，亨廷顿和孙代尧的观点可谓是分别代表了广义和狭义这两种情况。本书采用狭义的权威主义观，即主要研究的是伴随着苏东剧变而开启的吉尔吉斯斯坦政治转型进程中所出现的权威主义政治现象；而在对吉国权威主义政体的总体判断上，笔者比较认同孙代尧的看法，即认为吉尔吉斯斯坦的权威主义政体是介于极权政体和民主政体之间的较温和的专制政体。

除权威主义之外，在分析范式方面，本书在研究吉尔吉斯斯坦"郁金香革命"时引入了"第二次转型"的理论范畴。客观地讲，目前学术界关于"颜色革命"是否意味着后苏联国家"第二次转型"的提法并不十分普遍，仅仅有极个别西方学者和观察家在看到格鲁吉亚和乌克兰政局动荡后便认为，欧亚地区的"后苏联国家"开始了新一轮政治转型。④ 况且如同本书研究中所指出的那样，吉尔吉斯斯坦的"颜色革命"与格鲁吉亚和乌克兰的"颜色革命"是有一定区别的。至于"郁金香革命"是否标志着吉国"第二次转型"的提法更是罕见。事实上，"第二次转型"这一学术概念本身目前尚无定论，也没有在学术界流行起来。相比较而言，有关普京时代俄罗斯"第二次转型"的说法倒是有一定程度的反映。我国有学者在研究后叶利钦时代俄罗斯重新崛起时将"第二次转型"界定为："其核心内容是在完成制度转型基本任务的基础上通过新一轮转型克服原有转型的'制度陷阱'，使已经构建的制度从非效率制度均衡向效率制度均衡转变。"⑤就这一意义而言，单从"郁金香革命"前后吉国一直处于总统制与议会制的无休止争论以及其政权体系尚未达到相对稳固的质的状态这一情况来看，其

①罗荣渠：《各国现代化比较研究》，山西人民出版社 1993 年版，第 274 页。

②孙代尧：《威权政体及其转型：理论模型和研究途径》，载于《文史哲》2003 年第 5 期。

③参见王孝勇：《权威主义政体：概念、特征和类型》，载于《南京工程学院学报》（社会科学版）2007 年第 4 期。

④参见〔德〕乌伟·哈尔巴赫、〔奥地利〕弗朗茨·埃德：《吉尔吉斯斯坦的政权更迭和独联体内部的政权颠覆恐惧》，载于《世界经济与政治》2005 年第 11 期。

⑤参见杨成：《"第二次转型"与俄罗斯的重新崛起》，华东师范大学 2008 届博士论文。

本身制度转型的基本任务尚未完成,遑论"第二次转型",更何况"郁金香革命"后吉国社会并未发生实质性的变化。

就其本质而言,"第二次转型"是笔者研究吉国"郁金香革命"时人为预设的一个理论范畴,这是受我国一些学者视前些年发生在独联体三国"颜色革命"为继上世纪苏东剧变("第一次革命")之后的"第二次革命"的分析范式的启发,详情可参见本书第五章。鉴于"郁金香革命"后吉国的政治生态状况,可得出"郁金香革命"不是一次成功转型的结论。

再次,理论联系实际,检验西方政治转型理论是否具有普适性,能否正确反映和指导吉尔吉斯斯坦的政治实践。客观地讲,现代政治学理论在一定程度上是西方"话语霸权"的产物。尽管它具有较强的穿透力,但并非放之四海而皆准。吉尔吉斯斯坦独立之初以"新自由主义"为路径切入,在经历了十多年政治转型后却落得一个总统集权制政体的转轨结局便充分印证了这一点。西方的自由民主制度并未在吉尔吉斯斯坦找到落脚点,反而发生了严重的扭曲和变形。过热地追求和滥用民主,所导致的后果之一就是社会秩序失范,政局混乱。西方的民主制度是否就是非欧美文明国家效仿的终极模式,就吉国目前的政治生态观来看,答案显然是否定的。世界经验表明,尽管现实生活中确有极少数国家以西方的民主制度为样板取得了转型的成功,其中一个根本的原因就在于这些国家独立前曾是西方的殖民地,与西方有很深的历史文化联系。但就绝大多数转型国家而言,"转型过程不仅是内在统一的、相类似的,而且是多样的;转型的实质不仅仅在于其普遍性,而且还在于其各自不同的独特性"。[①] 事实上,吉尔吉斯斯坦转型的结果也充分印证了这一点。与此同时,其独特的政治转型实践及尴尬的结局也证明了西方民主制度的价值观和标准并不一定具有普适性,而是带有某种缺陷和片面性。

最后,吉尔吉斯斯坦政治转型的经验教训对中国在政治体制改革中如何借鉴外来理论经验具有深刻的警示意义。政治转型是一个涉及政治系统和社会生活各方面的一个动态过程,它受制于各种因素,是不以人的意志为转移的。尽管在吉尔吉斯斯坦独立伊始,政治精英们就选择了西方的政治民主制度和自由市场模式作为社会转型的目标追求,并幻想将此早日融入西方社会,使老百姓能够过上西方式的富庶生活。然而,事与愿违,近二十年的转轨下来,吉国反而陷入了至今仍不及前苏联时期水平的困境,大多数居民处于贫困状态,社会腐败不堪,政局动荡不安,尤其是政治不稳定已经成为严重困扰吉国建设与发展的一大障碍。现代政治学认为,政治发展离不开政治稳定,离开这一点一切将无从谈

①冯绍雷:《原苏东、南欧、拉美与东亚国家转型比较研究》,载于《世界经济与政治》2004 年第 8 期。

起。就吉尔吉斯斯坦政治转型的效果来看，未能处理和协调好政治民主、政治稳定和政治效率三者的关系是导致其政治转型失败的一个根本因素。中国同样属于转型国家，目前正处于现代化建设的关键阶段，如何借鉴和吸收包括西方在内的人类优秀文明成果，同样是摆在中国执政者面前的一项重大课题。在对待西方的政治理论与实践经验方面，吉尔吉斯斯坦可谓是一部反面教材，其政治转型的先例对中国有着巨大的警示意义。以马克思主义理论为指导，正确处理改革与稳定的关系，才是具有中国特色社会主义建设事业取得胜利的根本保证。

二、研究现状及文献综述

苏联解体后，中亚开始走向国际社会的前台，其长期隐藏在历史幕后的神秘面纱逐渐被揭开。于是，中亚便激发了国内外众多学者浓厚的研究兴趣。当代中亚研究虽说是一门年轻的学科，但经过专家学者十余年来苦心孤诣的探讨钻研，其研究成果比较丰富。毫无疑问，前人这些成果资料都可供本书研究汲取营养与经验。遗憾的是，如前所述，冠以“中亚”名称的研究成果虽然不少，但除中亚五国之外，国内外对该地区国别的研究仍然十分薄弱。所以，就研究领域而言，加强对中亚地区国别的深入细化研究应该成为广大学者今后努力的一个方向。

（一）国内研究现状

就目前国内学术界对吉尔吉斯斯坦研究的总体情况来看，科研成果还是比较有限的，时至今日尚未见到有关吉国研究具有较高学术性的专著问世。以下是对国内学术界有助于吉尔吉斯斯坦政治转型研究的主要学术成果所作的梳理概括与简要评述。

第一，通常情况下，要研究某个国家首先必须对其基本国情有所了解，进而才能对其某一领域进行深入的研究。就此而言，在国内相关吉尔吉斯斯坦研究资料较为匮乏的情况下，中国社会科学院以研究吉国见长的刘庚岑、徐小云两位专家所编著的《吉尔吉斯斯坦》，不失为一部全面介绍吉尔吉斯斯坦的著述。① 该书作为“列国志”形式而出版，具有“百科全书”的性质，内容比较广泛，涉及吉国的历史地理、政治经济、军事外交、交通运输、教育科技、旅游卫生、宗教文化、风俗习惯等方方面面，这不仅是笔者了解吉尔吉斯斯坦的一个窗口，同时也奠定了笔者对吉国感官印象的基础。此外，苏联解体后，为了满足我国读者了解中亚

---

①刘庚岑、徐小云：《吉尔吉斯斯坦》，社会科学文献出版社 2005 年版。

五个新独立国家的需要,国内出版了一系列中亚概况之类的著述,①其中亦有部分内容涉及吉尔吉斯斯坦的国情,这对本书的写作也具有一定的借鉴意义。总之,正是以上著述加深了笔者对吉尔吉斯斯坦的基本了解,并形成了对该国的总体印象,从而为构建本书研究所必需的宏观知识体系打下了基础。

第二,历史是一切社会科学研究的基础。中亚的历史无疑是为本书研究提供宏观背景知识的重要资料来源,②同时也是对当代吉尔吉斯斯坦政治转型进程中所遇到的诸多问题,比如制度安排及其绩效等问题从历史的角度进行回顾与反思的重要依据。

第三,中亚为多民族聚居区,不同宗教在此并存,这是本书研究不可回避的一个知识领域。吉尔吉斯斯坦独立后面临着民族国家建构与政治转型的双重任务,两者互为影响,不可偏废,民族与宗教因素对此将会产生不可忽视的影响。有关吉尔吉斯斯坦民族与宗教问题,国内目前尚无专门的论著,但有关中亚地区民族与宗教问题的研究却有一定的成果问世。③ 虽说这些著作以地区五国为对象,论述得较为笼统,但对笔者的研究提供了一定的帮助。

第四,政治转型是受内外因素综合影响的一个复杂过程。冷战结束后,因"三股恶势力"的猖獗活动以及外部势力大国的介入,中亚的安全形势变得格外复杂,中亚地区成为令国际社会担忧的一个安全脆弱地带,从而影响到包括吉尔吉斯斯坦在内的地区国家的政治转型。孙壮志在《中亚新格局与地区安全》④一书中对冷战后地区地缘政治格局的变迁及安全形势作了较为详尽的阐述。杨恕的译著《中亚和南亚的恐怖主义和宗教极端主义》⑤则集中反映了"三股势力"影响下的地区安全形势。这在一定程度上对本书从安全角度分析影响吉国政治转型的因素提供了有益的借鉴。

第五,目前国内有关中亚转型的两本专著对本书研究具有直接的参考价值,

①这方面的代表性著作主要有:赵常庆主编的《中亚五国概论》,经济日报出版社1999年版;王沛主编的《中亚五国概况》,新疆人民出版社1997年版;薛君度、邢广程主编的《中国与中亚》,社会科学文献出版社1999年版。

②国内有关中亚历史的代表性著作主要有:王治来的《中亚史》(第一卷),中国社会科学出版社1980年版;王治来的《中亚史纲》,湖南教育出版社1986年版;王治来的《中亚近代史》,兰州大学出版社1989年版;马大正和冯锡时主编的《中亚五国史纲》,新疆人民出版社2000年版。

③有关中亚民族与宗教的代表性著述主要有:陈联璧、刘庚岑、吴宏伟的《中亚民族与宗教问题》,中央民族大学出版社2002年版;马曼丽主编的《中亚研究——中亚与中国同源跨国民族卷》,民族出版社1995年版;张振国、吴强主编的《中亚伊斯兰教的历史与现状》,民族出版社2004年版;潘志平主编的《中亚民族关系的历史现状与前景》,新疆人民出版社2003年版;高永久的《西域古代民族宗教综论》,高等教育出版社1997年版。

④孙壮志:《中亚新格局与地区安全》,中国社会科学出版社2001年版。

⑤杨恕译:《中亚和南亚的恐怖主义和宗教极端主义》,兰州大学出版社2003年版。

它们分别是杨恕所著的《转型的中亚与中国》[①]，徐亚清的论著《中亚五国转型研究》[②]。其中，前者对中亚传统政治文化的分析具有一定的独到之处，以政治、经济、社会等视角全面研究中亚转型则是后者的特色。遗憾的是，两部著作均以中亚为分析对象，只是在有限范围内对吉尔吉斯斯坦有所涉及。

最后，除上述主要文献外，有关中亚其他方面的一些著述同样有助于本书的研究。[③] 国内一些学术期刊、报纸及网络也有不少研究包括吉尔吉斯斯坦在内的中亚问题的文章。[④]

（二）国外研究现状

除吉尔吉斯斯坦本国之外，有关吉尔吉斯斯坦研究方面，国外学术界同国内学术界一个相似之处就是：地区研究胜过国别研究，至于专门研究吉尔吉斯斯坦政治转型的学术成果，同样不多见，基本上是在相关著述中对吉尔吉斯斯坦转型的某些方面有所涉及。受学术视野所限，加之笔者所能掌握的资料有限，目前很难进行准确而全面的统计。现就笔者所知的吉国、俄罗斯以及以美国为主的西方学术界的研究现状作一概述。

1. 吉尔吉斯斯坦学术界的研究现状

就吉国内学术界总体情况来看，其学者的研究成果对本书具有直接而重要的借鉴意义。尽管吉尔吉斯斯坦在苏联解体后，国家至今还很贫困，科研条件远不如前苏联时期，但该国学者对该国独立来的政治变迁还是进行了难能可贵的探索，并有一定的研究成果问世，正是这些宝贵的第一手原始资料奠定了本书的研究基础。现就其中主要的相关文献作如下介绍和分析，剩余部分见参考文献。

首先，相对于国外学者，吉国内专家学者对其国家独立来政治、经济和社会状况的研究成果较为丰富。除此之外，鉴于吉尔吉斯斯坦新获独立，吉国内学术界十分注重对国家历史的研究，出版了不少相关吉国历史的著作。在我国关于吉尔吉斯斯坦研究资料十分贫乏的情况下，这些著作在资料补充上将是十分有益的。从进一步了解和认识研究对象国情社情的综合性基础知识来考虑，吉国

---

①杨恕：《转型的中亚与中国》，北京大学出版社 2005 年版。

②徐亚清：《中亚五国转型研究》，民族出版社 2003 年版。

③这方面的主要著作有：赵常庆主编的《十年巨变：中亚和外高加索卷》，东方出版社 2003 年版；吴宏伟的《中亚人口问题研究》，中央民族大学出版社 2004 年版；潘志平主编的《中亚的地缘政治文化》，新疆人民出版社 2004 年版；陈达的《颜色革命：中亚面临的现实抉择》，兰州大学出版社 2007 年版。

④有关中亚问题的学术论文主要集中在以下学术刊物：《俄罗斯东欧中亚研究》、《俄罗斯研究》（原《今日东欧中亚》）、《国际问题研究》、《国际观察》、《新疆社会科学》等。

学者在上述方面的研究成果为本书提供了翔实的实证分析材料。① 在此值得一提的是，2007 年吉尔吉斯斯坦国立民族大学历史系乔多诺夫（Чотонов）教授的《主权道路上的吉尔吉斯斯坦》一书出版，以历史、政治分析的角度，对吉尔吉斯斯坦国家主权的历史，独立以来国家在政治、经济、社会稳定、文化教育等方面发生的变迁进行了全面的阐述。材料丰富是该著作的特点，遗憾的是分析力度稍欠深入。

其次，要说对吉国政治转轨进行专题研究，吉国内对该领域的研究总体上仍显得十分薄弱，目前问世的涉及该课题的具体学术成果也是相当有限的。② 其中比较有代表性的是奇纳利耶夫（Чиналиев）的专著《民主化道路上的吉尔吉斯斯坦：政治体制的转型》。在该著作中，奇纳利耶夫对吉尔吉斯斯坦获得独立后政治体制转型的客观必要性、2004 年以前国家各项主要政治制度的变迁有一定的分析与阐述，但对转型具体过程的描述较为概括，以现代政治转轨理论对其进行分析也显得不够详尽，同时没有涉及对影响吉国政治转型因素的研究。尽管如此，该著述所作的探究已属难能可贵，对笔者的研究思维不无启迪意义。

再次，吉尔吉斯斯坦的政党制度、总统制度、议会制度、选举制度、司法制度及宪政制度等政治系统的基本要素是本书分析的重点之所在。有关上述国家基本制度，在吉国内学术界，尤其是史学界有不同程度的研究。③ 总体来看，吉国学者对上述制度问题的研究是史实描述胜于实证分析，其翔实的史料是笔者研

①有关这方面的代表性著述可参见：Чотонов У. Кыргызстан на пути суверенитета. Бишкек, 2007; Чотонов У. Суверенный Кыргызстан: выбор исторического пути. Бишкек, 1995; Ниязов Ф А. Политические и экономические реформы в Кыргызстане. Бишкек, 1995; Койчуев Т. Кыргызстан: каким будет путь в завтра. Бишкек, 1994; Токтомаматов К Ш. Современные аспекты социально – экономического развития Кыргызской Республики. Бишкек, 1999; Койчуев Т, Брудный А. Независимый Кыргызстан: третий путь. Бишкек, 1993; Кыргызстан: десять лет независимости. Время и пространство, люди и события. Бишкек, 2001; Бактыгулов Дж С, Момбекова Ж К. История кыргызов и Кыргызстана с древнейших времен до наших дней. Бишкек, 2001.

②См.: Чиналиев У. Кыргызстан на пути к демократии: трансформация политической системы. М., 2004; Элебаева А Б. Политическая трансформация: опыт Кыргызстана в мировом контексте. Бишкек, 2002; Койчуманова Ч У. Становление политической системы суверенного Кыргызстана. Бишкек, 2004.

③См.: Анарбеков А. Политические партии в Кыргызстане (1991 – 1999). Бишкек, 1999; Чиналиев У. Политические партии Кыргызстана. М., 1999; Укушев М К, Бокоеев Ж А. Президент КР. Бишкек, 1997; Жумалиев К, Ожукеева Т. Ⅹ Ⅺ век: Институт президентства в Кыргызской Республике. Бишкек, 1998; Курманов ЗК, Жапакулова ГИ. Парламентаризм в Кыргызстане. Первый опыт. Бишкек, 1998; Кучуков М М. Жогорку Кенеш (парламент) Кыргызской Республики. Бишкек, 2002; Ожукеева Т. Парламент и парламентаризм в Кыргызской Республике. Бишкек, 2000; Искакова Г. Т. Выборы и демократия в Кыргызстане: конституционный дизайн президентско – парламетских отношений. Бишкек, 2003; Тургунбеков Р Т. Конституционный строй Кыргызской Республики. Бишкек, 1996; Сооданбеков С С. Конституционное право Кыргызской Республики. Бишкек, 1999.

究汲取养分的重要来源之一。与此同时,由于吉尔吉斯斯坦新的政治制度与国家管理模式是由其国家宪法及一系列具有宪法性质的法律法规所确立的,故分析和评价吉国政治转型性质、特征等情况的重要依据之一就是包括基本法在内的相关法律文本。①

最后,吉尔吉斯斯坦前总统阿卡耶夫的论著及言论集无疑是研究吉国政治转型的第一手权威资料。② 从总统的言论著述以及国情咨文中,可以对吉国政治发展的态势和导向进行宏观把握。

另外,政治转型是一个涉及社会系统方方面面的复杂过程,影响该进程的因素也是纷繁的,因此对这一问题的研究必然会涉及其他诸多相关的知识领域。例如,统计年鉴、政治文化、民族意识、安全问题等综合性著述,特别是有关"颜色革命"的著作亦是进行本研究不可或缺的宝贵资料。③ 遗憾的是,除一些大学学报外,吉国几乎没有专业性的学术刊物。因此,在吉国颇有影响力的报纸,如《吉尔吉斯斯坦言论报》(Слово Кыргызстана),以及网络资源对本书研究起到了很大的资料补充作用。

2. 俄罗斯学术界的研究现状

俄罗斯学术界关于中亚,尤其是吉尔吉斯斯坦政治转型的著述并不多见。对于包括吉尔吉斯斯坦在内的中亚研究,俄罗斯专家学者关注的重点更多地集中在对外关系和安全领域。俄罗斯前驻吉尔吉斯斯坦大使鲁多夫(Г. Рудов)是

①См. :Конституция Кыргызской Республики . Ред. 1993,1996,1998,2003,2007 года. Бишкек.

②См. : Акаев А. Памятное десятилетие. Бишкек, 2001; Акаев А. Раздумье на судьбоносном этапе. Бишкек, 2001; Акаев А. Стратегия социально - экономического развития Республики Кыргызстан и первоочередные задачи. Бишкек, 1993; Акаев А. Кыргызстан на пути становления независимости. Избр. Выступл. и речи. Бишкек, 1995; Акаев А. Откровенный разговор. М., 1998; Акаев А. Думая о будущем с оптимизмом. Размышления о внешней политики и мироустройстве. М., 2004.

③См. : Независимый Кыргызстан за 10 лет: цифры и факты. Национальный статистический комитет Кыргызской Республики. Бишкек, 2001; Асанканов А. Кыргызы: рост национального самосознания. Бишкек, 1997; Молдалиев О А. Современные вызовы безопасности Кыргызстана и Центральной Азии. Бишкек, 2001; Дононбаев А. Кыргызстан: политическая культура, человек и государство. Бишкек, 2001; Мирсайитов И Э. Политическая культура Кыргызстан в переходный период: опыт системного анализа. Автореф. дис. канд. полит. наук. Бишкек, 2001; Койчуев Т, Плоских В М. Аскар Акаев. Ученый. Политик. Бишкек, 1996; Мамытова Э. Клановая борьба и проблемы национальной безопасности государств Центральной Азии. Бишкек, 2001; Мамытова Э. Власть и оппозиция: формы взаимодействия. Бишкек, 1997; Князев А. Государственный переворот. 24 марта 2005 г. в Киргизии. Бишкек, 2006; Плоских В М. 24 марта 2005 г.: Народная революция?!. Бишкек, 2005.

研究吉俄关系问题的知名专家,已有多部相关吉俄关系的著作出版。① 除此之外,有关俄罗斯的中亚战略、政策等也有不少著作问世,②其中或多或少涉及俄吉关系,这对本书分析影响吉国政治转型外部势力因素之吉俄关系具有一定的参考价值。就安全方面的研究成果而言,供职于莫斯科卡耐基中心的俄罗斯著名中亚问题专家马拉申科(A. Малашенко)的研究成果涉及面比较广泛,其中有关中亚国家之间边界问题就是一例。③ 俄罗斯有关中亚安全问题的著述还有其他作者的研究成果④,这对理解俄罗斯重新认识中亚地区的重要性具有一定的帮助作用。虽说俄罗斯学术界研究包括吉国在内的中亚国家政治转型的专著十分少见,但在《中亚与高加索》(瑞典)这一颇有影响的学术刊物上还是有一定数量的反映中亚总统选举、国家政权、民族宗教、"颜色革命"等方面的学术论文,对本书研究极具参考价值,具体篇目不再一一列举。

除以上所列举的著述之外,俄罗斯一些知名学术刊物,如《世界经济与国际关系》(Мировая эканомика и международные отношения)、《政治学研究》(Политические исследования)、《自由思想》(Свободная мысль)等有时也会刊登相关中亚研究的学术论文,对笔者的研究不无作用。

3. 美国及西方其他国家学术界的研究现状

苏联解体后,中亚问题在20世纪90年代中期以前在西方学术界未得到应有的重视。以美国为例,政府和各种基金会原有的前苏联研究机构在苏联解体后大都转向了对俄罗斯的研究。以美国为代表的西方学术界对中亚的关注和重视是在20世纪90年代中期之后。1996年,美国霍普金斯大学成立了中亚和南高加索研究所,这是美国目前研究中亚问题一个重要的学术阵地。总体来讲,与其他国家学术界(吉国除外)大同小异,西方学术界基本上也是以整个中亚地区作为研究对象,对地区国别研究相对薄弱,而有关吉尔吉斯斯坦的专题研究就更是少之又少了。

相比较而言,笔者还是欣喜地发现了唯一一本以吉尔吉斯斯坦为研究对象的学术专著,尽管其篇幅不长,但却是笔者了解西方研究视角的一本难能可贵的

①См.: Рудов Г. Российко – Кыргызские отношения: история и современность. Москва – Бишкек, 2001; Нам суждено жить вечно в дружбе. Москва – Бишкек, 2002. и т. д.

②См.: Хрусталев М А. Центральная Азия во внешней политике России, М., 1994; Следзевский И. В. Постсоветская Центральная Азия потери и обретения, М. 1998; Михайлов В А, Кавказ и Центральная Азия на современном этапе. М., 2003. и другие.

③См.: Малашенко А. Многомерные границы Центральной Азии. М., 2000.

④См.: Касенов У Т. Безопасность Центральной Азии: глабальные, региональные и национальные проблемы. Алматы, 1998; Лунев С И. Вызовы безопасности южных границ России. М., 1999. и другие.

资料。该著作就是 John Anderson 的《吉尔吉斯斯坦:中亚的民主岛吗?》[①](Kyrgyzstan: Central Asia's island of democracy?)。在该著作中,John Anderson 对吉尔吉斯斯坦传统游牧社会、政党制度和选举、经济改革、冷战后的国家安全等有较为详尽的阐述。但其缺陷是侧重事实描述,而缺乏对吉国转型的本质从理论层面进行深入的分析。

在西方学者研究中亚的著述中,不能不提美国卡内基国际和平基金会资深合作人、著名国际学者和政策分析专家玛莎·布瑞尔·奥卡特的《中亚的第二次机会》(Central Asia's Second Chance)以及丹麦学者奥勒·诺格德的《经济制度与民主改革:原苏东国家的转型比较分析》(Economic institutions and democratic reform: a comparative analysis of post - communist countries),这两部著作已被译成中文。在前一部著作中,奥卡特虽然关注的是国际社会的介入能否解决中亚紧迫的社会和经济挑战问题,但对包括吉国在内的中亚各国的政治体制建设也提出了独特的见解;在后一部著作中,诺格德教授在对前苏东国家经济发展与民主改革核心关联进行解读时,专门对吉尔吉斯斯坦作了案例分析,提出了对笔者研究富有启发意义的观点。应该说,以美国为主的西方学术界研究中亚问题的范围比较广泛,从苏联解体后中亚政治经济发展状况到地区国际关系、能源开发及安全等领域均有涉猎。[②] 这些著述虽不是以吉国作为专门研究对象,但是也对笔者的研究起到了启迪作用。

另外,西方一些专业性学术刊物也使笔者获益匪浅。在瑞典以俄、英两种语言同时出版的《中亚与高加索》(Центральная Азия и Кавказ)杂志,就是一种具有一定影响力的专门研究中亚的学术期刊。《欧亚研究》(Europe - Asia Studies)也涉及包括吉国在内的中亚问题。一句话,西方学术刊物同样是本书研究资料的一个重要组成部分。

综上所述,通过对国内外研究现状及其成果的梳理,可以说,除吉国之外,其他国家学术界关于吉尔吉斯斯坦政治转型的专门性学术成果十分少见,几乎没有专著问世。该课题在吉国虽说有为数不多的学术成果问世,但因受科研条件的限制及诸多因素的影响,研究的广度与深度都十分有限,尤其是缺乏对相关政治转型的现代西方政治理论的大量引进和系统研究,也就是说理论分析工具相

---

①John Anderson. Kyrgyzstan: Central Asia's island of democracy? Amsteldijk, OPA, 1999.

②Edited by Boris Rumer, Central Asia in Transition: Dilemmas of Political and Economic Development, M. E. Sharp, 1996; Margaret Levi, Institutional change and political continuity in Post - Soviet Central Asia: power, perceptions, and pacts, Cambridge University Press, 2002; Edited by Boris Rumer and Stanislav Zhukov, Central Asia: The Challenges of independence, M. E. Sharp, 1998; Kelly M. Mcmann, Economic Autonomy and Democracy: hybrid regimes in Russia and Kyrgyzstan, New York, 2006; Edited by Boris Rumer, Central Asia at the End of the Transition , M. E. Sharp, 1998.

对贫乏。给笔者的总体印象是,上述吉国仅有的研究成果,多侧重于对转型过程中政治事件与现象的简单史实性描述,而缺乏对其从理论上进行的透彻分析,比如对转型的模式规律、路径依赖等缺乏深刻的分析。总而言之,国内外关于吉尔吉斯斯坦政治转型的研究,迄今为止尚未形成一个完整的体系。就当代政治转型理论而言,西方无疑占据着主导地位,其中,国家—社会关系模式与战略抉择模式是目前研究政治转轨的两种最基本的理论模式。但是,政治变迁具有不确定性并受人为选择因素的影响,是一个极其复杂的动态过程,而不是某种呈单一线性历史发展的进程,故它不是靠几种理论分析范式就能解决问题,更何况所有转型国家的情况并非千篇一律。从个别吉国学者的研究观点看,在借鉴西方理论经验上,其所持的价值观判断的某种盲从性,导致了其对吉国政治转型研究在一定程度上同样有简单化和绝对化倾向。本书力求以马克思主义理论为指导,借鉴国内外现有成果,对吉尔吉斯斯坦政治转型作出自己的分析与判断。

(三)当代政治转型理论研究状况

鉴于当代政治转型理论是本书基本的理论分析工具之一,在此就该理论在学术界的研究状况进行大致的梳理是很有必要的。就其理论渊源而言,国内学术界目前比较一致的看法是,当代政治转型理论是在西方传统政治发展理论的基础上形成和发展起来的,是对传统政治发展理论的进一步补充与深化,属于比较政治学的研究范畴。

政治发展理论是西方学者对第二次世界大战后发展中国家现代化进程关注的结果。伴随着二战后新一轮民族独立运动的高涨,广大亚非拉国家纷纷摆脱西方殖民统治而相继走上了独立自主国家的发展道路。从 20 世纪五六十年代起,上述新兴国家在其现代化进程中大都陷入了困境,不但遭遇经济发展的困难,而且出现了诸如战乱、政局动荡不稳等一系列社会问题。这一现象使广大西方学者对发展中国家所面临的问题给予极大的关注,并从不同的角度对发展中国家的道路探索作出自己的解读,从而促使政治发展理论产生与发展。

最早关注政治发展理论并进行集中研究的是美国学者。在 20 世纪 50 年代和 60 年代的政治发展研究中占主导地位的是"现代化理论"。在西方学者看来,政治发展就是从传统社会向现代社会过渡,西方国家走过的道路必将是新兴国家效仿的对象。最早把现代化作为政治发展过程研究的是美国著名政治学家加布里埃尔·阿尔蒙德。1960 年,由他主编的《发展中地区的政治》一书出版,吸引美国学者开始广泛关注发展中国家政治发展的比较研究,①从而奠定了政治发展理论研究的基础。在此之后,阿尔蒙德与宾厄姆·鲍威尔的《比较政治

①参见郭定平:《韩国政治转型研究》,中国社会科学出版社 2000 年版,第 2 页。

学:体系、过程和政策》、布莱克的《现代化的动力》、派伊的《政治发展面面观》、亨廷顿的《变化社会中的政治秩序》等一系列优秀成果相继问世,把政治发展理论不断向前推进。需要说明的是,政治发展理论在不同阶段研究的侧重点不同。"从20世纪50年代末到60年代初,这一领域的学者主要专注于民主的先决条件和民主制的发展,这里的民主几乎完全是按西方的模式定义的。60年代后期,许多观察家指出,研究发展问题的政治学家格外注意到政治秩序与政治稳定的问题。这种状况持续了将近十年,到80年代初,向民主制的过渡问题才又引起重视。"①在关注政治发展与政治稳定方面,亨廷顿的《变化社会中的政治秩序》无疑是一部堪称典范的力作。在该著作中,亨廷顿对政治制度化作了系统的阐释。

自20世纪70年代中期以来,从南欧到拉美,再到东亚,最后是苏东地区,相继出现了一股具有全球性意义的以制度变迁为核心内容的社会大转型,而政治民主化是其最为关键的内容之一。发生在上述地区的政治变迁给传统的政治发展理论提出了巨大的挑战,由此导致比较政治学界一个新的研究领域——转型政治学(或称转轨政治学)的兴起。20世纪80年代,一大批学者开始对发生在上述地区的政治变迁浪潮给予回应并进行研究。进入90年代以后,这一新兴的学术领域成为一个"直线上升的行业"。②

在由政治发展理论转向政治转型理论的研究成果当中,亨廷顿的《第三波——20世纪后期的民主化浪潮》、奥唐奈尔的《权威政治的转型:民主的前景》和李普塞特的《对民主政治的社会条件的比较分析》等西方理论著述受到广泛的关注。在上述著作中,这些学者关注的焦点主要是转型地区和国家旧的权威体制的崩溃、从权威政体向现代民主政体的转变以及其民主化的巩固情况等问题。目前,政治转型问题不仅研究领域在拓宽,而且在理论范式上也呈现出多元化的态势。从目前学术界的研究状况来看,有关政治转型研究最主要的理论范式有四种,即比较现代化理论、战略选择理论、市民社会理论和新制度主义政治学理论。③ 然而,尽管西方在政治转型理论方面掌握着某种程度的话语霸权,但其理论大都带有西方中心主义的色彩。仅靠狭隘的经验主义而不顾发展中国家的历史传统,注定了其理论难免带有某种缺陷,也就未必能为每个发展中国家指出一条正确的发展道路。

中国学术界自20世纪90年代以来对转型问题也给予了极大的关注,曾有

①参见亨廷顿:《现代化——理论与历史经验的再探讨》,上海译文出版社1993年版,第332页。

②参见吴清:《转轨政治学:理论、方法与问题》,载于《政治学研究》1995年第1期。

③参见许开轶、李晶:《当代政治转型研究的理论范式评析》,载于《当代世界与社会主义》2006年第4期。

不少学术文章对当代政治转型理论的形成、分析范式的转换等相关问题进行了综述和研究。① 虽说专门研究政治转型理论的专著并不多见，但以国别为例，对政治转型理论进行阐释却有一定程度的体现。中国学者冯绍雷教授以俄罗斯为例，对转型问题作了深刻广泛的研究，主持编写了多卷本大型"转型时代丛书"，其中，《转型理论与俄罗斯政治改革》一书对制度转型与范式转换作了极为有益的探索。② 在冯绍雷教授看来，"转型的实质不仅在于其普遍性，还在于其各自不同的独特性"。同时，冯绍雷教授还提出了制度变迁与对外关系具有高度相关性的观点。③ 除此之外，中国学者郭定平以韩国为例，对政治转型理论进行了一定的研究。④ 总之，中国学术界对西方政治转型理论批判性地借鉴和吸收的研究成果对本书的研究具有重要的理论启迪意义。

三、研究框架的设计思路与分析方法

当代政治转型研究的基本分析范式之一就是对转型的背景动因、过程、特征、后果以及影响等作动态分析。本书研究框架的设计思路基本上是沿着这一分析范式而展开的。本书的第一章是背景动因分析，即从吉尔吉斯斯坦独立前的社会状况以及苏联解体的原因来解读吉尔吉斯斯坦转型的动因，这是本书研究的逻辑起点。紧接着第二章将苏联晚期作为加盟共和国的吉尔吉斯斯坦的政治改革视为吉国政治转型的开端，这是正确理解本书研究的基点。根据马克思主义唯物辩证法中发展是从简单到复杂的正向质变的原理，同时也受当代政治转型阶段划分分析范式的启发，第三章以各项政治制度的建构与演变为线索，对吉尔吉斯斯坦独立至今十余年的政治转型历程进行鸟瞰式的宏观概述，目的是为此后对吉尔吉斯斯坦政治转型特征进行理论抽象做准备。唯物史观表明，任何事物的发展都不是直线式的，政治转型亦不例外，其结果要受各种内生变量与外生变量的影响。第四章所关注的正是这一问题：吉尔吉斯斯坦以民主化为导向的政治转型反而落了个权威主义的结局。案例分析往往对于深刻认识和把握

---

①冯绍雷：《原苏东、南欧、拉美与东亚国家转型比较研究》，载于《世界经济与政治》2004 年第 8 期；郭定平的《论当代政治转型理论的背景与逻辑》，载于《上海社会科学院学术季刊》1997 年第 3 期；吴清的《转轨政治学：理论、方法与问题》，载于《政治学研究》1995 年第 1 期；许开轶、李晶的《当代政治转型研究的理论范式评析》，载于《当代世界与社会主义》2006 年第 4 期；孙代尧的《威权政体及其转型：理论模型和研究途径》，载于《文史哲》2003 年第 5 期；陈尧的《转型范式与民主巩固概念》，载于《教学与研究》2007 年第 9 期。

②冯绍雷：《制度转型与范式转换——以俄罗斯的体制转型为例》，载于冯绍雷、相蓝欣主编的《转型理论与俄罗斯政治改革》，上海人民出版社 2005 年版，总论第 1 页。

③此观点可参见冯绍雷：《制度变迁与对外关系——1992 年以来的俄罗斯》一书，上海人民出版社 1997 年版。

④郭定平：《韩国政治转型研究》，中国社会科学出版社 2000 年版。

事物本质具有特别的意义。“郁金香革命”是研究吉尔吉斯斯坦政治转型不可回避的一个极具警示意义的典型案例,本书第五章的主旨是通过对这一事件的剖析来加深对吉国政治转型的理解。由感性认识上升为理性认识是认识事物规律的必由之路。对吉尔吉斯斯坦政治转型规律特殊性的抽象与提炼,不仅是本书研究的目的之所在,同时也是本书研究的特色和理论价值的体现,这是第六章所要解决的问题。本书第七章的研究目的是揭示吉尔吉斯斯坦的政治转型为何呈现出与众不同的特点,对影响吉国政治转型因素的分析正是为解决“知其然,更知其所以然”这一问题提供了一把钥匙。第八章是对整个研究的回顾与总结,同时也就吉国政治转型对中国改革开放事业的启示意义提出自己的看法。

马克思主义的历史唯物论和辩证唯物论是本书最基本的理论分析工具,此外,还有当代西方政治转型理论。概括而论,本书主要采取了以下分析方法从宏观与微观层面来进行实证研究。

比较分析法。比较分析是人文社会科学通常采用的研究方法之一,只有通过比较才能分析出特点。苏联时期,吉尔吉斯斯坦与中亚地区乃至独联体各加盟共和国有着相同的制度背景,但为何在后苏联空间其政治转型飘忽不定,政体含混不清?通过与其中亚邻国以及俄罗斯进行比较分析,能得到一定的启迪。

系统综合分析法。在当代社会,任何一国的政治生活都呈现出一个浩繁的政治系统,这是一个有复杂内在关联的庞大体系,且存在对该体系有重大影响的外部因素。只有通过对该体系内外主要因素的结构与功能进行分析,才能对其政治发展有一个较为准确的认识和把握。而这一切离开了系统性的综合分析,几乎是办不到的。

文献解读。政体分析是研究吉尔吉斯斯坦政治转型的核心纬度,而政体分析的最行之有效的方法就是对宪法文本进行分析。对政党法、选举法等法律文本的解读可以帮助我们理解吉国政治转型相关课题。此外,总统的言论集、国情咨文等文献亦是本书研究不可或缺的权威资料。

最后,本书研究也适当地进行了一些定量与定性的分析,如对政党数量、反映吉国公民贫困状况的一系列数据的分析等等。在此值得一提的是,案例分析也穿插于本书研究中。作为个案,2005 年发生在吉国的“郁金香革命”不仅反映了吉国转型十余年来的政治绩效,同时也为引入“第二次转型”的分析范式提供了一个较好的视角。

四、研究课题的新意

本书研究课题的新意主要在于:

第一,在国内外学术界对中亚国别研究相当薄弱的情况下,选择吉尔吉斯斯坦政治转型作为研究对象具有一定的新意。

第二,把转型政治理论运用于国别研究,希望这种尝试能为后苏联地区政治转型的比较研究起到一定的推动作用,并为该地区政治转型普遍规律的提炼提供有益的借鉴。

第三,采用大量原始外文资料是本书的又一特色。本书是笔者在吉尔吉斯斯坦访学一年的成果。对社情的亲身体验、与多位专家学者的交流、所获得的第一手原始资料,在研究中亚国别资料困乏的情况下都是宝贵的财富。

第四,本书在对吉尔吉斯斯坦政治转型的规律进行理论概括与提炼、对其影响因素进行分析并得出自己的研究结论、对西方政治发展理论与吉国政治转型实践的悖论给予中国的启示意义提出自己的看法等方面均有一定的创新。例如,本书论证了吉国政治转型与民族国家建构同步进行的观点,把部族主义因素纳入影响吉国政治转型因素的研究之中,尝试着以“郁金香革命”为视点分析吉国不成功的“第二次转型”。

第一章　吉尔吉斯斯坦政治转型的历史背景与动因

纵观人类社会文明史，在岁月的长河中，人类社会发展的进程，从一定意义上讲可谓是一部制度变迁的历史。然而，制度变迁与任何事物的发展一样，绝非空穴来风，都有其一定的历史与逻辑根源。历史从哪里开始，逻辑就从哪里开始。政治制度变迁的逻辑起因从根本上讲是生产力与生产关系、经济基础与上层建筑这些社会基本矛盾运动的结果。因此，研究"政治转型的逻辑只能是马克思主义的历史唯物辩证法"。① 马克思主义唯物辩证法认为，客观世界是一个普遍联系、相互作用、有机统一的世界。这就要求我们在认识和研究个别事物时必须注重其与周围其他事物乃至整个世界的有机联系，更不能割断事物的"当下状态"与"历史状态"的有机联系，否则就难以认清事物的全貌，更谈不上去认识和把握事物的本质。无论是马克思主义经典理论，还是当代新制度主义理论，都十分注重历史对制度的重塑力量。正如马克思在《路易·波拿巴的雾月十八日》一文中所指出的那样："人们自己创造自己的历史，但是他们并不是随心所欲地创造，并不是在他们自己选定的条件下创造，而是在直接碰到的、既定的、从过去继承下来的条件下创造。"②有关制度创新与路径依赖是近来学术界使用频率较高的两个术语。在新制度主义者看来，政治由制度建构，而制度又为历史所建构。历史之所以重要，因为它是"路径依赖"的，即首先出现的事件为后来发生的事件设定了条件。个人可以选择他们的制度，但是他们并不是在他们自己创造的环境下选择它们，他们的选择反过来也会影响他们的后继者进行选择时所用的规则。③

20 世纪 80 年代末 90 年代初，苏东剧变对后苏联空间的新独立国家来说，无疑是开辟其新的历史进程的一个转折点。受苏东剧变这场震撼世界的政治大

①郭定平：《论当代政治转型理论的背景与逻辑》，载于《上海社会科学院学术季刊》1997 年第 3 期。

②《马克思恩格斯选集》(第一卷)，人民出版社 1972 年版，第 603 页。

③〔英〕罗伯特·D. 帕特南著，王列、赖海榕译，《使民主运转起来：现代意大利的公民传统》，江西人民出版社 2001 年版，第 7 页。

雪崩的冲击和影响,前苏联中亚地区的吉尔吉斯斯坦发生了以制度变迁为核心的国家与社会的全面转型,国家体制发生了天翻地覆的变化,且时至今日这一转型进程远未结束,反而在以民主化为导向的政治转型过程中出现了诸如权威体制回归、政局动荡不安、政变接连发生等一系列"劣质民主"因素。事实上,吉国民主化政治转型陷入尴尬困境在一定程度上与其深厚的传统社会根基及历史渊源有着高度的关联。因此,为了对吉尔吉斯斯坦的国家转型,尤其是政治体制的转型在宏观和微观上进行深刻仔细的把握和研究,笔者认为,首先将吉国政治转型置于特定的宏观历史背景与社会状态之下,并对其发生的动因作深刻分析是极为必要的。

第一节　政治转型的历史背景:吉尔吉斯斯坦独立前社会状况的简单回顾

"一切历史都是当代史。"西方著名史学家克罗齐的这一名言不仅揭示了现实生活的历史内涵,同时也意味着逝去历史的现实意义。吉尔吉斯斯坦独立近二十年来的政治转型无论就普通民众的政治心理而言,还是就精英人物的政治思维和行为来看,抑或是就其制度安排观之,历史传统的影子总是时不时地闪现在其当代政治转型的进程中。

所以,我们在考察当代吉尔吉斯斯坦政治转型的进程和结果时,不仅要看它的目标,也要关注它的起点。民主的移植需要一定的生长环境。吉尔吉斯斯坦独立前的社会状况决定了西方民主能否在此扎根和生长。故此笔者认为,分析吉尔吉斯斯坦独立前的社会状况,并对其政治转型是在什么样的社会性质下发生的进行探讨,是正确理解和把握吉国当代民主化政治转型的一个极为重要的历史前提条件。本节将对近代,尤其是吉尔吉斯民族共同体形成后乃至前苏联时期的社会状况进行简要的历史回顾。

一、十月革命前的吉尔吉斯斯坦社会状况

自远古时代起吉尔吉斯民族就是游牧民族,作为中亚最古老的民族之一,吉尔吉斯民族的历史悠久,演变进程纷乱复杂。现代意义上的吉尔吉斯民族的形成比较晚,直到近代其民族共同体才逐渐形成。对于吉尔吉斯民族共同体的形成问题,国内外学术界意见分歧并不是很大,基本形成的共识是:15—16 世纪叶尼塞河流域的吉尔吉斯人被迫向中亚天山地区(现居住地)迁徙,到 17 世纪末 18 世纪初,叶尼塞河流域绝大部分吉尔吉斯人迁徙到此地,并与之前迁徙过来的吉尔吉斯人会合,才逐渐形成了今天的吉尔吉斯民族。也就是说,15—16 世

纪是吉尔吉斯民族共同体形成的最初阶段，18 世纪是其最终形成阶段。[①] 吉尔吉斯民族共同体的形成，在一定程度上为其社会由传统走向现代奠定了基础。自 16 世纪至 19 世纪上半叶并入帝俄之前，吉尔吉斯斯坦依然保持着古老氏族社会的原始风貌和游牧生活方式。由不同氏族部落集团构成的、相对独立的部族联盟是吉尔吉斯社会基本的行政单位。游牧村社——阿依勒（аил）是吉尔吉斯人基本的组织形式，它反映了吉尔吉斯人社会经济与精神生活的方方面面。村社不是氏族联盟，而是地域联盟。部族联盟构成了后来吉尔吉斯民族固定的地域政治共同体形成的基础。部族联盟首领为年长的比（俄文：бий，旧时吉尔吉斯社会将法官和氏族头目称为"比"），由他统一管理部落联盟。比不仅行使行政大权，而且扮演着司法仲裁者的角色。到了 19 世纪中期，由于阶级分化加之部落之间矛盾日益加深，受玛纳普（俄文：манап，吉尔吉斯传统社会"封建主"或"大牧主"的称谓）排挤，比的权力受到了极大的削弱，仅保留了司法裁定权。作为新的统治阶级，玛纳普的权力可世代相传，并根据其所掌控牧民数量的多寡分为大、中、小三个等级。在此值得说明的是，玛纳普执掌最高权力的现象仅仅局限于北部吉尔吉斯社会，而在南方吉尔吉斯社会，最高控制权则主要由浩罕汗王赐予。

在接受欧俄工业文明教化之前，游牧和半游牧的畜牧业是近代吉尔吉斯斯坦社会基本的经济活动。牲畜是吉尔吉斯人财富的象征，同时也是其社会分层的主要指标和依据。近代吉尔吉斯人基本上处于传统社会阶段，社会分层也相对简单，只有两个阶级，除比、玛纳普以及武士这样的富有的统治阶级之外，再就是被统治阶级，他们主要是指：恰尔巴达尔（чарбадар，拥有少量牲畜的人，也被称为"中等户"，他们是吉尔吉斯斯坦社会依附阶层的主要组成部分）、克泰依（кедей，"穷人"之意）以及苦力（кул，"奴仆"之意）。[②] 被统治阶级是当时吉尔吉斯斯坦社会主要受剥削的对象。可以说在并入沙俄之前，吉尔吉斯斯坦这种社会结构几乎没有发生实质性的变化。

从社会政治文化生活状况来看，近代吉尔吉斯斯坦是典型的封建宗法制社会，传统的习惯法根深蒂固，成为评判游牧民社会道德和行为的主要法律依据。就宗教文化而言，与中亚其他农耕文明相对发达的国家比较，吉尔吉斯民族的伊斯兰化进程要迟缓得多，基本上是在分批迁出叶尼塞河之后民族共同体的形成过程当中才逐渐改信伊斯兰教的。在浩罕汗国统治期间，传播伊斯兰教是浩罕

①参见马大正、冯锡时：《中亚五国史纲》，新疆人民出版社 2000 年版，第 109 页。

②См.：Бактыгулов Дж С，Момбекова Ж К. История кыргызов и Кыргызстана с древнейших времен до наших дней. Бишкек，2001. С. 154.

行政当局政策的一个重要组成部分,因此伊斯兰教的普及程度有所加强,但萨满教等其他原始宗教残余在吉尔吉斯斯坦的一些地方依然有很深的影响。受南北地域因素的影响,伊斯兰教在吉尔吉斯斯坦南方地区的影响要远远大于北方地区。另外,在一些偏远的乡村,伊斯兰教的普及程度很低,只是上层精英人物对伊斯兰教的信仰比较虔诚。据最早赴吉尔吉斯斯坦的俄国学者记载,"伊斯兰教教义这个民族知道的很少,或者说是根本不知道。他们公然违反教规,不担心将来为自己的过错受到惩罚"。① 总体而论,当时吉尔吉斯人受教育的程度普遍不高,除个别宗教学校外,世俗教育在吉尔吉斯斯坦几乎没有得到普及。

并入沙俄是吉尔吉斯斯坦历史上一个重要的转折点。尽管时至今日有关吉尔吉斯人是自愿还是被迫归并沙俄的问题在吉俄史学界仍存争议,但一个不争的事实是,并入沙俄是吉尔吉斯斯坦由传统社会迈向现代社会极为关键的一步,它首次开启了吉国现代化转型的历程,受俄罗斯化影响,吉尔吉斯斯坦社会由此发生了深刻而全面的转型。

首先,归并沙俄改变了吉尔吉斯人的生产和生活方式,使其从游牧走向农耕定居。移民是沙俄对中亚实施殖民统治的一种重要手段。伴随着沙俄的征服,俄罗斯人、乌克兰人等斯拉夫民族大量从欧俄迁入中亚吉尔吉斯人的居住地。斯拉夫民族先进的农业经验对吉尔吉斯游牧民族的生产活动产生了深远的影响,加剧了其向农耕定居生活方式的转变。尽管十月革命后很长一段时间仍有相当数量的吉尔吉斯人从事游牧生产,但这种转变毕竟是一种巨大的历史进步。据统计,到 1917 年,居住在费尔干纳省的 36.2 万吉尔吉斯人当中就有 20.6 万人(占 57%)转入定居或半定居状态。② 与此同时,沙俄当局在被征服地区实施与本土划一的行政管理体系,使吉尔吉斯斯坦传统社会的组织结构遭到破坏,伴随着总督区、省、县、乡和阿依勒(相当于村)行政区划的确立,以血缘关系为纽带的氏族部落组织便逐渐走向解体。不过就统治方式而言,军政管理是沙皇俄国对包括吉尔吉斯斯坦在内的整个中亚被征服地区实施统治所采取的主要方式。

其次,欧俄先进的工业文明对吉尔吉斯斯坦社会产生了一定的影响。1861 年,俄国废除农奴制后走上了资本主义道路,落后的中亚成为其倾销商品的市场和廉价的原料供应地。受俄罗斯影响,吉尔吉斯斯坦出现了资本主义生产关系的最早萌芽。在商品市场经济的刺激下,吉尔吉斯斯坦古老的自然经济开始遭

①参见吉尔吉斯斯坦库尔曼江达特卡基金会:《山国女王库尔曼江和她的时代》,陈杰军译,新疆人民出版社 2003 年版,第 24 页。

②См.: Бактыгулов Дж С, Момбекова Ж К. История кыргызов и Кыргызстана с древнейших времен до наших дней. Бишкек, 2001. С. 194.

到削弱。与此同时，吉尔吉斯斯坦封建社会的生产方式也受到资本主义生产方式的冲击，社会分层发生了相应的变化，出现了资产阶级和无产阶级。1913 年，吉尔吉斯斯坦总计有 30 多家企业，主要集中在采煤、石油及棉花加工等部门和领域。吉尔吉斯斯坦 1912 年仅开采石油 3200 吨，1913 年开采原煤 10.3 吨。1913 年所有工业部门的总产值为 28500000 卢布（以 1926—1927 年的比价来折合）。截至 1913 年，所有企业的雇工人数总计为 2545 人。① 另外，城市化的发展水平也在不断提高。总而言之，因为沙俄统治期间传统经济形式的变化，吉尔吉斯斯坦的经济实力得到了一定程度的提高。但是，由于工业基础薄弱，生产工艺落后，技术设备简陋，因此生产规模极其有限，加之受以玛纳普和巴依为首的封建传统势力阻挠，吉尔吉斯斯坦并未彻底走出传统社会，经济落后的基本面貌并未得到实质性的改观。

最后，俄罗斯化使吉尔吉斯斯坦社会的文化教育及精神面貌发生了重大变化。除物质文化之外，沙俄的征服同样改变了吉尔吉斯斯坦传统社会的精神面貌。俄罗斯先进的文化为落后的吉尔吉斯斯坦社会注入了一股新鲜的空气，令其焕然一新。推进思想文化传播是沙俄殖民统治采取的一种重要手段，其方式之一就是创办教育，这从吉尔吉斯人受教育程度以及识字率的提高中都能得到明显的反映。兼并吉尔吉斯斯坦后，俄国当局在此开设了俄罗斯—土著学校，同时也创办了一些农业学校，除开设俄语课程外，也传授算术、农业等知识。至十月革命前，吉尔吉斯斯坦共计有 16 所俄土混合民族学校，在校学生大约 750 名，其中 670 名是本土民族子女，包括 614 名男生和 56 名女生。②在宗教文化方面，应该说，沙俄殖民当局的宗教政策相对比较宽泛和灵活。他们承认草原游牧民族既有的伊斯兰信仰传统，基本上采取的是“不干涉、不理会”的政策，但同时也不排除对伊斯兰教保持高度的警惕和戒备，对伊斯兰教宗教上层人士也是极力地拉拢。③ 为了加强宗教管理与控制，前往吉尔吉斯斯坦传教的伊斯兰高级神职人员多由鞑靼人出身的毛拉担任，其选拔和任命一般都由沙俄当局设在殖民地地区的最高行政机构严格把关。总体来看，并入沙俄之后，吉尔吉斯斯坦出现了各种民族和文化相互交融与并存的局面。除响应沙俄移民政策大批移居吉尔吉斯斯坦的斯拉夫民族外，也有东干族（中国清末陕甘回民起义失败后逃往中亚的回民）、德意志等民族迁徙到此地居住。除传统的伊斯兰文化得以延续外，世俗教育的普及范围也在日益扩大，包括马克思主义在内的各种新思想也在吉

①См.：Бактыгулов Дж С, Момбекова Ж К. История кыргызов и Кыргызстана с древнейших времен до наших дней. Бишкек, 2001. С. 196 – 198.

②См.：История Киргизской ССР. Т. 2. Фрунзе, 1985. С. 245 – 247.

③参见孟楠：《俄国统治中亚政策研究》，新疆大学出版社 2000 年版，第 196 页。

尔吉斯斯坦这个偏僻的中亚山地地区得到了传播，由此催生了吉尔吉斯民族自己的知识分子，这为1916年中亚民族起义中吉尔吉斯民族意识的唤醒，以及十月革命后苏维埃政权在吉尔吉斯斯坦的迅速确立创造了一定的条件。

二、苏联时期吉尔吉斯共和国社会状况

亨廷顿在分析“第三波”转型国家民主化巩固问题时，曾引用了“权威怀旧症”(authoritarian nostalgia)的概念，认为权威的怀旧可能为民主政权的“缓慢死亡”铺平道路……不过，怀旧只是一种情绪，而不是一种运动。① 在亨廷顿看来，无论是权威体制，还是民主体制，其合法性都或多或少地依赖于政绩，当然不排除经济建设的成效。当代吉尔吉斯斯坦的政治转型与前苏联有千丝万缕的联系。前苏联曾长期被西方指责为“极权体制”，但其发展所取得的辉煌成就却是举世公认的。在后苏联时期吉尔吉斯斯坦转型过程中，经济的不景气、人民生活水平的普遍下降引发了不少人，尤其是年长一辈对前苏联的眷恋，从而导致现行体制在一定程度上不被某些社会群体理解和认可。在当今吉尔吉斯斯坦，民众常常拿眼前的社会状况与前苏联时期进行比较，以“共产党”为代表的左翼势力仍能获得一定程度的社会支持也不无原因。前苏联时期吉尔吉斯加盟共和国的社会状况究竟如何？这作为研究其政治转型的背景知识显然具有重要意义。以下是对前苏联时期吉尔吉斯斯坦的经济、社会文化及居民的生活状况的简要介绍，有关其政治状况与特征将在本章下一节介绍。

社会转型就其实质而言，实际上是一场现代化的发展进程。从发生学的角度来看，因受外来力量推动，吉尔吉斯斯坦的现代化具有外源性性质。如果说并入沙俄是吉尔吉斯斯坦开始的第一次现代化历程，那么加入前苏联则是其第二次现代化进程的开始。前苏联时期吉尔吉斯共和国的面貌又一次发生了全新的变化。作为社会主义苏联的一个组成部分，吉尔吉斯加盟共和国的社会经济结构、组织结构、阶层划分以及公民精神世界和道德价值观与沙俄时期的情况不可同日而语，但与全联盟大同小异。

就社会组织结构与阶级划分而言，与整个前苏联一样，作为加盟共和国的吉尔吉斯斯坦国家与社会高度统一，可谓是重叠在一起，因而社会结构与阶级分层比较简单。伴随着苏维埃社会主义政权的确立，巴依等地主富农阶级逐渐被消灭，工人、农(牧)民、知识分子是构成社会的主要阶级和阶层，社会结构相对比较单一和稳定。

---

①参见〔美〕塞缪尔·亨廷顿：《第三波——20世纪后期民主化浪潮》，刘军宁译，上海三联书店1998年版，第316页。

在经济方面,前苏联时期吉尔吉斯加盟共和国在工农业等领域取得了前所未有的巨大成就。国民经济基础设施不断增加,铁路、公路的兴建使交通状况不断得到改善;一座座大型水电站的投产,为共和国经济发展提供了充分的能源保障,其中以20世纪70年代修建于纳仑河上的托克托古尔水电站最为宏伟壮观。基础设施的不断完善为生产规模的扩大、生产力发展水平的日益提高奠定了坚实的基础。伴随着20世纪30年代前苏联工业化的逐步实现,吉尔吉斯斯坦也由一个落后的游牧地区发展成为一个工农业并举的加盟共和国。据统计,1913—1981年,吉尔吉斯斯坦工业产值增长了378倍。1940—1980年,工业产值年均增长10.2%。1980年,工业产值占社会总产值的55.6%,大小工业部门已达130个。① 与工业一样,前苏联时期吉尔吉斯斯坦的农业也获得了很大的发展。十月革命后,由游牧向农耕定居转变的进程在持续不断地加快进行。与此同时,1923—1926年实施农业改革,对土地进行重新规划,为引导农牧民组成集体农庄打下了一定的基础。到第三个五年计划期间,集体化和定居化基本完成。如果说1937年已有91.7%(15.79万户)的农户加入集体农庄,那么到1940年6月加入集体农庄的农户比例已达98.9%(18.3万户)。到1990年,吉尔吉斯斯坦共计有国营农场290个(工人总数为19.6万),集体农庄176个(庄员人数为18.3万)。② 从以下数字不难发现前苏联时期吉尔吉斯加盟共和国农业所取得的巨大成就:1940—1979年,农业总产值由4.065亿卢布增至14.802亿卢布,即增长了2.7倍。到1989年,农业总产值为29.79亿卢布,人均农业产值674.3卢布,粮食产量由1950年的43.4万吨增加到164.48万吨。③ 其他农作物的产量也有不同程度的增长。尽管如此,从全联盟范围来看,由于历史基础薄弱,加之地处边区,前苏联时期吉尔吉斯斯坦总体经济实力还是落后于其他加盟共和国。不过,相对于中亚地区,吉尔吉斯斯坦的经济实力并不算落后,仅次于哈萨克斯坦和乌兹别克斯坦而位居第三。工农业生产等国民经济领域所取得的巨大成就极大地改善了广大吉尔吉斯斯坦人民的收入状况,并为其优裕的物质福利奠定了坚实的基础。由于政府实行普遍就业政策,前苏联时期吉尔吉斯斯坦就业率高达95%以上。以国营农场和其他农业单位为例,其职工的月平均工资是:1965年66卢布,1970年84.3卢布,1975年113.5卢布,1980年124.1

---

①参见刘庚岑、徐小云:《吉尔吉斯斯坦》,社会科学文献出版社2005年版,第107页。

②См.: Бактыгулов Дж С., Момбекова Ж К. История кыргызов и Кыргызстана с древнейших времен до наших дней. Бишкек, 2001. С.252, 256.

③参见刘庚岑、徐小云:《吉尔吉斯斯坦》,社会科学文献出版社2005年版,第119页。

卢布，1989 年 180.5 卢布。① 除工资外，职工在医疗保健、度假旅游、修建别墅等方面都享有十分优越的条件。对城市居民来说，可谓是过着“从摇篮到坟墓”的非常有保障的生活。

从文化教育来看，前苏联时期吉尔吉斯斯坦的国民教育及社会文化生活发生了根本性的变化。十月革命后，吉尔吉斯斯坦很快就确立了苏维埃政权。为了培育统一的苏维埃社会主义文化，消灭吉尔吉斯游牧民族腐朽落后的封建思想和宗教残余意识，在民众当中宣传马列主义，以社会主义原则来塑造公民的精神世界，文化建设就显得尤为迫切和重要，已成为革命的一项重要内容。彻底消灭文盲，向吉尔吉斯人传授新的知识和审美价值观便成为吉尔吉斯斯坦地方党和苏维埃机关的一项基本活动和工作内容。其中一项重大举措就是加快创办学校，普及教育。从小学、中学到高等教育，乃至各种职业技术教育都取得了长足的进步。截至 1923 年，吉尔吉斯斯坦已创办各类学校 327 所，其中吉尔吉斯民族学校 251 所，在校学生超过 2 万人。1927—1928 年，学校数量已增至 543 所，在校学生已达 4.25 万人。1932 年，吉尔吉斯斯坦首所高等学校——吉尔吉斯国立师范学院正式创办。普及教育的结果就是人们的文化素养普遍得到提高。据 1939 年人口普查结果，农村 9—49 岁居民的识字率已达到 78.3%，城市居民识字率可达 85.6%。② 20 世纪 60—80 年代，吉尔吉斯斯坦进一步采取举措以加大国民教育的发展力度。以 1985—1986 年教学年度为例，吉尔吉斯斯坦共计有普通学校 1740 所，在校学生为 93.66 万人，教师有 6.12 万人，其中 70% 的教师受过高等师范教育；有高等学校 10 所，大学生为 58207 人；在 45 所中等专业学校学习的学生为 50922 人。此后学校建设的速度有所放慢。到 1989—1990 年教学年度，共和国普通学校数量已达 1779 所，在校学生数量达 94.5 万名，教员为 7.6 万人；中等技术学校 48 所，在校学生为 4.6 万人；高等学校 9 所，在校大学生为 5.93 万人。③ 除各类学校外，图书馆、博物馆等其他文化教育单位在提高吉尔吉斯民族素养方面也发挥着重要的作用。值得一提的是，伴随着教育水平的提高以及吉尔吉斯民族文字的创造与发展，吉尔吉斯斯坦在文学、音乐、绘画等艺术领域也取得了卓著的成就。例如，著名音乐家托克托古尔在吉尔吉斯斯坦可谓是家喻户晓，民族作家艾特马托夫则是一位曾获得过苏联国家文学奖、具有全联盟影响的世界著名作家。

---

①См. ：Народное хозяйство Киргизской ССР в 1980 году：Стат. Ежегодник. Фрунзе，1981. С. 204－206；Народное хозяйство Киргизской ССР в 1989 году. С. 225.

②См. ：Бактыгулов ДжС.，Момбекова Ж К. История кыргызов и Кыргызстана с древнейших времен до наших дней. Бишкек，2001. С. 257－258.

③Они же. С. 267－268.

综上所述,前苏联时期吉尔吉斯共和国伴随着全联盟的进步而进步,社会状况发生了天翻地覆的变化。对于吉尔吉斯斯坦在前苏联时期的这段历史,应一分为二地看待,既要看到其所取得的辉煌成就,同时也要看到前苏联体制弊端对其造成的负面影响。关于这一点,接下来在分析吉尔吉斯斯坦政治转型动因时还将进一步阐述。

第二节 动因分析:以苏联解体为视角

众所周知,民主化是第三波国家政治转型所追求的目标模式和普遍诉求,后苏联国家吉尔吉斯斯坦也不例外。作为民主化的研究对象,权威统治的民主化突破的时机、条件和方式,尤其是民主化的动力等问题早已进入当代民主化政治转型理论家的研究视阈。就民主化的发生而言,有学者将其概括为三种类型:外部强加型、权威崩溃型和内部滋生型。① 其中,属于外部强加型的有战后的德国和日本;属于内部滋生型的如东亚的韩国、菲律宾以及中国台湾等;由于前苏东国家转型前社会上长期缺乏内在驱动的强大民主力量,故其民主化转型被归于权威崩溃型。显而易见,吉尔吉斯斯坦的政治转型便属于这种类型,即前苏联传统一党专政的苏维埃旧体制的逐渐瓦解乃至崩溃,是开启其政治转轨历程的历史前提和基本动因。本节将主要在苏联解体的宏观历史背景下来理解和探讨吉尔吉斯斯坦政治转型的动因。

一、苏联解体与政治转型

我国研究俄罗斯问题的著名学者冯绍雷曾指出,俄罗斯从传统体制向市场经济和西方民主制度转变的动因这一问题的另一种表达方式,“也就是苏联到底为什么会解体的问题”。② 受此分析范式的启发,笔者认为,进一步思考这一问题,苏联解体无疑是具有相同制度背景的所有前苏联加盟共和国政治转型的普遍动因。地处欧亚大陆腹地的吉尔吉斯斯坦与俄罗斯等其他加盟共和国虽说社会传统和基础不大一样,但都曾为前苏联的加盟共和国,在政治经济体制特征上并没有太大的本质区别,在脱离其“母体”前苏联的过程中也有较为相似的经历,其政治体制转型在路径依赖上存在一定的共性。从这一意义上讲,以苏联解体为视角来解读后苏联国家政治转型的动因,是有可比性的。当然,不排除在这一普遍的历史前提下,各国转型动因的特殊性。所以,笔者以为,苏联解体的原

①参见刘军宁:《民主与民主化》,商务印书馆 1999 年版,导论第 14 - 15 页。

②冯绍雷:《俄罗斯体制转型的发生、路径及其走向》,载于《俄罗斯研究》2001 年第 2 期。

因在很大程度上亦可谓是吉尔吉斯斯坦政治转型的主导性动因。

既然苏联解体作为普遍性的动因,与吉尔吉斯斯坦阿卡耶夫体制肇始有着如此之高的关联度,那么,分析吉尔吉斯斯坦政治转型的动因就无法绕开苏联为何解体这一问题。然而,苏联解体的原因本身就是一个内容庞大而宏富的问题,且研究成果十分丰富。故限于篇幅并考虑到研究主旨,本书在此不打算对苏联解体的原因作详细探究,但笔者认为,借鉴国内外学术界有关该问题的总体研究成果,对有代表性的观点进行简单的梳理,以便从宏观上对其进行分析是极为必要的,分析的目的在于抛砖引玉,能够从中得到有益于本书研究的启示和结论。

英国著名政治家、前首相丘吉尔曾经说过:"我不能向你们预言俄国的行动,这是一个神秘的谜中之谜。"1991 年 12 月 25 日傍晚时分,伴随着在克里姆林宫上空飘扬了 69 个春秋的印有镰刀斧头的苏联国旗的缓缓降落,由列宁亲手缔造的世界上第一个社会主义泱泱大国——苏联訇然解体。作为 20 世纪震撼世界历史和牵动人心的重大历史事件,苏联的解体不仅极大地改变了世界地缘政治版图和国际秩序,也改变了人类社会历史的发展进程。然而,苏联究竟为何解体,至今尚无定论,依然令学者们孜孜以求。或许因为如此,苏联解体曾被称为 20 世纪的"历史之谜"。

尽管如此,为了揭开这一谜团,各国学者曾进行了不懈的努力。苏联解体后,对这一重大历史事件的跟踪研究立即成为国内外学者颇感兴趣的热门课题,且时至今日这一研究依然在持续不断地进行着,并不时地有新作面世。总体来看,十多年来,对于苏联解体的原因,广大理论工作者从多维视角进行了深入仔细的探讨和研究,著述甚丰。为了对十多年的研究成果进行总结,学者们写了不少研究综述。① 据粗略统计,1992—2001 年,发表在国内报刊上的探讨苏联解体原因的文章就有 600 多篇,出版的相关专著有 30 多部。② 作为一个拥有将近 70 年历史的、冷战期间曾与美国平起平坐的社会主义超级大国,苏联一夜之间突然解体,其中却蕴藏着极其复杂和深刻的原因。通过研究笔者发现,国内外学者在研究苏联解体的原因时,都否认了任何单一因素是导致苏联解体的原因,而是比较客观地强调综合因素的"社会合力"作用,即认为苏联解体是经济、政治、军事、历史、文化、对外战略、意识形态、民族问题、外部环境、统治者个人因素等一系列因素交互作用的结果。诚如有的学者所总结的那样:有远因,也有近因;有

①有关中西方学者对苏联解体原因研究成果综述的学术文章主要有:姜爱凤的《苏联解体原因研究综述》,载于《当代世界与社会主义》1997 年第 1 期;刘国华、薛晓荣:《苏联解体原因十年研究综述》,载于《东欧中亚研究》2002 年第 6 期;潘广辉的《西方学术界对苏联解体原因的研究综述》,载于《俄罗斯研究》2003 年第 2 期。

②刘国华、薛晓荣:《苏联解体原因十年研究综述》,《东欧中亚研究》2002 年第 6 期。

外因,也有内因;有客观原因,也有主观原因;有微观原因,也有宏观原因;有下层原因,也有上层原因;有浅层原因,也有深层原因。① 综合国内外学者的观点笔者发现,无论他们从何种角度研究苏联剧变的原因,经济因素、政治因素、民族问题、外部因素以及领导者个人因素始终占据着极为醒目的位置,其中经济和政治体制因素尤为突出。

在经济因素方面,国内学术界长期流行着这样一种观点:经济因素是众因之根,是导致苏联解体的决定性因素。得出该结论的依据主要是:对斯大林模式之经济体制弊端的认识与批判,认为斯大林时代形成的苏联模式,反映到经济发展模式(包括经济发展战略、经济结构和经济体制上)上,具有以下特点和矛盾。备战型和准战时型特点:经济发展的粗放性、经济结构的超重性、经济体制的集中计划性和对外经济关系封闭性。这种模式产生的两对矛盾是指令性计划与人们的消费行为不能用指令来规定的矛盾、对社会资源(生产资料、劳动力和商品)的国家垄断和生产的社会化之间的矛盾。② 这样,由于斯大林经济模式的种种弊端,致使苏联经济体制日趋僵化,功能严重衰退,最终使苏联社会主义经济失去活力和生机。另外,封闭的社会传统使前苏联对资本主义存有片面的认识,尤其是受"资本主义总危机论"观念的影响,自斯大林开始,苏联便长期奉行"两个市场平行"理论,恪守"计划"与"市场",不敢越雷池半步,致使市场商品经济遭到排斥。遗憾的是,这一错误观点被斯大林之后的历届苏联领导人所坚持,由此造成的后果是前苏联经济在战后长期被孤立于世界经济市场之外,从而导致其在战后激烈的经济和科技竞争中落伍和败北。在此值得一提的是,僵化的经济体制还使得前苏联国民经济结构长期呈畸形态势,重工业,尤其是军事工业一直处于优先发展的地位。自斯大林去世直至苏联解体的 38 年里,尽管历届前苏联领导人对经济结构进行了改革调整,但都因无法跳出斯大林模式无果而终,致使经济结构日益畸形,就连戈尔巴乔夫上台后兴师动众的所谓"根本改革经济计划"也没有放弃重工业优先的发展战略。其结果是消费品长期匮乏,人民生活水平与西方差距日益增大,削弱了国家的向心力,加重了信任危机。一句话,由于经济建设没有搞好,致使前苏联经济发展水平落后,人民物质文化水平没有达到令人满意的程度,从而使国民对当时的政权产生不满情绪,这是苏联解体的经济根源。

在政治因素方面,学术界研究苏联解体缘由也主要集中在对斯大林模式政治体制的表现与弊端的分析层面。高度集权的党领导体制是斯大林模式在政治

---

①参见高放:《苏联东欧剧变原因》,载于《东欧中亚研究》1993 年第 2 期

②参见姜爱风:《苏联解体原因研究综述》,载于《当代世界与社会主义》1997 年第 1 期。

上最鲜明的特色。早在20世纪50年代，西方就把攻击的矛头对准了斯大林模式的社会主义体制，认为斯大林模式的社会主义体制是一种极权主义和泛政治主义的制度，全社会处于一种兵营状态。只是前苏联学者拒绝接受这种观点。苏联解体后，不仅西方学者，就连一些俄罗斯学者也接受了这一“制度决定论”的观点。[①] 中国学术界一般认为，斯大林模式在政治上的特征及弊端主要表现为：党政不分，以党代政，权力过分集中的橡皮图章式的苏维埃体制；干部委任制，领导干部终身制，在贯彻党的民主集中制原则方面，由于监察机关形同虚设，过分强调集中而忽视，甚至是无视和破坏社会主义民主等。这样，僵化的政治体制所导致的结果是：个人崇拜泛滥成灾，以人治代替法治；不受约束的权力又滋生了党政干部特殊待遇和腐败问题，在党内形成了一个庞大的官僚特权阶层（俄文即 номенклатура）。尤其是人员将近百万人的官僚特权集团，制造社会鸿沟，败坏社会风气，已成为前苏共肌体内的一大毒瘤，在前苏联社会产生了极其恶劣的影响，严重损害了前苏联社会主义的形象，从而阻碍了前苏联社会政治经济的改革与进步。难怪美国学者弗兰克·齐福德说：“苏联共产党是唯一一个在自己的葬礼上致富的政党。”[②]中国研究苏联问题的著名学者邢广程认为，前苏联的官僚特权集团是前苏联模式的政治基础，同时，前苏联模式又是官僚特权阶层赖以生存的最好的模式选择，前苏联模式改革的最大障碍是这种无组织力量的官僚特权阶层。[③] 正是由于政治体制的种种弊端，才使得普通民众对党和国家产生了怀疑，使前苏共逐渐失信于人民，从而动摇了其执政的合法性基础。总之，政治体制的弊端是戈尔巴乔夫民主化改革的重要动因，并进一步导致时局失控，最终酿成了苏联在民族分离主义运动中走向解体的历史悲剧。

在民族问题方面，国内外学者的基本观点为，列宁之后的历届前苏联领导人奉行错误的民族政策以及狭隘的大俄罗斯民族主义给苏联造成了不可挽回的损失。但是，前苏共领导人只看到了前苏联在民族工作方面取得的某些阶段性的成就，便宣布前苏联已“彻底和一劳永逸”地解决了民族关系问题，已形成了“各民族新的历史性共同体——苏联人民”，其实是高估了多民族联邦制的巩固程度，而严重忽视了民族关系中存在的问题和矛盾。[④] 美国前苏联问题专家 E. 奥尔沃思说：“苏联民族问题可以看成是有关苏联民族的许多民族问题的综合。这些问题可以是由于传统、政治上不平等，政府的政策，特具的社会组织等所引

①参见郭欣根：《苏联解体原因的几种主要观点述评》，载于《社会主义研究》2003 年第 2 期。

②转引自郭春生：《苏联特权阶层的形成和影响》，载于《当代世界与社会主义》2003 年第 5 期。

③参见邢广程：《强控制、模式功效递减规律和危机——对前苏联模式的一般思考》，载于《东欧中亚研究》2001 年第 3 期。

④参见黄璜：《苏联解体深层次原因初探》，载于《东欧中亚研究》1998 年第 4 期。

起的。……苏联民族问题简单地说是这样一个问题：非俄罗斯民族在苏联充当什么角色？什么因素决定他们充当这样的角色？”①对于前苏联政府民族政策的实践，欧美学者一般持否定态度，认为从根本上讲，前苏联政府70多年的民族政策是失败的，或失败多于成功，而恰恰是民族政策上的失败与失误加剧了前苏联的民族问题，以至于最后阶段出现了民族分离主义，成为苏联解体的一个重要缘由。

在外部因素方面，中国理论界普遍认为，西方长期针对前苏联实施的“和平演变”战略是苏联解体的重要外部原因，该战略主要是通过政治、经济和思想压力促使社会主义国家内资产阶级自由化，民主社会主义思潮泛滥，达到复辟资本主义的目的。不过，西方学者虽说也承认苏联解体的外部原因，但侧重点不在“和平演变”，只是认为是冷战和军备竞赛使前苏联力不从心而崩溃。谈及和平演变，美国学者大卫·科兹曾公开反对说：“无法想象，中央情报局连在家门口的菲德尔·卡斯特罗都消灭不了，竟有能力策划把苏联这样的超级大国搞垮。”②另外，伴随着20世纪70年代以来的全球性政治变迁，第三波民主化浪潮来势迅猛，对前苏联产生了难以估量的冲击和“示范效应”。这是引发前苏联地区发生巨变的更为广泛的国际背景。特别是进入80年代以来，苏东大地变得不太安稳，东欧社会主义阵营的原经互会国家接二连三地发生政治大地震，柏林墙被推倒，这一幕幕活话剧正好发生在前苏联国内形势日益危急的关键时刻。“1989年东欧群众运动导致了旧的党统治国家的结构的崩溃，这对唤醒前苏联人民的意识产生了巨大的作用，欧洲民众对反共产主义革命运动的支持在很大程度上决定了苏联激进反对派的行为逻辑。”③亨廷顿虽然没有给苏联开出死亡通知书，但在其《第三波——20世纪后期的民主化浪潮》发表后不久，苏联的解体又怎能说与民主化浪潮的示范效应无关呢？

最后，领导者个人因素也是学术界研究苏联解体原因的一个分析对象。包括俄罗斯在内的中西方学术界大都认为戈尔巴乔夫对苏联解体负有直接责任，因为苏联解体是在戈氏手中变为现实的。中国学术界长期流行一种观点：以戈尔巴乔夫为代表的前苏共改革直接导致了苏联解体，是解体的直接诱发因素。④持这种观点的学者认为苏联解体是戈氏推行“公开性”、“民主化”、“人道的民主

①［美］E. 奥尔沃斯：《对苏联民族问题的再认识》，载于郝时远等主编的《苏联民族危机与联盟解体》，四川民族出版社1993年版，第247页。

②转引自郭欣根：《苏联解体原因的几种主要观点述评》，载于《社会主义研究》2003年第2期。

③Джунушалиев Д, Плоских В. Суверенный Кыргызстан: проблема традиций и социальной целостности. Бишкек, 1999. С. 17.

④参见江流等：《苏联剧变研究》，中国社会科学文献出版社1994年版，第1－2页。

的社会主义"的"新思维"及盲目引进西方民主制度的恶果。俄罗斯学者瓦·博尔金就直言不讳地指出,戈尔巴乔夫"在口头上提出各种口号,而实际上却干着破坏的勾当,或者在社会改革中令人不能容忍地无所作为"。① 前苏共前领导人利加乔夫也表达了同样的观点:"正是戈尔巴乔夫政策的缺陷导致了国家走向悲剧。"在西方,美国学者大卫·科兹的著名论断就是,苏联解体是一场"来自上层的革命"。英国经济学家卡瑟琳·丹克斯认为,民主化已经远远不是培育人们支持改革的共识,它揭示的是,在前苏联内部存在着对前苏联和前苏共的权威与合法性形成挑战的日益增长的观念的多元化。② 当然,谈及领导人个人因素,也有不少学者认为,叶利钦的出山与"逼宫"对苏联解体起到了推波助澜的作用,甚至有学者认为,是戈叶两人联手"扼死"了前苏联。

通过以上对苏联解体原因的简单梳理与概括分析,我们可以从中得出以下两点启示和结论。

第一,苏联解体是吉尔吉斯斯坦政治转型的历史前提。对这一问题的理解主要基于两个方面:其一,苏联解体为吉尔吉斯斯坦政治转型提供了难得的历史机遇,并将其直接推上了政治改革的舞台。与前苏联其他共和国一样,吉尔吉斯斯坦政治转型孕育于戈尔巴乔夫执政期间的前苏联政治改革之中,其作为加盟共和国的政治改革与前苏联晚期的政治变迁是同步进行的,并最终在苏联走向解体的过程中逐渐演变和深化。事实上,戈尔巴乔夫时期前苏联大环境的变化无时无刻不在影响着各加盟共和国,正是前苏联晚期吉尔吉斯加盟共和国的政治改革为其独立后的政治转型奠定了基础。其二,苏联解体造就了吉尔吉斯斯坦的独立国家身份。关于这一点后边还将专门论述。

第二,体制弊端是苏联解体的根源,而前苏联政治经济体制的弊端亦即吉尔吉斯加盟共和国的体制弊端,同样是吉尔吉斯斯坦政治转型的根本动因。通过研究,笔者发现,在有关苏联解体原因的研究中,对体制因素的论述是最多的,国内学术界普遍认为体制弊端是导致苏联解体的核心原因。吉尔吉斯斯坦在加盟共和国时期所推行的政治改革在很大程度上也是基于这一点,因为从本质上讲,各加盟共和国的政治与经济制度与联盟中央几乎如出一辙。原因是,尽管前苏联时期各部宪法均明文规定前苏联实行联邦制,各加盟共和国是独立"主权国家",与联盟中央实行分权制;然而,实践表明,由于国家权力高度集中于联盟中央,故联邦制形同虚设,包括吉尔吉斯斯坦在内的所有加盟共和国形式上是"主权"共和国,实际上是中央集权专制之下一个相当于"省"的行政区划。这样,前

①参见:《戈尔巴乔夫沉浮录》,中央编译出版社1996年版,第2页。

②参见〔英〕卡瑟琳·丹克斯:《转型中的俄罗斯政治与社会》,华夏出版社2003年版,第36页。

苏联政治经济体制的弊端也就从各加盟共和国的体制中反映出来了。

首先,就政治体制而言,在一党专政、议行合一苏维埃制度等方面,吉尔吉斯共和国与整个前苏联别无二致。根据前苏联宪法,吉尔吉斯加盟共和国分别于1937年和1978年颁布了共和国的宪法。根据《宪法》第一章,吉尔吉斯苏维埃共和国政治体制的结构构成是“社会主义全民国家,苏联共产党、工会、共青团、合作社和其他社会组织,广大劳动者”;“吉尔吉斯苏维埃社会主义共和国的权力属于人民,人民通过各级人民代表苏维埃行使国家权力,而苏维埃是吉尔吉斯加盟共和国的政治基础。”①苏维埃被赋予了极大的特权,它不仅是国家立法机关,而且是国家各权力机关的统一机构,具有指挥、执行和监督功能。另外,《宪法》还规定,共产党“是苏维埃社会的领导力量和指导力量,是政治体制、国家机关和社会组织的核心”。这样,在吉尔吉斯加盟共和国,与联盟中央一样,国家权力实际上集中于吉共中央及其地方党组织。与此同时,共和国必须严格遵守前苏联宪法,当共和国宪法与前苏联宪法发生冲突和分歧时,一切以前苏联宪法为准,且最终解释权归联盟中央。与大多数加盟共和国一样,吉尔吉斯共和国的党中央领导机关由前苏共中央直接组建,其领导人也由前苏共中央直接委派,一切活动听命于前苏共中央的指挥。由此可见,共和国的共产党中央领导机关仅仅是前苏共中央设在地方的一个党组织分支机构而已。至于共和国的地方下属党组织,则是共和国党中央组织命令的执行者。

在此值得一提的是,虽说前苏联时期吉尔吉斯共和国政治体制与联盟中央没有实质性的区别,但由于吉尔吉斯斯坦是地处边疆地区的一个小加盟共和国,故其基本上处于前苏联政治进程边缘化状态,没有一位领导人进入前苏联政治局。所以,共和国的政治主张常被中央忽视,相比之下,吉尔吉斯斯坦更是中央决议和指示无条件的执行者,由此导致共和国及其精英产生一种不被重视的屈辱之感,从而降低了其政治参与的积极性。② 此外,长期的游牧生活使吉尔吉斯民族自古以来就形成了极强的族际观念及独特的思维方式,传统的部族结构对其社会政治生活具有深远的影响。与前苏联时期集体利益高于个人利益的社会主义价值观和原则相比,吉尔吉斯人更认同部族个体利益,注重族际之间的相互帮助,加之前苏联对吉尔吉斯民族传统和文化的尊重程度相对不够,使得吉尔吉斯人对前苏联政权从心理上产生了某种排斥情绪,并在一定程度上使部族传统和行为准则得以延续和保留,从而使前苏联时期吉尔吉斯共和国的政治生活被

①См.：Конституция Киргизской ССР. С. 1,2,6,7,8.

②См.：Чиналиев У К. Кыргызстан на пути к демократии：трансформация политической системы. Москва，2004. С. 55.

深深地打上了部族主义思想的烙印。尽管如此，并不妨碍苏维埃体制主导作用的发挥及前苏联强大的国家意识形态的推广与传播。几十年的苏维埃体制对吉尔吉斯民族的政治教化作用已经使其民族的政治心理产生了深厚的历史沉淀，这对其独立以来精英人物的政治思维模式和行为无疑具有潜移默化的影响。

其次，就经济体制而言，吉尔吉斯斯坦是前苏联高度集中计划经济体制下的一个执行单位，其经济结构理所当然是前苏联计划经济的产物，前苏联经济体制的弊端同样是吉国经济体制的弊端。受前苏联“劳动分工”政策的影响，吉尔吉斯斯坦和前苏联所有中亚共和国一样，长期扮演着前苏联的原料供应基地的角色。相对于中亚其他共和国，吉尔吉斯斯坦因工业基础较为薄弱，故其在全联盟经济分工中基本以提供畜牧业产品和开采有色金属为主，工业在全联盟所占的比例很低。前苏联产业大分工导致了包括吉尔吉斯加盟共和国在内的中亚各共和国产业结构极为单一和不合理，为日后各国经济独立发展埋下了隐患。不可否认，前苏联几十年的计划经济体制，使吉尔吉斯斯坦由一个传统游牧地区演变为一个工农业部门相对齐全的现代文明共和国，经济建设取得了辉煌的成就，然而，计划经济的体制弊端最终妨碍了其经济的进一步发展。自20世纪80年代以来，前苏联经济发展速度明显下降，这也影响到了吉尔吉斯加盟共和国的经济发展。1961—1970年前苏联的国民收入和基本生产总量的增长速度分别为7.1%和8.8%（同期吉尔吉斯加盟共和国分别是4.2%和5.1%），1981—1985年则相应地下降为3.6%和6.5%（吉尔吉斯加盟共和国也分别下降为2.7%和3.1%）。1985年，前苏联经济增长速度的下滑已经到了非常严重的程度：社会总产值从1966—1970年的7.4%下降至1981—1985年的3.5%，吉尔吉斯加盟共和国的下降速度则由9.3%至4.3%；同期前苏联社会劳动生产率也相应地由6.8%降至3.1%，吉尔吉斯加盟共和国则由5.2%降至1.9%。[①] 到20世纪80年代末90年代初，吉尔吉斯加盟共和国与全联盟一样呈现出社会经济危机，应该说前苏联模式的失败是导致危机的根本原因。

综上所述，笔者认为，造成苏联解体的体制因素是吉尔吉斯斯坦政治转型的原动力。诚如阿卡耶夫总统所认为的那样，前苏联之所以解体，是由于这个国家“高度政治垄断导致经济停滞，集权的意识形态抑制了理智的思维和舆论的多元化，共产党对所有权力的垄断损害了民主和自由的理想。到20世纪80年代，前苏联制度在各方面已耗尽了自己的资源，因此它输给了民主和自由经济制度。尽管这种制度在发展文化教育、科学技术等方面取得了一定的成就，但它长期缺乏刺激劳动积极性和努力探索的动力，导致民用科学技术落后。诚然，前苏联制

①Чотонов У. Суверенный Кыргызстан: выбор исторического пути. Бишкек, 1995. С. 23 – 24.

度限制了人的权利和自由,压制了人的创造力,这与人类社会自然发展相对立,注定要遭遇失败"。[①] 可见,正是由于长期受前苏联体制弊端的影响,包括吉国在内的后苏联国家在其政治改革过程中才逐渐放弃了社会主义制度,并在体制转型的路径上均以西方价值观为参照系,独立后无一例外地选择了西方的自由市场经济和民主宪政制度,这一点发人深思。

二、直接动因:戈尔巴乔夫改革及叶利钦改革的示范效应

如果从领导者个人因素来考察,戈尔巴乔夫和叶利钦与苏联解体不无关系。有关戈尔巴乔夫改革的后果无论站在哪个角度来评价,都会相应地得出各种结论。这一点国内外学术界已有丰硕的成果,在此不再赘述。但不管怎么说,戈尔巴乔夫改革的一个直接后果就是苏联民族分离主义情绪高涨,苏联最终解体。不过,毋庸置疑,叶利钦改革的示范效应也是加剧苏联解体的一个不容忽视的因素,因为榜样的力量是无穷的。所谓"多米诺骨牌效应"以及亨廷顿先生所称的"滚雪球效应"就是对典范作用的有力阐释。比如,戈尔巴乔夫当选前苏联总统就对一些加盟共和国产生了极大的示范效应。阿卡耶夫曾明确表示,"在共产党的领导作用已经丧失之时,共和国也决定效法戈尔巴乔夫实行总统制"。[②] 正是戈尔巴乔夫的政治改革激发了叶利钦的斗志,并为其在俄罗斯实施改革创造了巨大的政治空间,从而导致其示范效应外溢到其他加盟共和国。[③] 如果说叶利钦是跟着戈尔巴乔夫亦步亦趋,逐渐拆掉共产主义大厦的一砖一瓦的话,那么,实际情况表明,包括吉尔吉斯斯坦在内的其他加盟共和国则是学着叶利钦实施改革,并将国家引向独立之路的。这主要是由前苏联时期俄罗斯在联盟中的特殊地位所决定的。

众所周知,前苏联是由 15 个法律地位平等的加盟共和国组成的。但就实际情况而言,俄罗斯联邦无论是领土面积,还是在苏联国家政治与经济生活中所发挥的支柱作用,都是其他加盟国无法企及的,堪称前苏联的坚实依托。实行联邦制是列宁建国思想和智慧的结晶。尽管在列宁的联邦制思想中不乏民族平等的原则,而且前苏联宪法也规定了各加盟共和国的平等地位,但事实上俄罗斯联邦始终处于一种高高在上的优越地位。无论是从前苏共党的组织结构来看,还是从政府机构的实际运作状况来看,前苏联与俄罗斯可谓是重叠在一起。以下两方面的事实情况足以证明这一点:一方面,前苏共与俄共融为一体,俄共领导大

①Акаев А. Откровенный разговор. Москва, 1998. С. 55.

②〔吉〕阿斯卡尔·阿卡耶夫:《难忘十年》,武柳等译,世界知识出版社 2002 年版,第 71 页。

③在此需要说明的是,就时间早晚而言,波罗的海三国的独立风波要早于俄罗斯。就示范效应而言,笔者认为其远不如俄罗斯所产生的影响大。

多由前苏共中央领导兼任；另一方面，前苏联政府一直代替俄罗斯政府行使权力。这样，久而久之，在其他各加盟共和国，人们思想中似乎形成一种认识：俄罗斯就等于苏联。当然，这也与个别前苏联领导人刻意宣扬有关。例如，赫鲁晓夫就曾在1957年的一次报告中指出，“俄罗斯联邦有资格受到苏联各兄弟民族的尊重”，苏联各民族应该一道呼唤“俄罗斯母亲”。① 总而言之，由于大俄罗斯主义的历史遗风，加之种种客观因素，前苏联时期俄罗斯联邦不但享有其他兄弟民族共和国无法比拟的特权，而且其现实地位也远远高于其他共和国。因此，俄罗斯联邦长期以来被置于领头雁的位置，成为其他共和国效仿的对象，其举手投足难免会对其他共和国产生影响。

在20世纪80年代末90年代初苏联走向解体的过程中，叶利钦的出现对促进其他加盟共和国走向独立无疑产生了巨大的示范效应。由于大俄罗斯民族利己主义思想急剧膨胀，不愿再充当兄弟民族的“奶牛”，俄罗斯联邦开始搞独立王国，以便脱离前苏联。为了争权夺利，叶利钦公开与戈尔巴乔夫叫板，颁布主权宣言，并效仿戈氏在俄罗斯联邦实施多党制、议会制、总统制等西方的民主政治制度，从而引起其他加盟共和国竞相效仿。客观地讲，尽管当时波罗的海沿岸三国、亚美尼亚、格鲁吉亚以及摩尔多瓦的独立倾向最为严重，但俄罗斯联邦为争取主权而掀起的独立运动起了关键的作用。正是由于考虑到俄罗斯的现状，前苏联才于1990年4月3月通过了《关于解决加盟共和国退出苏联程序问题》的法令。② 此时，其他大多数加盟共和国正处于国家何去何从的十字路口，尤其是地处偏远的中亚，独立倾向尚不明朗。然而叶利钦自1990年5月当选为俄罗斯联邦最高苏维埃主席之后，更加积极地致力于俄罗斯联邦的主权与独立，在他的极力促使之下，于1990年6月12日召开的第一次俄罗斯人民代表大会通过了《俄罗斯国家主权宣言》，这对加快其他加盟共和国走向独立起了推波助澜的作用。受俄罗斯的鼓舞，吉尔吉斯斯坦很快也通过了其国家主权宣言，并在国家基本发展方向上主要以俄罗斯为样板。

上述分析表明，由于戈尔巴乔夫执政后奉行错误的改革路线，致使前苏联社会陷入混乱与失控的局面，并最终酿成这个超级大国解体的悲剧。而在此过程中，叶利钦出山公开与戈尔巴乔夫叫板，从民族利己主义的角度出发而极力主张俄罗斯联邦独立，这对加剧全联盟民族分离主义倾向起到了火上浇油的作用，从而引起其他加盟共和国竞相效仿。包括吉尔吉斯斯坦在内的各加盟共和国正是在苏联走向解体的过程中开始了其政治转型的进程，而该进程的启动可以说与

①参见：《苏联民族问题文献选编》，社会科学出版社1987年版，第281页。

②См.：Чотонов У. Кыргызстан по пути суверенитета. Бишкек，2007. С. 82.

戈尔巴乔夫改革及叶利钦改革的示范效应直接相关。

三、奥什事件:精英转换与政治改革的驱动力

20世纪80年代末90年代初,苏联解体引发的民族矛盾与冲突不仅严重影响并困扰着诸如外高加索、中亚乃至俄罗斯等不少后苏联国家的安全与稳定,同时也给其政治转型带来了巨大的困难。正因为如此,吉尔吉斯斯坦前总统阿卡耶夫曾感慨地说:"在我任总统期间,国家和政治生活中的任何一个问题都没有像民族关系问题那样令我关注。"①

由于传统游牧社会、民族、宗教等诸多方面的原因,吉尔吉斯斯坦南北地区"社会断裂"问题向来十分严重(关于吉尔吉斯斯坦的南北地区和部族主义问题后面还将作专门论述),由此导致南北双方在对国家政治的认同上存在着一定的差异。为了保持政治上的平衡,前苏联时期共和国的最高领导人基本上是由南北地区领导人轮流担任。1985年10月,曾担任共和国最高领导职务长达24年的北方部族出身的吉共中央第一书记——乌苏巴里耶夫突然辞职,国家最高领导职务便由来自南方部族的代表马萨利耶夫担任。他上台时正赶上戈尔巴乔夫大刀阔斧地实施改革,前苏联国家政治、经济和社会也因此正在发生前所未有的变化。然而,由于此前的政治平衡刚刚被打破,马萨利耶夫上台伊始便致力于党和国家的权力改造与分配,而无暇顾及戈氏改革带来的前苏联国内形势的巨变,加之其干部政策的失误,招致党国精英阶层的不满并引发了党内斗争。不断的党内斗争使吉共统治集团根本没有时间和精力去深思前苏联各领域发生的变化,也就是说,马萨利耶夫的上台并未使吉国内政治形势发生多大变化,甚至可以说,因其思想保守,在一段时间内使共和国的政治改革在某种程度上陷入停滞状态。另外,原本就不平衡的南北经济及贫富差距也并未因新领导的上台而得到实质性的改观,由此引发的社会问题日趋尖锐。显然,在前苏联晚期民族主义危机四伏的背景下,上述情况无疑是奥什事件的重要诱因。

奥什州位于吉尔吉斯斯坦西南部素有"中亚火药桶"之称的费尔干纳盆地,其州府为奥什市。该州面积为6.72万平方千米,约占吉国领土的1/3。奥什州为多民族聚居区,主要民族有吉尔吉斯族、乌兹别克族、塔吉克族、俄罗斯族以及乌克兰族等。据1993年统计数据,吉尔吉斯族占该州总人口的61.2%,乌兹别克族占27.6%。吉尔吉斯人和乌兹别克人由于历史原因向来关系不和。此外,奥什州各项经济指标不但低于联盟中央,而且低于共和国的平均水平。全州有5万名失业人员,其中青年占绝大多数。相关资料显示,奥什市大约1.2万户家

①〔吉〕阿斯卡尔·阿卡耶夫:《难忘十年》,武柳等译,世界知识出版社2002年版,第110页。

庭缺少起码的居住条件。更为严重的是，由于人口相对密度较高，致使该地区农耕及建筑用地问题十分突出。就可用耕地而言，共和国人均占有面积为0.35公顷，而奥什州仅为0.16公顷；就水浇地而言，共和国人均占有面积为0.22公顷，而奥什州仅为0.11公顷。① 所以，长期以来土地问题成了导致民族关系紧张的一大重要因素。1990年6月，奥什市的吉尔吉斯和乌兹别克两个民族因争夺建筑用地发生了大规模冲突与械斗，最终造成238人死亡的特大流血事件。②

奥什事件给吉尔吉斯斯坦造成了严重的后果和灾难，险些将共和国推向毁灭的边缘。

在经济方面，奥什事件造成了重大财产损失。据不完全统计，有350多所房屋和60多辆汽车被烧毁，20多处公共设施遭受损坏。③ 此外，奥什事件还引发了非主体民族的极大恐慌和移民潮。该事件发生后，立即就有1.6万人从奥什州迁出，主要是斯拉夫民族和部分乌兹别克族。在紧接着的1991—1996年，先后又有4.9万斯拉夫族人移出该州。④ 由于斯拉夫族人大多掌握有先进的农、工业经验和技术水平，故其迁出给当地社会经济的发展造成了极为严重的影响。

除了经济损失，奥什事件还造成了极为严峻的政治后果，从而引发了共和国一场严重的政治危机，这主要表现在以下两个方面。

首先，奥什事件加剧了民族分化，使原本就不和谐的民族关系变得更加紧张，尤其是吉乌两族的矛盾与冲突日趋尖锐化。持续时间长达一周的奥什事件虽说在前苏联军队出面干涉下暂且平息下来，但由此造成的吉乌民族之间的矛盾隐患却并未随着悲剧的结束而消失，且更为严重的是加剧了民族分离主义倾向。乌兹别克族开始寻求其母国乌兹别克斯坦的保护，要求将奥什州从吉尔吉斯斯坦的版图分离出去而划归乌兹别克斯坦。另外，吉乌两族在奥什市的归属问题上一直龃龉不断，双方都认为奥什是自己的城市，使得奥什一时间被称为“中亚贝鲁特”。自1992年5月以来，吉乌两族因为领土问题又发生了几次暴力冲突。⑤ 可见，奥什事件不仅严重影响了吉国安全与稳定，而且使其与邻国乌兹别克斯坦的关系紧张起来。直到目前，这一地区民族冲突的根源尚未彻底消除。

其次，奥什事件所导致的最为严重的政治后果就是严重冲击了吉国政局，引发了政治危机。以马萨利耶夫为首的吉共中央领导在该事件的处理上举措不当

①См.：ЦГА ПД КР. Ф. 56，оп. 277，д. 2，л. 85－86.

②См.：Эркебаев А. 1990 год：приход к власти А. Акаева. Бишкек，1997. С. 55.

③参见陈联璧等：《中亚民族与宗教问题》，中央民族大学出版社2002年版，第188页。

④http：//www. carnegie. ru/ru/pubs/books/volume/36459. htm.

⑤参见张新平：《地缘政治视野下的中亚民族关系》，民族出版社2006年版，第75页。

以及无能的表现，引发了民众的极端情绪，使谴责的矛头一齐对准了吉共，从而导致吉共威信急剧下降，共产党干部的地位和作用受到质疑并遭遇严重批评。悲剧发生之后，州、市以及区党的第一书记纷纷转向苏维埃，退党风波愈演愈烈。从1990年9月到次年4月，大约短短半年时间退党人数就达2500人。[①] 奥什流血事件使吉共内部发生严重分裂，出现了具有民主倾向的精英集团。由于对马萨利耶夫干部政策以及处理内部事务不力表示不满，包括议会代表在内的一些有相当政治影响的人物联合其他政治集团，于1990年夏天组成了声势浩大的吉尔吉斯民主运动。该运动受到莫斯科民主阵营的支持。

综上所述，奥什事件极大地改变了吉尔吉斯加盟共和国的政治图景，尤其是使吉共遭遇沉重打击，引发了精英的转换，权力重心开始出现偏转。奥什事件不仅是马萨利耶夫集团下台的根本原因，同时也为民主派阿卡耶夫的出山执政营造了极为有利的政治环境，从而加快了吉尔吉斯加盟共和国以民主化为导向的政治改革的步伐。

四、剪不断，理还乱：对苏联解体复杂而矛盾的心态

众所周知，苏联十五个加盟共和国并入苏联之前的历史各不相同，有的已走过漫长而完整的独立民族国家的道路，如俄罗斯等；有的则根本就没有建立过真正意义上的民族国家，包括吉尔吉斯斯坦在内的后苏联中亚国家。与此同时，各共和国因地缘位置不同，受外界的影响以及在前苏联时期的社会经济文化水平存在着较大的差异。上述情况决定了在苏联解体过程中，各共和国民族独立意识的觉醒程度以及民族分离主义倾向的严重程度参差不一，对待苏联解体的心态也不尽相同。其中，波罗的海沿岸三国、俄罗斯、乌克兰、格鲁吉亚等共和国民族分离主义情绪表现得尤为突出，积极主张脱离苏联。相反，包括吉尔吉斯斯坦在内的地处偏远、落后的中亚各共和国在苏联剧变过程中，对追求独立主权国家表现得较为被动，尤其是对苏联解体怀着一种极其复杂而矛盾的心态。一方面，这些国家也渴望成为名副其实的独立主权国家；另一方面，包括吉尔吉斯斯坦在内的中亚落后共和国在前苏联时期从联盟中央大获益处，脱离苏联也就意味着失去了其主要的"输血者"，更何况"断奶"后统一经济空间的割裂必将导致严重的后果。农牧业国吉尔吉斯斯坦一直是前苏联时期最贫穷、最落后的共和国之一，长期靠中央补贴过日子。直到1985年，吉国人均国民收入只相当于全联盟的一半，但从生活上没有反映出来，因为中央给予其10亿卢布的补贴，约占该共

①См. ：Чотонов У. Кыргызстан по пути суверенитета. Бишкек，2007. С. 78 – 79.

和国国民收入的20%。[①] 这种情况不是个别现象,几乎年年如此。到1991年,吉国工业产值仅占国民收入的32%,独立至今其经济尚未恢复到前苏联时期的水平。究其实质,经济上长期对联盟中央的严重依赖,是广大民众不希望苏联解体的真实原因。特别是在"8·19事件"之前,各中亚共和国都极力主张维持联盟的存在,并积极参与和支持戈尔巴乔夫倡导的《新联盟条约》的签订活动。据民意调查显示,在1991年3月17日举行的就是否赞成保留苏联的全民公决中,中亚各共和国表现极为踊跃,90%以上的票数赞成保留苏联,其中乌兹别克斯坦的支持率为94.1%,吉尔吉斯斯坦的支持率相对较高,为94.5%,而全联盟的支持率仅为76%,[②]尽管各共和国此前早已通过了主权宣言。同样是前苏联的加盟共和国,波罗的海三国、亚美尼亚、格鲁吉亚、阿塞拜疆等共和国的表现则大相径庭。以立陶宛为例,在1991年2月9日的全民公决中,高达98%的投票者赞成共和国脱离苏联而独立。在亚美尼亚1990年10月举行的全民公决中,绝大多数居民投票赞同该共和国脱离苏联而独立。格鲁吉亚和阿塞拜疆议会则恢复了共和国1921年前的独立状态。

即便是在历史文化背景相似的中亚国家中,吉尔吉斯斯坦的表现可谓独树一帜,新老政治精英对待苏联解体的态度差异鲜明。对苏联解体具有关键作用的"8·19事件"发生后不久,代表保守势力的吉共中央书记马萨利耶夫随即发表声明,号召"共产党人、工人、农民、劳动知识分子在这个危急关头为了国内和平而团结起来,对国家紧急状态委员会的活动给予全力支持",这一表现当时在中亚国家是唯一的。与此同时,作为民主派代表的阿卡耶夫总统对这一重大事件的反应也是极其灵敏和神速,就在前苏联媒体播报国家紧急状态委员会决议的几个小时以后,阿卡耶夫总统立即草拟并签署了《吉尔吉斯共和国总统告共和国人民书》、《免去阿桑库洛夫的吉尔吉斯共和国国家安全委员会主席职务》(阿桑库洛夫来自苏联国家安全委员会中央机关,主张推行国家紧急状态委员会的路线)和《任命吉尔吉斯共和国副总统库兹涅佐夫代行吉尔吉斯共和国国家安全委员会主席职务》三个总统令。这三个总统令于事变的第二天,即1991年8月20日见诸于吉尔吉斯斯坦最具影响力的《吉尔吉斯斯坦言论报》,以表明吉尔吉斯共和国总统坚决与国家紧急状态委员会划清界限并对其行动公开反对。而当"8·19事件"失败之后,吉尔吉斯共和国又做出了有别于中亚其他共和国的惊人之举:总统阿卡耶夫于8月21日率先发布"非党化"命令,宣布停止共产党在政府机构中的活动,吉共也因支持政变很快被取缔,这一极端做法在中

①常庆:《中亚五国经济体制与发展模式探讨》,载于《新疆社会科学》2001年第1期。

②参见赵常庆:《十年巨变:中亚和外高加索卷》,东方出版社2003年版,第16页。

亚国家中又是唯一的。相比而言,其余四个中亚共和国领导人的做法要温和得多,并没有停止共产党的活动,只是对其名称作了更改而已,如乌兹别克共产党更名为乌兹别克斯坦人民民主党。

在此值得一提的是,在中亚国家,阿卡耶夫是唯一从学术界走出来的政治家,相对于其他四国领导人,他在苏联时期没有丰富的从政经历,但作为精英知识分子,他在苏联走向解体的民主化浪潮中却不乏追求民主的积极热情与主动性。尽管苏联解体后很长一段时期内,俄罗斯国内外对戈尔巴乔夫的评价褒贬不一,但阿卡耶夫对戈氏却是赞赏有加。他曾在其回忆录中谈到:"推举米·谢·戈尔巴乔夫担任党和国家领导人,我认为带来了新的希望和新鲜的气息。他个人的宽广视野是令人鼓舞的。他受过良好的大学教育,掌握广泛深奥的知识,有非凡的组织能力、民主的观点和思想。……在1991年莫斯科发生8月紧急状态事件时,我是完全站在他这边的。……坦白地说,苏联的解体和戈尔巴乔夫的辞职让我感到痛心。10年过去了,许多事情都是另一种样子了,但是总不能抹杀掉一点,正是戈尔巴乔夫破除了旧的、过时的秩序和意识形态。他企图在'人道的社会主义'思想基础上完成一个可以控制的国家的民主化的过程,但是没能克服反对者的抵抗。他提出的任务从原则上说是不可能完成的,但是作为一名政治家和个人,他最终具有人道的面孔。具有人道面孔的是他,而不是他在某个阶段上企图拯救的那个制度。"①

从阿卡耶夫对戈尔巴乔夫的感情态度中不难发现,他所希望看到的是一个经戈氏"改造"的苏联,关于民主诉求的思想轨迹,他与戈氏如出一辙。"8·19事件"之后,前苏联局势急转直下,在无望保留松散式联盟——苏联的情况下,吉尔吉斯斯坦又引领了中亚国家独立的风潮,于1991年8月31日率先宣布独立。黑格尔有句名言:"只有形成了国家的民族才具有更高的品格。"②但在当时,普通民众对独立国家身份的认同远远逊色于对苏联的认同。下述情况充分证明了这一点。在就是否保留联盟举行的全民公决投票前一天,即1991年3月16日,《吉尔吉斯斯坦言论报》上刊出了一段黑体字:"谁也不会从联盟解体中得到好处,各共和国、各民族、每个人都要遭受损失。而且,倘若我们不能保住强大而独立的国家,子孙后代是永远不会宽恕我们的。"③然而,民众的心愿毕竟不能代表精英们的意志,更无法改变苏联急剧走向解体的历史命运。从表面上看,包括吉尔吉斯斯坦在内的中亚国家相对于追求主权的国家显得有点"被动",但

①参见〔吉〕阿斯卡尔·阿卡耶夫:《难忘十年》,武柳等译,世界知识出版社2002年版,第56-57页。
②转引自王缉思:《民族与民族主义》,载于《欧洲》1993年第5期。
③参见刘庚岑、徐小云:《吉尔吉斯斯坦》,社会科学文献出版社2005年版,第63页。

其政治精英们的表现却毫不逊色，并在“帝国不可改造，只会分崩离析”（阿卡耶夫语）的关键时刻，都抓住了千载难逢的历史机遇，不失时机地将国家推向独立。前苏联国家的政治转型毕竟是由精英推动的，其本质是政治精英作出政治选择、实施其特定政治战略的结果，可谓是一场名副其实的“来自上层的革命”。

本章小结

历史与逻辑相一致是马克思主义认识论的基本方法之一。制度变迁与任何事物的发展一样，具有其肇始的历史背景及动因。作为研究的逻辑起点，本书第一章把吉尔吉斯斯坦政治转型置于特殊的宏观历史背景下，探讨其转型的基本动因，并从中得出以下两点结论。

首先，吉尔吉斯斯坦独立前的社会状况对理解其当代政治转型进程具有十分重要的历史背景意义。本书后面对吉国政治转型绩效进行评价时，把历史传统的惯性作用作为一个分析维度。当代西方政治学家也十分注重制约制度运作的社会背景及其历史“路径依赖”作用，即“你能到哪儿，取决于你从哪儿来”。对此，西方学者帕特南有着深刻的见地：“社会环境和历史深刻地影响着制度的有效性。一个地区的历史土壤肥沃，那里的人们从传统中汲取的营养就越多；而如果历史的养分贫瘠，新制度就会受挫。”①此外，丹麦奥勒·诺格德教授亦非常关注作为历史遗产的初始条件对制度变迁的巨大影响。在他看来，后苏联国家改革前的初始条件会转化为正式制度与非正式制度的具体结构，会影响精英的政策抉择。② 可见，历史并非如波普所言是毫无意义的，而是非常重要的。

其次，就转型的动因而言，苏联解体既是吉尔吉斯斯坦政治转型的宏观历史背景，也是其政治转型的主导性动因。与此相关联的是：其一，吉尔吉斯斯坦独立国家身份的确立是因苏联解体而被动受惠的结果。换言之，没有苏联解体也就没有其作为独立主权国家的政治转型。从这一意义上讲，苏联解体可谓是吉尔吉斯斯坦政治转型的历史前提。其二，苏联解体的根本动因是其体制弊端。在高度统一与集权的联邦体制下，作为加盟共和国的吉尔吉斯斯坦在政治、经济体制方面与联盟中央如出一辙，这是吉国政治转型的根本动因。其三，俄罗斯联邦的领头雁作用及叶利钦的示范效应对吉国的政治转型起到了推波助澜的作用。最后，发生在本土的奥什事件对政治改革步伐的加快起到了助推作用。

---

①参见〔英〕罗伯特·D. 帕特南：《使民主运转起来：现代意大利的公民传统》，王列、赖海榕译，江西人民出版社2001年版，第210、214页。

②参见〔丹〕奥勒·诺格德：《经济制度与民主改革：原苏东国家的转型比较分析》，孙友晋等译，上海人民出版社2007年版，第15－16页。

第二章 吉尔吉斯斯坦政治转型的启动

自20世纪70年代中期开始，在南欧、拉美、东亚和东欧广大地区相继出现了以民主化为导向的被亨廷顿誉为“第三波”的政治变迁浪潮。为了回应这一政治现象，20世纪80年代以来，西方一大批学者开始在政治发展理论的基础上研究政治转型，由此导致当代西方比较政治学界产生了一个新的研究领域——转轨政治学（或称过渡政治学）。我国学者吴清根据其对转轨政治学的界定，将上述政治变迁划分为四个阶段作为比较分析的框架：（1）原有政权形式开始逐步瓦解或崩溃的启动阶段；（2）开始向新政权形态的过渡阶段；（3）新政权形态日渐明朗化的巩固阶段；（4）过渡完成阶段，即新的政治规范与政治秩序实现制度化的阶段。① 显然，上述分析框架表明，作为国别政治转型研究，首先从宏观上厘清并把握其转型历程的全貌是极为重要的。从这一意义上讲，吴清教授的政治转型阶段划分理论对我们而言可谓是一个可资借鉴的分析范式。正是基于对这一范式的理解，结合此前吉尔吉斯斯坦政治转型历史背景的阐述及其动因分析，本章考察和研究的重点是对吉尔吉斯斯坦政治转型的启动以及与此相关的独立国家身份的确立等问题的探讨。

第一节 政治转型的启动：作为加盟共和国的政治改革

严格地说，吉尔吉斯斯坦真正意义上的政治转型应该从苏联解体算起。缘由是，如同前面所讲，与所有后苏联国家的情形一样，吉尔吉斯斯坦政治转型启动时，尚不是名副其实的独立主权国家。但是，一个显而易见的历史事实是，吉尔吉斯斯坦政治改革的序幕毕竟在20世纪80年代中期便已拉开，或者说，吉尔吉斯斯坦政治转型是伴随着其独立前作为加盟共和国的政治体制改革而启动的。故研究吉尔吉斯斯坦政治转型的启动，应追溯到苏联解体之前的戈尔巴乔

①参见吴清：《转轨政治学：理论、方法与问题》，载于《政治学研究》1995年第1期。

夫改革时期。随着前苏联政治体制改革的推进与深化，吉尔吉斯加盟共和国的政治体制也在相应地不断变化。况且，正是这些变化为独立后吉尔吉斯斯坦政治转型奠定了基础。

“现代政治学研究的一个基本结论是，没有一种一成不变的制度，一定的制度形式总是适应于一定的政治生态环境的，制度环境发生变化，制度形式也必然发生相应的适应性变迁。”①自20世纪80年代下半期始，尤其是1985年前苏共中央4月全会召开之后，与全国其他加盟共和国一样，吉尔吉斯斯坦也开始进行改革，由此触发了共和国政治、经济和社会领域全面而深刻的变革，并开启了学习新的管理方式的社会转型进程。国家首次尝试寻找民主、自由和公开性的突破口，并力求重新评价过去的理论观念，从而使得社会各领域长期积累的问题和矛盾浮出水面。② 1988年前苏共十九次代表大会之后，鉴于经济改革未果，戈尔巴乔夫改革方向转向政治领域，由此导致整个前苏联国家及各加盟共和国的政治形势发生了急剧的变化。受前苏联大的政治环境的影响，吉尔吉斯斯坦政治改革的步伐也不断加快。概括起来，截至苏联解体，吉尔吉斯加盟共和国基本政治改革的重大活动与举措集中体现在以下几个方面。

一、启用人民代表制度，实现真正还权于苏维埃

前苏共十九次代表大会之后，前苏联开始了一系列的修改宪法活动。其中重大举措之一就是，于1988年年底通过对前苏联1977年宪法的修改，来实现国家权力重心的转移。诚如其倡导者戈尔巴乔夫所言：“如果要简单地描述政治改革的内涵，不管是怎样思考，还是如何进行改革，有一点可以说，那就是，必须将权力从宪法所规定的其垄断者——共产党手中转移到经过自由选举的苏维埃。从现在起，决定国家政治生活的主要形式是人民代表苏维埃，而非前苏共的苏维埃。”③经过一番紧锣密鼓的筹备工作，1989年3月，在全联盟范围内通过差额选举和无记名投票的方式选出了2250名人民代表，其中共产党员（包括预备党员）占87%，工人和集体农庄庄员占23.7%，知识分子占27.4%，全体代表中有88.1%是首次进入国家最高权力机关，这在前苏联是前所未有的。在吉尔吉斯加盟共和国，民众对这次中央选举表现出了极大的热情。据官方统计资料显示，有97%的共和国公民参与了这次苏联人民代表选举活动，④这为此后不久吉

①赵成根：《民主与公共决策研究》，黑龙江人民出版社2000年版，第19页。

②См.：Абылабек Асанкагов. Кыргызы: рост национального самосознания. Бишкек, 1997. С. 7.

③Горбачев М С. Жизнь и реформы. Книга 1. – М., Новости, 1995. С. 423, 434.

④Eugene Huskey, The Rise of Contested Politics in Central Asia: Elections in Kyrgyzstan, 1989 – 1990, Europe – Asia Studies, Vol. 47, № 5 (Jul., 1995).

尔吉斯加盟共和国人民代表和最高苏维埃选举树立了良好的典范。

受前苏联权力机构改革的影响，吉尔吉斯加盟共和国也着手改组苏维埃，以适应新的形势变化和需要，并于1989年秋天对共和国1978年宪法进行修改，随后通过了新的《吉尔吉斯苏维埃社会主义共和国人民代表选举法》。与《苏联人民代表选举法》不同的是，为了凸显民主的特性，《吉尔吉斯苏维埃社会主义共和国人民代表选举法》一个重大的原则性创新就是，它拒绝包括当时尚处于执政地位的共产党在内的社会组织在共和国最高苏维埃拥有直接代表的名额，除此之外，在其他一些重大问题上，该选举法全部照搬了前苏联选举法的内容。尽管该选举法存在着诸如未规定自我提名、监督机制等一系列缺陷，但仍被认为是反映吉尔吉斯社会生活朝着民主化迈进的重大的第一步，并为共和国最高苏维埃和地方苏维埃的直接选举奠定了法律基础。该选举法第1条规定，“吉尔吉斯苏维埃社会主义共和国人民代表将由单席位选区根据普遍、平等和直接选举的原则以无记名投票的方式产生，任期为5年”。凡年满18岁和21岁的公民分别拥有选举权和被选举权。与此同时，该选举法的第11条还规定，“吉尔吉斯共和国部长会议除主席之外的全体成员、法院和政府部门领导、共和国最高和一般国家仲裁人员、共和国宪法监督委员会主席及其成员不得同时担任人民代表”。为了选举吉尔吉斯加盟共和国人民代表，全国共设立350个选区，每个选区产生1名代表。① 由于吉尔吉斯加盟共和国全体公民几乎都参与了1989年春天举行的苏联人民代表的选举活动，民族意识逐渐觉醒，联盟中央议会选举的经验也给予了其极大的启示，于是，吉尔吉斯加盟共和国便于1990年2月25日举行了新形势下具有重大历史意义的首次人民代表选举。

以全新的方式选举人民代表是吉尔吉斯斯坦前所未有的重大事件，这也从一个侧面反映了吉尔吉斯斯坦政治的变迁。在长期高度集权的苏维埃体制下，人们对政治的参与被限制在十分有限的范围之内，政治欲望遭到压抑。伴随着“公开性”、“民主化”所营造的宽松自由的政治环境的出现，吉尔吉斯加盟共和国公民的政治意识逐渐被唤醒，参与政治的积极性也日益高涨，这集中反映在共和国1990年人民代表选举的激烈角逐之中。参与此次投票的人数多达2106040人，占整个选民总数的91.9%。② 350个选区总共推出人民代表候选人1049名，这意味着平均每个代表席位就有3名竞争者；几乎1/3的共和国最高权力机关的候选人是来自工业、交通和建筑行业的工人，1/4的候选人来自农业部门，1/6的候选人是科学文化、国民教育和医疗保健方面的代表；每6名候选

①См.：Эркебаев А. 1990 год：приход к власти А. Акаева. Бишкек，1997. С. 18.

②См.：Эркебаев А. 1990 год：приход к власти А. Акаева. Бишкек，1997. С. 22.

人当中便有一名妇女,每12名候选人中有1名青年。① 这充分说明了与以往的苏维埃选举相比,本次人民代表选举具有广泛的社会群众基础。

我们知道,戈尔巴乔夫重建苏维埃的重大举措之一就是通过人民代表大会来选举最高苏维埃,从而使最高苏维埃成为一个由人民代表组成的真正的立法机构。受前苏联的影响,吉尔吉斯斯坦新当选的350名人民代表组成共和国新一届最高苏维埃,从而使共和国最高权力机关打破了过去由共产党一统天下的局面。吉尔吉斯加盟共和国立法机构的改建,目的是真正体现权力来自人民这一思想。

1990年4月10—15日,第十二届新型吉尔吉斯加盟共和国最高苏维埃首届例会召开,350名代表中的318人参与了辩论。② 经过反复讨论,大会推举吉共中央第一书记马萨利耶夫为最高苏维埃主席,即共和国国家元首。此外,大会还通过了有关土地、私有制、租赁关系等的法规。应该说,此届共和国最高苏维埃首次例会是在苏联国内政治形势日趋复杂的背景下召开的,对作为最高苏维埃主席的国家首脑权限的划分尚属首次。大会本着改革和公开的精神在政治多元化方面迈出了极为关键的第一步。

总之,自1990年4月举行首次例会开始,至1994年9月因权力斗争而提前“结束其历史使命”,吉尔吉斯加盟共和国第12届最高苏维埃在促成国家走向独立以及政权建设等方面发挥了巨大的作用。

二、确立总统制

引入总统制不仅是作为加盟共和国的吉尔吉斯斯坦政治改革不断深化发展的一个重要内容,而且常常被吉国学术界视为其政治转型正式启动的一个重要标志。③

世界上最早实行总统制的国家是美国,时间为1787年。此后,便有不少发达国家和发展中国家先后采用总统制作为国家政权的组织形式。早在讨论制定1936年宪法时,前苏联就曾萌发过引进总统制的思想,但该思想因斯大林的反

①См.: Советская Киргизия. 16 января 1990.

②См.: Чотонов У. Кыргызстан по пути суверенитета. Бищкек, 2007. С. 76.

③笔者在吉尔吉斯斯坦学术访问期间阅读的文献中,有不少吉尔吉斯斯坦学者把总统制的确立及主权宣言的发表视为吉尔吉斯斯坦政治转型开始的一个标志。持此观点的学者主要有吉尔吉斯斯坦总统管理学院教授埃列巴耶娃以及吉尔吉斯斯坦科学院原副院长科伊丘耶夫院士等人。其中,埃列巴耶娃教授认为,1990年10月24日通过的《关于设立吉尔吉斯共和国总统职位及宪法修改补充法》及1990年12月15日通过的《吉尔吉斯斯坦共和国国家主权宣言》,是苏联解体和主权吉尔吉斯斯坦政治体制形成的最重要的里程碑,此观点可参见埃列巴耶娃的《吉尔吉斯斯坦政治转型的特征》,载于瑞典出版的《中亚与高加索》2001年第4期(俄文版)。

对而夭折。到20世纪60年代初期,在赫鲁晓夫的倡议和领导下,前苏联着手研究新的宪法,总统制再次被提了出来。不过,赫鲁晓夫还未来得及实现其思想主张就在政变当中被赶下台,其继任者勃列日涅夫坚决反对任何形式的激进改革,总统制思想在1977年的前苏联宪法中也没有得到体现。20世纪80年代,戈尔巴乔夫上台后开始倡导"新思维",前苏联国家政治生活发生了天翻地覆的变化,随着国家政治体制改革的不断深入,总统制被提上议事日程。

众所周知,前苏联表面上实行的是集体元首制度,按照宪法规定,前苏联最高苏维埃的常设机构——最高苏维埃主席团是国家的集体元首,是国家对内对外的最高代表,尽管前苏共中央总书记是实际上的国家元首。由于前苏联的国家政权按照所谓的集体决策原则来组织,这就容易产生集体不负责任的不良后果。至于集体作出的决定及其执行的结果如何,任何个人都不必为此负责。与此同时,长期的集体领导制度也常常导致政策贯彻实施低效。除此之外,前苏联长期是党和国家融为一体,很难凸显国家的作用。在此背景下,为了使国家发挥其应有的功能,更重要的是为了加强个人责任以提高工作效率,戈尔巴乔夫开始革新国家政权的组织形式,决定在党和国家机构之间实施分权,其中核心的一点就是总统制的确立问题。在1988年前苏共十九次代表大会的准备以及召开过程当中,在苏联设置总统职位这一问题曾被提出来讨论。对于触及国家政治生活基础的这一步,前苏共党员是没有勇气迈出的,结果采取了一个折中的决议:设置前苏联最高苏维埃主席职位以取代前苏联最高苏维埃主席团主席这一职位。此举立即引起了各加盟共和国的效仿。吉尔吉斯加盟共和国最高苏维埃主席一职于1989年9月23日设置。1990年,基于前苏联国内形势的变化以及戈尔巴乔夫对西方三权分立思想的垂青,关于总统职位设置的问题最终在3月召开的前苏联人民代表大会上尘埃落定,戈尔巴乔夫成功当选为前苏联总统。情况的发展迫使包括吉尔吉斯在内的其他加盟共和国不得不对本共和国的命运和前途进行考虑和选择。

苏维埃集体领导体制的弊端主要是,吉尔吉斯加盟共和国宪法对共和国最高苏维埃主席团主席的权限根本就未作出明确的规定,仅仅是以指示的形式说明其隶属于最高苏维埃主席团。① 这就是说,作为联盟中央控制下的"主权国家",吉尔吉斯加盟共和国中能够代表国家的所谓的"首脑"并不是十分明确。这在传统的苏维埃体制日渐式微,独立民族国家正在日益走近,由谁来引导国家继续前进的历史关键时刻,事关国家统治的元首问题便显得尤为重要。在吉尔

①См.:Чиналиев У К. Кыргызстан на пути к демократии: трансформация политической системы. Москва, 2004. С. 108.

吉斯斯坦,将总统制作为一个专门问题来讨论,最早是在1990年10月22—30日召开的共和国最高苏维埃第二次非例行会议上。在此之前,以吉共中央第一书记A. 马萨利耶夫及其他政治局成员为首的共和国高层领导极力主张维持现有秩序,对实行总统制一直持反对态度,其理由是:只有苏联一个国家,全国只能有一个总统。[①] 诚如A. 马萨耶夫在吉尔吉斯加盟共和国第十二届最高苏维埃首次例会上当选共和国最高苏维埃主席后所讲:“我再讲一遍,我们认为目前我们不需要总统。因此,让我们再好好想想吧。瞧,其他共和国的例会马上就要结束,先看看他们吧!不要轻率地作出决定,总统制可不是闹着玩的。关于这件事我曾向你们说过,这个问题是不能开玩笑的。我们不需要总统。想知道为什么吗,那就让大律师向你们解释吧。苏联领导人曾如是说,我们也一样。”[②]未设立总统一职,当然也有其他深层的原因。这主要取决于:其一,莫斯科没有发出明显同意的信号;其二,在长期的苏维埃体制下,权力集中在一人之手的实践表明,采用总统制存在一定的风险;其三,将由谁来担任总统的问题。然而在乌兹别克斯坦、亚美尼亚、格鲁吉亚和阿塞拜疆等共和国纷纷实行总统制后,事态的发展迫使吉尔吉斯加盟共和国不得不考虑设立总统职位的问题。[③] 由于当时的社会政治环境极为复杂,故有关总统职位设置问题的讨论十分激烈。数十名纠察队员手持“要求马萨利耶夫下台”的宣传画在“白宫”(吉尔吉斯斯坦政府大楼的别称)东侧大门口静坐示威,距其不远处无数年轻人以同样的要求宣布绝食。这样,经过两天的激烈争论,1990年10月24日,会议通过了关于吉尔吉斯苏维埃社会主义共和国总统职位设立及宪法修改的法律。对1978年宪法补充修改的结果是,添加了有关共和国总统一章,其中规定,为了推动共和国政治和社会经济改革,确保立法、行政和司法三权之间必要的互动,提高国家机关工作的责任和效率以及巩固宪法制度,保证公民权利、自由和安全,决定设立吉尔吉斯苏维埃社会主义共和国国家元首——总统职位。总统制的确立标志着吉尔吉斯加盟共和国具有实质性内容的政治改革真正开始。25日,会议通过了关于成立总统选举计算委员会以及无记名投票表决和确定表决结果的决议。

由于是首次通过民主的方式选举国家领导人,所以此次总统选举活动竞争十分激烈。根据总统职位确立法和宪法修改法,凡选票超过人民代表半数以上的总统候选人即可视为当选。在第一轮总统选举中,提名候选人是:吉共中央第一书记马萨利耶夫、共和国部长会议主席朱马古洛夫、伊塞克湖州第一书记阿曼

①См.: Чотонов У. Суверенный Кыргызстан: выбор исторического пути. Бишкек,1995. С. 60.

②См.: Эркебаев А. 1990 год: приход к власти А. Акаева. Бишкек, 1997. С. 37.

③См.: Акжол Бердиев. Избирая президента Кыргызстана… Бишкек,2000. С. 5.

巴耶夫、共和国最高苏维埃常委会主席萨丹别科夫。表决的结果是，马萨利耶夫和朱马古洛夫两人获胜，但两人所获选票均未达到规定数额，故必须进行下一轮选举。10月27日，第二轮总统选举开始，此轮选举提名候选人是：伊塞克湖州执委会主席伊萨诺夫、部长会议第一副主席杜伊舍耶夫、部长会议副主席土门巴耶娃和阿谢伊诺夫、克格勃主席阿桑库洛夫、共和国科学院院长阿卡耶夫以及副院长科伊秋耶夫、国家建委主席阿勃列索夫、伏龙芝市执委会主席穆拉利耶夫、托克托古尔区委第一书记奥斯莫诺夫、最高苏维埃常委会主席巴耶科娃、吉共中央书记舍利穆古洛夫。经过激烈角逐，共和国科学院院长、苏联最高苏维埃代表阿卡耶夫以179票(56%)的支持率当选为共和国第一任总统。① 与此同时，本次最高苏维埃非常例会还规定，以后的总统选举将以全民公决的方式进行。吉尔吉斯加盟共和国首届总统选举的结果引发了笔者以下思考。

1990年吉尔吉斯加盟共和国首届总统选举可以说是大爆冷门。年仅48岁的阿卡耶夫此前可谓是名不见经传，其出人意料地当选一时间引起了社会舆论的广泛关注。因为从以上总统候选人名单中我们不难发现，阿卡耶夫并非来自政府权力部门，这决定其所拥有的政治资本和资源与吉共中央书记兼共和国最高苏维埃主席的马萨利耶夫、部长会议主席朱马古洛夫等声名显赫的政治家是无法相提并论的。但只要我们回顾一下当时的政治环境，对阿卡耶夫执政的缘由也就不难理解了。

首先，阿卡耶夫是在整个社会情绪向右偏转的情况下当选的。戈尔巴乔夫改革使得西方的自由民主价值观成为苏联社会的主流政治思潮，共产主义意识形态遭遇严重危机，这为阿卡耶夫的当选营造了有利的政治氛围和环境。我们知道，在戈尔巴乔夫推行“公开性”和“民主化”的政治改革过程中，广大知识分子表现得极为活跃，普遍怀有自由激进思想，并成为时代的弄潮儿，况且当时苏东国家民主化运动的领导者大多来自知识分子阵营已不是什么秘密。可见，来自知识界的阿卡耶夫的当选可谓是顺应了时代潮流。

其次，前苏联体制的弊端不但使共产党特权官僚总统候选人不再具有昔日荣耀的光环，而且成为影响其当选的负面因素，因为随着“公开性”、“不留历史空白点”等口号的提出，共产党在前苏联的声誉一路下跌，信任危机频频发生。与此同时，包括马萨利耶夫在内的许多吉共候选人大都思想保守，这在以激进思潮为导向的社会大变革年代无疑成为影响其当选的一大致命弱点。此外，如前所述，马萨利耶夫在处理奥什流血事件时的失误更是直接导致了他的下台。

①См.：Койчуманова Ч У. Становление политической системы суверенного Кыргызстана. Бишкек, 2004. С. 14－15.

再次,选举的机制和环境发生了变化。本届最高苏维埃是由在新形势下广泛代表社会各层的人民代表组成的,并非像以往那样由清一色的共产党员一统天下。

最后,莫斯科民主派的支持也是阿卡耶夫当选的一大不可忽视的因素。阿卡耶夫在前苏联列宁格勒这座能真正体现俄罗斯科学与文化的城市学习和生活了将近15年,这对培养他知识分子的气质产生了重要影响。值得一提的是,在此期间他在了解科学著作的同时,也了解到了萨哈罗夫(物理学家,与阿卡耶夫是同行)等一批持不同政见者的政治观点。① 另据当时吉尔吉斯加盟共和国安全委员会主席阿桑库洛夫将军所言,事实上在1990年6月处理奥什事件期间,与莫斯科的协议就已决定由阿卡耶夫或艾特玛托夫(当时为前苏联总统委员会成员)取代马萨利耶夫。② 据阿卡耶夫透露,在他当选总统的前一天晚上,议会民主派的代表要推举他为总统候选人,而他本人则希望把当时在卢森堡使馆工作的艾特玛托夫列为候选人,只是后者没有当总统的愿望而已。③凡此等等,为阿卡耶夫创造了执政的历史机遇。

从上述分析不难发现,此次总统选举更加明显地折射出了吉尔吉斯斯坦社会转型的风向标。

三、国家管理权限划分:总统权力扩大初见端倪

国家问题的核心是统治权的问题,权力划分与巩固是任何一个国家的首要任务之一。在戈尔巴乔夫政治改革的过程中,国家政权改革有一道清晰的逻辑轨迹,即由“一切权力归苏维埃”到“一切权力归总统”。实践表明,吉尔吉斯斯坦就是循着这道轨迹对其加盟共和国的权力机构体系实施改造的。

随着总统制的确立,国家权力机构体系原有的平衡被打破,旧的苏维埃体制难以适应日益变化的新形势。与全联盟一样,吉尔吉斯加盟共和国的时局异常不安,社会经济形势逐渐恶化,过去那种“集体领导,集体不负责任”的苏维埃作风不合时宜,甚至异常危险。在此背景下,国家迫切需要一个高效负责、坚强有力的执行权力机构来驾驭时局。为此,阿卡耶夫在当选共和国总统之后,便积极致力于国家权力体系的改造。

为了巩固国家独立,加强经济和劳动纪律,促进市场关系的形成和发展,确保国家行政管理机构与地方自治机构之间的良性互动,避免国家机关活动重复,

①См.: Эркебаев А. 1990 год: приход к власти А. Акаева. Бишкек, 1997. С. 99.
②Он же. С. 101.
③〔吉〕阿斯卡尔·阿卡耶夫:《难忘十年》,武柳等译,世界知识出版社2002年版,第71页。

1990年12月14日,吉尔吉斯加盟共和国最高苏维埃第三次例会通过了《关于改组吉尔吉斯苏维埃社会主义共和国国家行政管理权力机构体系》。该法律对国家行政管理权力制度作出了以下修改:(1)确认吉尔吉斯苏维埃社会主义共和国首脑——总统为国家最高执行和支配权力的领袖;(2)设立共和国副总统职位;(3)变共和国部长会议为共和国内阁,即共和国政府;(4)废除共和国部长会议主席团,取消共和国部长会议主席、第一副主席及其他副主席的职位;(5)设立共和国内阁总理和国务秘书职位;(6)共和国内阁由总统组建,内阁总理、国务秘书、部长及各国家委员会主席由总统决定;(7)共和国内阁的活动受总统领导;(8)共和国总理及其内阁成员由总统提名,并由共和国最高苏维埃任命;(9)取缔共和国人民监督机构及宪法监督委员会;(10)成立共和国宪法法院;等等。①

显而易见,通过对国家权力机构体系的改组,总统在国家政治生活中的地位得到了极大的提高。上述法律显示了进一步加强总统权力的举措,其中一个明显的体现就是将部长会议改为隶属于总统的内阁,而地方苏维埃及其执行委员会便成了总统在州、区及相关城市的垂直权力机构。总统对政府的控制及对政府相关成员任命权的掌握更加凸显了总统的强势,这些在某种程度上对后来的总统集权制具有一定的影响。

在此应该注意的是,尽管通过国家行政权力机构改组,总统的权限得到了极大的扩大,但毕竟是前苏联式的总统制,是把前苏联传统制度与世界总统制度实践进行结合的一种尝试,何况全权苏维埃体制尚未寿终正寝,旧的保守势力依然非常强大。还有尤为重要的一点:吉尔吉斯加盟共和国仍然是前苏联的一个组成部分,且国家一切权力机构仍属于苏维埃。根据上述法律,尽管总统是国家同时也是执行权力机关的首脑,政府的活动受总统领导,但政府除了对总统负责外,还要对最高苏维埃负责。诚如吉尔吉斯斯坦学者所评价的那样,“伴随着总统制的引进,吉尔吉斯苏维埃社会主义共和国成为一个原则上的‘弱总统、强议会’的议会制共和国”。② 吉尔吉斯斯坦总统制获得真正意义上的发展是在苏联解体,国家取得独立主权之后。

综合上述分析,笔者认为,作为加盟共和国的吉尔吉斯斯坦政治改革的意义在于它奠定了吉尔吉斯斯坦独立后真正意义上的政治转型的基础,并确定了最初方向。吉尔吉斯斯坦选择了民主气息浓厚的知识分子出身的阿卡耶夫执政,

①См.: Ведомости Верховного Совета Киргизской ССР. 1990. № 21.

②Акунов А. Государственное управление Кыргызстана в транзитный период. Бишкек, 1999. С. 96.

这对其独立后中亚“民主岛”形象的树立无疑具有巨大作用。同时,这也是吉尔吉斯斯坦独立后进行激进改革,并在一些重大改革举措方面一直走在中亚前列的一个重要缘由。

第二节 独立国家身份的确立

与大多数中亚国家一样,吉尔吉斯斯坦政治改革启动伊始并未将建立主权国家提上议事日程。在戈尔巴乔夫改革后期,前苏联国内民族分立主义泛滥、时局失控,这才唤醒了中亚国家政治精英们的民族独立意识,进而促使其热衷于对国家独立主权的追求。显而易见,建立独立主权国家同样是吉尔吉斯斯坦政治转型的重要内容之一。事实上,吉尔吉斯斯坦的政治转型启动与民族国家的构建可谓是同步进行的。

一、失却“民族国家”历史记忆的尴尬

中亚五国的历史是一个地区的历史,而不是五个独立的政治实体的历史。由于诸多原因,1991 年之前,中亚国家被长期淹没在历史当中,仿佛从人们的视线中消失,更没有人知道吉尔吉斯斯坦这个国家。1991 年 12 月 25 日,前苏联最终从世界政治版图上消失,中亚神秘的面纱才被揭开,五个以主体民族命名的、具有国际法主体意义的独立国家以新的面目相继呈现在世人面前。中亚历史上是否存在过真正意义上的“国家”,至今依然是一个争论不休、尚无定论的问题。① 不过,中亚缺少民族国家的历史,大多数中外学者已基本认可这一观点。这种境况主要是由中亚复杂而混乱的历史决定的。我国研究中亚历史的著名学者王治来先生在描述中亚古代历史时,曾借以前某位研究中亚历史的学者的比喻非常形象地指出,研究中亚古代突厥、蒙古历史,就好比一个人站在摩天大楼顶上往下看,只见大街上人来人往,一群一群的人聚集起来,忽又解体,散去,融合,往复循环,如一场杂乱无序的运动。的确,读过中亚古代史的人差不多都有这种感觉。中亚就像一个通衢,一个舞台,各种民族在这里来来去去,出现过各种战争和动乱。最后,在近代因俄国人的征服而统一起来。② 可见,中亚的历史是一部多民族活动与迁徙的历史,同时也是一部各民族相互斗争与融合的历史。

中亚地处欧亚大陆腹地,为人类古代文明的发祥地之一。早在史前,中亚地

---

①Иманалиев М. Проблемы национальной государственности в Центральной Азии. Бюллетень Института общественной политики, 2007. № 9.

②参见王治来:《中亚近代史(16—19 世纪)》,兰州大学出版社 1989 年版,前言第 3 - 4 页。

区就有人类活动。据考古学研究，新石器时代生活在中亚地区的一些部落和当时居住在西伯利亚、乌拉尔、现中国新疆地区、黑海沿岸、伊朗及印度洋沿岸的一些部落之间存在着文化和历史上的联系。① 此外，中亚自古地缘战略位置就十分重要。一方面，中亚是连接古代东西方文明的交通要道，位居著名丝绸之路的枢纽地带。这意味着只要控制丝路商道的要冲，即可获得巨大的经济效益。另一方面，中亚两河（阿姆河与锡尔河）流域的大片草原与卡拉库姆、克孜尔库姆等沙漠组成的地理环境，决定了它既适于游牧（草原），又宜于农耕（绿洲），因此中亚又是游牧民族和农耕民族争夺的对象与活动的舞台。这样，在古代中亚的漫漫历史长河中，便上演了无数外来沙国在此金戈铁马地厮杀与征战的悲剧。无论是来自西方的古代文明帝国，还是来自东方游牧民族的"征服王朝"，都靠中亚加强和凸显自己的强国地位。② 自古代到近代沙俄入侵前，无数的帝国都曾先后染指中亚，并将扩张的触角伸向这片广袤的土地。

通过中亚古代历史的悠长画卷，我们不难发现，自远古以来，中亚就像一个历史的大舞台，无数帝国在此"你方唱罢我登场"，上演了一幕幕惊心动魄的历史活话剧。伴随着各大帝国的厮杀与征服，古代中亚国家常常像走马灯一样更替。正如杨恕教授所指出的那样，在中亚古代历史上，从公元前529年波斯帝国入侵到19世纪后半叶沙俄最终吞并中亚诸汗国，二十多个世纪的中亚政治史，严格地说，仅有一个多世纪建立过原伊朗语族基本统一中亚的三个独立国家（塔赫尔王朝、萨法尔王朝和萨曼王朝），其余漫长的时期则都是因强权国家和游牧民族争来夺去而频繁更换统治者的悲剧性历史。在中亚数千年的历史中，在沙俄征服之前，中亚从未形成过统一的国家。③ 由于不同外来帝国的长期征服，古代中亚民族难以建立自己的国家。

众所周知，民族国家统一不是一蹴而就的，而是经历了一个复杂而漫长的过程。自15、16世纪以后，从世界范围来看，西欧伴随着资本主义日益兴盛和发达，已逐渐走出中世纪封建统治的樊篱而步入近代，并开始了现代意义上的民族国家形成的历程。30年战争之后所确立的威斯特伐利亚体系被视为现代国际关系开端的标志，封建王权从此为国家主权所替代。而在中亚地区则完全是另一幅图景。根据王治来先生的观点，中亚近代史虽说是以16世纪为界的，因为16世纪以后的中亚史是性质完全不同于古代、中世纪的一段历史。但从社会经济情况讲，中亚地区不但在16世纪，甚至在19世纪俄国人征服以后仍然停留在

①［苏］B. F. 加富罗夫：《中亚塔吉克史》，中国社会科学出版社1985年版，第6页。

②参见杨恕：《转型的中亚与中国》，北京大学出版社2005年版，第3页。

③杨恕：《转型的中亚与中国》，北京大学出版社，第3、38页。

封建社会阶段。随着旧帝国的瓦解，在中亚地区产生了许多地方性的小汗国，而现代中亚各个民族的基本特征也是在16世纪形成的。① 由于中亚在这一时期属于封建社会，因此，进入近代后在中亚诞生的主要地方性汗国，如哈萨克汗国、布哈拉汗国、希瓦汗国、浩罕汗国，应被视为中亚的古代民族国家。② 由于中亚诸汗国之间相互倾轧，内部权力斗争不断加剧，从而为帝俄觊觎中亚打开了方便之门。自18世纪初沙皇俄国侵占哈萨克草原起，经过近两个世纪的征服，1876年沙俄兼并了浩罕汗国，标志着其对中亚三汗国的征服最终完成。1884年土库曼被征服，1895年英俄瓜分中国帕米尔协定签订，至此，整个中亚完全被纳入了沙俄的版图，并分别被划归俄国设立的费尔干纳省、外里海省等省份管辖，中亚从此被置于沙俄的统治之下。

1917年十月革命胜利后，在布尔什维克党的号召和领导下，中亚先后确立了苏维埃政权。自1917年11月苏维埃政权在吉尔吉斯斯坦南部地区确立至1918年，吉尔吉斯斯坦全境都建立了苏维埃政权。③ 1917年至1923年是建立吉尔吉斯苏维埃国家基础的一段时期。1924年中亚实施民族国家划界，当年10月24日，组建卡拉—吉尔吉斯自治州，隶属俄罗斯联邦。1926年2月1日，吉尔吉斯自治州被改建为吉尔吉斯苏维埃社会主义自治共和国，仍隶属俄罗斯联邦。1936年12月5日，吉尔吉斯苏维埃社会主义自治共和国升格为加盟共和国，并于当日加入前苏联。④

如前所述，与其他加盟共和国一样，吉尔吉斯斯坦名义上是独立的“主权”共和国，但高度集权和高度集中的前苏联政治经济体制早已使联邦制严重变形。所谓的“主权国家”，“与联盟中央分权”只不过是写在宪法中上的词条而已。事实上，吉尔吉斯斯坦只是前苏联的一个行政区划单位而已，根本无法享受经济与政治上的自主权。

吉国研究史料表明，外来势力压迫致使吉尔吉斯民族在漫长的历史上无法建立自己的民族国家，但其致力于民族独立的努力却从未终止过。吉尔吉斯斯坦是古代突厥文明的中心之一。早在中世纪，吉尔吉斯人就创造了具有当时意义的发达文明，但很快便因外敌入侵而丧失了民族独立，仅有的一点建国经验也因此丧失殆尽。正如阿卡耶夫总统于1992年8月29日在比什凯克召开的全世

①参见王治来：《中亚近代史（16—19世纪）》，兰州大学出版社1989年版，前言第1-2页。

②有关这些中亚汗国何以为古代民族国家，中国学者吴宏伟提出了其理论依据。具体参见陈联璧、刘庚岑、吴宏伟的《中亚民族与宗教问题》，中央民族大学出版社2002年版，第21-22页。

③См.：Бактыгулов Дж С, Момбекова Ж К. История кыргызов и Кыргызстана с древнкйших времен до наших дней. Бишкек, 2001. С. 235.

④Они же. С. 236-237.

界吉尔吉斯人代表大会上发表讲话时所说:“由于历史上遭受诸多不幸事件,吉尔吉斯斯坦人口越来越少,最后成为亚洲中央的一个小民族。但是,我们最大的遗憾是伟大的吉尔吉斯汗国从历史舞台上消失以后的1000年之内,未能再建立一个独立的国家。”①并入沙俄再次使吉尔吉斯人尝试实现国家自决的努力化为乌有。由此引发了关于吉尔吉斯人作为单独民族而存在的问题,因为历史的经验表明,一个不能建立自己国家的民族注定是要消失于历史当中的。② 此观点未免失之偏颇,因为事实上单一民族国家在世界上几乎不存在。

以上论述可归结为一点,那就是,包括吉尔吉斯斯坦在内的中亚国家在独立前的漫长历史过程中,几乎没有建立过严格意义上的民族国家。对此,中国曾有学者提出:“十月革命前夕,中亚各民族间的界线还模糊得连学者都弄不大清楚。直到1924年苏维埃政权才将哈萨克、吉尔吉斯、乌兹别克、塔吉克、土库曼民族‘识别’出来。可悲的是,吉尔吉斯族至今还没有完全达到自己民族的整体认同,其在某种程度上滞后于部落认同。”③吉国学者也认为,吉尔吉斯斯坦更是不知道自己的国家源自哪儿。④ 虽说在历史上长期未能建立自己的民族国家,苏联时期吉尔吉斯加盟共和国的“主权国家”地位也是徒有其名,但形同虚设的联邦制至少在形式上为包括吉尔吉斯斯坦在内的中亚共和国独立后民族国家的建构奠定了一定的法律基础。尤其是列宁的民族自决理论以及后来所谓的民族国家划界,乃至各共和国都拥有自己的宪法、国徽以及相应的国家机构等,不仅使中亚各共和国具备了所谓现代民族国家的雏形和某些特征,而且使得这些国家人民心中隐约有了国家概念,从而为其建立名副其实的独立主权国家积累了一定的宝贵经验。难怪在谈及前苏联给予吉尔吉斯斯坦民族国家建设的经验和贡献时,前总统阿卡耶夫不无感激地说:“(前)苏联时期吉尔吉斯人民的民族国家在很大程度上来讲尽管只是一种表面形式,但同时也具有极其巨大的正面后果。且不说吉尔吉斯民族免遭种族灭绝,单就(前)苏联花巨额经费来帮助共和国进行文化建设这一点来讲,就不能不使我们产生敬佩之情。吉尔吉斯社会(主要是在文明方面)由此形成了政治、国家甚至法制意识。”⑤这样,随着戈尔巴乔夫改革的不断深化,前苏联社会的全面危机日益加深,其解体已是在所难免。在此紧要关头,以阿卡耶夫总统为首的政治精英们抓住历史机遇,先后颁布

①См.:Аскар Акаев. Бишкек, 1993. С. 137.

②См.:Чиналиев У К. Кыргызстан на пути к демократии: трансформация политической системы. Москва, 2004. С. 46 – 47.

③潘志平、石岚:《民主与“革命”——“颜色革命”后的思考》,载于《新疆社会科学》2007年第2期。

④笔者2007年5月与吉尔吉斯共和国社会政策研究所所长伊马纳利耶夫的一次学术谈话。

⑤Акаев А. Раздумья на судьбоносном этапе. Бишкек, 1994. С. 16.

了《吉尔吉斯斯坦共和国国家主权宣言》和《吉尔吉斯斯坦共和国国家独立宣言》,及时将加盟共和国推向独立之路。

二、《吉尔吉斯斯坦共和国国家主权宣言》

1990 年 12 月 15 日对吉尔吉斯斯坦人民来说,是个永远值得铭记的日子。在当日的共和国最高苏维埃第三次例会上通过了《吉尔吉斯斯坦共和国国家主权宣言》,12 月 15 日也因此被宣布为吉尔吉斯斯坦共和国日。① 宣言首先庄严宣布,吉尔吉斯斯坦共和国国家主权代表着共和国国家权力在其境内拥有至高无上的地位以及在对外关系上拥有独立性。该宣言一共包括 15 条内容,其中第 5 条就吉尔吉斯斯坦共和国国家主权作了以下专门规定:②

(1)是共和国全部国家权力在社会生活各领域的保障;

(2)保障人民拥有自己的国籍,有权完全占有、使用和支配共和国一切财富和财产;

(3)保障吉尔吉斯斯坦共和国宪法和法律在其全境具有至高无上的地位;

(4)批准吉尔吉斯斯坦共和国所加入的主权共和国联盟法律;

(5)有权改变共和国领土现状;

(6)在与主权共和国联盟其他成员国、其他国家及国际组织交往方面有权代表和保护本国的利益;

(7)根据条约有权自愿加入主权共和国联盟;

(8)保障吉尔吉斯斯坦共和国拥有自己的国语、国徽、国旗、国歌及首都。

除宣布吉尔吉斯斯坦为主权国家,有权独立解决本国事务之外,该宣言还就以下重要思想和原则作出了规定:首先,提出了三权分立思想,规定共和国国家权力来自人民,将根据分权原则实施立法、行政和司法三权分立,同时规定,总统是国家元首,拥有最高执行和支配权。其次,宣言规定了国家政治生活多元化。任何政党、社会政治组织、人民民族和其他大众运动有权在吉尔吉斯斯坦共和国宪法规定的范围内活动,禁止成立和组织具有违背宪法和社会目的的政党和社会运动。另外,宣言最后一条明确提出,本宣言是制定和通过吉尔吉斯斯坦共和国新宪法及其他法律的基础,也规定了共和国签署新的联盟条约和国际协议的立场。

《吉尔吉斯斯坦共和国国家主权宣言》的通过是一系列内外因素相互作用

①1990 年 12 月 12 日第三次最高苏维埃例会将国名由“吉尔吉斯苏维埃社会主义共和国”改为“吉尔吉斯斯坦共和国”,后根据 1993 年宪法,国名又被更改为“吉尔吉斯共和国”,简称“吉尔吉斯斯坦”。

②Декларация о государственном суверенитете Республики Кыргызстан. Советская Киргизия, 16 декабря 1990.

的结果。关于共和国获得主权的历史前提,吉尔吉斯斯坦学者乔多诺夫将其归结为三点:①其一,民族的自我保存。吉尔吉斯民族即便是在混乱历史年代的紧要关头也从未丧失过自己的民族意识,从来没有忘记自己的名字,并一直在为建立自己的民族国家而进行着孜孜不倦的努力。其二,前苏联的存在。前苏联时期吉尔吉斯民族在现领土上首次获得了与前苏联其他民族一样建立自己民族国家的机会。此间,为未来主权国家创造了法律、物质以及精神文化方面的前提条件。其三,历史机遇。苏联解体过程中的形势发展为吉尔吉斯民族谋求国家主权提供了难得的历史机遇。

从《吉尔吉斯斯坦共和国国家主权宣言》的以上规定不难发现,宣言维护了共和国各方面的利益,从某种程度而言,该宣言已具备了宪法的雏形。由于这是吉尔吉斯斯坦第一个正式宣布在前苏联框架内建立新型民族国家基本原则和宗旨的法律文件,因此可以说它为吉尔吉斯斯坦国家政治体制转型奠定了基础。也正因为如此,吉国学术界一般把《吉尔吉斯斯坦共和国国家主权宣言》的通过视为吉国政治转型开始的一个重要标志。

三、《吉尔吉斯斯坦共和国国家独立宣言》

众所周知,1991 年的“8 · 19 事件”是戈尔巴乔夫改革的一个标志性转折点,此后前苏联名存实亡。形势的发展使戈尔巴乔夫难以驾驭时局,各共和国纷纷宣布脱离前苏联而独立。在此背景下,根据《吉尔吉斯斯坦共和国国家独立宣言》和当时的宪法,吉尔吉斯斯坦共和国第十二届最高苏维埃第六次非常例会于 1991 年 8 月 31 日通过了《吉尔吉斯斯坦共和国国家独立宣言》。该宣言宣布:“吉尔吉斯斯坦共和国是独立的主权民主国家,其领土完整而不可分割,仅吉尔吉斯斯坦共和国宪法在其境内具有法律效力……”②《吉尔吉斯斯坦共和国国家独立宣言》的通过是吉尔吉斯斯坦国家政治生活中的一件大事,对吉尔吉斯民族来说,千百年来梦寐以求的国家独立理想终于实现了,尽管这一独立还是在前苏联的框架之下,且尚未得到国际社会的承认,但毕竟是国家历史上的一次巨大进步。在谈及国家独立的基本价值及其对吉尔吉斯人民的重要意义时,阿卡耶夫总统曾满怀感慨地说:

“国家独立就是在对自己负责的情况下用自己的双手和智慧、意志和首创精神来解决经济和文化生活的重大问题,决定自己今天、明天以及最遥远的未来

①См. : Чотонов У. Кыргызстан по пути суверенитета. Бищкек, 2007. С. 97.

②Декларация о государственной независимости Республики Кыргызстан. Ведомости Верховного Совета Республика Кыргызстан, 1991. № 17.

的命运。

国家独立就是说一切民族不论大小都可以平等地、独立自主地决定自己的发展道路以及在国际社会的地位。三年前吉尔吉斯斯坦名不见经传，现在全世界都知道我们，许多国家对我们充满了尊重和好感，当今世界许多备受尊重和深孚众望的领袖人物都向我们伸出了友谊与合作之手。

国家独立就是保持自己世世代代作为一个民族而珍惜自己独一无二特征和品质的机会，并以此为世界文明宝库作出贡献。

国家独立就是我们的习俗、语言和文化的进一步发展，从而使我们的民族国家生活变得多姿多彩。

民族国家就是吉尔吉斯人民对自己国家命运、对所有与其朝夕相处并与其一道构成我们美丽国家统一民族的各族人民命运负责的一种伟大的历史责任。”①

在此值得指出的是，历史实践表明，在人类社会发展过程中，任何重大变革的突如其来都会对社会民众的心理产生一定的冲击，同时也是对社会制度体系承受能力的一种考验。苏联解体在一定程度上讲是出乎人们的意料，从来没有文献记载有谁预言了前苏联会在20世纪末期解体。吉尔吉斯斯坦学者普遍认为是苏联解体为其赢得了国家的独立。然而前苏联走向解体的过程是极其复杂的，由此导致吉尔吉斯加盟共和国国内的形势也是瞬息万变。至于国家的独立，诚如吉尔吉斯斯坦驻乌克兰前大使齐纳利耶夫先生所言：“在1991年8月之前，无论从政治上，还是从经济上，抑或是从心理上讲，吉尔吉斯斯坦都没有做好独立的准备。”②对此，阿卡耶夫总统也曾表露过同样的观点：“1991年8月国家获得独立和现实的主权，这对大多数吉尔吉斯斯坦人来说是出乎意料的。从完全意义上来讲，当代吉尔吉斯斯坦国家的独立仰仗的是社会、其公民以及政治精英。然而，绝大多数社会成员对这一新状况的表现并不是那么积极，甚至对此连想也没有想过，更不用说去达到它。”③这一点在前面有关社会民众对待苏联解体的态度中已述及。1991年12月底，前苏联彻底解体。至此，吉尔吉斯斯坦才真正以独立主权国家的面目出现在国际舞台上，其全新意义的政治转型也由此迈向独立自主的正式阶段。

---

①Акаев А. Раздумья на судьбоносном этапе. Бишкек, 1994. С. 3 – 4.

②Чиналиев У К. Реализация принципа разделения властей в современном Кыргызстане. Киев, 1998. С. 3.

③Акаев А. Раздумья на судьбоносном этапе. Бишкек, 1994. С. 16.

本章小结

吉尔吉斯斯坦政治转型的启动在一定程度上讲，是与其在戈尔巴乔夫执政时期作为加盟共和国的政治改革同步进行的。启用人民代表制度、实施总统制以及由此导致的国家管理权限的划分等西方三权分立模式的尝试，为其独立后政治转型确定了基本方向。由于吉尔吉斯斯坦在漫长的历史上没有建立过自己真正意义上的国家，因此其政治转型与民族国家建构可谓是同步进行的，独立主权国家身份的确立既是吉国政治转型启动的一项重要内容，更是其政治转型所必须依托的基本政治单位和重要前提条件。与此同时，本章有关吉尔吉斯斯坦政治转型启动的阐述，为下一章进一步分析其政治转型的演进及相关基本政治制度的构建起到了重要的铺垫作用。

第三章　政治转型演进与新政治制度的构建

马克思主义唯物辩证法认为，任何事物的发展都是由简单到复杂、由低级到高级的进化过程。政治变迁作为一种社会运动亦不例外。苏联解体后，吉尔吉斯斯坦成为名副其实的主权国家，开始抛掉"苏联标签"独立自主地进行国家建设，其政治转型由此步入制度重构的新的发展时期。伴随着政治改革的不断推进和向纵深发展，吉尔吉斯斯坦国内政治结构发生了重大变迁，以西方自由民主为导向的国家基本政治制度架构逐渐得以确立，并得到进一步的深化与发展。与此同时，各种社会矛盾也日益凸现，使得转型之路显得崎岖不平。在此期间既有政权运作平稳发展的时期，也不乏充满惊涛骇浪的政治危机和挫折。本章主要就吉尔吉斯斯坦立国后国家体制与发展模式的探索、宪政制度的确立、立法机构的重建与改革、司法制度的变迁以及多党政治的发展等问题进行阐述与分析。

第一节　"民主岛"与"中亚瑞士"：国家体制与发展模式的定位

由于苏联解体，吉尔吉斯斯坦的国家和社会结构发生了巨大变迁。立国之初，百废待兴。无论就政治，还是就经济而言，国家的抗震能力极弱。在国家何去何从的十字路口，选择什么样的国家体制和发展模式，这对于刚刚脱离苏联、缺乏独立管理国家经验的吉尔吉斯斯坦来说，需要其国家领导人立即作出抉择。与此同时，鉴于苏联解体后国家因处在转型关头而形成的权力真空，国际社会对吉尔吉斯斯坦选择何种道路也充满了极大的兴趣和关注。

我国研究中亚问题著名专家赵常庆先生在其主编的《十年巨变·中亚和外高加索卷》一书当中，就中亚国家独立初期所面临的政治和经济发展模式作了以下归纳：从政治上看，是继续走社会主义道路还是走资本主义道路或是其他什么道路？是建立民主国家还是专制国家？是建立单一制国家还是联邦制国家？是建立君主制国家还是共和制国家？如果是建立共和制国家，那么是建立总统制国家还是议会制国家？作为穆斯林占国民多数的国家，是建立世俗国家还是政教合一的国家？从可供选择的经济发展模式来看，有以美国为代表的自由市场经济模式，以德国为代表的社会市场经济模式，以日本为代表的政府主导型市场经济模式，还有以中国为代表的社会主义市场经济模式等。① 此外，中亚学者也曾列举了达尼洛夫教授在其《转型社会》一书中所提出的五种转型模式：市场社会主义模式、国家—小团体模式、"天鹅绒"革命模式、"休克疗法"模式以及浪漫主义模式。②总而言之，包括吉尔吉斯斯坦在内的中亚国家在诸多可供选择的国家体制和发展模式中，如何选择适合本国国情的体制模式主要是由其国家发展方向和目标定位决定的。除此之外，诸如历史文化传统、经济、民族宗教与心理、国际环境乃至领导人性格与风格等一系列因素都会对中亚国家体制的选择产生影响，因为任何一项制度的构建都不是凭空想象的，都有其一定的路径依赖。

就当时的情况而言，在国际社会各有关主要行为体中，以美国为首的西方世界表现极为活跃，极力蛊惑中亚国家走西方式民主道路，似乎除此之外别无选择。福山的那部名著——《历史的终结》仿佛也是在印证这一逻辑：既然社会主义与资本主义意识形态的较量已告"终结"，那么，转型国家以欧美型的民主与市场模式作为目标进行改革似乎就成为一种理所当然的选择。另外，中亚除了是布热津斯基在其《大棋局》中所称的"种族的大熔炉"和"欧亚大陆的巴尔干"③之外，还是各种文化的集散地。五国除塔吉克斯坦为伊朗语系之外，其余四国均属突厥语系，在宗教信仰上五国又属于伊斯兰文教。相似的文化使伊斯兰世界对中亚国家转型的关注度也格外高，尤其是伊斯兰世界的大国土耳其和伊朗，都在向中亚国家兜售其发展模式，并希望中亚国家能走它们的发展道路。在此复杂的背景之下，选择何种国家体制，是考验中亚各国领导人政治智慧的一项尤为艰难的抉择。众所周知，受伊朗的影响，塔吉克斯坦在立国之初就曾因建立世俗国家还是政教合一国家发生了长达五年的内战，造成了大量人员伤亡的历史悲剧。中亚其他四国虽说没有发生类似的流血冲突，且大都以和平方式实现了体制的平稳过渡，但并不意味着其转型之路就走得一帆风顺。

事实表明，由于缺乏经验和明确的对外战略，吉尔吉斯斯坦独立之初在国家体制及发展模式的选择上，也曾经历过从一个极端走向另一个极端的盲从过程：

①参见赵常庆主编：《十年巨变：中亚和外高加索卷》，东方出版社 2003 年版，第 29 页。

②См.：Батырали Сатыков. Государства Центральной Азии：опыт и перспективы социокультурных моделей сотрудничества. Бишкек，2003. С. 53 – 55.

③参见〔美〕布热津斯基：《大棋局——美国的首要地位及其地缘战略》，上海人民出版社 1998 版，第 162 – 164 页。

忽而以民族上接近的土耳其为典范,忽而以象征着资本主义进步的日本为榜样;一会儿追随仅二十多年时间就从瓦砾中恢复的德国,一会儿又热衷于中立的瑞士……①

众所周知,后苏联国家的社会转型是政治精英自上而下实施其改革战略的结果,因此领导者个人因素就显得尤为重要。中亚国家也不例外,立国之初建立什么样的民族国家完全取决于国家领导人的个人禀赋、经验、意志及其世界观。比如,土库曼斯坦尼亚佐夫当政,国家便逐渐倒退到中世纪;吉尔吉斯斯坦选择了阿卡耶夫当总统,于是便出现了“民主岛”。② 相比较而言,吉尔吉斯斯坦是中亚国家中转轨步伐迈得较快、社会比较开放的一个国家。这与吉国的现实状况以及阿卡耶夫总统据此对国家发展方向的确定有关。

吉尔吉斯斯坦是中亚一个面积不足20万平方千米、人口只有500万左右的小国。③ 相对于中亚其他国家,吉尔吉斯斯坦虽说有多种矿产资源(以汞、锑和金为主)和较为丰富的水力资源,但总体而论该国并不属于自然禀赋突出的国家,除年产10吨的黄金之外,能使国家真正快速致富的矿产资源并不多,尤其是缺少像哈萨克斯坦、土库曼斯坦那样能为国家迅速带来巨额外汇收入的油气资源。因此,吉尔吉斯斯坦不能像哈萨克斯坦、土库曼斯坦那样选择资源密集型的出口发展战略,而只能采取通过过境贸易和大量吸引外资来发展经济的战略。为此就需要通过外交和对外经济活动来为国家发展创造良好的环境,以打造“新的丝绸之路”。在独立初期后苏联空间经济普遍不景气的情况下,能对吉尔吉斯斯坦提供援助的只有西方大国以及受西方操纵的国际金融机构。为了吸引外援以弥补国家资源不足的缺陷,知识分子出身的阿卡耶夫便靠其人格魅力打出“民主”招牌,以显示其与中亚其他国家领导人迥然不同。于是,独立后,吉尔吉斯斯坦很快便赢得了中亚“民主岛”的美誉,因为它是处于专制体制和受内战蹂躏的国家之间的一个民主政体。④ 正如美国时任副国务卿斯特罗贝·塔尔博特(Strobe Talbott)在1994年对阿卡耶夫所作的评论:“在任总统的第一年,他急于把自己打造成中亚的托马斯·杰弗逊的形象。”⑤早在1990年发表的主权宣言中,吉尔吉斯斯坦就提出了要致力于建设一个民主与法制的国家。在吉尔吉斯斯坦的国家发展目标中,“人权、自由、民主”等字眼占据了醒目的位置。如前

①См. : Койчуев Т, Плоских В. Аскар Акаев Ученый. Политик. Бишкек, 1996. С. 62.

②Иманалиев М. Проблемы национальной государственности в Центральной Азии. Бюллетень института общественной политики. № 9.

③吉尔吉斯斯坦面积为19.85万平方千米,相当于中国陕西省,1992年人口仅为445.1824万人。

④John Anderson. Kyrgyzstan :Central Asia's island of democracy? Amsteldijk, OPA, 1999, P. 23.

⑤〔美〕玛莎·布瑞尔·奥卡特:《中亚的第二次机会》,李维建译,时事出版社2007年版,第4页。

所述，阿卡耶夫之所以在首次总统选举中脱颖而出，成为一颗耀眼的政治明星，在很大程度上靠的就是“民主”这一招牌及其激进的思想。他曾说过：“无论在经济，还是在政治方面，我们首先应该拒绝过去那套陈词滥调。国家称谓应与其制度和地理概念相符合，无论在何种情况下，国家名称都不应该被赋予意识形态色彩。我们可以称自己是共产主义国家，但现实社会经济状况与之不符。”① 1991 年 10 月 23 日，阿卡耶夫在美国参议院外交委员会演讲时，曾就吉尔吉斯斯坦内政的主要方向作过如下描述：为政治、经济和精神自由而斗争；自由和权利优先；与极权主义作斗争；全力促进和支持私人利益以及私有制；巩固宗教和道德观念；坚决拒绝共产主义意识形态。② 在谈及吉尔吉斯斯坦独立后采取何种经济政策时，阿卡耶夫这样说：“苏联解体后，吉尔吉斯斯坦的经济政策有两种选择：要么是在已遭到破坏的计划经济的废墟上继续实行这种强制性的政策，要么是根据市场原则进行激进改革。对我来说，有一点很清楚，除市场经济别无选择，因为两百多年的市场经济证明了其在许多国家的活力，同时也证明了其比苏联行政命令经济体制具有更高的优越性。……首先必须改变社会心理，就实质而言，市场首先是一种人际关系文化，它确立了所谓的‘市场’意识和行为。”③

在确立了追求“中亚民主岛”的国家政治目标之后阿卡耶夫便以极大的热情推进经济改革，决心走瑞士发展模式，希望把吉尔吉斯斯坦打造成“中亚的瑞士”——金融中心、交通中心、国际旅游胜地。阿卡耶夫十分欣赏罗斯福的一句名言：一个社会只有使人们享受言论和信仰的自由，生活安宁、幸福，才能成为民主社会。他认为吉尔吉斯斯坦已具备前三项，目前最主要的任务是战胜贫穷，最终目标是使吉尔吉斯斯坦成为“亚洲的瑞士”。在谈及钟情于瑞士发展模式的原因时，阿卡耶夫说：“我从来都不会隐瞒，瑞士更对我的心思。吉尔吉斯斯坦和瑞士都是山国，而山，我永远喜欢。有时吉尔吉斯斯坦甚至也被称为‘中亚的瑞士’。同时，在经济上我们之间的差距也是惊人的。在和平发展的一百多年间，瑞士成了一个繁荣的国度，他首先依靠的是自己人民的创造潜力。现在吉尔吉斯斯坦也在走这条路。我们的伟大目标就是——利用瑞士的经验，也在不久的将来走向繁荣。”④

在阿卡耶夫上述国家发展战略目标的思想原则指导下，加之受俄罗斯叶利

①Акаев А. Откровенный разговор. Москва, 1998. С. 51.

②См.: Койчуманова Ч У. Становление политической системы суверенного Кыргызстана. Бишкек, 2004. С. 18.

③Акаев А. Откровенный разговор. Москва, 1998. С. 91.

④〔吉〕阿斯卡尔·阿卡耶夫：《难忘十年》，武柳等译，世界知识出版社 2002 年版，第 195 页。

钦激进改革的影响,自然禀赋较差的吉尔吉斯斯坦最终选择了西方的民主宪政制度和自由市场经济作为其国家体制转型的路径依赖。一时间,以私有化、价格自由化和为外国投资者创造优惠条件为优先发展方向的"吉尔吉斯斯坦模式"被外界视为最佳的改革模式,并为其赢得了普遍的赞誉。① 阿卡耶夫曾十分喜欢引用诺贝尔经济学奖得主——密尔顿·弗里德曼的一句名言:"通往自由社会大门的钥匙只有三句话:第一,私有化;第二,私有化;第三,还是只有私有化。"②

为了实现"中亚民主岛"与"中亚瑞士"的目标,吉尔吉斯斯坦立国之后极力追随西方,长期保持着一种社会多元主义和更为开放的政治空间。相对而言,这种现象在其中亚邻国并不多见。对此,西方学者的评价是:"中亚相对富裕的国家不完全听从西方的建议,或者与西方经济顾问保持距离,这样的感觉也许会舒服一些。哈萨克斯坦就是如此,对于西方的建议,它有选择地听或者不听。而那些中亚穷国,则不总是认为自己也那么游刃有余。吉尔吉斯斯坦就是如此。"③

有关国家体制和发展模式的探索,为吉尔吉斯斯坦指明了独立自主发展的方向。然而,其探索的结果只有反映在宪法中才具有效力。因此,制定一部适合本国国情的宪法是吉尔吉斯斯坦所面临的一项刻不容缓的任务。

第二节 1993 年宪法:宪政民主制度的确立

宪法又称基本法,是一个国家的根本大法,它是任何国家的国家意志体现及其国家政权与社会生活组织的基础,是国家其他法律制度的重要源泉。吉尔吉斯斯坦获得独立后,在困难重重的情况下,于 1993 年通过了其独立以来的第一部宪法。1993 年宪法的通过是吉尔吉斯斯坦国家政治生活中的一件具有里程碑意义的重大事件,标志着新型国家基本制度的确立,为国家指明了前进的方向,国家由此迈上了法制化的道路。与此同时,该宪法也因其局限性为日后总统和议会之间的权力之争埋下了隐患,并由此导致国家陷入政治危机。

一、1993 年宪法的出台

纵观历史,任何国家在社会生活发生重大变迁的紧要关头都会进行法制改革,刚刚获得国家独立的吉尔吉斯斯坦也不例外。

---

①См.: Данилов. А Н. Переходное общество: проблемы системной трансформации. - Мн., Хорвест. 1998. С. 240.

②Акаев А. Откровенный разговор. Москва, 1998. С. 99.

③〔美〕玛莎·布瑞尔·奥卡特:《中亚的第二次机会》,李维建译,时事出版社 2007 年版,第 42 页。

如前所述，苏联解体不但使吉尔吉斯斯坦获得了梦寐以求的国家独立，而且使其体制发生了重大的变迁，这为其制定新宪法提供了历史必然性。随着国家结构及社会制度以崭新的面目出现，旧的以反映苏维埃体制为主要内容的法律制度显然已不适应新的形势发展的需要，制定新宪法无疑成为摆在年轻共和国面前的一项极为迫切的任务。

要了解吉尔吉斯斯坦制定新宪法的必然性，首先有必要对其宪法发展的历史沿革进行了解。前苏联时期吉尔吉斯斯坦总共颁布过三部宪法：1929 年的《吉尔吉斯苏维埃社会主义自治共和国宪法》、1937 年和 1978 年的《吉尔吉斯苏维埃社会主义共和国宪法》。以上三部宪法虽说对吉尔吉斯斯坦所谓的“民族国家”的形成具有一定的进步意义，但其活动始终被限制在前苏联宪法的框架内，因为在前苏联领土上唯一具有效力的是联盟法律，它对各加盟共和国的立法具有至高无上的支配权力。所以，作为加盟共和国的吉尔吉斯斯坦，若要通过什么法律法规，首先必须严格遵守并执行前苏联法律，且其制定的法律常常是苏联法律的翻版。比如，在 1993 年《吉尔吉斯共和国宪法》的 172 条当中，就有 44 条是一字不差地直接照搬了前苏联宪法的相应条款；有 88 条仅仅把“苏联”的字样改为“吉尔吉斯共和国”；剩下的 40 条虽从字面上看与前苏联法律不相符，但实质上也是重复了前苏联法律的内容，毫无法律分量。① 另外，前苏联时期名义上是实行体现民主的苏维埃制度，而实际上党的机构拥有对任何国家机关活动实施监督的巨大权力。这虽说没有在前苏联宪法当中得到明显的体现，但却写在前苏共党章里，何况党章在任何时候都是高于基本法的。所以，与西方国家不同的是，分权原则在前苏联不但没有得到实行，而且在理论上前苏联也不承认分权原则。由此导致前苏联宪法以及包括吉尔吉斯斯坦在内的各加盟共和国宪法普遍缺乏分权原则，更不用说权力制衡的机制了。② 这对已迈向西方式发展道路并寄希望于通过“三权分立”实现“民主制度”的吉尔吉斯斯坦来说，是其新宪法中必须体现的关键内容之一。

总体而言，早在苏联解体前夕作为加盟共和国的政治改革过程中，吉尔吉斯斯坦就开始了其制宪的历程。1990 年 10 月 27 日，在阿卡耶夫当选共和国首任总统的同一天，共和国第十二届最高苏维埃通过了关于成立制定新宪法草案委员会的决议，且该委员会由总统亲自领导。1991 年 5 月 15 日，共和国最高苏维埃颁布了关于成立制宪工作小组的决议，标志着制定宪法的实际工作已经开始。

①См.：Чиналиев У К. Кыргызстан на пути к демократии：трансформация политической системы. Москва，2004. С. 57.

②См.：Чиналиев У К. Реализация принципа разделения властей в современном Кыргызстане. Киев，1998. С. 16 – 19.

同年10月3日,制宪工作小组召开会议,商讨此前提交的有关未来宪法的议案,并于11月1日将其提交最高苏维埃。1992年3月6日,最高苏维埃会议研究了该议案,代表们要求将其交付全民讨论,因此需要制定正式的宪法草案。于是,新的宪法草案于6月12日被制定好,随后被提交最高苏维埃讨论。1992年12月12日,最高苏维埃发布了关于将新宪法草案交付全民讨论的决议。鉴于各种意见和建议此前已经讨论了三个月,宪法委员会在完成草案后便将其提交到将于1993年4月12—19日和5月3—8日分两阶段召开的最高苏维埃第十二次例会研究。① 在此要说明的一点是,独立前的吉尔吉斯斯坦宪政改革在很大程度上只是对其在前苏联时期1978年宪法进行各种补充和修改,那纯属应急之举,更何况前苏联尚且存在,其真正独立尚未落到实处。苏联解体后,国内外天翻地覆的形势变化赋予吉尔吉斯斯坦宪法全新的内容。经过两年多的努力,结合此前颁布的主权宣言和独立宣言,1993年5月5日,吉尔吉斯共和国第十二届最高苏维埃第十二次会议正式通过了《吉尔吉斯共和国宪法》。这是吉尔吉斯斯坦独立以来颁布的首部宪法。

二、1993年宪法的内容结构及其基本原则

(一)1993年宪法的内容结构

吉尔吉斯斯坦1993年宪法的内容由序言和正文两部分组成。正文分为8章,每章下又分为若干节,总共97条。在结构安排上,1993年宪法的内容主要涵盖了以下8个方面:第一章　吉尔吉斯共和国;第二章　公民;第三章　总统;第四章　议会;第五章　执行权;第六章　法院和司法;第七章　地方自治;第八章　修改和补充吉尔吉斯共和国宪法的程序。②

(二)1993年宪法的基本原则

1993年宪法主要体现了以下基本原则:(1)世俗法制国家的原则。就国家性质而言,《宪法》第1条就旗帜鲜明地规定,“吉尔吉斯共和国(吉尔吉斯斯坦)是建立在法制和世俗原则上的享有主权的单一制民主共和国”,“吉尔吉斯斯坦人民是吉尔吉斯共和国主权的体现者和国家权力的唯一源泉”,“只有经过人民选举的最高会议和总统才有权利代表其人民行使国家权力”。在国家政权组织方式上体现了“三权分立”的制度安排原则,《宪法》第7条规定,“根据分权原则,吉尔吉斯共和国国家权力分为立法、执行和司法三支权力”,“民选国家元

①См.: Сооданбеков С С, Укушев М К. Конституционное право Кыргызской Республики. Бишкек, 2001. С.86-87.

②См.: Конституция Кыргызской Республики 1993 года. Бишкек, 1993.

首——吉尔吉斯共和国总统是宪法稳固和国家权力统一的保障”,“吉尔吉斯共和国国家权力分别由以下机关代表和行使:最高会议代表和行使立法权;政府和地方国家行政机构行使执行权;宪法法院、最高法院、最高仲裁法院以及司法系统各法院和法官行使司法权”,“立法、执行和司法权力机关独立活动,彼此之间形成互动,三权无权超越吉尔吉斯共和国宪法所规定的各自的职权范围”。(2)意识形态多元化的原则。《宪法》规定,“在吉尔吉斯斯坦,可根据自由表达意志和利益共同性来成立政党、工会和其他社会组织,国家为维护社会团体的权利和合法利益提供保障”,但是,“吉尔吉斯共和国不允许国家和党的机关相融合,国家活动不应受党的纲领和决议的影响”,“不允许组建宗教党,宗教组织不应具有政治目的和任务”(第8条)。(3)自由、平等及人权的原则。在《公民》一章,宪法明确规定,“在吉尔吉斯共和国人的尊严绝对神圣不可侵犯,人的基本权利和自由是每个人与生俱来的,它们将得到绝对的承认,并受法律和法院的保护而不应为任何人所剥夺”(第15条),“在吉尔吉斯共和国,根据普遍公认的国际法准则,以及吉尔吉斯共和国批准的关于人权问题的国际条约和协定,人的基本权利和自由得到承认和保障”(第16条),“在吉尔吉斯共和国,在法律和法庭面前人人平等”(第15条)。(4)开放及公民社会的原则。《宪法》在序言中就制宪目的及其缘由进行阐述时,提出了“我们吉尔吉斯斯坦人民希望在世界人民当中树立自由和民主的公民社会形象”。为了体现开放社会的原则,《宪法》规定任何人都可自由地表达自己的思想和观点,每个人都有权自由发挥自己的个性,为此,“吉尔吉斯共和国不应颁布废除或贬低人的权利和自由的法律”(第17条)。(5)在所有制方面,体现了多元化的原则,私有财产神圣不可侵犯的原则得到了尤为明显的体现。《宪法》规定,“吉尔吉斯共和国实行国有和私人所有制,国家保障所有制形式多样化并为其提供平等的法律保护”(第4条),“在吉尔吉斯共和国,私有财产作为人的一种不可分割的权利将予以承认并得到保护……私有制神圣不可侵犯”(第19条)。(6)司法监督的原则。与苏联时期所谓的人民监督不同,1993年宪法提出了司法监督的原则。对国家和社会生活中各项权力实施监督主要依靠各法院来完成,这在该宪法的第82、83、84等条款中均有明文规定。(7)地方自治的原则。地方自治由地方公众实施。《宪法》第七章专门制定了5条内容来阐述地方自治。例如,《宪法》第91条规定,“具有地方级别的村、镇、市、区和州居民的生活问题在与国家政权一起发挥效力的地方自治原则的基础上解决”。

除上述基本原则外,1993年宪法还就总统、议会的地位、权限及其选举作了详细规定,最后是对修宪程序的规定。在此值得一提的是,1993年宪法还就国家和议会的名称、国语等作了规定。国名由此前的“吉尔吉斯斯坦共和国”改为

"吉尔吉斯共和国",简称"吉尔吉斯斯坦";议会名称则由此前的"最高苏维埃"以吉尔吉斯语改为"最高会议"(Жогорку Кенеш);吉尔吉斯语被规定为国语。

三、对 1993 年宪法的评价

首先,从内容和特征上看,吉尔吉斯共和国 1993 年宪法的最大特点在于体现了宪政精神。宪政是现代宪法的精髓。所谓宪政就是以宪法为核心的民主政治,其主要内容包括:首先建立立宪政府,再实行法制;完善以宪法为核心的法律体系,并健全法制;统治阶级的每个成员按照宪法和法律的规定平等地参与国家政治生活,即实行民主政治。① 而宪政制度则是指一个国家的统治阶级用宪法、法律和规范性的文件所确认的,保证以宪法为核心的法在该国至高无上,并使该国成为宪政国家的制度。因此,宪政制度要求有一部至高无上的宪法,其次是在宪法范围内推行民主政治。②受独立初期国内外环境的影响以及国家发展目标的需要,吉尔吉斯斯坦新宪法是在彻底否定苏联苏维埃宪法体制的情况下,以西方政治学说为基础,仿照西方民主国家的宪法制定的,充分反映了西方的法律制度和思想。如同上述,总统制、三权分立、多党政治、自由、民主、人权、意识形态多元化、私有财产神圣不可侵犯、司法监督等典型的西方宪政原则在这里都得到了充分的体现。

其次,就功能而言,1993 年宪法的巨大作用就在于它以国家基本法的形式确立了吉尔吉斯斯坦新的国家制度架构,巩固了国家的独立和发展方向,为国家在新环境下的政治运作实现制度化提供了坚实的法律基础。此外,该宪法还具有组织功效和意识形态功效。1993 年宪法不仅规定了已取得的成效,而且提出了新的任务。由于 1993 年宪法规定了"世俗、民主和法制"的国家性质,实际上也就是指明了国家建设的方向,这意味着今后国家机关和全社会的一切活动都将围绕着建设民主法治国家这一任务而展开,从而使 1993 年宪法具备了组织和动员全社会力量来完成该任务的潜在功能。与过去宪法不同,1993 年宪法的意识形态功能就在于强调全人类的价值观和原则,因此它能够并且理应成为促进公民去实现民主化公民社会的一种强大的思想工具。③

最后,就存在的问题而言,1993 年宪法是在西化思想在整个社会占据主导地位,同时又不能不受本土环境和传统政治文化影响的极其复杂的背景下通过的,因此存在不少弊端。其中尤为明显的是由总统制国家体制设计引发的争论

---

①参见许崇德:《中华法学大辞典》(宪法学卷),中国检察出版社 1995 年版,第 673 页。

②参见王树春:《转型时期俄罗斯政治制度探析》,载于《东北亚论坛》2002 年第 1 期。

③См.: Сооданбеков С С., Укушев М К. Конституционное право Кыргызской Республики. Бишкек, 2001. С. 92 – 93.

最为激烈。1993年宪法的通过使总统制产生的一个变化就是由"弱总统"开始向"强总统"演变。① 这从该宪法对总统权力的规定上反映得格外明显。该宪法将总统置于国家所有权力机构的首要位置。从一定程度上来讲,1993年宪法已显露出了总统集权制的端倪,并成为影响国家稳定发展的一大关键性的因素。事实上,吉尔吉斯斯坦此后频繁发生的政权危机和宪法危机也充分证明了这一点。

第三节　立法机构的重建与改革

代议民主制是当代西方政治体制的一个重要特征,其制度架构的基本支撑显然是象征现代民主制度的代议机关——议会。现代意义上的议会最早出现于13世纪的英国。作为联系社会与国家的桥梁,议会被誉为社会的一面"镜子",从中可以折射出社会的结构与情绪,它不仅是国家和人民意志与利益的代表和体现,同时也是化解各种社会政治矛盾的重要舞台。现代政治学一般认为议会具有以下功能:代表功能、立法功能、权力功能、政治监督功能等。但相对而言,立法功能无疑是议会的一项最基本的功能。诚如洛克所言:"既然人们参加社会的重大目的是和平地和安全地享受他们的各种财产,而达到这个目的的重大工具和手段是那个社会制定的法律,因此所有国家的最初的和基本的明文法就是关于立法权的建立……这个立法权不仅是国家的最高权力,而且一旦共同体把它交给某些人,它便是神圣的和不可变更的。"②现代国家追求的目标之一就是建立法制国家,而离开立法机构,法制国家的建立将无从谈起。在从传统的苏维埃体制向现代议会制度的转变过程中,立法机构的改组与重构无疑是吉尔吉斯斯坦政治转型首先面临的一个重大问题。

一、立法机构的重建与改革

(一)重建立法机构的必要性分析

第一,历史传统的认同作用对吉尔吉斯斯坦立法机构的重建具有一定的必要性。尽管独立前吉尔吉斯人对现代意义上的议会制度并不是十分了解,但在并入沙俄之前的漫长历史上,吉尔吉斯社会早就存在各种具有民主雏形的会议:部族会议、长老会议以及有比和玛纳普参与的人民大会。③ 这从古代吉尔吉斯

①См. : Укушев М К, Бокоев Ж А. Президент Кыргызской Республики. Бишкек, 1997. С. 34.

②〔英〕洛克:《政府论》(下),叶启芳、瞿菊农译,商务印书馆2003年版,第82页。

③См. :Чиналиев У К. Кыргызстан на пути к демократии: трансформация политической системы. Москва, 2004. С. 128.

民族的英雄史诗《玛纳斯》中可以得到佐证:在社会生活的一切重大事件上,尤其是在出征之前,上至玛纳斯的父亲贾基普(Джакып)、马纳斯本人,下至玛纳斯的战友,所有部落首领都必须召集明哲老人、长老、有名望的战士,甚至全体人民开会。选举的原则没有丧失其意义。作为军事统帅,马纳斯本人一般由白胡子长者选举。① 吉尔吉斯民族这一部族和军事民主传统一直保留到19世纪中叶。社会转型时期,民族传统的历史记忆对其制度的建构无疑具有某种潜移默化的作用。

第二,社会转型与制度变迁为立法机构的重建提出了客观必要性。苏东剧变开启了吉尔吉斯斯坦以制度变迁为核心的社会转型进程,其涉及社会生活的方方面面,如旧体制的崩溃、国家的重建、社会利益格局的重新调整等。转型时期制度的变迁客观上要求必须对国家原有的各项旧制度重新进行安排,为人们的社会生活和新的社会关系确立新的行为规范,同时也为改革奠定法律基础。因此,立法先行体现了制度变迁的客观需要,更何况"立法权本身是国家制度的一部分,国家制度是立法权的前提"。②此外,就国家政权的运行机制来看,立法机构的重建和改革也是三权分立宪政制度的必然要求和体现。就其实质而言,吉尔吉斯斯坦政治转型的核心在于确立有别于苏维埃体制的现代西方三权分立民主政体。如何协调三权之间的关系,只有以立法形式加以确立和巩固,方可为其有序活动确立准则,从而保障法制社会的正常运行。统治权是一切国家问题的核心所在,以立法形式使其合理分配并建立彼此之间有效的制衡机制,对防止独裁和专制,确保国家生活正常化将有十分重大的意义。对此,法国著名启蒙运动思想家、法理学思想体系的主要奠基者之一孟德斯鸠在其《论法的精神》中写道:"当立法权和行政权集中在同一个人或同一个机关之手,自由便不复存在了,因为人们害怕这个国王或议会制定暴虐的法律,并暴虐地执行这些法律;如果司法权不同立法权和行政权分立,自由也就不复存在了。如果司法权同立法权合而为一,则成为对公民的生命和自由施行专断的权力,因为法官就是立法者。如果司法权同行政权合而为一,法官便握有压迫者的权力。如果由同一个人或由重要人物、贵族或平民组成的同一个机关行使这三种权力,即制定法律权、执行公共决议权和裁判私人犯罪或争讼权,则一切便都完了。"③总之,对吉尔吉斯斯坦而言,首先完善立法机构是其制度转型内在逻辑发展的客观诉求。

第三,苏维埃体制的弊端是立法机构重建的现实必要性因素。众所周知,由

①См.: Абрамзон С М. Киргизы и их этногенетические и историко - культурные связи. Л., 1971. С. 167.

②〔德〕黑格尔:《法哲学原理》,范扬、张企泰译,商务印书馆1961年版,第315页。

③〔法〕孟德斯鸠:《论法的精神》(上),张雁深译,商务印书馆1982年版,第156页。

于前苏联时期实行特殊的议行合一的苏维埃体制，从而使得立法与行政机构权限含混不清、关系严重错位，由此导致作为立法机构的苏维埃名不副实，宪法所规定的最高国家权力机关——苏联最高苏维埃根本起不到任何实际决策作用。如前所述，由于前苏联时期在理论和实践上都不承认分权原则，国家所有权力几乎为前苏共所垄断，苏维埃事实上已被架空，仅仅是一种表决机器和橡皮图章。与所有加盟共和国一样，尽管吉尔吉斯共和国1937年和1978年宪法规定了共和国最高苏维埃为国家最高权力机关，有权解决宪法所赋予的一切重大问题；然而，由于最高苏维埃每年只召开两次例会，无法就国家重大生活问题进行深入研究，故其职责常由其常设代表机构——最高苏维埃主席团来行使。即便如此，由于前苏联的联邦制形同虚设以及前苏共的高度集权，实际上，宪法的通过与修改以及国家经济发展计划的确定等事关国家政治、经济与社会的重大问题，几乎从来都不是由共和国最高苏维埃及其常设机构——最高苏维埃主席团来决定的，而是由联盟中央相应的机构和吉共中央委员会最终决定。在首次由人民真正选举的第十二届最高苏维埃代表当中，前苏共党员所占的比例仍为89.5%，共青团员所占的比例为1.5%，且根据党的纪律要求，所有党团员代表在其活动范围内必须遵守党的机关的指示。① 在吉尔吉斯斯坦，首次明确规定最高苏维埃为常设立法和监督机关的是1989年9月23日通过的关于修改和补充《吉尔吉斯苏维埃社会主义共和国宪法》的法律文件，共和国最高苏维埃的地位由此得到提高。与此同时，立法者曾设想将最高苏维埃变为真正的职业议会，但由于其代表不愿意放弃自己的工作职位，只想做兼职议员，因此吉尔吉斯斯坦职业议会的真正诞生是在其国家获得独立之后。此外，成立于1990年的第十二届最高苏维埃是按前苏联时期的选举法选举的，因此是苏联式的议会。其大部分代表反对阿卡耶夫总统的激进改革，导致改革的政策难以从立法上得到保证。所以，重建立法机构具有极为迫切的现实必要性。

（二）从一院制最高苏维埃到两院制议会

1. 两院制议会改建的历史背景

由于苏联解体的急剧性，后苏联国家来不及在短时间内重筑新型国家基本制度的架构。以立法机构为例，转型之初后苏联国家几乎都沿用了苏联时期旧的苏维埃议会。在前苏联时期，吉尔吉斯共和国最高苏维埃为一院制，共计350名代表。作为过渡性议会，吉尔吉斯斯坦第十二届最高苏维埃的寿命相对要长一点，从1990年4月组建到1994年9月被迫提前解散，总共存在了四年多时

①См.：Чиналиев У К. Кыргызстан на пути к демократии：трансформация политической системы. Москва，2004. С. 129 – 130.

间。然而，相对于独联体其他国家，旧的苏维埃议会在吉尔吉斯斯坦独立后保留时间较长，并不代表总统与议会两支权力机构之间没有矛盾。相反，正是由于总统和议会在诸多问题上的分歧日渐凸现以及争权夺利的斗争日益加剧，所以立法机构的改组与重建从一开始就被提上议事日程。

独立初期，热衷于西方发展模式的具有激进思想的总统和诞生于苏联时期保守的议会（最高苏维埃），在国家改革发展重大战略问题上意见相左，双方相互指责：议会指责总统独断专行，要求限制总统的权力；而在阿卡耶夫总统看来，最高苏维埃已经变成了“政治阴谋的场所”，企图否决改革和民主改造的道路。为此，总统经常批评议会“不务正业”、“耽于政治游戏”而忘记了“立法这一最主要的工作”，对改革起了“阻碍作用”。再者，激烈的权力斗争导致总统倡议的诸多政策法规难以得到贯彻和执行。在此背景下，总统及其部分支持者开始寻思对议会结构进行改造，即把现有的一院制苏维埃议会改建为两院制。

事实上，早在独立后首部宪法颁布前的1993年春天，关于“是维持一院制议会还是组建一个两院制议会”这一重大问题的激烈的辩论就已在吉尔吉斯斯坦展开。当时一些议会代表，尤其是那些来自楚河州的代表要求把现行的最高苏维埃变成一个在两院之间进行职责分配的全日制职业议会（过渡议会的最高苏维埃代表为兼职议员）。这些代表认为现行议会中只有极少数代表全年致力于起草立法的工作，而其他代表一年内也只能见到几次，这导致批准立法的效率低下，因此，有必要以全日制两院制议会代替目前的一院制苏维埃议会，以便加快国家的政治和经济改革进程。更重要的是，倡导两院制议会的代表们认为，通过保持议会代表的全年存在，可以加强地区领导人在国家决策中的作用。但是，南北地区的大多数代表坚决反对将单一结构的最高苏维埃用两院制议会取代，他们认为改建两院制议会无异于建立联邦制，也就等于扩大了地区领导人对国家政府的权力和影响力，“鼓励部落倾向”，因此会加剧地区间的政治竞争。① 南方奥什州领导人对北方楚河州代表的建议更加反对，他们担心的是，如果将权力过多地下放给地区领导人，这有助于维护北方代表在权力平衡上的优势，因为当时全国的6个州中就有4个位于北方，②这意味着北方地区将会产生更多的地区领导人。为了避免造成政治分裂，楚河州代表提出的建立两院制议会的建议最终被大多数议会代表以及中央否决了。与此同时，中央上层采取了折中的方式，建议保留一院制议会，但把议会代表的人数由原来的350人减至105人。有关

①Margaret Levi, Institutional change and political continuity in Post – Soviet Central Asia: power, perceptions, and pacts, Cambridge University Press, 2002, pp. 179 – 180.

②吉尔吉斯斯坦全国目前有7个州：楚河州、塔拉斯州、伊塞克湖州、纳伦州、奥什州、加拉拉巴德州和巴特青州（1999年从奥什州分出），其中前四州位于北方，后三州地处南方。

议会结构辩论的结果被写入1993年宪法之中。

然而,1993年宪法的通过并未缓和总统与议会之间的矛盾,加之南北利益集团之间斗争加剧,致使国内面临发生政治危机的危险。就在1993年宪法通过两个月后的1993年7月,楚河州议会代表便召开例会并通过了国家必须建立两院制议会的决议。该决议规定:两院议会中一院代表人数为56人,另一院代表人数为49人。① 楚河州此举在社会上引起了强烈的反响,并引起了社会各界的激烈讨论。在此情况下,为了消除最高苏维埃保守势力给总统推进改革所造成的阻力并扩大总统权力,阿卡耶夫决定对立法机构进行重大改组。在此要着重说明的是,促使阿卡耶夫改建议会的另一大缘由是对南北地区紧张状态所带来的消极影响的担心,故保持地区政治力量平衡以维护国家的完整也是议会改制的必然因素之一。诚如一位时事观察评论员所讲:"阿卡耶夫决定对一院制议会实施改进,是出于对一个国家可能会分裂成好几个长期斗争的集团的担忧。"②1994年春天,阿卡耶夫总统开始以积极的姿态重新考虑立法机关的改革问题,他不再反对楚河州领导关于设立两院制议会的提议和要求,而是鼓励他们就此事提出一个详细的宪法修正案。

虽然1993年宪法规定修宪的权力属于议会,但是此时的议会除了与总统对抗外,其内部也出现了严重的分化与危机,难以凑成法定程序的多数,故难以召开会议。在此情况下,阿卡耶夫决定动用宪法赋予总统可将国家重大问题交付全民公决的权力,以期通过全民公决修改宪法,将一院制苏维埃议会改组为两院制议会。然而,总统此举招来了议会反对派的强烈愤怒和不满。"自由吉尔吉斯斯坦"党、共产主义者党、"争取进步与民族尊严"协会、"吉尔吉斯斯坦一埃利"协会等9个政党和团体立即发表《我们不会为独裁让路》的联合声明,指责阿卡耶夫向人民的民主成就发动进攻,为了自己的利益而粗暴地改变宪法。③不过,总统并未因此而退却,决意以全民公决的方式修改宪法。总统当时交付全民公决的问题是:"您是否同意将以下条款列入修改后的宪法:吉尔吉斯共和国立法权由两院制最高会议来实施,即由35名代表组成的立法会议和由70名代表组成的人民代表会议,其中,立法会议为常设机构,代表共和国全体人民的利益;人民代表会议仅以召开例会的工作方式存在,代表地区利益?"尽管议会反对派向总统施加了强大的压力,但最终还是难逃被解散的厄运。1994年10月22日,以修宪重建议会为主旨的全民公决如期举行,选民们对上述问题的支持

①См.: Жоробеков Ж. Становление двухпалатного парламента Кыргызстана. Вестник Межпарламентской ассамблеи. 1996. № 2(13).

②Segodnia. 1994. July 23: 5.

③参见于洪君:《吉尔吉斯斯坦的权力架构与政治局势》,载于《和平与发展》1995年第2期。

率高达84%。① 1994年宪法的颁布标志着成立于前苏联时期的吉尔吉斯共和国最后一届最高苏维埃彻底退出了历史舞台,取而代之的将是新型的两院制议会——最高会议②。改建后的两院制议会共计有议员105人,其中立法会议35名代表,人民代表会议70名代表。议会重建工作就此告一段落。

1996年2月,吉尔吉斯斯坦再次通过全民公决修改宪法。在谈及修宪与议会制度的关系时,阿卡耶夫总统曾指出:"吉尔吉斯共和国宪法只是为议会制奠定了基础,要说用文明国家的准则来理解议会还为时尚早。可以推测,议会的作用和意义将会得到提高,但其基础是在为国家改革发挥积极和建设性作用的立法创造范围内权威而有效地活动。"③修改后的1996年宪法规定了三权制衡的制度,但议会的立法代表机关的地位并未发生变化。

在1998年通过全民公决修改的宪法当中,在议会代表总人数不变的情况下对两院的人数作了重新调整:立法会议的人数由此前的35人增至60人,人民代表会议的人数则由70人减至45人。关于议会的期限,1998年宪法规定每届议会任期为五年。关于代表候选人的年龄,立法会议和人民代表会议规定了其各自代表的当选年龄为不小于25岁的吉尔吉斯斯坦公民。就选举方式而言,鉴于政党制度尚不完善,选举方式主要采取地区代表制。在1999年选举法颁布之后才规定,立法会议中有15个席位由全国选区的政党来角逐。2000年的议会选举以此混合方式来进行选举。独立后,吉尔吉斯斯坦总共只进行过两届两院制议会选举,后因恢复一院制,两院制议会遂于2005年宣告其历史使命结束。

客观而论,作为过渡性的第十二届最高苏维埃对吉尔吉斯斯坦国家政治生活发挥了不可替代的作用。从1990年4月至1994年9月,此届最高苏维埃总共举行了14次例会,其中5次为非常例会。4年当中,此届议会所研究的问题多达上千种,通过各种法规148件,对新的以及此前通过的法规的补充修改达105次,通过各项决议964种。④ 其中最为重要的法律文件,如《吉尔吉斯斯坦共和国国家主权宣言》、《吉尔吉斯斯坦共和国国家独立宣言》、1993年《宪法》等都是该届最高苏维埃的杰作。毫无疑问,第十二届最高苏维埃在吉尔吉斯斯坦的政治转型、立国之初国家基本制度与发展方向的确立和巩固等方面所作的贡献,为其历史增添了浓墨重彩的一笔。

---

①См.: Чиналиев У К. Реализация принципа разделения властей в современном Кыргызстане. Киев, 1998. С. 27–29.

②尽管旧一届最高苏维埃尚未终结,但1993年宪法已经规定吉尔吉斯斯坦最高会议为其议会,这是吉尔吉斯斯坦独立后首次在宪法中使用"议会"一词。

③Слово Кыргызстана. 25 февраля 1996.

④Отчет о деятельности Жогорку Кенеша Кыргызской Республики двенадцатого созыва за период 1990–1994. С. 10.

2. 两院制议会立法权限的特点

吉尔吉斯斯坦政治转型在很大程度上虽说受俄罗斯的影响较大，但也不乏其个性与特点，反映在议会立法权限方面，不像俄罗斯议会的立法权限主要集中在下院国家杜马那里。即便是与世界其他国家相比，吉尔吉斯斯坦的议会制度也是别具一格，具有与其他国家两院制议会不同的特点：两院制议会没有严格意义上的“上”“下”院之分，两院平等，拥有严格规定的权限和功能。两院均可通过法律、任命干部、实施监督，且在个别情况下还可赞同彼此通过的法律等。①根据1998年《宪法》第64条规定，“立法动议权属于3万选民（人民动议）、吉尔吉斯共和国总统、立法会议代表、人民代表会议代表、吉尔吉斯共和国政府以及归其管辖的最高法院和最高仲裁法院”。除对各自权限有专门规定之外，宪法还规定了立法会议和人民代表会议具有以下共同立法权限：修改和补充吉尔吉斯共和国宪法、通过宪法法令、通过关于国家边界变更的法律、对共和国宪法及其法律条文进行解释等。吉尔吉斯斯坦两院制议会“相平等”的特征在某些方面虽说可起到相互制约的平衡作用，但在有争议的法律提案上，时常引发两院之间的对抗。这不但会影响议会的工作绩效，更为严重的是为总统和立法权力机构关系持续紧张埋下了隐患。关于此，详见后述。

1995年和2000年吉尔吉斯斯坦分别进行了独立后的两届两院制议会选举。这两届议会在其存在的10年当中通过了无数的法律和决议，为吉尔吉斯斯坦社会转型制定了大量适合本国要求和国际环境变化的公法和私法，其对吉尔吉斯斯坦国家发展的重大意义是不言而喻的。正如阿卡耶夫总统在首届两院制议会届满后所做的国情咨文中对其所作的评价：“上届议会在5年工作期间做了大量卓有成效的工作，通过了500多项法律，为社会改造进程的深化以及公民自由与权利保障的加强打下了坚实的法律基础。”②在谈及2000年选举的议会时，阿卡耶夫总统的评价是：“新一届议会在我们国家的历史上负有特殊的使命，正因为如此，我们可以与本届议会一道进入新世纪和新的千年。”③

（三）重新恢复一院制议会

对后苏联国家来说，立法机构改革是宪政改革的一项极其重要的内容。在经历了2000年的总统大选和议会选举之后，鉴于国家形势的变化，吉尔吉斯斯坦一些政党和社会团体的领袖人物、议会代表曾多次举行圆桌会议，就宪政改革进行了激烈的辩论。其中讨论的焦点之一就是认为现行的两院制议会已不适应

---

①См.: Парламетаризм в странах Центральной Азии. Материалы Международного научно – практического семинара. Бишкек, 1999. С. 75.

②Послание Аскара Акаева Жогорку Кенешу и народу Кыргызстана. Бишкек, 2000.

③См.: Ожукеева Т. Парламент и парламентаризм в Кыргызстане. Бишкек, 2000. С. 47.

社会发展的需要,呼吁通过修改宪法来改造现行议会的结构,重新恢复一院制议会。其缘由如下:

第一,从法律的角度来看,吉尔吉斯斯坦两院制议会权力结构的设计有悖于古典两院制议会的实质,存在着严重的漏洞和制度缺陷。就现代西方国家两院制议会的经典设计来看,上下两院权限严明,存在真正和谐的制衡机制,通常是下院通过法律,上院对其进行批准。此外,就选举方式而言,上下两院的选举方式也不尽相同,下院一般由全民投票选出,上院通常是采取间接的方式产生的,其代表多为地区权力机关的代表,甚至部分代表可由国家元首来任命。吉尔吉斯斯坦两院制议会的情况如前所述,虽说名义上被称为两院制,但实际上没有上下两院的严格区分,两院平等,都拥有通过法律的权限。加之两院都是经过全民投票选出的,故两院时常自恃其权力的合法性均源自人民,由此导致立法分工不明,甚至使立法工作陷入僵局,从而导致一些法令难以通过。吉尔吉斯斯坦之所以频频将一些重大问题交付全民公决,在很大程度上与其特殊的两院制议会结构有关。例如,阿卡耶夫总统 1996 年 2 月以全民公决的方式来修宪,一个重要的原因就是议会两院对宪法法院提交的草案存有争议。① 从某种程度上讲,吉尔吉斯斯坦 1994 年宪法实际上创造了两个一院制议会。这在具有严重南北分立倾向的多民族吉尔吉斯斯坦,对国家领土完整与统一将是十分危险的,无异于埋下了一颗法律上的“定时炸弹”。故法律制度设计不周使得改革议会结构势在必行。

第二,恢复一院制议会符合国家经济现实状况发展的客观诉求。吉尔吉斯斯坦是中亚小国,面积不足 20 万平方千米,全国人口仅有 500 万左右。在社会转型过程中,国家的经济状况一直不景气,至今尚未恢复到其独立前的前苏联时期的水平。两院制议会的运作使本来就捉襟见肘的国家财政显得更加不堪重负。据财政部数据,1994 年一院制议会的支出总计为 4527800 索姆,而截至 1995 年 3 月底,两院制议会刚刚运作不久,其费用已达 40764400 索姆,正好提高了 10 倍,这还不包括议员们的工资、退休金和差旅费。②此外,为议员配备车辆,租用车库也要花费巨额费用。总之,精简机构、削减支出是促使一院制议会重建的一个重要原因。

第三,吉尔吉斯斯坦国情的特殊性是回归一院制议会的又一重要因素。由于缺少资本主义国家的发展经验,吉尔吉斯斯坦不成熟的政治法律文化和社会

①См.: Чиналиев У К. Реализация принципа разделения властей в современном Кыргызстане. Киев, 1998. С. 30 – 31.

②См.: Укушов М К. Некоторые проблемы нонституционной реформы в Кыргызской Республике. Саясат. 2003. № 1.

意识无法达到和适应当代欧美国家的议会制度标准。盲目向西方议会民主制度的标准看齐而忽视了其漫长的形成过程，使现有国情条件下的两院制议会难以应对社会经济发展过程中出现的诸多问题的挑战。真正的两院制议会的形成对吉尔吉斯斯坦而言尚需时日。另外，考虑到多民族和地区的差异，吉尔吉斯斯坦独立后的第一部宪法就明文规定实行地方自治。然而，由于两院制议会的人为因素，实力日渐扩大的地方自治机构事实上并未参与全国重大问题的解决，①由此导致代表地方利益的人民代表会议处于没有来自地方自治机构代表的尴尬境地，原因是同立法会议一样，人民代表会议也是由选区普选产生，而不是由地方议会间接选举其人民代表会议的代表。

总之，由于上述原因，吉尔吉斯斯坦两院制议会面临改组。

2003 年，吉尔吉斯斯坦第四次以全民公决的方式再度修改宪法。2003 年宪法将两院制议会重新改建为一院制议会，代表人数也有所减少，由原来的 105 名减至 75 名。代表的选举仍然按选区进行，任期为五年，任何政党和公民都有提名代表候选人的权利。新的一院制议会将在 2005 年旧的两院制议会届满后经选举产生。由于 2005 年议会选举的政治丑闻直接引发了“郁金香革命”，在此之后吉尔吉斯斯坦政局一直不稳。2007 年 10 月 21 日，吉尔吉斯斯坦同时就 2007 年的宪法草案和选举法进行了全民公决。根据 2007 年的选举法，议会代表完全由政党产生，人数由此前的 75 人增至 90 人。由于 2005 届议会带有阿卡耶夫时代的政治印记，从某种意义上讲是一种过渡性的议会，所以在全民公决后不到两天，10 月 23 日巴基耶夫总统宣布提前解散议会。2007 年 12 月 16 日，吉尔吉斯斯坦又进行了一届议会选举。鉴于 2010 年 4 月上旬吉尔吉斯斯坦再度发生政变，此届议会提前解散的命运将不可避免，吉尔吉斯斯坦临时政府副总理捷克巴耶夫已于 4 月 22 日向媒体宣称，吉尔吉斯斯坦将在 2010 年 10 月 10 日举行新一届议会选举。

二、议会与国家其他权力机构的关系

根据三权分立学说，立法、行政和司法三支权力之间应存在一种良性的互动关系，才能保障社会体系的正常运转。本节将以吉尔吉斯斯坦宪法及相关法规为依据，对议会与总统、政府、司法权力机构的关系进行简要的阐述。

（一）总统与议会

总统与议会的关系在一个国家的政治生活中占据着非常关键的地位。就前苏东转型国家而言，总统与议会的关系更是学者关注和研究的重点对象之一。

①Там же.

从宪法的角度来看,吉尔吉斯斯坦总统与议会的互动关系主要体现在以下方面。

1. 总统对议会施加影响的方式

作为国家元首和最高公职人员,宪法赋予了总统确定国家内政外交基本方针的权力。总统对议会的影响方式主要表现在:

第一,总统每年必须向议会发表国情咨文。其国情咨文一定要反映本年度国家政治和经济改革的重大内容,并就其作出评价,同时还要对国家的未来发展前景作出展望。如,在评价2000年的议会大选时,阿卡耶夫总统在其年度国情咨文中说道:"今年的选举不单单是新一届议会的选举,而是一个新时代的选举。"同时他还就十年来的改革成就给予了高度的评价:"在过去十年里我们成功地构筑了社会市场经济的基础,但改造暂时还没有使经济和社会形势发生转机。遗憾的是,仍有数十家企业停顿,失业人数并未减少,社会贫富分化出现。"①总统的国情咨文虽不是标准的决议,但却是议会立法活动的指南。除了发表国情咨文,总统还可向议会提出有关国家经济和民主化改革的任务等。

第二,总统拥有立法动议权。在议会每年受理的大量立法提案中,有不少是来自总统的。总统向议会派遣全权代表,具体负责协调议会和总统的关系。

第三,总统否决权是其对议会施加影响并对议会活动进行监督的最强有力的工具。2003年《宪法》第66条规定:"吉尔吉斯共和国总统自收到法律文件之日起应不晚于一个月签署,或将附有总统反对意见的法律驳回吉尔吉斯共和国最高会议(议会)重新讨论。"因为所有法律只有经总统签署才能生效。

2. 议会对总统的监督作用

监督是议会的一个重要功能。按照吉尔吉斯斯坦宪法规定,议会可以通过以下方式对总统的活动进行监督和制约:

(1)通过对总统在任免总理及其他国家权力机关领导人方面给予同意与否的意见来制约总统;

(2)通过核准国家财政预算来监督执行权力机构和国家领导人的财政支出;

(3)批准或否决关于解决战争与和平问题、宣布战争和非常状态等方面的总统令;

(4)有权对提前终止总统权限问题进行调查研究;

(5)根据吉尔吉斯共和国宪法法院的裁定结果,总统被指控叛国或从事其他严重犯罪活动可被解除职务。

①Послание Аскара Акаева Жогорку Кенешу и народу Кыргызстана. Бишкек, 2000.

(二)议会与政府的相互关系

吉尔吉斯斯坦宪法规定,作为最高执行权力机关的政府也享有立法动议权。立法工作的绩效与质量在很大程度上取决于议会与政府关系的互动状况。立法提案是连接政府和议会的纽带。政府实现其法律提案活动的主要途径是立法动议以及对要求政府同意的法案给予回答。对国家预算法的修改与补充必须经政府同意方可进行。有关税法的实施或废止、国家预算支出的追加或削减等其他财政方面的一些法规也只有经过政府的同意才能通过。按规定,政府对要求其同意的法案自收到之日起,应不晚于 30 天在政府会议上给予研究,否则将另行确定期限。① 另外,政府在议会有常驻代表,他们可以列席议会所举行的会议,并有权参与议会各委员会的工作。当然,议会在对政府法案进行审议和批准上亦有较大的权限,毕竟政府的提案只有经议会批准才能上升为法律。另外,议会还可通过其所属的委员会对政府工作进行监视,或是通过议会代表向政府成员所作的咨询等来监督政府的活动。总之,只有政府和议会在立法领域保持密切的互动关系,并与总统相互理解,才能保障国家改革顺利进行并取得成效。

(三)议会与司法机构的关系

议会与司法机构是相互合作与制衡的关系。司法系统,尤其是法院与议会的关系极为密切。吉尔吉斯斯坦宪法规定,共和国最高法院、最高仲裁法院就其管辖的问题均享有立法动议权。司法机构和议会互动的一个基本形式就是共同参与立法行为的活动与工作。由于法院是议会所通过的各项法律的最主要的使用者之一,在其实践工作中最能体悟到法律的种种缺陷和漏洞,因此,法院与议会协同工作对法律条文的完善无疑具有十分积极的意义;但按三权分立原则,议会与司法机构毕竟属于不同的权力体系。宪法法院的活动对议会有着非同寻常的意义。根据 1998 年《宪法》第 82 条规定,吉尔吉斯共和国宪法法院具有以下权限:

(1)承认法律和其他标准的法律文书在与宪法发生分歧时是不合宪的;

(2)解决与宪法运作、使用和解释有关的纠纷;

(3)对吉尔吉斯共和国宪法修改与补充问题作出裁定。

宪法法院的这些特权对议会无疑是一种制约。除此之外,就连最低级别的法院也有权就法律及其他标准法律文书的合宪性问题向吉尔吉斯斯坦宪法法院发出询问,只要宪法法院认为某些法律及法规不合宪,它们将会在全国被废除。

当然,议会也有其制约法院的措施。首先,议会可以以通过相应的法律确定法院活动法律框架的形式向法院施加影响。其次,经总统提名的宪法法院、最高

①См.: Ожукеева Т. Парламент и парламентаризм в Кыргызстане. Бишкек, 2000. С. 22.

法院、最高仲裁法院主席及其副主席和法官都要由议会来任命。

三、小结

综上所述,继1993年宪法确立国家基本制度之后,吉尔吉斯斯坦各项政治体制转轨进程便不断向纵深方向推进与发展,其中议会制度也相应地发生了重大的变迁。虽说已经经过了独立来十多年的改革与磨砺,但相对于西方国家上百年的议会制历程,吉尔吉斯斯坦的议会还处在十分稚嫩的发展阶段。即便如此,也不可否认,吉尔吉斯斯坦议会为社会经济改革和国家民主化政治发展奠定了初步的法律基础,为社会转型提供了法律的支持与保障。但同时也应看到,吉尔吉斯斯坦的议会制度还面临着许多重大的问题,如议会代表法律文化素养的低下、宗法制思想、论资排辈的民族传统以及苏联思维方式的残余等都将严重制约立法的质量和水平,从而对议会的进步与发展产生一定的负面影响。另外,地区主义和部族主义思想在议会普遍存在,从而影响到议会内部的稳固与团结,吉尔吉斯斯坦议会时常处于四分五裂的状态与此不无关系。最后,还应该看到,十多年的政治实践表明,由于吉尔吉斯斯坦政权体系的模糊与不完善,尤其是"超级总统制"的确立与巩固,使立法权处于以总统为首的执行权的监督与支配之下,从而严重影响了议会功能的正常发挥。与此同时,不成熟的政党制度也是阻碍议会健全发育的一大致命弱点。所以,在肯定吉尔吉斯斯坦议会所取得的巨大成就的同时,还需明白,吉尔吉斯斯坦要想达到欧美发达国家的议会制度水平,仍有十分漫长的道路要走。

第四节　司法制度改革及其所面临的问题

世界经验表明,就所处地位与力量而言,三权当中司法权相对较弱,因为司法机关"既无强制,又无意志,只有判断,而且实施其判断亦需借助行政部门的力量。……司法部门绝对无从成功地反对其他两个部门,故应要求使它能以自保,免受其他两方面的侵犯"。① 即便如此,也绝对不可忽视司法权在国家生活中的重要作用。国家活动是一种涉及国家与社会生活方方面面的行为,其中法律保护活动是国家活动中一项极为重要的内容,而法律保护活动的完善与否在很大程度上又依赖于司法机构的工作绩效。此外,司法机关在调解国家与公民之间冲突时扮演着至关重要的角色。在谈及司法权力的重要性时,托克维尔在其《论美国的民主》一书中写道:"司法的伟大目标就在于以法制思想来取代暴

①〔美〕汉密尔顿等:《联邦党人文集》,程逢如等译,商务印书馆1980年版,第391页。

力思想，并在政府及其执行力量之间设置一道法律障碍。"①吉尔吉斯斯坦独立后国家的性质及政治制度发生了巨大的变化，其宪法明文规定，建立民主法制国家是其国家发展的方向与追求的目标。因此，摒弃苏联时期司法制度并按三权分立学说重新建构与改革司法制度，是制度变迁和国家发展的必然诉求。

一、司法制度的历史沿革与变迁

可以说，在独立前吉尔吉斯斯坦对西方现代司法制度一无所知。在其游牧社会的历史上，长期盛行封建宗法制思想，后又因阿拉伯帝国的入侵而被迫改信伊斯兰教，这些使吉尔吉斯斯坦自古以来的法律制度被深深地打上了其独特的历史传统文化印记。并入沙俄之前，在吉尔吉斯斯坦社会流行的法律体系有两种，即阿达特（адат）不成文习惯法和伊斯兰教法典。② 就诉讼程序而言，前者主要由部落长老比来行使，法律的实质只不过是部族首领的意志体现而已；后者严格按照伊斯兰教法典来行事，教法变成了法律。被沙皇俄国兼并之后，吉尔吉斯斯坦的法律制度遂被纳入沙俄的司法体系。在十月革命后很长一段时间内，吉尔吉斯斯坦一直使用的是俄罗斯联邦的法律。到了前苏联时期，吉尔吉斯苏维埃社会主义共和国的司法制度只不过是前苏联司法制度的翻版而已。尽管前苏联宪法和吉尔吉斯加盟共和国宪法均规定，司法权仅仅由法院来行使，但几十年的政治实践表明，在前苏联一切属于法院管辖的重大原则性法律问题最终绝不是由法院来决定，而是由地区党委来决定。③ 这充分反映了司法独立在前苏联只是一句空话而已，更何况如前所述，前苏联根本就不承认分权学说。又如，按照前苏联时期吉尔吉斯共和国宪法的相关条款，共和国公民人身不可侵犯，未经法院决定和检察长的批准，任何人不得被逮捕。然而，大清洗年代公民遭遇无故迫害、法律尊严被肆意践踏是司空见惯之事。

就法院体系而言，苏联时期吉尔吉斯加盟共和国法院可分为共和国最高法院、州立法院、伏龙芝市立法院以及区（市）法院。此外，还设有军事法庭，不过其审判权不在加盟共和国，而在联盟中央相应的机关。至于民事经济纠纷，其解决主要由前苏联部长会议主席下属的仲裁机构来进行。一句话，吉尔吉斯加盟共和国司法体系不包含军事法庭和仲裁法院。

在本书第一章分析吉尔吉斯斯坦政治转型的启动阶段时我们曾指出，吉尔

①Токвиль А. Демократия в Америке. Москва，1992. С.120.

②См.：Чиналиев У К. Кыргызстан на пути к демократии：трансформация политической системы. Москва，2004. С.169.

③См.：Чиналиев У К. Кыргызстан на пути к демократии：трансформация политической системы. Москва，2004. С.170.

吉斯斯坦的政治转型始于戈尔巴乔夫改革。分析表明,当时作为加盟共和国的吉尔吉斯斯坦在多党制、议会制、总统制等政治体制的改革上力度相当大,并采取了具有突破性的重大举措。相对而言,司法体制改革要迟缓和谨慎得多,仅仅迈出了很小的一步。举例说明,只有1989年的宪法修改与补充法规定最高法院、州法院、伏龙芝市立法院和区法院的法官由最高苏维埃选举,任期为十年,同时宣布成立宪法监督委员会(后被1990年成立的宪法法院取代)。即便是在独立之后的较长一段时期内,国家忙于应付转型所造成的社会危机,致使司法制度的改革相对滞后,可以说在1993年宪法通过之前,司法制度改革并未真正启动。

二、司法改革与司法体系结构

1993年,吉尔吉斯斯坦通过了独立以来对国家发展具有划时代意义的第一部宪法,该宪法的杰出贡献之一就在于根据建设民主法制国家的需要确立了三权分立宪政原则,司法权作为一支独立的国家权力有了其宪法存在与巩固的依据,从而为司法改革奠定了基础。

吉尔吉斯斯坦独立以来的首部宪法曾明文规定司法权仅由法院来行使,此后宪法虽经多次修改,此原则却一直未变。因此,依据宪法原则来建设独立的法院体系便成了司法体制改革中极为关键的一环。

(一)多元与单一法院体系问题之争

与前苏联时期的司法体系模式不同,吉尔吉斯斯坦独立后确立了独立多元的法院体系。1993年《宪法》第79条规定:“吉尔吉斯共和国法院包括共和国宪法法院、最高法院、最高仲裁法院以及地方法院(州、比什凯克市、区、市法院,州仲裁法院、军事法庭以及长老法庭和仲裁法庭)。”然而,对于法院体系多元化,人们意见不一:赞成者有之,反对者亦有之。在法学界,有不少专家对此持反对态度。吉国法学家古特尼琴科(Л. Гутниченко)就是反对者之一。她在1994年接受媒体采访时曾表示坚持法院建制单一化。在她看来,统一的法院有利于巩固政权,使公民免受东奔西跑之苦,同时还可避免法院之间相互推诿。① 与此同时,议会也曾表达过统一法院体系有益的观点,并于1995年11月通过了关于就宪法法院、最高法院以及最高仲裁法院合并为统一的最高法院进行全民公决的决议,目的在于减少费用支出,为民众提供有效的司法保障。② 然而,该决议在通过后仅一个月便因宪法法院一纸不合宪的裁定而夭折。1998—1999年,吉尔

①См.: Слово Кыргызстана. 15 июля 1994.

②Постановление Жогорку Кенеша Кыргызской Республики. 21 – 22 нояб. 1995. Ведомости Жогорку Кенеша Кыргызской Республики. 1995. № 8.

吉斯斯坦先后通过了一系列有关法院的法律,①这对多元法院体系的建设起到了很大的作用。1998 年宪法对 1993 年宪法和 1996 年宪法关于法院体系构成内容的规定未作任何变动。在法院建制的单一与多元化问题上,阿卡耶夫总统一直是法院体系多元化的积极支持者和倡导者。2001 年 5 月 22,他在共和国第九次法官大会上的讲话中再次强调了法院多样性有益的观点。② 在 2002 年阿克森事件所导致的政治危机中,统一法院建制的观点再度流行,其中一个重要的原因就是庞大的法院体系给国家财政带来了巨大的压力。以 2002 年为例,全年国家所有法院系统的财政预算就高达 1150 万索姆。③ 因此,社会强烈呼吁改革法院体系,将普通法院与仲裁法院合并为统一的法院,这对 2003 年修宪所涉及的司法改革产生了直接的影响,主要表现为取消了最高仲裁法院的建制并将其功能合并到其他法院之中,但法院体系多元化的本质并未因此而得到改变。

(二)现行司法体系的结构

根据 2003 年宪法,吉尔吉斯斯坦的法院系统主要由三部分组成:共和国宪法法院、共和国最高法院和地方法院。此外,宪法还规定,可根据宪法性法律成立专门法庭,但不允许建立非常法庭。近年虽说宪法有所修改,但未涉及法院系统的基本构成问题。

1. 宪法法院

吉尔吉斯斯坦宪法法院的前身是成立于 1989 年前苏联时期的吉尔吉斯加盟共和国宪法监督委员会,1990 年国家行政管理机构改组法出台时,宪法监督委员会被改建为吉尔吉斯苏维埃社会主义共和国宪法法院。独立后,宪法法院成为共和国最有影响的法院之一。1993 年宪法规定,宪法法院法官为年龄在 35—70 岁、具有高等法学专业学历、在本专业工龄不低于 10 年的吉尔吉斯斯坦公民。宪法法院法官由议会根据总统的提名来遴选,任期为 15 年。2003 年宪法基本保留了 1993 年宪法关于宪法法院法官当选资格的条件,只是将其任期由 15 年缩至 10 年。宪法规定了宪法法院的地位及其人员组成,“吉尔吉斯共和国宪法法院是维护共和国宪法的最高司法权力机关”,“宪法法院由主席、副主席及 7 名法官组成”(2003 年《宪法》第 82 条)。早在 1993 年 12 月 18 日,吉尔吉斯斯坦就通过了《吉尔吉斯共和国宪法法院法》,从而为宪法法院的组织及活动程序奠定了法律基础。

①这些法律为:1998 年 10 月 3 日通过的《关于吉尔吉斯共和国法院地位法》、1999 年 3 月 17 通过的《关于吉尔吉斯共和国最高法院和普通地方法院法》等法律文件。

②См. : Слово Кыргызстана. 24 мая 2001.

③См. : Укушов М К. Некоторые проблемы нонституционной реформы в Кыргызской Республике. Саясат. 2003. № 1.

根据宪法规定，吉尔吉斯斯坦宪法法院的职能主要体现在以下方面：

(1)认定那些与共和国宪法发生分歧的法律及其他规范性法律文件是违宪的；

(2)解决与宪法的效力、使用和解释有关的争议；

(3)就总统选举的合法性作出结论；

(4)就总统以及宪法法院、最高法院法官的罢免作出裁定；

(5)就是否追究地方法院法官刑事责任问题进行表决；

(6)就修改和补充宪法问题作出决定；

(7)废除地方自治机关的与宪法相抵触的决议；

(8)解决有关政党、社会团体和宗教组织活动的合宪性问题。

上述情况表明，宪法法院是一个特殊的国家机关，它在国家权力机构体系，尤其是在司法机构体系当中占据着特殊的地位，可以说是扮演着“最高仲裁者”的角色。与此同时，就法律本质而言，吉尔吉斯斯坦宪法法院具有鲜明的双重性特征：一方面，作为司法机关，宪法法院在功能和权限上与其他法院有着本质区别，它所审理的不是具体的法律案件，而是涉及其他各权力机关之间的纠纷问题，因此它的法律地位及所拥有的权限要远远高于其他普通法院；另一方面，就宪法法院的监督特权而言，可以说它与总统、议会和政府这样的国家机关处于同一层面，因为宪法法院可以对总统、议会、政府和包括普通法院在内的其他国家权力机关实施监督。[①] 宪法法院是唯一对宪法进行解释的机关，它所作出的决定具有最高法律效力，属于最终裁定，不得上诉。

宪法法院的特性决定了其不应带有任何政治倾向，应该处于中立的地位，严格按照宪法规定办事，但现实情况并非如此。与所有后苏联转型国家一样，吉尔吉斯斯坦宪法法院在裁决一些法律纠纷时常常被卷入政治当中，从而致使其一些裁决有失客观公正。最为典型的事例就是，在2000年总统选举候选人资格这一重大问题上，宪法法院的裁定就明显倾向于执行权力一方。尽管阿卡耶夫违反了宪法规定的同一人只能连续担任两届总统的规定，也就是说阿卡耶夫不再具备参加2000年总统大选的资格，但在1998年，宪法法院却通过决议认定了其总统选举的参与资格，由此招致反对派和部分国人的极大不满。总而言之，宪法法院在实际解决有关权力纠纷的重大法律问题时，是很难超越政治的，在总统集权制下更是如此。

2. 最高法院

①См.：Чиналиев У К. Кыргызстан на пути к демократии：трансформация политической системы. Москва，2004. С. 176.

现行的最高法院系统是根据2003年宪法合并此前最高仲裁法院的职能的基础上形成的。按照宪法规定，吉尔吉斯共和国最高法院是民事、刑事和行政诉讼程序方面，以及处理国家法律规定的其他案件方面的最高司法权力机关。最高法院法官的遴选条件与宪法法院法官相同。宪法赋予了最高法院以下主要权限：对地方法院司法活动进行监督，对它们的司法文件进行重新审理，并就这些文件作出最终裁定；由最高法院所有法官组成的最高法院全体会议，有权就司法实际问题作出下级法院必须服从的指导性说明；最高法院以监督程序通过的文件不得上诉。1999年3月、2003年7月以及2004年7月吉尔吉斯斯坦先后三次通过《最高法院法》，从而为最高法院的活动奠定了法律上的基础。

3. 地方法院

属于普通法院体系的地方法院，主要由根据行政区划而设立的比什凯克市以及各州、区法院等组成。地方法院主要按照一般的民事、刑事及行政诉讼程序行使审判权，并接受最高法院的司法监督。

三、司法改革的困境：法院与法官的独立问题

司法独立是三权分立宪政原则的重要体现和根本要求，同时也是建立法制国家的一项基本保障。吉尔吉斯斯坦独立以来曾先后五次通过全民公决修改宪法，其中涉及司法改革，这在一定程度上使诉讼程序得以改善，并化解了各权力机关之间，尤其是执行权力机关与司法权力机关之间的矛盾。然而，司法改革是一项十分繁杂的系统工程，其进展的顺利与否及其产生的成效取决于诸多因素，其中转型期制度的缺陷以及经济上的困难是吉尔吉斯斯坦司法改革的最大障碍。目前吉尔吉斯斯坦司法制度改革所面临的一个最大困难就是有关司法独立的问题。

司法自治问题最早是在1994年7月召开的首届共和国法官大会上提出的。大会的决议得到了阿卡耶夫总统的支持，法官理事会的临时地位以总统令的形式得到确立。根据总统令，法官理事会的主要任务是：确保法院独立，维护法官和法院的合法权益；协调司法改革实施工作；保障法院的组织活动；参与立法的完善；化解法官之间的冲突等。[1] 法官理事会下附设有法院行政机构，负责解决与法院活动有关的财政问题。根据1996年5月的总统令，法院行政机构被改建为共和国法院司，隶属于总统和法官理事会。法院司的设立对促进法院独立活动和法官的独立起到了一定的积极作用。总之，鉴于议会所通过的各种涉及司

①См.：Чиналиев У К. Кыргызстан на пути к демократии：трансформация политической системы. Москва，2004. С. 183.

法领域的法律法规,以及宪法的不断修改与补充,依照西方三权分立学说,吉尔吉斯斯坦在法律形式上已经确定了司法权作为一支独立权力的存在。然而,这仅仅是法律上的规定而已。以宪法法院为例,尽管宪法赋予了其在维护宪法独立、人的权利与自由保障方面的极大特权,但总统也有这方面的特权,因为宪法规定,总统是宪法、人权与自由的保障者。又如,独立以来的所有宪法都规定,法院和法官仅仅服从于宪法和法律,在没有独立财源保障的情况下,要做到这一点几乎是不可能的。一句话,吉尔吉斯斯坦独立以来的司法运作实践表明,现实当中有诸多因素构成了司法独立难以逾越的巨大障碍。其中影响司法独立最为关键的两大因素是:第一,法院的物质技术保障问题;第二,有关法官的独立问题。

(一)有关法院的物质技术保障问题

司法机关独特的判决职能决定了它既不像执行权力机关那样掌握有巨大的物质财富与行政资源,同时也不像立法机关那样,即便是不拥有物质资源,作为代议机构,它也可以赢得民众的广泛支持,从而影响了司法机关的相对独立性。法院是司法活动的主要载体,充足的物质技术保障是其正常运作的基础。与此同时,足够的财政拨款也是保障法官独立的一个条件,从而会直接影响到法官履行职责的状况。诚如汉密尔顿在《联邦党人文集》中所指出的那样,“最有助于维护法官独立者,除使法官职务固定外,莫过于使其薪俸固定”。此外,“法官的薪俸需由立法机关按照情况变化加以改变”,“如此则法官得以确保其生活,不虞其景况的变化而影响其任务的执行”。[①] 吉尔吉斯斯坦独立后因推行“休克疗法”的激进经济改革,致使国家经济状况急剧恶化,人民生活水平持续下降。恶劣的经济状况不但使法院的正常运转受到极大的影响,而且也是造成法官执法犯法的重要原因,更不用说影响到执法的公正性了。

资金不足是影响吉尔吉斯斯坦法院独立的主要因素。造成这种境况的原因虽有国家经济本身不景气的客观因素,但相对而言更重要的原因是制度人为设计的缺陷。首先,从立法的角度来看,吉尔吉斯斯坦不像俄罗斯早在 1998 年就通过了联邦法院拨款法,联邦法院法官在事关法院拨款问题上享有很大的自主权,而吉尔吉斯斯坦至今没有通过类似的相关法律。其次,吉尔吉斯斯坦的法院系统没有自己独立的财务机构,负责法院拨款的机构是司法部的法院司,但法院司不归最高法院管辖,而是隶属执行权力机关,由此导致其活动与宪法的三权分立原则相抵触,其中一个严重恶果就是使司法机构严重依赖于执行权力机关,从而对司法独立及执法公正产生了不良的负面影响。最后,吉尔吉斯斯坦最高法院和地方法院无权参与法院系统的年度预算制定工作,这是一大缺陷。通过对

①〔美〕汉密尔顿、麦迪逊等:《联邦党人文集》,程逢如等译,商务印书馆 2004 年版,第 396 - 397 页。

独联体国家法院系统财政拨款状况的比较分析，有学者得出结论："吉尔吉斯斯坦的法院独立状况不容乐观。"①应该承认，该评价是比较客观公允的。

(二)有关法官的独立问题

除经济因素之外，有关法官的遴选和任命问题也是导致法官难以独立的一大重要因素。以总统为首的行政机构在法官的任命上发挥着关键的作用。根据独立后的第一部宪法，吉尔吉斯共和国宪法法院、最高法院以及最高仲裁法院法官由议会经总统提名来遴选，地方普通法院和军事法院法官由总统直接任命。在这方面，总统机关是重要的决策者，法官的候选人提名以及任命法官的总统令均由其来完成。总统机关领导人以及总统机关法律事务部主任是任命地方法院或军事法院法官的关键性人物。这些人物在向议会递交宪法法院、最高法院以及最高仲裁法院法官候选人名单上同样发挥着巨大作用。这样，难免会产生以权谋私的腐败现象。难怪在民众当中曾流行过这样一句话："腐败就产生于白宫七楼(白宫为吉尔吉斯斯坦政府所在地的别称，总统行政机构位于七楼)。"②2003 年修改宪法后，扩大了议会在地方法官任命上的权限，即由过去的总统单独任命改为地方法官由总统经议会同意来任命。但时隔仅仅一年，2004 年 12 月，总统又发布了"关于成立隶属于总统的国家司法事务委员会"的第 437 号令，规定有关地方法院法官遴选的组织工作基本由该机构来负责完成。总之，由于法官主要由总统和议会来决定，致使司法权严重依赖于执行权和立法权。基于这样的法官选拔制度，在吉尔吉斯斯坦谈论司法独立还为时尚早。

综上所述，由于经济和制度上的原因，吉尔吉斯斯坦尚未实现法院与法官真正独立，这不可避免地导致了司法腐败滋生，大大降低了司法审判的绩效和公正性，从而严重贬低了司法机构在民众心目中的庄严形象。如何恢复人们对司法机构的信任同样是司法改革面临的一大难题。社会调查表明，仅有 10% 的被调查者认为法院是按照立法秉公办事的，21% 的人认为打官司要托熟人关系，60% 的被调查者认为打官司要靠贿赂。③ 这些数字绝非危言耸听，从一定程度上反映了公民对司法机关的深深失望。对此，阿卡耶夫总统在 2001 年 5 月 22 日召开的共和国第四次法官大会上曾严厉地指出："……大众意识当中一种普遍的观点是，人权和自由的司法保护仍处于很低的水平，甚至是没有成效的，而法院

①Таштанбеков С. Материально－техническое обеспечение судов Кыргызской Республики. Право и предпринимательство. 2005. № 6.

②Типеров А В. Судебная реформа и конституционные изменения в Кыргызской Республике. Вестник КРСУ. 2006. № 4.

③См.：Кыргызстан 2000：взгляд и избирателя：Результаты четвертого этапа опроса общественного мнения. Бишкек, 2000. С. 8－9.

系统在很大程度上可以说是已经被收买了。"①

除了司法独立问题,吉尔吉斯斯坦司法改革还面临着诸如实施陪审员制度、提高法官的法律文化素养、根据法治原则巩固司法权力等一系列问题。而这些问题的解决需要假以时日,如果硬要以西方的标准来衡量吉尔吉斯斯坦仅十多年的司法改革成效,未免有点苛刻。然而,不管怎么说,不能一概抹杀吉尔吉斯斯坦独立以来司法改革的成就,毕竟现行的司法体系与前苏联时期不可同日而语。单就由过去的只保护国家利益到独立后的转而保护个人利益,以及将法院由过去的惩罚性机构变为现在的保护性机构这些实质性的变化来看,吉尔吉斯斯坦的司法制度可谓是已初步体现了其一定的民主价值。

第五节 "多党性"而非"多党制":转型期的政党格局

政治体制转型是一项涉及各方面内容的浩繁的系统工程。前苏东国家在从传统的苏维埃体制向所谓的西方民主政体转轨的过程中,政党制度转型更是其中一个不可忽视的内容。在吉尔吉斯斯坦政治转型的过程中,政党制度的转型也是其中一个极为重要的组成部分,其内容主要表现为从前苏联时期的一党制向西方的多党制转变。然而,受种种因素的限制,在经历了转型期十余年的发展后,吉尔吉斯斯坦至今尚未形成成熟的多党制,其政党制度仅仅是被深深地打上了鲜明的"多党性"而已。本节主要就吉尔吉斯斯坦多党政治的萌芽、持续发展及其存在的问题进行阐述和分析。

一、有关政党与政党制度

现代政治在世界上绝大多数国家为政党政治。然而,何谓政党,国内国外至今尚无一个统一的概念。"政党"(英文 party,法文 parti,德文 partei,俄文 партия)一词源自拉丁语 pars,意即"一部分"。尽管如此,国内外学术界对"政党"一词还是有诸多界定。例如,西方保守主义政治学家埃德蒙·伯克认为:"政党是一群人以共同的努力,实现一致同意的特定主义,以增进国家利益而联合的团体。"②德国著名社会学家马克思·韦伯对政党的定义是:"政党是一种自愿接收成员的社会组织,其成员的目的是争取自己的领导权和保障积极成员相应的条件(精神的和物质的),以便获得一定的物质利益或个人特权。"③马克思

①См.:Слово Кыргызстана. 24 мая 2001.

②转引自王浦劬主编的《政治学基础》,北京大学出版社 1995 年版,第 263-264 页。

③См.:Элебаева А Б. Политическая трансформация: опыт Кыргызстана в мировом контексте. Бишкек,2002. С.78.

主义经典作家依据唯物史观将政党与阶级紧密联系起来,从而突出了政党的阶级本质。毛泽东曾指出:“政党就是一种社会,是一种政治的社会,政治社会的第一类就是党派。党是阶级的组织。”①

政党是当代民主社会政治生活不可分割的一个组成部分,是政治权威的中坚和社会组织力量的核心,它在现代民主政治体系和政治运行过程中扮演着十分重要的角色,是把社会各阶层的利益要求、意见与建议有效地输送到政治中枢,连接民意与政治系统的桥梁和纽带,因此具有兼容和同化社会力量的强大功能。政党与政治稳定有着极为密切的关系。亨廷顿先生曾从政治参与的角度对政党给予了这样的评价:政党“是补充制度的力量”。② 这句话即政党能够起到补充制度不足的作用。政党是资本主义经济与政治发展到一定程度的产物。诚如恩格斯所指出的那样:“这些经济事实形成了现代阶级对立的基础;这些阶级对立,在它们因大工业而得到充分发展的国家里,特别是在英国,又是政党形成的基础、党派斗争的基础,也是全部政治历史的基础。”③19 世纪中叶,标志着社会各层居民广泛参与政治的普选权的实施为现代政党的形成奠定了基础。

政党制度是指由国家法律规定或在实际政治生活中形成的关于政党的社会政治地位、作用,执掌政权或参与政治的方式、方法、程序的制度性规定。④ 从世界各国目前实行的政党制度来看,一般可分为三类,即一党制、两党制和多党制。由于各国的社会政治制度不同,政党生存和运作的具体环境以及政党自身的意识形态和组织结构各异,不同国家和同一国家中不同政党的执政方式也是千差万别,尤其是不同的国家政体决定了政党在国家政治生活中发挥的作用有所不同。在当代西方,政党主要以参与选举的方式影响国家的政治生活,而选举往往又被视为体现民主的标准之一,因此可以说政党制度的完善或发达与否体现着一定的民主价值。吉尔吉斯斯坦独立后的第一部宪法明确规定国家实行多党制。然而,缺乏多党制传统和经验的历史注定了刚刚结束一党专政的吉尔吉斯斯坦在多党政治的发展道路上并不是一帆风顺。

二、多党制的萌芽及其初步发展

政党政治在吉尔吉斯斯坦发育较晚具有其极其深厚的社会历史根源。首先,在漫长的历史过程中,因受外来势力的干扰,吉尔吉斯斯坦长期处于分裂状

①《毛泽东选集》(第五卷),第 335 页。

②参见〔美〕塞缪尔·亨廷顿:《变化社会中的政治秩序》,王冠华等译,三联书店 1989 年版,第 368 页。

③《马克思恩格斯全集》(第 21 卷),人民出版社 1965 年版,第 247 页。

④王浦劬:《政治学基础》,北京大学出版社 1995 年版,第 274 页。

态。自近代并入沙俄后,吉尔吉斯斯坦遂被划归突厥斯坦总督府所辖的五个州,而且当局的行政区划完全忽略了中亚各民族历史形成的聚居地,由此导致吉尔吉斯人居住地分属于七河、锡尔河、费尔干纳以及撒马尔罕等州。对此现象,阿卡耶夫总统曾在1992年8月举行的首届世界吉尔吉斯人聚会上直言不讳地指出:"突厥斯坦边疆区沙皇安插的人和吉尔吉斯农奴主从来不会关心吉尔吉斯部族的领土、文化和民族团结。"①前苏联时期的民族国家划界非但没有汲取历史教训,反而以塑造所谓的"苏维埃人"更加随意地变更疆界,这从客观上阻挠了吉尔吉斯人的政治团结。其次,在历史上吉尔吉斯斯坦社会一直处于比较封闭的状态。长期的游牧生活方式使吉尔吉斯人的生产生活主要局限于其所属的部族内部,人与人之间的交往和联系受到了极大的限制。由此导致吉尔吉斯民族在过去很长时期内因上述原因政治意识十分淡薄,更谈不上什么政治文化了。这样,直至20世纪初,吉尔吉斯斯坦政治运动的基础依然极其薄弱。② 1917年十月革命前后,吉尔吉斯斯坦出现了首批政治团体和组织,其中社会民主团体就属于这样的政治组织,其成员大多为充满民族主义情绪的知识分子代表,既有布尔什维克的支持者,也有孟什维克的追随者。在该类政治组织和运动中产生了诸如"阿拉什"运动等不少党派。鉴于当时的复杂情况,除个别政党外,吉尔吉斯斯坦当时绝大多数党派都参与了反对布尔什维克和苏维埃政权的"巴斯马奇运动"。随着十月革命胜利后苏维埃政权在中亚的确立以及布尔什维克党在吉国国内战争中的胜利,所有党派的活动被停止,吉尔吉斯斯坦和整个前苏联一样,由此形成了共产党一党独存、一党执政的局面。

20世纪80年代中期,戈尔巴乔夫上台后在经济改革未果的情况下立即转向政治改革,在全联盟范围内推行以"公开性"和"民主化"为主要内容的政治"新思维"改革运动,目的在于通过民主化来动员全社会公民共同参与解决政治与经济体制改造过程中所面临的棘手问题。其结果是,国家意识形态由马列主义一统天下开始走向多元,从而为包括吉尔吉斯斯坦在内的各加盟共和国多党制的萌芽提供了历史机遇和发展空间。

在前苏联国家意识形态解冻后宽松而自由的社会大环境影响之下,自20世纪80年代下半期以来,各加盟共和国出现了形形色色的政治运动、人民阵线等各类组织,且它们大都成为现政权的反对派,其普遍提出的目标是:民族复兴、社会民主化、国家主权。受此影响,吉尔吉斯加盟共和国的公民运动也呈蓬勃发展之势,从而为多党制的出现创造了条件。虽然在1987年吉尔吉斯斯坦就出现了

①Акаев А. Раздумья на судьбоносном этапе. Бишкек, 1994. С. 41.

②См.: Чиналиев У К. Политические партии Кыргызстана. Москва, 1999. С. 27 – 28.

"捷莫斯"(Демос)俱乐部这样的社会民主运动,但因缺乏吉尔吉斯族代表的参与,况且还是零星出现的,故反映不出当时社会运动的总体态势。吉尔吉斯斯坦首批大规模的社会民主运动始于20世纪80年代末。1989年初夏,伏龙芝(今比什凯克)突然出现了声势浩大的市民自发运动,其参与者大多是既没有国家福利分房,也没有自己私人住房的青年学生和工人。为了争得建房用地,他们自发自织起来,首次成立了"阿沙尔"(Ашар,意即"互助")运动组织。受比什凯克市民的影响,南方城市奥什的无房青年也采取同样举措,于1990年成立了"奥什阿伊马基"(Ош Аймагы)青年组织。① 然而,不幸的是,在争夺住房用地的过程中发生了吉尔吉斯族与乌兹别克族的民族冲突,造成了大量人员伤亡的流血惨案。到1990年中期,吉尔吉斯斯坦的民主运动已发展到有广大群众参与的大规模的程度,陆续诞生了一些具有民族民主性质的社会运动组织,如"阿萨巴"(Асаба)、"阿图尔杜克"(Атуулдук демилге)等都是当时颇有影响的民主运动组织。这些组织此后随即与"阿沙尔"一道组成了吉尔吉斯斯坦当时最大的民主运动组织——吉尔吉斯斯坦民主运动。1990年5月,吉尔吉斯斯坦民主运动召开成立大会。该组织由包括远在莫斯科和列宁格勒的吉尔吉斯人同乡会在内的总共34个社会组织构成。② 在此需要说明的是,吉尔吉斯斯坦民主运动是一个充满民族主义观念、具有激进民主思想的政治组织,它对引导吉尔吉斯斯坦走向独立、实现社会民主化产生了巨大的影响。该组织的成员大都支持阿卡耶夫总统的政策,其中不少精英人物成了总统领导班子的成员。但由于种种原因,该运动此后重新发生了分化与组合,1991—1992年由该组织分化出了以下独立的政党:"自由吉尔吉斯斯坦党"(Эркин Кыргызстан)、"祖国党"(Ата – Мекен)和"阿萨巴党"(Асаба,即"旗帜"之意)等。其中"自由吉尔吉斯斯坦党"是第一个与共产党平分秋色的政党。1991年的"8·19"事件为吉尔吉斯共和国政党运动的进一步发展起到了推波助澜的作用。鉴于吉共中央在"8·19"事件中发表声明支持"苏联国家紧急状态委员会",事后8月21日,阿卡耶夫总统谴责吉共中央领导"违反民主宪法,有利己主义野心",并以此为由在8月24日召开的吉共中央全会上将中央局和书记处全体成员解职,第一书记等5人被开除出党中央。8月26日,吉尔吉斯共和国最高苏维埃通过了关于停止吉共活动和处理其财产的决议。至此,具有50多年历史和15万多名党员的吉尔吉斯共产党解

---

①См.:Анарбеков Абжалбек. Политические партии в Кыргызстане(1991 – 1999). Бишкек, 1999. С. 7.

②См.:Батырали Сатыков. Государства Центральной Азии:опыт и перспективы социокультурных моделей сотрудничества. Бишкек, 2003. С. 40.

体。① 为了弥补这一巨大的政治真空，一些运动和党派乘机将其组织改造成政党。根据独立后形势发展的需要，吉尔吉斯斯坦民主运动也于1993年5月召开第3次会议，宣布将其改组为正式的党，即“吉尔吉斯斯坦民主运动”党。

从苏联国家政治转型过程中多党制的演变规律来看，一般情况下初始阶段政党的数量相当有限，政党都是由各类政治运动或组织（或者说是党派）逐步发展而来的。就吉尔吉斯斯坦而言，大致情况也是如此。据不完全统计，1988—1991年，吉尔吉斯斯坦共有各类社会运动26个，政党只有3个。② 但这毕竟反映和代表了多党制发展的一种趋势。

吉尔吉斯斯坦多党制的萌芽和发展既是伴随着苏联解体这一历史过程自然演变的结果，同时也不排除人为政治设计的推动作用。就其自然演变的历史而言，吉尔吉斯斯坦多党政治的雏形萌发于前苏联旧的政治体制框架之内，并随着这一框架的崩溃而获得了新生；从政治设计的规范作用来看，吉尔吉斯斯坦多党制又是在国家相关法律制度的保障之下诞生的，充分体现了人为因素。1990年4月12日，继前苏联人民代表大会取消反映前苏共领导地位的宪法第6条之后，吉尔吉斯共和国最高苏维埃紧接着也通过了关于废除吉共领导作用和主导力量的法律，并确立了吉尔吉斯公民有权联合共产党和其他社会政治组织、参与群众运动的准则。该法律实际上准许了多党制的存在。③ 同年12月，吉尔吉斯共和国最高苏维埃通过的主权宣言中，再次规定了政党及社会运动组织的活动权利，并规定在国家法律允许的范围内可以成立任何新的社会组织。1991年《社会团体法》的通过为吉尔吉斯斯坦多党制的形成奠定了基础。1993年共和国独立后的第一部宪法从根本上巩固了多党制的原则，从而为政党的活动以及此后《政党法》的出台奠定了法律基础。

综上所述，在以1993年宪法为标志的国家基本制度确立以前的政治转型初始阶段，吉尔吉斯斯坦的多党制也是经历了一个由萌芽到初步形成的阶段。这一时期吉尔吉斯斯坦多党政治的特点是：政党数量少，不能成为社会现实政治力量的代表；各政党的社会基础都很薄弱；缺乏明显的政治口号和行动纲领使其参与国家政治生活的能力极为有限。但这对长期缺乏政党意识的吉尔吉斯斯坦来说毕竟是一种巨大的进步，何况多党制的初步确立也表明了国家政治转型的一种方向。随着体制转型的不断推进，吉尔吉斯斯坦的政党制度也相应地发生了诸多深刻的变化。

---

①参见刘庚岑、徐小云：《吉尔吉斯斯坦》，社会科学文献出版社2005年版，第95－96页。

②См.：Батырали Сатыков. Государства Центральной Азии：опыт и перспективы социокультурных моделей сотрудничества. Бишкек，2003. С. 38－40.

③См.：Чиналиев У К. Политические партии Кыргызстана. Москва，1999. С. 36.

三、多党政治的持续发展

政治转型是一个环环相扣的连续过程。如前所述,吉尔吉斯斯坦多党政治在戈尔巴乔夫改革的后期就已初现端倪,苏联解体并未终止这一发展过程,反而使其得到了进一步发展与巩固。1993 年独立以来的第一部宪法通过之后,国家发展方向开始明朗,各项基本制度得以确立,政党的地位与活动内容也在宪法中得到了体现,标志着吉尔吉斯斯坦多党政治由此步入一个新的阶段。在经历了政治转型初始阶段的萌芽及初步发展过程之后,随着政治转轨不断向纵深发展,社会结构分化日益复杂化,吉尔吉斯斯坦多党政治也在不断持续向前迈进,尤其是《政党法》的出台以及选举制度的改革,对吉尔吉斯斯坦的多党政治起到了极大的推动作用。然而,由于历史和现实等诸多原因,吉尔吉斯斯坦的多党制尚不成熟,仍存在着诸多弊端,政党建设有待进一步发展和完善。

(一)《政党法》与《选举法》的出台:多党政治进一步发展的动力

世界政党政治的历史实践与经验表明,执政或参与执政是政党的战略目标,是政党区别于一般政治组织的根本标志,也可以说是政党的"天职"。政党存在的一个重要目标和任务就是赢得大选,选举是衡量政党地位与作用的一个重要尺度。一般而言,选举政治是政党政治的焦点,也是政党政治的起点与终点。与其他前苏东转型国家相比较而言,吉尔吉斯斯坦多党政治发展缓慢及不成熟的一个根本原因就在于长期以来政党参与选举被限制在有限的范围之内,更谈不上参与执政的能力与水平了。

通过对后苏联国家政党建设的研究,我们不难发现,通常情况下临近选举期政党的数量都会有所增长。1994 年吉尔吉斯斯坦通过修改宪法将议会由一院制改为两院制,独立以来的首届两院制议会选举定于 1995 年 2 月,这无疑为政党的进一步发展提供了契机。到 1994 年初,吉尔吉斯斯坦已有各类政党 8 个,况且新的政党的成立过程还在持续不断地进行,到 1999 年初政党数量已达 18 个,至 2000 年前夕其数量已逾 30 个。① 临近独立后首届议会选举的 1994 年秋,吉尔吉斯斯坦各派政治力量进行了国家历史上的首次大联合,所有政党组成两大选举联盟:民主力量进步联盟和吉尔吉斯斯坦统一联盟。前者包括"自由吉尔吉斯斯坦党"和吉尔吉斯斯坦共产主义者党等 6 个社会团体,后者囊括了吉尔吉斯斯坦统一党和共和党等 12 个社会团体。② 然而,1995 年的议会选举政党

---

①См.:Чиналиев У К. Кыргызстан на пути к демократии: трансформация политической системы. Москва, 2004. С. 251.

②См.: Зайнидин Курманов. О проблемах партогенеза в Кыргызстане. Центральная Азия и Кавказ. 2004. № 5.

所取得的成效并不大,政党联盟的作用和意义也没有凸显。除了政党建设本身不够完善外,没有采取比例代表制是一重要因素。为了此次议会选举,政党共推出代表候选人45名来角逐议会两院105个席位,结果只有7人当选,4人进入立法会议,3人当选为人民代表会议代表。① 来自政党的代表因数量有限,很难在议会当中形成代表联盟,更不用说组建文明的议会党团了。此次议会选举成效不佳对政党的进一步发展无疑是一个小小的打击,此后几年组建新的政党的步伐明显放慢。

1998年和1999年是吉尔吉斯斯坦政党组建活动的一个高峰期,造成这种活跃局面的动力源泉主要是1998年宪法对立法机构的调整以及1999年《政党法》和《选举法》的出台。

1998年吉尔吉斯斯坦通过全民公决修改了宪法,其中具有标志性的一个变化就是将议会两院代表的构成作了重大调整,即立法会议的人数由原来的35人增至60人,人民代表会议的人数则相反,由原来的70人降至45人。与此同时,鉴于议会两院代表结构的变化,关于议会代表尤其是立法会议代表的选举方式也有了新的规定,即引入了“多数比例代表制”和“地区代表制”这种“混合”选举方式,也就是说立法会议的60个议席中有15个席位由政党按比例代表制来确定,其余45个席位仍从选区产生。2000年的第二届议会按照此种方式选举产生。1999年5月,吉尔吉斯斯坦通过了新的《选举法》,对未来的议会选举作出了详细的规定。另外,1993年宪法颁布之前出现的所有政党及运动都是依据前苏联时期1991年颁布的《社会团体法》成立的。显然,随着时间的推移,多年的实践表明,旧的《社会团体法》已难以反映新形势下政党的特点和发展要求,迫切需要一部政党法来为政党的行为规范树立新的标准,以便从立法上确保政党充分参与国家社会政治生活。经过多年的努力,1999年6月12日吉尔吉斯斯坦议会通过了独立来的第一部政党法。该法律的通过对规范吉尔吉斯斯坦政党的活动与完善政党建设无疑具有至关重要的意义,其实施有利于提高政党制度化水平。根据该政党法所确立的准则和规范,概括而言,吉尔吉斯斯坦政党拥有以下权利:②

(1)自由宣传本党目标与活动的信息,创立大众传媒,通过法定程序组织群众集会、游行等;

(2)组建政治集团和联盟等;

---

①См.:Чиналиев У К. Политические партии Кыргызстана. Москва,1999. С. 43－44.

②См.: Закон КР“О политических партиях”. Ведомости Жогорку Кенеша Кыргызской Республики. 1999. № 11.

(3)参与总统、议会和其他国家机关的选举;

(4)通过民主途径对国家机关决议的形成产生影响;

(5)发挥宪法规定的其他功能;

(6)国家保障政党维护其权利与合法利益,除法律规定外,禁止国家机关和公职人员对政党活动实施干预。

《政党法》的通过对促使政党活动的积极性产生了巨大效应,这主要表现在两个方面:其一,新政党的组建呈上升趋势。1999 年可谓是吉国政党建设大获丰收的一年,仅当年新成立的政党就多达 7 个。其二,《政党法》加剧了政党分化与组合。进入 21 世纪,吉尔吉斯斯坦政党发展的一个特点就是,政党间的联合不断加强。

2000 年议会选举前夕吉尔吉斯斯坦政党发展势头迅猛主要是为参与此次议会选举做准备的,立法会议的 15 个议席对各派政党具有很大的吸引力。早在选举前就有 5 个政党组成了阵容强大的 2 个选举联盟,即由统一党、社会民主党和经济复苏党组成的"民主力量"联盟,以及由共和国人民党和工农业及小家庭利益保护者党组建的"玛纳斯"联盟。这样,角逐 2000 年议会选举的共有 9 个政党和 2 个选举联盟,来自政党的候选人总计 134 名。根据选举结果,15 个由政党占据的议席的分配情况是:吉尔吉斯斯坦共产主义者党获得 27.65% 的选票,赢得 5 个议席;"民主力量"选举联盟得票率为 18.64%,赢得 4 个议席;吉尔吉斯斯坦妇女民主党支持率是 12.69%,赢得 2 个议席;阿富汗及其他地区战争老战士党得票率为 8.03%,赢得 2 个议席;"阿塔—麦肯"社会主义党得票率是 6.47%,赢得 1 个议席;"我的国家党"支持率为 5.01%,赢得 1 个议席。①

值得指出的是,与 1995 年议会选举前成立的政党的情形大致一样,2000 年议会选举前成立的政党大多属于中右性质,其基本上受行政资源的支持,目的在于在选举过程中对左翼的共产主义联盟形成竞争压力。2000 年议会选举虽说部分地采用了比例代表制,由政党就议会为其设立的 15 个议席展开角逐,且基本完成任务,但由于选举前的政治工作主要依靠选举联盟的力量来完成,由此导致由政党产生的代表在议会当中依然难以形成议会党团,不能把议会推向文明的党团工作状态,更何况部分来自政党的代表事实上从来就没有参与过政党活动。从某种程度上讲,2000 年议会选举首次实行政党比例代表制体现了一定的民主,促进了多党制的发展,但同时不成熟的政党制度也暴露了不少弊端。其中较为突出的一点就是许多政党不是代表其政党本身的利益,而是代表部族的利

①См.: Садыркулов М. Особенности развития партийной системы Кыргызстана на современном этапе. Политика и общество. 2000. № 22.

益,由此导致议会内部存在严重的部落和地区主义倾向,给议会的正常运作带来了不少负面作用。此外,不少政党代表进入议会后随即成为反对派,成为组织群众示威游行的主导力量。2002 年阿克森事件导致吉国内局势在一年多的时间内处于混乱状态,与部分反对派政党议员主张向和平集会居民开枪不无关系。在居民生活水平普遍低下的情况下,反对派进入 2005 年议会有极大的可能性。当时的政权当然不愿看到阿克森悲剧重演。考虑到 2005 年的议会选举,2003 年修改宪法时,议会重新恢复一院制,代表人数减少至 75 人,议会不再为政党专门设立席位,代表的选举方式恢复为原来的地区代表制。这在很大程度上是为了限制反对派政党进入议会,从而形成一个“可控议会”。① 2003 年宪法的这些规定对政党的未来无异于一剂冷却剂,从而使其发展受到了一定的影响。因此,2003 年宪法遭到一些政党的反对,但在总统集权制体制下,一切反对都无济于事。

2005 年“郁金香革命”之后,吉国形势发生了很大的变化,要求按政党组建议会的呼声日趋强烈。2007 年 10 月 21 日新宪法和新选举法的通过极大地推进了政党的发展,其缘由是新一届议会选举完全按政党产生,代表人数也相应地增加,即由过去的 75 人增至 90 人。在 2007 年 12 月 16 日举行的新一届议会选举中,进入议会的三大党派分别是:由巴基耶夫总统支持创建的政权党——“光明大道人民党”(俄文“Светлый путь”,吉文“Ак жол”)占据 71 个席位;以前总理阿塔姆巴耶夫为领袖的社会民主党占 11 个席位;以前吉共中央第一书记马萨利耶夫之子为首的吉尔吉斯斯坦共产主义者党占 8 个席位。

综上所述,从吉尔吉斯斯坦政党发展的状况来看,可以说在很大程度上政党是因议会选举而诞生和存在的。所以议会选举期临近的时期往往都是政党数量猛增、活动较为频繁的时期。1999 年政党法的颁布及 2000 年议会选举对吉国政党建设起到了一定的推动作用,但 2003 年选举制度的再一次修改又使政党发展状况出现了很大的波动,这从图 3－1 选举期政党数量的变化上反映得尤为明显。

资料来源:Иманалиев М. Политические партии в Кыргызстане. Бишкек, 2006. С. 53

(二)多党政治的现状及存在的问题

1. 吉尔吉斯斯坦政党现状

截至 2006 年 12 月 1 日,吉尔吉斯斯坦登记在册的各类政党总计为 88 个。②

①См.: Зайнидин Курманов. О проблемах партогенеза в Кыргызстане. Центральная Азия и Кавказ. 2004. № 5.

②Роза Акназарова. Как модернизировать партийное сообщество? Акипress. 2007. № 1.

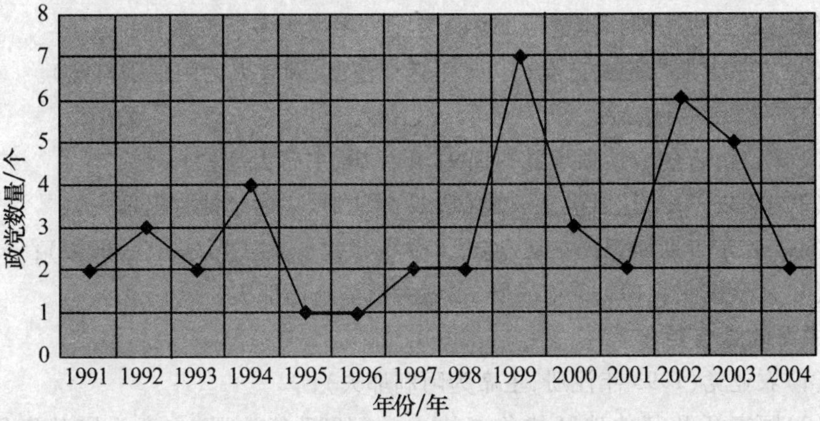

图 3－1　吉尔吉斯坦选举期政党数量变化

政党的空间结构常常是随着社会变迁不断变化的新的社会结构的反映，同时也是社会新目标和期望的体现。按照现代政治学对政党的分类标准，政党根据其纲领立场以及所代表的阶层的利益一般可分为左、中、右三大类，同时以中派党为参照系还可细分为中左和中右政党。吉尔吉斯斯坦独立十多年来，随着经济和政治改革的不断深入发展，社会结构也随之发生了重大变迁，由前苏联时期单一的社会结构逐渐演变为复杂而多元的社会结构，这在政党的空间结构上同样得到了尤为明显的反映。在吉尔吉斯斯坦，左翼和中左政党主要代表在由计划经济向市场经济转轨的过程中遭遇困难问题的弱势群体的利益，即退休人员、年轻人、贫困者以及得不到社会保障而支持社会主义价值观的群体的利益；右翼和中右政党则恰恰相反，主要代表社会转型过程中得势的新型社会集团的利益，企业主、大私有者是该类政党主要依靠的对象，他们大都是民族复兴的支持者和拥护者；中派政党占绝大多数，是吉国政党的主要组成部分，所占比例为所有政党的 62%。中派政党吸引的社会阶层主要来自国家机关和国有企业，也就是主要靠国家财政预算生活的群体。① 由于政党政治发育不够健全，吉尔吉斯斯坦政党的分化与组合变化频繁，以下是在吉国较有影响及在政治生活中较为活跃的各主要政党所属派别的大致归类。②

左翼党派主要包括：

(1)吉尔吉斯斯坦共产主义者党（成立于 1991 年，主席为前吉共中央第一

①См.：Иманалиев М. Политические партии в Кыргызстане. Бишкек, 2006. С. 32.

②См.：Элебаева А Б. Политическая трансформация: опыт Кыргызстана в мировом контексте. Бишкек, 2002. С. 88 – 89; Иманалиев М. Политические партии в Кыргызстане. Бишкек, 2006. С. 52.

书记马萨利耶夫);

(2)“新吉尔吉斯斯坦党”(1994 年注册,主席为多斯波尔);

(3)吉尔吉斯斯坦共产党(1999 年登记注册,领导人为阿仁别科娃)。

中左党派主要包括:

(1)“自由吉尔吉斯斯坦党”(1991 年注册,主席为乌鲁);

(2)“阿塔—麦肯”社会主义党(1992 年注册,主席是捷克巴耶夫);

(3)“吉尔吉斯斯坦民主运动党”(1993 年注册,主席为热克舍耶夫);

(4)社会民主党(1993 年注册,主席为阿塔姆巴耶夫)。

中派政党主要有:

(1)农业党(1993 年注册,主席为阿利耶夫);

(2)阿富汗及其他地区战争老战士党(1993 年注册,主席为塔什唐别科夫);

(3)吉尔吉斯斯坦妇女民主党(1994 年注册,主席为沙伊利耶娃);

(4)人民党(1995 年注册,主席为乌谢诺夫);

(5)统一党(1994 年注册,领导人为姆拉利耶夫);

(6)工农业及小家庭利益保护者党(1996 年注册,主席为阿伊基克耶夫);

(7)吉尔吉斯斯坦“公正党”(1999 年注册,主席为著名作家艾特玛托夫)。

(8)统一政治党(2002 年注册,主席为博罗姆巴耶娃)。

右翼政党主要包括:

(1)“我的国家党”(1998 年注册,主席为奥托尔巴耶夫);

(2)“尊严党”(1999 年注册,主席是曾担任过副总统、内务部长、安全部部长、楚河州州长以及比什凯克市市长等职务的库洛夫,该党为目前最主要的反对党之一);

(3)“自由党”(2000 年注册,主席为卡森马利耶夫);

(4)“光明大道人民党”(2007 年 10 月成立,支持者为总统巴基耶夫)。

中右政党主要有:

(1)吉尔吉斯斯坦共和党(1999 年注册,主席为托克姆巴耶夫);

(2)“人民之声党”(2002 年注册,主席为马利博夫)。

需要指出的是,吉尔吉斯斯坦也曾尝试过建立像俄罗斯“统一党”那样的政权党,但就“颜色革命”前的总体态势看,因受诸多因素限制而成效不大。前总统阿卡耶夫的女儿阿卡耶娃创建的“前进的吉尔吉斯斯坦党”以及艾特玛托夫领导的“公正党”被视为亲政权的党,尤其是前者曾一度被看好。以雄厚的行政资源为后盾,“前进的吉尔吉斯斯坦党”曾积极活动,向政权党的方向努力,在其他州设有其党的分支机构和办事处。然而,2005 年议会选举时,该党因涉嫌在大学选区有舞弊行为而声誉大跌，最终未能实现其政权党的梦想。在接下来的“郁金香革命”之后，该党呈四分五裂之势，影响力日渐式微，基本不复存在。到了2007年，为赢得新一届议会选举，10月15日巴基耶夫总统亲临“光明大道党”的成立大会并发表讲话，积极支持该党成为总统党，目的在于对议会进行控制。如同前述，以该党为龙头组成的强大的竞选联盟在2007年12月16日的议会选举中，以压倒多数的优势占据了议会90个席位中的71个，成为名副其实的政权党。

在目前吉国学术界，有一种观点认为“光明大道党”就其在议会的地位和作用而言其实就等同于俄罗斯的“统一党”，是名副其实的亲总统党和政权党。①鉴于“光明大道人民党”是目前吉尔吉斯斯坦最具政治影响力的大党，是巴基耶夫总统执政的重要基础，在此就该党的基本纲领作以下简单介绍：②

(1)吉尔吉斯斯坦是一个充满机遇和劳动自由的国家。每一个吉尔吉斯斯坦人都应在自己的祖国得到一个工作岗位；

(2)我们的每一位老人和孩子都应该得到同情和关爱；

(3)国家强大的基础是健康的吉尔吉斯斯坦人！吉尔吉斯斯坦独特的本质是追求健康生活方式的国家；

(4)国家为人民和社会服务，人民和社会监督国家；

(5)法律面前人人平等，社会责任平等，吉尔吉斯斯坦是一个社会公正的国家；

(6)优质教育是未来的保证，知识分子是民族的财富，创新是经济增长的源泉；

(7)经济计划应该保证国家财富的增长和每一个吉尔吉斯斯坦人新的生活质量；

(8)国家的自然资源和财富应该服务于吉尔吉斯斯坦人民；

(9)吉尔吉斯斯坦奉行睦邻友好的对外政策。

2. 多党政治存在的问题

纵观吉尔吉斯斯坦独立以来十几年的政党建设历程，尽管取得了一定的成就，但与独联体别的国家相比，尤其相对于俄罗斯来说，吉尔吉斯斯坦多党政治的发展状况要滞后得多，至今仍存在着诸多问题。

第一，缺乏社会基础是吉尔吉斯斯坦政党发展与建设所面临的首要问题。与发达国家及绝大多数国家政党产生的路径不同，吉尔吉斯斯坦政党的形成与

①该观点是笔者2007年在吉尔吉斯斯坦学术访问期间时与当地学者交流的结果。

②См.: Программа народной партии “Ак Жол”, Бишкек, 2007.

发展不是靠党的纲领和立场自下而上地吸引社会民众来参与党的活动，而是以个别领袖人物的意志和威望作为一种政治行为工具来发挥作用。以此种方式产生的政党往往只代表个人或部族的利益，而非整个组织的利益。由此导致的不良后果是，政党的普遍性受到极大的限制，从而严重影响了政党的知名度，这也是吉尔吉斯斯坦政党普遍缺乏信任度的一个根本原因。2004 年进行的一项社会调查显示，大部分政党没有知名度，民众对其信任度极低。在被调查者中，34.1% 的人表示难以回答他们知道吉尔吉斯斯坦都有哪些政党，类似的问题在 2003 年进行的调查当中比例高达 38.1%；即便是最具知名度的政党在首都比什凯克只有 60.1% 的人表示知道该党的存在，知名度超过 5% 的政党仅有 6 个，超过 3% 的也只不过有 3 个。①

第二，缺乏纲领、纲领雷同以及纲领含混不清是吉尔吉斯斯坦政党面临的一个重大问题。由于缺乏政党建设的经验，吉尔吉斯斯坦大部分政党的建立缺乏一定的思想体系作为理论支撑，个人意志代替了党纲，因此难以形成本党严明清晰的纲领。许多政党在制定其纲领性文件时，根本就没有考虑国家的现实情况，而是盲目地模仿或照搬俄罗斯以及西方国家相应的党纲，从而致使该党失去了自己的特色，也使社会无法对其进行定位，最终导致的结果是在选择上给其参与者造成了很大困难。在谈及吉国政党纲领的混乱程度时，吉尔吉斯斯坦国家科学院通讯院士、历史研究所所长朱努沙利耶夫（Джунушалиев）教授感慨地说，诸如“自由、民主、人权、繁荣、复兴”等关键词几乎成了吉国所有政党纲领内容的集中概括与体现。② 此外，不少政党在其纲领中从不指明其所依赖的社会阶层和集团，具体代表哪个阶级的利益等，即便是有党纲，政党与政党之间的界定也是相当的模糊和雷同。凡此等等，都是吉国政党失去吸引力的原因所在。

第三，政党组织结构建设不健全是吉尔吉斯斯坦普遍存在的问题。世界政党发展的历史实践表明，一个政党的发达与否及其生命力是否长久在很大程度上取决于该政党是否拥有完备发达的组织结构体系。说得严重点，吉尔吉斯斯坦许多政党的组织结构处于瘫痪状态，缺乏底层分支机构，有的只在首都拥有一个办公室而已，更不用说在其他州市地区建立分支机构了。许多政党与其说是党组织，还不如说是俱乐部或者小组。政党是连接民意与政治中枢系统的纽带。缺乏底层组织非但无法体察和反映民情，而且不能及时将民意输送到政治系统的中枢。关于政党组织的脆弱状况从以下例证当中可见一斑。2004 年吉国一

①См.：Карина Сафарова，Корнелия Ридель. Центральная Азия：собственный взгляд. Бишкек，2006. С.169.

②笔者 2007 年 5 月与吉尔吉斯斯坦共和国国家科学院历史研究所所长朱努沙利耶夫教授的一次学术谈话。

家颇有社会影响的杂志社 AKИpress 为了对当代吉尔吉斯斯坦政党建设进行分析，以信件的方式下发了大量的调查问卷，结果回应的仅有 7 个政党，9 个政党的问卷因“查无此人”被退回。在此后的电话采访当中回答更是五花八门：有的说党的领导人在休假；有的说党领袖去世，该党前途未卜；采访到有的领导人时，回答是，需要与党的执行人商讨，但不知该执行人的办公室地址和联系方式；凡此等等，不一而终。[1] 造成这种境况的原因是多方面的：既与政党建设历史经验不足有关，也有受财力资金匮乏限制的因素，因为在吉尔吉斯斯坦国家对政党没有财政支持，故只有那些行政或财力资源雄厚的政党才具有较强的活动能力。

第四，对政党重要性认识不足是吉尔吉斯斯坦政党面临的又一重大问题。在吉尔吉斯斯坦至今没有专门研究政党的科研与学术机构，人们对政党的功能和作用仅停留在肤浅的表面认识之上。许多党派的成员甚至党的领导人根本不明白政党究竟是何物，其存在的意义和价值何在。组建政党纯粹是出于争权夺利的目的，因而政党便成了个别政治活动家利用的工具。这也是吉尔吉斯斯坦至今政党的发展仅以数量而非质量取胜的原因所在，由此严重影响了政党向法制化和制度化发展的进程。

第五，缺乏政治和知识分子精英人物是吉尔吉斯斯坦政党明显存在的一大问题。精英政治是政治发展的一个重要方面。政治精英的形成与产生非一朝一夕之事。由于受前苏联旧体制的影响，吉尔吉斯斯坦在独立以来的短时间内尚未形成适应现代民主文明政治的政治文化。除个别领袖人物外，吉尔吉斯斯坦政党队伍的文化素质比较低下。由于缺乏智力支持，许多政党在制定纲领和章程时困难重重，更不用说能够提出适合国家发展以及解决转型期急需解决的重大现实问题的国家方案和计划，从而影响到了政党功能和作用的正常发挥。此外，缺乏政治精英对政治文明也将产生一定的负面作用，同时也是导致街头政治泛滥的一个很重要的因素，更为严重的是，一些政党已经沦为犯罪组织。2005 年“郁金香革命”中的打砸抢事件就是不文明政治行为极有力的一个佐证。

四、影响和制约多党制发展的因素分析

上述对政党现状及存在问题的研究分析表明，吉尔吉斯斯坦多党政治尚不成熟，其独立以来在政党政治发展方面所确立的仅仅是“多党性”，而非多党制。归纳起来，以下因素是影响和制约吉尔吉斯斯坦多党政治健康发展的主要原因。

第一，对传统价值观及观念认同的惯性力量是影响和制约吉尔吉斯斯坦多党政治发展的一大根本因素。众所周知，苏联时期的宪法明确规定苏共是国家

[1] См.：Керимбаева С. О политических партиях Кыргызстана. Акипress. 2004. № 9.

的领导和代表力量。国家所有权利和资源都集中和掌控在党的手中,唯有党才是国家和社会管理功能的基本承担者。苏共领导下的前苏联几十年社会主义建设的辉煌成就使得西方学者在指责苏联为“极权”国家的同时,却不得不把其与英美发达国家一道归入“有效能的国家的范畴”。① 相比之下,独立后成立的各类政党就其参与管理国家和社会的功能而言根本无法与前苏共相比,也无法解决转型期间出现的各种现实问题。但受传统惯性力量的冲击,公民在其潜意识中总要把眼下的党与前苏共进行比较,其结果自然是对前者表示不满和失望。这也是除左翼共产党外其余政党的社会认可度普遍偏低的一个根本原因。

第二,制度设计的缺陷是导致多党政治滞后发展的又一重大因素。长期以来,吉尔吉斯斯坦政党不是国家政权的载体,国家社会政治结构和形势不由政党来代表,致使其没有机会参与重大的政治行动。这主要与选举制度的设计缺陷相关联。吉尔吉斯斯坦的总统不属于任何党派,加之国家仅在2000年议会选举时部分地采取了比例代表制,但2003年宪法通过后又恢复了选区代表制的议会选举方式。2007年12月的议会选举虽说全部由政党来角逐,但从选举的结果看,只是受总统支持与控制的党大获全胜,何况该选举方式的优劣尚在观察当中,是否会发生变化依然充满变数,目前还难以下定论。所以,结合独立十多年来的政治实践来看,就实质而言,吉尔吉斯斯坦的总统选举和议会选举与政党没有多大关系,由此导致政党在国家政治生活中所发挥的作用极其有限。由于缺乏参与国家政治生活的平台和机制保障,不少政党转入反对派阵营,从而影响了政局的稳定。

第三,狭隘的地区主义与部族主义思想也是导致吉尔吉斯斯坦政党制度建设落后的另一重要原因。吉尔吉斯斯坦为多民族国家,加之自古以来的游牧社会习俗,部落地区思想根深蒂固,这对政党发展也造成了极大的负面效应。绝大多数政党带有鲜明的地区和部族主义思想色彩。例如,如果政党领袖来自南方,那么该政党成员也主要是南方人;反之,北方代表组建的政党成员则大多为北方人。这样,对非北非南、占据吉国人口第三位、有着较高文化素养的俄罗斯人来说,在选择政党参与上则处于一种尴尬的境地,常常是被排除在政党之外。② 这不但阻碍了政党的发展,对民族国家的建构也是极为有害的。

第四,社会结构转型及政治利益集团形成尚未结束是影响吉尔吉斯斯坦政党健康发育的结构性因素。政党制度转型是政治转型的一个非常重要的方面,

①参见〔美〕塞缪尔·亨廷顿:《变化社会中的政治秩序》,王冠华等译,三联书店1989年版,第1页。

②См.: Зайнидин Курманов. О проблемах партогенеза в Кыргызстане. Центральная Азия и Кавказ. 2004. № 5.

它与社会结构变迁有着极为密切的关系，而政党的形成又与社会阶层的划分和利益集团不可分割。吉尔吉斯斯坦新的社会分层结构虽说已突破了苏联时期的传统局限，并开始走向以社会经济地位为主要标准的分层结构，但由于带有掠夺性质的野蛮的私有化的实施，社会分层结构极度不合理，且该进程至今尚未结束。这给政党建设造成极大的困难，其中尤为明显的困难如前所述，使政党在选择代表对象时茫然无从，同时也导致党纲混乱不清。

第五，社会转型的自身因素对政党的影响也是一个不可忽视的原因。社会转型是一个涉及国家各种制度变迁的过程，必将产生某种合力因素，其不可避免地对政党制度产生综合影响，尤其是在转型期尚未结束的情况下。其中，由于转型历史短而引发的建党经验不足、民众思想认识状况的差异等都对政党建设潜移默化地发生作用。

综上所述，本节得出的结论是，吉尔吉斯斯坦多党政治尚不成熟，且处在无序发展状态之中，其要走向制度化发展依然任重而道远。

本章小结

制度是达成目的的工具。如何在苏联政治遗产的废墟上构建新型的政治制度是包括吉尔吉斯斯坦在内的后苏联国家政治转型的核心内容，同时也是其政治民主化发展过程中的最大难题。独立后吉尔吉斯斯坦构筑新型政治制度的逻辑与迫切性就在于因苏联解体而导致的制度基础的破坏，同时，它也是政治转轨进程随着内外环境变迁不断演化和深入发展的必然结果，更是民族国家建构的特殊诉求。本章集中论述主权吉尔吉斯斯坦立国之初国家体制与发展模式的探索、宪政制度的确立、立法制度的重建、司法制度的改革以及多党政治的发展与变迁等内容。其中，独立后国家体制和发展模式探索的理念和结果不仅在首部宪法中得以体现与巩固，而且奠定了 1993 年宪法出台的基础，而首部宪法的通过又是宪政制度确立的标志，国家的独立、性质乃至今后的发展方向由此得以确认；立法机构重建和司法改革是政治转型过程中制度构建的核心内容之一，既表明了体现分权学说的需要，也反映了转型过程之艰难和曲折；多党政治虽经历了从政治转型的萌芽到进一步发展，但至今尚未形成一个制度化的组织，不仅难以起到把政府形式上的结构和社会中的各种不同成分联系起来的“纽带”作用，而且始终摆脱不了部族主义的影响，加之受俄罗斯“统一党”经验的启发与影响，吉国出现过所谓的“政权党”或“总统党”——“光明大道党”，况且盲目模仿俄罗斯政党纲领是吉国政党难以吸引社会成员积极参与的一个重要原因。

笔者认为，本章有关吉尔吉斯斯坦独立后基本政治制度新结构、新体系构建的分析与描述，从另一个角度来看，也是对其十余年政治转型进程的宏观总结与梳理。总之,本章为随后章节对吉尔吉斯斯坦政治转型特征、问题以及影响转型的因素等相关判断与分析提供了一定的素材和基础。

第四章 回归权威：总统集权制之分析纬度

总统集权制是包括吉尔吉斯斯坦在内的中亚国家政治体制的核心，也是中亚国家所谓的民主制度的基本特征。20 世纪 90 年代中期以前，尤其是立国之后的头几年，吉尔吉斯斯坦以其多元和宽容的政治制度赢得了中亚“民主岛”的美誉。在西方世界的眼中，吉尔吉斯斯坦曾是中亚地区“民主发展”的楷模，因而它从这种自我树立的形象中获得了巨大的好处，西方的经济援助开始源源不断地流向这个中亚最小的落后国家，使其成为中亚地区接受西方援助最多的国家。然而，自 20 世纪 90 年代下半期以来，执政的阿卡耶夫总统也开始步中亚邻国领导人之后尘，采取一系列非民主的压制手段来扩大总统的权威，通过全民公决和修改宪法等方式使国家权力结构适应了总统专制的模式，从而使吉国与中来地区其他国家一样，国家的政治与经济生活逐渐陷入总统以及忠于总统的官僚权贵的掌控之下。应该说，吉尔吉斯斯坦总统集权制政体模式的形成和巩固在一定程度上虽反映了其社会转型的客观现实状况，有利于社会秩序稳定，但同时也不可否认，该模式日益显露的弊端对国家的政权建设及未来政治发展产生了相当大的负面作用。本章主要对吉尔吉斯斯坦总统集权制的确立与巩固进行阐述与分析，并对其所造成的影响给予评价。

第一节 总统集权制政体的确立与巩固

一、集权制政体确立的背景：阿卡耶夫总统民主观念的嬗变

吉尔吉斯斯坦由“中亚民主岛”逐步滑向总统集权的权威主义体制道路，在很大程度上与阿卡耶夫总统对民主认识的观念发生变化有直接关系。吉国有学者指出，阿卡耶夫总统早期是一个民主的积极追随者，但后期却出于巩固政权的

需要转而成为民主的反对者。①

国家政治制度就其实质而言是权力分配的政治领导模式的问题。政权建设问题是后苏联国家政治转型过程中所遇到的最为复杂的一个问题。与后社会主义国家，尤其是在复杂情况下成功转向西方民主模式的中欧国家相比，当代中亚国家权力结构的形成问题是后苏联国家最复杂的问题。即便是在后苏联地缘空间的欧洲部分，如俄罗斯、乌克兰和摩尔多瓦等国，其国家制度的改革虽说不连贯、不稳定，但困难要比中亚地区少得多，原因在于中亚国家居民所传承的政治文化的性质及其政治精英对待国家体制根本转型的态度不同（关于政治文化对吉国政治转型的影响将在本书第七章作详细阐述）。② 除此之外，苏联解体使缺乏民族国家建国经验以及独立治国经验的吉尔吉斯斯坦在国家制度发生断层、新的政权体系创新严重滞后、对权力关系尚未廓清的情况下就已被推向了经济与政治改革的前台，这无疑加大了其政权建设的难度。

独立初期，吉尔吉斯斯坦极力寻求一条激进的途径把本国经济和政治制度与西方现行制度原则相结合，并以此作为一项长远的发展目标。鉴于国家缺乏优越的自然资源禀赋，阿卡耶夫总统多年来基本上是把希望寄托在推动政治改革方面，于是追求建立“民主岛”便成了国家对外宣传的政治名片。然而，苏联解体后剧烈的社会转型导致政局动荡不安、经济状况持续恶化、人民生活水平急剧下降、社会问题日益突出等。这一系列问题使得阿卡耶夫总统感到驾驭政局有点力不从心，于是他开始冷静反思其治国策略，并逐渐意识到西方的民主制度并不完全适合吉尔吉斯斯坦，提出要“考虑吉尔吉斯斯坦的特点”。他在答记者问时讲道：“我们的目标都是建立民主国家、法治社会，但各国的做法不一……应该将西方的自由民主思想同我们民族的好的民主传统结合起来。”③基于对国家现实情况的考虑，阿卡耶夫得出的结论是：“美国和西欧的民主生活方式，现在和今后一段时间都不是吉尔吉斯斯坦可以照搬的模式。”④与此同时，独联体一些国家，特别是俄罗斯和中亚邻国不断加强总统权力的示范效应，使阿卡耶夫深受启发，由倾心三权分立转而坚决主张实行强有力的总统制。在阿卡耶夫看来，强有力的国家就意味着强有力的中央集权，尤其是在刚刚成立的国家建立民主制度，更需要强有力的执行权力机关。“只有强有力的政权才能确立民主制

---

①笔者 2007 年 6 月与吉尔吉斯斯坦总统战略研究所前所长、总统助理及发展计划支持基金会会长 B. 鲍加特列夫（B. Богатырев）的一次学术谈话。

②См.：Виктор Будкин. Государства Центральной Азии：дилеммы власти. Центральная Азия и Кавказ. 2006 г. № 5.

③См.：Слово Кыргызстана. 3 ноября 1994.

④转引自马大正、冯锡时：《中亚五国史纲》，新疆人民出版社 2005 年版，第 303 页。

度和市场机制并使之正常运转。"①所以,为了排除苏维埃旧议会给改革推进所造成的阻力,阿卡耶夫总统通过强化总统行政权力机构、全民公决、改组政府、解散议会、修改宪法等举措来打压议会反对派,并对其权力进行限制,直至逐渐将权力集中于总统手中,总统集权制政体由此得以确立和巩固。

二、立国初期两次政府危机中的总统与议会博弈:迈向集权的第一步

苏联政治遗产是所有后苏联国家进行政治改革的前提。如前所述,吉尔吉斯斯坦早在独立前作为加盟共和国的政治体制改革过程中就已经确立了总统制、三权分立等西方民主政治的一些基本原则,但毕竟是被深深地打上了苏联的烙印;况且伴随着1990年总统制的引进,国家实际上确立了一个类似于议会制的共和国,总统不但由议会来选举,而且其职权还要受议会限制。苏联解体,吉尔吉斯斯坦真正获得独立后,其真正意义上的转型全面铺开。鉴于国家政治、经济和社会结构已发生了实质性的巨变,客观上要求年轻的共和国抛掉前苏联"标签"而开始独立自主地进行政权建设,尽快解决权力结构问题,确立国家各权力机构的权限及其制衡机制等。但是,在西方式的现代议会尚未站稳脚跟,精英们还没来得及理解西方议会的精髓的情况下,带有前苏联印记的旧式苏维埃议会依然靠着惯性的力量及该体制所传承的利益诉求,以不同的方式不断地向新的政治体制中渗透,并对新制度造成了严重的侵蚀,从而导致了以总统为首的执行权力机关与以议会为代表的立法权力机关的对峙与斗争。事实上,后苏联国家在转型初期新政权的确立过程中大都经历过总统与议会的激烈博斗,并由此引发了不同程度的政权危机。例如,俄罗斯、乌克兰、白俄罗斯、哈萨克斯坦、亚美尼亚、格鲁吉亚以及吉尔吉斯斯坦等国家在新宪法通过前后都曾陷入过双重政权危机的尴尬局面。对此,中国学者庞大鹏在研究俄罗斯时将此称为"宪政制度博弈期",其特点是既有苏维埃制度的遗留特征,又有纯粹的三权分立民主制度特征的影子,是一种新旧体制的混合体。② 如何结束双重政权,彻底摧毁苏维埃体制以便为民主化改革开路,各国采取的方式有所不同。如乌克兰以提前大选的方式来结束总统和议会的权力之争,而俄罗斯则采取了炮打"白宫"的极端形式彻底摧毁苏维埃体制。在吉尔吉斯斯坦,阿卡耶夫总统则以解散议会的方式结束了前苏联式的苏维埃旧议会,从而在总统集权制的道路上迈出了关键性的第一步。

众所周知,俄罗斯立国初期,围绕着建立总统制还是议会制国家,总统和议

①参见晓君:《转轨时期的吉尔吉斯斯坦政治体制》,载于《东欧中亚研究》1997年第3期。

②参见庞大鹏:《论俄罗斯政体》,载于《当代世界社会主义问题》2004年第4期。

会僵持不下,最终迫使叶利钦总统动用武力结束了旧式苏维埃议会,以血的代价通过了首部宪法,国家由此进入了相对平稳的发展时期。与俄罗斯不同,尽管吉尔吉斯斯坦独立初期总统与议会之间的对抗也是十分尖锐,但独立以来的第一部宪法还是由产生于前苏联时期的议会——吉尔吉斯共和国最高苏维埃通过的。当时的一些分析家认为,伴随着新宪法的通过,最高权力阶层的对峙也将会随之偃旗息鼓。然而,事实并非如此简单。相反,在1993年首部宪法出台之后,总统和议会之间的斗争反而不断升级,愈演愈烈,由此引发了一连串的政府和议会危机。造成总统与议会之间产生矛盾与斗争的原因是各方面的,但主要原因还是双方在对待改革的态度与看法以及利益分配上发生严重分歧。

(一)“黄金案”引发首次政府危机:议会报刊遭遇关闭

如前所述,吉尔吉斯斯坦过渡时期的议会——第十二届最高苏维埃产生于1990年,任期为5年,也就是说其活动期限将要持续到1995年5月。虽说1991年“8·19事件”之后吉共的活动被禁止(后又于1993年重新恢复活动),但此届议会的绝大多数代表为吉共党员。他们思想保守,头脑中残留的依然是前苏联式的政治思维,对阿卡耶夫总统推行的激进自由民主改革持反对态度,甚至有不少议员强烈要求阿卡耶夫总统下台。虽说总统与议会之间的矛盾与对抗在1993年5月首部宪法通过后变得更加尖锐和日趋激烈,其实在此之前两者之间就一直龃龉不断。用阿卡耶夫的话说,日益激化的与最高苏维埃的对抗令他这位总统越来越感到不安了,尤其是最高苏维埃中一批原来的党员占据着领导地位。例如:党的思想家舍里姆库洛夫任议长,因为他当时坚持正统而不妥协的共产主义,结果是整个社会都卷入了议会和总统间的冲突,总统的手被议会的绳索束缚住了,迫使总统不得不通过1991年12月12日和1992年2月12日的两个总统令将国家的主要管理职权都承担起来,目的在于应对两个政权的局面和日益迫近的管理上的无政府状态。① 为了摆脱议会的限制,从1993年4月起,阿卡耶夫为集权做了三个方面的准备,第一,1993年4月成立了总统办公厅,任命可靠的将来能插手国家事务的卡拉巴耶夫为办公厅主任;第二,从首都选派忠实可靠的人任一些州、区行政首脑,加强了对地方的直接控制;第三,进行舆论准备,宣传过渡时期集权的优势和必要性。② 客观地说,当时的社会状况有对总统极为不利的一面,尤其是“休克疗法”实施之后,造成社会经济急剧恶化,人民生活水平不断下降,这无疑为议会提供了攻击总统的借口。在此背景下,议会伺机寻找各种理由和借口对总统进行谴责和刁难,其中典型的案例就是1993年的所

①〔吉〕阿斯卡尔·阿卡耶夫:《难忘十年》,武柳等译,世界知识出版社2002年版,第89页。

②参见晓君:《转轨时期的吉尔吉斯斯坦政治体制》,载于《东欧中亚研究》1997年第3期。

谓的政府"黄金案",由此引发了吉尔吉斯斯坦独立以来的第一场政府危机。

如前所述,与中亚其他国家相比,吉尔吉斯斯坦缺乏能使国家快速富裕起来的油气资源,唯独能够充实国库并能够帮助国家渡过难关的就是年产约10吨的金矿,其中以库姆托尔(Kumtor)金矿最为著名。该金矿成立于1992年,矿中估计黄金总储量达930万盎司。① 独立后,吉尔吉斯斯坦政府奉行对外开放的经济政策,因为本国开采技术和加工工艺落后,只好与西方国家联合开发金矿资源。这样,吉尔吉斯斯坦政府便与加拿大的卡米柯(Cameco)公司签署了共同开发库姆托尔金矿的协议。不料政府此举却招致了议会反对派和社会各界的强烈反对,许多不明真相的民众为此纷纷谴责政府出卖国家利益。其实,"黄金案"是指1992—1993年吉尔吉斯斯坦政府将开采的第一批黄金1636千克送往瑞士进行精炼提纯,加工后损耗了1575克。② 这本属于自然损耗,却被议会反对派抓住不放,当做政治丑闻大肆渲染,从而加剧了总统与议会的对抗。应该承认,在这场政治风波中,议会反对派媒体捕风捉影的宣传起到了推波助澜的作用 。

立国之初,阿卡耶夫极力倡导以开放的公民社会来推动民主的发展,特别强调在法律允许的范围内建立公正而具有建设性媒体的重要性,致使吉尔吉斯斯坦的大众传媒十分开放,其表现之一就是反对派拥有相当数量的报纸,这种情况在中亚地区并不多见。吉国比较有名的反对派报纸主要有:《自由之山》、《白轮船》、《人物》、《MCH》等。从1993年6月开始,议会的《自由之山》等报纸开始借"黄金问题"对总统实施猛烈的抨击,指责政府非法动用国库黄金。继《自由之山》刊出《洗劫吉尔吉斯斯坦黄金》这类煽情的文章之后,共和国其他报纸竞相效仿,就"黄金案"进行炒作,如1993年7月《吉尔吉斯斯坦言论报》刊出《将库姆托尔献给加拿大:是黄金热综合征还是有其他目的?》。此外,吉尔吉斯斯坦的"黄金案"也引起了俄罗斯《共青团真理报》的关注。结果是,本属经济问题的"黄金案"在议会反对派媒体的渲染下急剧演化成政治问题。总统的政策成为议会抨击的主要对象,其所领导的政府也被指控与邻国关系处理不当,因此要求政府下台的呼声日趋高涨。在此背景下,不但阿卡耶夫总统本人的声誉受到了极大的影响,而且政府也逐渐陷入尴尬被动的局面。1993年12月中旬,以从外来投资者承包中索取回扣和库姆托尔金矿开采所造成的腐败问题为由,议会就政府的信任问题投了不信任票。为了避免谣言和丑闻的进一步扩散,虽说此次投票未能达到法定的2/3多数,但阿卡耶夫总统最终还是迫于舆论压力于同年12月13日解散了以成吉雪夫为首的吉尔吉斯斯坦独立后的首届政府,尽管

①〔美〕玛莎·布瑞尔·奥卡特:《中亚的第二次机会》,李维建译,时事出版社2007年版,第43页。
②〔吉〕阿斯卡尔·阿卡耶夫:《难忘十年》,武柳等译,世界知识出版社2002年版,第91页。

成吉雪夫总理曾是一位深受阿卡耶夫总统欣赏的年轻有为的政治家。

首届政府的垮台并未使总统与议会之间的矛盾得以化解,新的对抗反而不断加剧。支持总统的媒体开始向议会发起进攻,指责议会依然保留着“共产党官名录的残余”。而议会领导人虽说表面上不承认吉尔吉斯斯坦已出现了与总统对立的反对派集团,但就独立以来的政治、经济和社会危机等问题,通过其掌控的报纸《自由之山》对总统提出的批评却是日益尖锐。在阿卡耶夫看来,这是蓄意诽谤国家和政府领导人,于是决心就此事向议会报纸讨个说法。1994 年 8 月 24 日,吉尔吉斯斯坦总检察长根据上述情况对《自由之山》报提出指控,指责该报文章有诋毁国家元首声誉并破坏总统威望的言论。紧接着,比什凯克市五一区法院就此案进行了为期四天的公开审判。然而议会和报社代表在开庭的第一天就认为法庭唯总统意志是从,并在宣布不信任总检察长和法庭后愤然离去。随后法院在议会和报社代表缺席的情况下作出了对《自由之山》停刊的判决,但报社编辑随即发表声明说,他们“没有法院的正式判决书,不知犯有何罪”,认为判决是对议会的报复,甚至是对国内出版自由的“报复行为”,宣布判决无效。其他一些报刊也认为这是扼杀新闻出版自由的信号,某些政党的代表也表示了同样的忧虑,因而联合起来一致反对这一判决。① 尽管如此,该报社最终还是遭到法院查封。

除《自由之山》遭遇封杀之外,其他一些报纸,如 1992 年 2 月底由前苏联时期《苏维埃吉尔吉斯报》更名为《吉尔吉斯斯坦言论报》的政府报纸,以及创办于 1992 年初的议会《共和国周刊》报等也因刊登批评性的文章或信件而遭遇总统不同程度的批评。阿卡耶夫总统之所以对一些报纸表示不满,是因为他把这些报纸视为在全国努力摆脱危机之时提供具有破坏性意见的媒体。为此,在 1992 年 6 月的一次编辑会议的演讲中,阿卡耶夫总统指出,“民主就等于自由加责任”。他还特地点名批评《共和国周刊》报,因为该报是在为使人们对当局不信任而努力。随后该报的驻外记者就被排除在总统机关的新闻发布会之外。② 鉴于媒体对执政者的批评日趋激烈,1993 年 10—11 月政府和检察机关先后颁布各种不同的法令,似乎要对言论自由进行限制并在某种程度上重新建立审查制度。虽然这些法令遭到许多官员的反对,但记者们仍然认为这是对新闻自由重新实施限制的标志。

以上分析表明,打压媒体,尤其是取缔议会所拥有的报纸是总统与议会博弈的一项重要内容,就某种意义而言,这为总统滑向集权道路做了一定的准备。

---

①马大正和冯锡时:《中亚五国史纲》,新疆人民出版社,2000 年版,第 302 页。

②John Anderson. Kyrgyzstan: Central Asia's island of democracy? Amsteldijk, OPA, 1999, P. 30.

(二)第二次政府危机:议会被迫解散

现实情况表明,1994 年吉尔吉斯斯坦出现了总统集权的趋势。

第一届政府解散后,在新一届政府总理人选的角逐中,议会代表总共推出了 14 名候选人,其中位居第一位的是前吉共中央第一书记阿曼巴耶夫(Аманбаев),其得票为 165 票;位居第二位的是前苏联时期吉尔吉斯共和国最后一位总理朱马古洛夫(Джумагулов),其得票数是 159 票。[①] 经议会批准,阿卡耶夫选择朱马古洛夫为新一届政府首脑。与此同时,阿卡耶夫总统还进行了其他一些人事变动:前共产党领导人阿曼巴耶夫任内阁副总理;前副总统库洛夫因 1994 年宪法不再设置该职位而被任命为楚河州州长。然而,领导人岗位的调整并未缓解政治上的危机。因为相对于立法,议员们关注更多的是如何从其职位中获取诸如高薪金、车、房等物质利益。究其实质而言,利益分割不均是引发以总统为核心的执行权力机关与以议会为代表的立法机构之间矛盾与斗争的导火索,因此与总统争斗便成了吉国议会生活的主旋律。

总统与议会对抗不断加剧对吉尔吉斯斯坦的政治进程产生了极为严重的消极影响。总统发布的许多法令法规在议会得不到通过,更不用说执行了。在这方面典型的例子就是,1991—1994 年是吉国土地改革的第一阶段,而议会反对派对市场改革进行有敌意的反对,竭力阻挠土地私有化改革,原因是议会中党的官员顽固地坚持旧制度,力图在新条件下保住自己的地位,这样他们便以国家的名义支配着“全民所有制的土地”。因此,土地改革被延误了许多年,直到 20 世纪 90 年代末期才逐渐得以解决。消极的政治进程造成了恶劣的经济后果:1992—1993 年吉尔吉斯斯坦的工农业生产急剧下滑,消费价格的增长速度要比货币收入的增长速度快 3 倍,这两年的通货膨胀率分别为 1259% 和 1363% 。[②] 几近崩溃的经济日益威胁社会的政治稳定。在此情况下,为了反击政治反对派,提高总统的威望并巩固其执政地位,阿卡耶夫总统动用了宪法赋予的全民公决的权力,决定将总统的信任与合法性问题交付全民公决。他要求参与者仅就下面一个问题作出“是”或“否”的回答:“您是否相信 1991 年 10 月 12 日产生的任期为五年的吉尔吉斯共和国民选总统有权作为国家元首,并在其任期内采取行动?”在有 95% 的选民参加的 1994 年 1 月 30 日举行的总统信任案的全民公决中,97% 的人回答了“是”。[③] 无论从事实还是从逻辑上看,该问题的提出似乎有

①См. : Кыргызстан до и после “Тюльпановой революции”: политическая ситуация в Кыргызстане в 1990 - 2004 годах. http: // www. stratagema. org/polittechnology. php? nws = gq14p1781632563.

②〔吉〕阿斯卡尔 · 阿卡耶夫:《难忘十年》,武柳等译,世界知识出版社 2002 年版,第 92 页。

③См. : Абдыраимова Р А. Принципы демократии и внешней политики в конституции Кыргызской Республики. Бишкек, 1999 . С. 28 - 30.

点多余,因为总统是法定的总统,其任期并未结束。然而,在总统与议会关系不和的非常时期,阿卡耶夫总统的良苦用心也就不难理解,此举可谓是极其高明的一招。在总统与议会相互对抗的情况下,总统获得如此高的支持率不仅表明其深孚众望,而且对反对派来说无疑是一个沉重的心理打击,更重要的是相比而言此举为总统赢得了道义支持的制高点。因为根据宪法,总统有根据全民公决结果提前解散议会并安排新的议会选举的权力。此次全民公决可以说是把议会逼到了尴尬的境地,并为其在此后不久的解散埋下了伏笔。

全民公决虽然为总统赢得了极大的声誉,但总统和议会之间的分歧并未因此而弥合,反而因私有化问题而引发了新的危机,致使执行权力机关与立法机关之间的对抗再度加剧。起因是议会在其私有化检查委员会的工作总结报告中谴责不少议员、政府成员及地方国家行政首脑在“积极”参与国家项目私有化过程中获得了优惠贷款。此后不久,在 1994 年 6 月 22 日发布的所谓“105 号声明”中,议会被指控“企图利用人人皆知的经济困境和社会紧张局势推翻民选总统阿卡耶夫”。① 随着总统与议会对抗的进一步升级,阿卡耶夫总统开始筹划如何解散本届过渡性苏维埃议会。

在此需要说明的一点是,最后一届旧式苏维埃议会虽说诞生于前苏联时期,但前已述及,它是在戈尔巴乔夫改革时期激进民主思潮的影响下以全新的方式产生的,其当选代表中既有思想守旧的前吉共议员,也有怀有激进民主思想的支持总统的议员。在吉国独立以后,此届议会就已发生了严重的分裂。到 1994 年,连凑成法定的多数召开例会都已成了困难事。这虽说对议会本身和政府都不利,但却是总统对议会实施“逼宫”并迫使其解散的一个绝好机会。

1994 年 7 月,323 名议员中的 105 人(其中许多人是由阿卡耶夫任命的政府部长和地区领导)联名写信,谴责议会领导人破坏改革,并要求进行全民公决以建立一个新的两院制议会。与此同时,许多政党也要求同时举行总统和议会选举。② 我们知道,此前俄罗斯与哈萨克斯坦等独联体国家以强行解散议会、提前大选的方式相对化解了总统与议会之间的矛盾。为了维护“民主岛”的形象,阿卡耶夫总统另有高招,采取对议会进行分化瓦解的策略以实现逼其自动解散的目的。1994 年 9 月,议会中的 168 名支持阿卡耶夫总统的议员(代表总数共计 323 人)宣布拒绝参加议会例会。③ 这样便致使议会难以运转,陷入瘫痪状态。而遵照宪法,政府必须对议会负责,因为它不能在没有议会的情况下运作。在此

①Свободные горы. 22 июня 1994.

②John Anderson. Kyrgyzstan: Central Asia's island of democracy? Amsteldijk, OPA, 1999, P. 28.

③См.: Чиналиев У К. Реализация принципа разделения властей в современном Кыргызстане. Киев, 1998. С. 26.

情况下，朱马古洛夫政府被迫宣布集体辞职。这样，国家政治生活面临着陷入既无立法机构，又无合法执行机关的尴尬而危险的境地，从而引发了吉尔吉斯斯坦独立以来第二次最为严重的政府危机。

为了化解危机，阿卡耶夫总统面临着两种选择：要么接受政府辞职，要么解散议会。尽管要求政府辞职的人很多，但阿卡耶夫还是利用宪法赋予总统的权力选择了后者，即解散议会。① 与此同时，阿卡耶夫颁布总统令，决定于1994年12月24日提前进行议会选举，但因部分政党反对仓促选举而不得不重新发布总统令，将新一届议会选举定为1995年2月5日。这就意味着吉尔吉斯斯坦自1994年9月起，在将近半年时间内是经历了一段议会空白的政治生活。

与议会博弈所取得的胜利为总统集权创造了极为有利的条件。在议会活动空白期内，由于缺少了议会阻力，阿卡耶夫总统趁机充分利用总统的特权来调整国家的政治生活。其中一项重大举措就是，为了限制议会的权力，阿卡耶夫总统决定修改宪法，将议会由一院制改为两院制，以便达到使其力量分散，分而治之的目的。但由于1994年宪法规定，修宪属于议会的权限，而议会已被解散，于是阿卡耶夫决定举行全民公决以取得民众的理解与支持。在1994年10月22日举行的关于修改宪法问题的全民公决中，84%的参与者支持总统将议会改为两院制的决定，②从而为修改宪法铺平了道路。换言之，这也是吉尔吉斯斯坦在走向总统集权制的道路上迈出的尤为关键的一步。

在此值得一提的是，在任何一个国家的政治系统中都有不同的利益集团，其利益诉求对政治发展有着极为关键的决定作用。总统与议会激烈博弈的原因表面上看是对改革的理解与态度不同，或者说是属于意识形态的斗争，但背后却有着利益分割不均的深层根源。苏联解体后，旧的权力结构虽说一时被打破，但利益集团仍是按原有格局分布的，民主派暂且没有形成自己的利益集团后盾，议会保守左派依然垄断着绝大多数资源，从而削弱了总统集团执政的经济基础。显而易见，阿卡耶夫总统与议会展开激烈斗争的动机的产生不能说与经济因素毫不相关，尤其是在立国之初国家经济几处崩溃边缘的状况之下，掌握一定的经济资源无疑有助于总统权力的维系。

三、修改宪法：总统集权制的确立与巩固

在经历了1994年、1996年、1998年、2003年以及2007年以全民公决的方式

①См.：Акаев А. Памятное десятилетие. Бишкек，2001. С. 160－161.

②См.：Чиналиев У К. Реализация принципа разделения властей в современном Кыргызстане. Киев，1998. С. 27－29.

修改宪法之后,吉尔吉斯斯坦的国家政权组织形式发生了严重的变形,国家权力几乎集中到了总统一个人手中,总统集权制政体由此得以形成并不断得到巩固。

(一)1996 年修宪:总统集权制确立的标志

众所周知,后苏联国家独立初期都经历过艰难而曲折的制宪历程,尤为典型的是俄罗斯曾为此付出过血的代价。吉尔吉斯斯坦独立后的第一部宪法,即 1993 年宪法也是在非常艰难而复杂的背景下通过的,是各派政治力量相互妥协的产物,带有明显的过渡性特点,它既体现了旧苏维埃议会保守势力的利益,也反映了追求西方民主价值的以总统为代表的激进改革派的意志。1993 年宪法虽说确立了分权的原则,但在总统与议会权限划分这一重大问题上却存在着严重缺陷,有诸多含混不清的界定,由此播下了总统与议会之间纷争和矛盾的种子。

1993 年《宪法》第 42 条规定:“吉尔吉斯共和国总统是国家元首,是吉尔吉斯共和国对内对外的代表。”同时第 54 条又规定:“吉尔吉斯共和国最高会议(议会)是常设最高代表机关。”另外,该宪法规定,总统和议会都有权确定国家对内对外的基本方向、组建政府并确定其人员的构成、将事关国家生活的重大问题提交全民公决等。有关政府对谁负责的问题,该宪法一方面规定,“吉尔吉斯共和国政府工作的监督由共和国总统实施”,另一方面又规定,“政府工作的年度报告将由总理向最高会议提交”。总统无权单独辞退政府,须经议会同意。更有甚者,令总统感到不可思议的是,作为国家元首,总统竟无权任命新大使,这是任何一国都没有的。可见,根据该宪法,议会及其议长的权限几乎与总统同样大。总统虽说被赋予了极大的权力,就地位而言被置于各权力机构的首要地位,但其权力的实施却受制于议会,要么须经议会同意,要么在议会监督之下,也就是说缺乏议会的支持,总统难以独自管理国家。从该宪法对执行权力机关和立法权力机关的权限界定来看,吉尔吉斯斯坦国内学者认为此时的国家政体近乎“总统—议会制”,①也有学者称之为“议会—总统制”。②

总之,1993 年宪法的模糊界定使总统作为国家首脑的首要地位得不到应有的体现,而现实的经济改革又必须强化总统的权力。在此背景下,阿卡耶夫总统认为,“民主有利于反对派而不利于现政权,情况的发展比预料的要快,而按宪法总统的权力削弱了,故必须采取果断的行动”。③ 他还引用美国“开国三杰”

---

①См.: Элебаева А, Пухова М. Транзит в контексте политического развития современного Кыргызстана(1991 - 2006.) Центральная Азия и Кавказ. 2007. № 2.

②См.: Чиналиев У К. Кыргызстан на пути к демократии: трансформация политической системы. Москва, 2004. С. 115.

③Акаев А. Откровенный разговор. Москва, 1998. С. 65.

之一的托马斯·杰弗逊总统的话说："立法机构的暴政是现阶段，甚至是未来许多年最大的威胁。"①显然，此时的权力结构与平衡难以使阿卡耶夫感到满意。诚如他在一次记者招待会上所表露的那样："我在选举中赢得了人民的支持，现在我将要求议会扩大我的权限，因为我所拥有的权力仅和英国女王相当……我确信俄罗斯、哈萨克斯坦和乌兹别克斯坦以下观点是正确的：'在转型期执行权应处于优先地位。'看看世界上有哪一个国家的内外政策是由议会来确定的？我认为，分工不明的多头领导最终导致的结果将是无政府状态。"②这无疑是总统决计要改变当时权力结构心声的自然流露。

当代政治转型理论十分注重外部环境对一国内部转型的影响作用，亨廷顿先生所言的"示范效应"正是如此。同属转型国家，一国的举动更容易对相邻国家产生外溢效应，尤其是中亚地区国家曾有着共同的历史背景。1994 年末至 1995 年初，中亚国家中的土库曼斯坦和乌兹别克斯坦相继以全民公决的方式将总统的任期延长到 2000 年。邻国的举动在吉尔吉斯斯坦引起了很大的反响。阿卡耶夫总统及其支持者也想如法炮制将总统的任期延长至 2000 年。为此，1995 年阿卡耶夫利用玛纳斯千年庆典的机会在吉尔吉斯斯坦全国各地进行了走访。用他的话说，人民已经厌倦于政治和选举，同意自动延长总统任期，他本人也表示愿意尊重人民的意愿而自动延长总统任期。然而，议会对延长总统任期一事在进行了很久讨论之后却难以达成统一意见：一些议员主张全民公决，另一些议员主张选举。总统的支持者曾收集到了 120 万张选民的签名以便举行全民公决延长总统任期，但议会立法会议最终否决了这一做法。于是阿卡耶夫决定提前实施总统选举（阿卡耶夫曾于 1991 年的全民选举中当选总统，任期应于 1996 年结束），目的在于削弱并使反对派来不及参与总统大选。1995 年 12 月 24 日，吉尔吉斯斯坦举行了独立后的首次差额总统选举，阿卡耶夫再次以 71.59% 的得票率当选。③ 阿卡耶夫的连任为修改宪法、扩大总统权力提供了可能。鉴于 1995 年因国家发生经济危机而使扩大总统权限这一问题被暂且搁浅，阿卡耶夫在其第二任总统就职典礼之后就积极致力于修宪活动。1996 年 2 月 10 日，吉尔吉斯斯坦第二次以全民公决的形式对宪法作出了重大的补充和修改。1996 年宪法在吉尔吉斯斯坦独立以来的政治史上具有极其重要的意义，它标志着总统集权制政体在吉尔吉斯斯坦得以正式确立。用吉尔吉斯斯坦学者的话说，1996 年宪法的通过所带给国家的政权体系的巨大变化就是国家开始由

①Он же. С. 69.

②См. ：Слово Кыргызстана. 28，29 декабря 1995.

③См. ： Чотонов У. Кыргызстан по пути суверенитета. Бишкек，2007. С. 113.

"弱总统、强议会"体制转向了"强总统、弱议会"体制,即开始由议会—总统制共和国走向总统制共和国。[①] 然而,吉尔吉斯斯坦的总统制并非一般意义上的总统制,实质上已变异为一种带有权威主义性质的"超级总统制"。

为了说明吉尔吉斯斯坦国家权力结构的上述变化,我们在此不妨对1993年宪法和1996年宪法进行以下简单比较:首先,就地位而言,1996年宪法除规定总统是国家元首外,还突出强调总统是国家最高职务人员,是国家政权和人民统一的象征,从而将总统置于国家政治生活的中心地位,而在1993年宪法中并无此规定。其次,过去国家对内对外基本方针由总统和议会共同确定,1996年宪法仅将此项权力留给了总统,只有总统才是国家对内对外的代表并有权采取措施保护国家主权和领土的完整。再次,在政府组成这一重大问题上,1996年宪法比1993年宪法赋予了总统更大的权力。过去总统无权单独确定政府结构,须经议会批准,按照1996年宪法,总统可以抛开议会独自行事。过去总统在政府成员的任命上必须经议会同意,而按照1996年宪法,总统不必受议会的限制,只需与政府总理商量即可任命或辞退政府成员,甚至是行政机构的领导人(包括单独任命地方行政长官)。从1996年开始,议会失去了要求政府或个别成员作报告的权力,总统可在任何时候根据自己的意愿解散政府。最后,1996年宪法还扩大了总统在立法方面的权限。例如,向议会提交法律草案、颁布法令、有权否决议会通过的法律、可以根据自己的倡议组织全民公决、有权监督议会的活动以及提前召开立法会议和人民代表会议(实即解散议会)。另外,就弹劾总统而言,根据1996年宪法的规定,弹劾总统的动议必须由立法会议的多数议员提出,在立法会议专门委员会所作结论的基础上,经立法会议2/3以上议员通过。人民代表会议在收到立法会议弹劾总统的提案后两个月内以2/3以上的多数对之作出决定,如人民代表会议在两个月内未作出决定,则表明该提案未被通过,如果弹劾总统的提议被宪法法院驳回,则立法会议要自行解散。[②] 上述情况表明,议会实际上无法弹劾总统。凡此等等,不一而终。

总而言之,1996年宪法通过之后,吉尔吉斯斯坦国家政治体制发生了巨大的变化,议会的权限受到了极大的限制和削弱并丧失了以往的独立性,总统开始在解决民主化和市场化等相关国家重大问题上发挥关键作用。阿卡耶夫的强势总统地位从此日趋凸现并不断得到巩固。

(二)2003年宪法:权力结构形式上回归平衡,但总统集权本质依然未变

除1993年宪法之外,对吉尔吉斯斯坦权力结构演变影响最大的当属1996

---

①См.:Чиналиев У К. Кыргызстан на пути к демократии: трансформация политической системы. Москва, 2004. С. 117.

②《国际资料信息》1996年第4期。

年宪法和 2003 年宪法。[①] 1996 年之后，尽管吉尔吉斯斯坦多次修改宪法，总统的部分权限又被重新让渡给议会，但那仅仅是宪法条文形式上的规定而已，总统集权制的实质并未因此而得到现实的改观，即便是在后阿卡耶夫时代，国家的实权也依然掌握在巴基耶夫总统手中。

1998 年 10 月 17 日，吉尔吉斯斯坦第三次以全民公决的形式再次对宪法进行了修改。本次修宪主要就私有化、立法和司法机构的改革与完善以及言论出版自由等方面作了补充和修改，而对 1996 年宪法所规定的总统的权限几乎未作丝毫变动。这只不过反映了，1998 年宪法实际上对吉尔吉斯斯坦权威主义总统集权制政体的彻底形成起到了进一步的固化作用。

通常情况下，选举前后一般是国家政治生活最为活跃的时期，也往往是国家政治形势充满变数的特殊时期，这种情况在前苏东转型国家表现得尤为明显。2000 年吉尔吉斯斯坦面临两大选举——总统大选和议会大选。尽管由于此前国家所实行的以“休克疗法”和快速私有化为主要内容的激进自由主义经济改革使人民生活水平不断下降，贫富分化日益加剧，但民众还是对国家所奉行的民主化政治改革方针及领导人的许诺表示信任，并未发生规模巨大的群众反政府行为。在此背景下，阿卡耶夫仍在 2000 年 10 月 29 日举行的总统大选中再度卫冕成功，并以 74.47% 的支持率第四次蝉联总统。然而，由于 2000 年议会选举部分地采取多数比例当选制的新式选举方法，即如前所述，总计 60 个席位的立法会议中的 15 个席位由得票率超过 5% 的政党来角逐。这在此前是未曾有过的现象。

由于各政党被纷纷吸引来参与议会选举，一些反对派政党也趁机进入了议会。此前呈分散状态的政治反对派也因此积极活跃起来，并开始结成反对派联盟。2000 年 10 月，大约 10 个政党组成了名为“人民爱国运动”的强大的反对派联盟，对总统的集权表示不满，要求修改宪法，将总统的一些权限让给议会并将国家改为总统—议会制国家。[②] 2002 年，在吉尔吉斯南部贾拉拉巴德州的阿克森区发生了一起严重的政治事件。反对派议员别克纳扎罗夫因被指控滥用职权遭到当局逮捕，由此导致其家乡阿克森地区的支持者不满而不断举行示威游行活动，并与警方发生冲突。警方在制止过程中向和平游行的村民开枪。据官方

---

①笔者 2007 年在吉尔吉斯斯坦学术访问期间与当地学者交流过程中，不少学者认为，尽管 2000 年后吉尔吉斯斯坦多次修宪，但实际支撑国家权力架构的依然是 2003 年宪法，这足以说明 2003 年宪法的重要性。

②См.：Элебаева А，Пухова М．Транзит в контексте политического развития современного Кыргызстана（1991 – 2006）．Центральная Азия и Кавказ．2007．№ 2．

资料统计,该事件共造成5人死亡,80多人受伤。① 愤怒的群众因此放火烧毁了村警察大楼,并用石块砸向区行政办公地。时任总理巴基耶夫引咎辞职,导致了一场严重的政治危机。吉国政治气氛一时极为紧张,当时的政权与反对派之间再度出现激烈的对峙局面,阿卡耶夫总统也因此遭遇强烈批评,一些极端反对派甚至发出要求总统下台的呼吁,对总统的信任问题再次亮起了红灯。鉴于反对派的压力,总统被迫作出了让步,同意修改宪法。

2003年2月2日,吉尔吉斯斯坦就修宪及对阿卡耶夫总统的信任问题举行了全民公决,结果新宪法的修正案最终被通过,这已是独立以来第四次以全民公决的方式修改宪法。就内容而言,本次修宪除将国家改为总统—议会制共和国之外,还恢复了一院制议会。

从表面上看,2003年宪法恢复了1993年宪法设计的所谓的维系国家政权结构平衡的"总统—议会制"权力体系,议会失去的一些权限似乎又被重新"还回"。例如,政府对总统和议会双重负责制又被恢复;议会又可以与总统一道确定政府结构,总统任命总理、政府成员以及地方法院法官须经议会同意;议会对政府活动实施监督,其中包括对政府提出不信任案等。然而,就实质而言,总统依然是国家权力的重心所在,依然是国家元首和最高职务人员、国家政权和人民统一的象征、宪法的保障以及国家内外政策基本方向的主要确定者;总统依然享有组织全民公决、解散议会、否决议会或政府文件决议的权力;总统还具有签署和发布法令等立法方面的特权等。以修改宪法为例,尽管独立以来的各部宪法都规定对宪法的修改和补充权属于议会,但事实情况是自1993年之后的各部宪法,如1994年、1996年、1998年、2003年以及2007年宪法都是由总统所倡导并举行的全民公决通过的,显然议会被从制宪过程中排挤了出去。即便是2003年宪法,也规定修宪的主导权在于总统。总之,议会的权限虽然有所扩大,但还是脱离不了宪法的诸多限制。比如,就官员任免权而言,总统依然发挥着决定性的作用,尽管总理的任命必须经议会同意,但如果议会三次拒绝同意总理的任命,总统就有权解散议会。可见,2003年宪法中依然保留了总统权力的首要地位,制衡系统并未得到应有的巩固,反而为一种"杂交"的混合权威主义政体的形成提供了法律上的前提条件。②

2003年宪法是现政权与反对派矛盾暂时调和的产物,总统集权制政体的实质并未因此得到改变,因而曾有反对派要求否决2003年修宪的全民公决结果,

①http://www.stratagema.org/polittechnology.php?nws=gq14p1781632563.

②См.: Элебаева А, Пухова М. Транзит в контексте политического развития современного Кыргызстана(1991-2006). Центральная Азия и Кавказ. 2007. № 2.

进一步修改宪法以限制总统的权力。事实上，继2003年宪法通过之后，反对派与总统之间围绕着制宪问题一直龃龉不断，直至2005年“郁金香革命”爆发。

“郁金香革命”之后，吉尔吉斯斯坦的政治现状并未得到实质性的改观，加之各派政治力量的不断分化与组合，修改宪法依然是反对派追求的主要目标，其愿望之强烈与迫切由下述即可见一斑。最典型的事例便是，2006年吉尔吉斯斯坦曾制造了在连续不到两个月时间之内先后通过两部宪法的闹剧，这在世界宪政史上实属罕见。

2006年11月初，为了尽快修改宪法，变吉尔吉斯斯坦为单纯的议会制国家，反对派组织了示威游行活动，并且声称不达目的便将游行无限期地进行下去。为了缓和紧张局势，2006年11月8日，吉尔吉斯斯坦议会在危机重重的情况下匆忙通过了独立以来的第六部宪法，规定在新议会中议席过半的党派有权任命总理，议会权限有所扩大。然而时隔不久，该宪法又被宣布为无效。原因主要是，吉国总理库洛夫认为，这部匆忙通过的宪法没有对过渡期内行政部门负责人的任命等问题作出明确规定，创下了一个“危险的先例”。于是在12月19日，总理库洛夫及其领导的内阁突然集体辞职。为解决由此引发的政治危机，吉国总统巴基耶夫要求议会重新修宪。修改后的新宪法草案几经磋商，在12月30日举行的议会会议上获得了宪法通过所必需的足够支持票。该宪法于2007年1月15日由巴基耶夫总统签署生效。2006年12月新宪法所谓的“新”仅仅是就时间概念而言，其实质是保留了2003年宪法的基本原则。例如，政府成员的辞职问题最终还是由总统来决定。无论是2003年宪法，还是2006年12月宪法，都未对总理的权限作出专门的规定，总理同时依赖总统和议会，所不同的仅仅是总理候选人的提名由议会获取半数以上席位的政党代表向总统提交来完成，而非由议会投票来实现。如果在规定的5日之内总理候选人提名不能交给总统，总统便有权解散议会。① 此外，总统的权限并未削减多少，一部分权限只是由《总统的权限》一节转移到了其他章节而已。用反对派的话说，2006年12月宪法又回到了“初始状态”。② 由于2006年宪法通过得比较匆忙，2007年9月，吉国宪法法院作出决议，宣布废除2006年11月、12月宪法，并于2007年10月21日第5次通过全民公决再度修宪。10月23日，巴基耶夫总统正式签署并宣布2007年宪法生效。由于2007年宪法草案由总统提出，故较之2006年议会通过的两部“短命”宪法，总统权力又有所加强，议会完全由政党组建，但政党受

①См.: Гульнара Искакова. Конституционная реформа и полномочия высших органов государственной власти в Кыргызстане: новый баланс? Бюллетень Института общественной политики. 2007. № 8.

②http://www.politika.kg/politic/2007/03/21/1719.htm.

制于总统。如前所述，经2007年12月16日选举产生的新一届议会中，90个席位中的71个便由受总统控制的政权党——“光明大道人民党”所占据，其余两个政党仅获得19个席位。这实际上等于是总统对议会的变相统治。以下就现行宪法中关于总统权力的规定作一简单梳理。

2007年宪法规定：总统有权任命政府总理及成员，并有权决定政府总理及政府成员的辞职问题；总统可根据自己倡议或总理建议免除政府成员职务；根据总理提议总统可以任命行政或其他执行权力机构领导人，并有权自行或根据总理建议解除上述任命；总统经与总理协商有权任命或辞退国家地方行政领导人；总统有权向议会提出宪法法院法官人选，有权根据国家司法事务委员会建议向议会提出最高法院法官人选，有权任命或解除地方法院法官，并对其刑事责任的指控给予认可；总统有权经议会同意任命总检察长，并经总检察长提议任命或解除副总检察长；总统有权向议会提交立法提案；总统有权提前召开议会会议并确定所要研究的问题；总统有权自己倡议组织全民公决，或根据30万选民以及议会代表多数的倡议决定实施全民公决；等等。

相对于总统人事大权独揽，议会的权限更多的只是局限于立法方面。显然，这不但与议会追求的把吉尔吉斯斯坦变成单纯议会制国家的目标诉求相去甚远，而且即便是限制总统的权力对议会来说也是一件非常困难且极其复杂的事。

总而言之，不管吉尔吉斯斯坦的宪法变化多么频繁，总统在任何情况下都能牢固地确立其对政府和议会的首要地位。显然，修改宪法已成了总统巩固其权威主义政权的工具。在吉尔吉斯斯坦，频频修宪使得总统集权制政体日益巩固，由此导致的后果就是国家机器日渐陈旧、失衡且不符合时代要求。

就总统集权制的特征而言，上述分析表明，吉尔吉斯斯坦国家权力架构明显呈金字塔状态，位居塔之尖顶的显然是总统。“强总统、弱议会、小政府”的权力格局是吉尔吉斯斯坦总统集权制政体的基本特征。就制度设计而言，宪法对政体模式的界定含混不清是导致总统集权制的一个重要原因，但更重要的是总统集权制与吉国传统政治文化有关（关于这一点本书第七章将有详细论述）。吉尔吉斯斯坦学术界对其国家政体模式的普遍看法是：国家实行的是一种所谓的“混合式”统治模式，在吉尔吉斯斯坦的政体模式中既具有美国式的“纯总统制”特征，也包含着法国式的“半总统制”成分，同时也兼有亚洲国家总统制的某些特色。[①] 也有学者通过对总统制和议会制国家的对比分析，对吉尔吉斯斯坦“混合制”政体的看法是：吉尔吉斯斯坦和许多独联体国家一样，实行的是一种混合

①См.：Жумалиев К М，Ожукеева Т О. Ⅹ Ⅺ век：институт президентства в Кыргызской Республике. Бишкек，1998. С. 29－30.

制政体模式——半总统制或总统—议会制,仅总统一职就集中了议会制和总统制共和国的所有优势。[①] 这样,西方国家总统有的权力吉国总统有,而西方总统没有的权力吉国总统也有。美国的宪法明文规定总统既是国家元首,也是政府首脑,因此其在组建政府上享有很大的特权,但美国总统却无权解散国会。法国是典型的半总统制国家,不过总统要想解散议会也不能单方面实施强权,而需要"征询总理和两院议长的意见"。吉尔吉斯斯坦独立以来的各部宪法从未规定总统是政府首脑,但总统在组建政府及任免其成员上享有比议会更大的权力,可谓是实际上的政府首脑,至于在任免其他干部、解散议会、立法等方面的权限,吉国总统同样远远超越西方国家的总统。而谁要弹劾总统,则几乎是不可能的,因为有着一整套极其复杂的程序。记得俄共主席久加诺夫当年评价叶利钦的权限时曾说过,"俄罗斯总统的权力要比美国总统大三倍"。此话用在吉尔吉斯斯坦总统身上亦不为过。此外,吉尔吉斯斯坦总统制的特殊之处就在于,总统虽然不属于立法、行政和司法三权中的任何一支,但三权却都归总统管理,总统在三权当中扮演着仲裁人的角色,负责协调三者的关系以便保证其互动和正常运作。正因为如此,总统可以逃避不少政治责任,并将其都甩给政府和议会。

第二节　对总统集权制的评价

德国哲学家黑格尔曾说过,存在的就是合理的。尽管人们立即可以找来无数的例证来驳斥先哲的这一名言,但不可否认,现实生活中合情不合理的现象也不是不存在。对任何事物和现象采取一分为二的分析态度是唯物辩证法的正确态度。总统集权制在包括吉尔吉斯斯坦在内的整个中亚国家普遍存在,是一系列现实和历史原因交互作用的结果。总统集权的"权威型"政治就社会的民主化发展而言,显然不应被视为一国发展的第一需要,但在一定的时代背景下也不能排除其存在的特定意义和现实作用。正如哈萨克斯坦总统纳扎尔巴耶夫所指出的那样:"在中亚国家的政治转轨中,正是国家担负起了改造社会的主要责任,而国家起主导作用的客观依据是公民制度的薄弱、新的经济和社会结构方面的问题等。一方面是过渡时期的复杂性和社会矛盾的尖锐;另一方面是社会对政权和机构的监督软弱无力,客观上促进了总统权力的扩大。总统成了民族的象征,成了政治体制的最重要因素和中心,总统置身于社会、政党、议会和权力的所有机构之上,协调和引导它们活动,总统成为宪法的唯一保障和国家主权的实

①См.: Гульнара Искакова. Выбары и демократия в Кыргызстане: Конституционный дизайн президентско – парламентских отношений. Бишкек, 2003. С. 164.

际体现。"①

吉尔吉斯斯坦总统集权制的形成和巩固是伴随着其社会体制的重大变迁而形成的,它对推动吉尔吉斯斯坦国家的社会转型既有积极的一面,同时也产生了一定的负面作用。

首先,总统集权制有利于保持社会稳定和防止国家分裂,从而为社会转型的正常运转提供前提条件。现实情况表明,所有后苏联国家在转型之初都曾经历过一段程度不一的混乱时期。吉尔吉斯斯坦立国之初也是面临着内忧外患、百废待兴的艰难局面。就吉国状况而言,由于前苏联传统政治体系突然崩溃,而新的政治体制架构又一时难以确立,加之历史上缺乏独立治国经验,这一切使年轻的吉尔吉斯共和国在转型之路上举步维艰。此外,500 万左右人口的吉尔吉斯斯坦却是一个有着 80 多个民族的多民族国家,且漫长的游牧生活方式使得吉尔吉斯斯坦形成了众多的部落和部族,由此导致国家的社会结构和阶级成分极其复杂。还有,伴随着冷战后伊斯兰教在中亚的复兴,民族和宗教问题交织在一起,再加上吉尔吉斯斯坦历史上的南北地区问题一向十分尖锐,这无疑又为国内局势的不稳定平添了一大复杂因素。独立前的 1990 年,发生在南方的"奥什事件"险些将国家推向分裂和内战的边缘。从外部环境来看,苏联解体留下的政治真空吸引了诸多外部势力纷至沓来,这对国家安全无疑构成了巨大的挑战。在内忧外患的复杂而动荡的背景下,迫切需要一个处事果断的铁腕人物来治理国家。事实证明,吉尔吉斯斯坦社会在 2005 年"颜色革命"之前能保持十余年的相对稳定,是与阿卡耶夫总统的权威治理分不开的。

其次,实行总统集权制是适应国家经济转轨的需要。由计划经济转向市场经济必然会引发经济部门一系列严重的失衡和问题,特别是"休克疗法"的实施导致了严重的社会灾难,这迫切要求国家采取强有力的行政干预措施,因此扩大总统权力、突显总统在执行权力中的领导作用也是客观现实的需要。

再次,崇尚强权是吉尔吉斯斯坦部族主义传统政治文化的体现(有关部族主义对吉国政治转型的影响详见本书第七章)。吉尔吉斯斯坦社会由于没有经历大规模的工业现代化洗礼和民主传统的熏陶,加之漫长的封建和游牧生活方式,传统的宗法制思想在此根深蒂固,其表现特征就是崇尚"伟人"和"英雄",并惯于接受其领导;除此之外,由于沙俄的兼并以及与前苏联 70 多年的朝夕相处,历代沙皇的独断专行以及前苏联时期高度集权的统治模式对吉国领导人乃至普通民众崇尚权威必然会产生某种潜移默化的影响(关于俄罗斯对吉国政治转型

①〔哈〕努纳扎尔巴耶夫:《站在 21 世纪的门槛上——总统手记》,陈兵等译,时事出版社 1997 年版,第 107 - 108 页。

的影响详见本书第六章)。这样,转型期的"强势总统"正好迎合了人们的心理需求。从一定意义上讲,阿卡耶夫能够多次以高支持率当选不能说与其传统的民族心理毫无关系。

最后,上述分析表明,在转型的非常时期,总统适当集权对保障国家新的政权运作、政策的贯彻与实施固然有进步意义,但总统的权限如果过分地扩大和膨胀,必然会影响政治的长期稳定,从而对国家体制的转型造成危害。不可否认,阿卡耶夫总统的执政为吉尔吉斯斯坦的民主化进程作出了巨大的贡献,但同时也使吉尔吉斯斯坦出现了不少社会问题,如腐败、贫困等问题已成为困扰吉尔吉斯斯坦国家进一步发展的严重障碍。更重要的是,总统高度集权致使国家权力制衡机制失调,政治体系的正常功能得不到应有的发挥,其结果便是权力机关之间矛盾难以调和,从而引发不间断的政治危机。2005 年"郁金香革命"的爆发以及其后吉尔吉斯斯坦政局持续不稳、宪政危机频频发生,无疑是总统集权制政体缺陷的真实暴露。就一定意义而言,过度集权是吉国独立以来两位民选总统在"革命"中被推翻的重要缘由。

本章小结

在国家政权的设计与演变上,吉尔吉斯斯坦的政治转型与绝大多数独联体国家,尤其是中亚国家有着相类似的特质,即以三权分立民主政治为导向的政治转型反而出现了以总统集权制为表征的权威主义结局。但是,相对于中亚别国,吉尔吉斯斯坦的总统制有其自身特点。

首先,阿卡耶夫的集权是一个逐渐确立的过程。事实上,就连西方国家也不否认,在 20 世纪 90 年代中期以前,吉尔吉斯斯坦是中亚的一个民主国家,只是 90 年代中期以后才逐步滑向权威主义道路的。对此,曾有西方学者这样认为,乌兹别克斯坦和土库曼斯坦处于总统的绝对统治之下,塔吉克斯坦不仅绝对集权占主导,而且遭受内乱破坏,哈萨克斯坦总统纳扎尔巴耶夫走向铁腕统治。吉尔吉斯斯坦总统阿卡耶夫也被认为具有权威主义的倾向。① 其次,吉尔吉斯斯坦可谓是一个温和的权威主义国家。相对而言,吉国总统虽说专权,但与其中亚邻国,特别是乌兹别克斯坦、土库曼斯坦两国是不可同日而语的。吉国在某些方面还是有较多的政治民主,比如,有比较开放的公民社会,社会舆论相对自由,媒体受打压的程度远不如其邻国,反对派能够公开合法地存在,等等。关于吉国总统走向集权的原因,上文已有分析。

结合上述分析,从阿卡耶夫时代的执政情况来看,转型国家在特殊时期可将

①Thomas Carothers, " Democracy without Illusiona ", Foreign Affairs, Jan. /Feb. 1997.

民主与权威双重因素融入并使其共生:民主为权威的存在提供合法性基础,权威则为民主提供稳定、秩序和效率。当然这也是阿卡耶夫和巴基耶夫最希望看到的结果。然而,事实表明,权威虽说可以维持一时的秩序,但却未必能够成就永久的合法性,尤其是在脆弱的经济难以提供民主生存的土壤,出现诚如亨廷顿所言的"政绩困局"的情况下更是如此。事实上,进入21世纪以来,伴随着吉尔吉斯斯坦政治转型而出现的政坛风波迭起、宪政危机不断、"颜色革命"与骚乱骤然爆发等一系列政治危机与总统集权制不无关系。作为政治转型的一个醒目结果,总统集权制政体已对吉尔吉斯斯坦整个政治转型进程产生了深刻的影响。这不仅是笔者此后对吉国政治转型特征和存在的问题进行评析的一个核心纬度,同时也是本书得出研究结论所必须重点分析的一个层面。

第五章 “郁金香革命”：不成功的“第二次转型”

吉尔吉斯斯坦是中亚唯一发生过“颜色革命”的国家。由“民主岛”到“郁金香革命”的强烈反差与对照，使这个小小的中亚山地之国一时间成为国际社会关注的焦点。显然，研究吉尔吉斯斯坦政治转型就不能回避其转型过程中这一极具警示意义的典型案例。究其实质而言，“郁金香革命”可谓是吉尔吉斯斯坦十余年政治转型的集中写照和总检验。“郁金香革命”击碎了开国总统阿卡耶夫的“民主”神话，但却并未开启新一轮成功的转型。“郁金香革命”之后，吉尔吉斯斯坦并未出现民主的回归，而且依然走不出政治危机的困惑，结果再度发生了将第二位民选总统巴基耶夫赶下台的“血色革命”①。本章主要就吉尔吉斯斯坦为何会发生所谓的“郁金香革命”及其对吉国的政治转型进程产生了何种影响等问题作出回答。

第一节 是“革命”还是“政变”：“颜色革命”的理论解析

“颜色革命”赋予了21世纪国际政治词典新的内容。自2003年格鲁吉亚、2004年乌克兰和2005年吉尔吉斯斯坦发生国家政权更迭以来，“颜色革命”一词立即成为媒体以及学术界关注的热门话题。那么，究竟何为“颜色革命”？它是否就是一场名副其实的“革命”？其中“颜色”与“革命”有何内在关联？如何对其概念和性质进行界定和判断？凡此等等，曾引发了国内外学术界的热烈讨论，但就辩论结果而言，可谓是见仁见智，至今尚无定论。

①2010年4月上旬发生在吉尔吉斯斯坦的骚乱导致国家政变，巴基耶夫政权被推翻。由于造成80多人死亡和千余人受伤的流血事件，俄罗斯《独立报》称此次政变为“血色革命”，这一提法被不少媒体采用。出于行文的方便，本书也使用“血色革命”这一流行的术语以表征发生在吉尔吉斯斯坦2010年4月的政变。

一、"颜色革命"的概念之争

严格来讲,"颜色革命"并不是一个十分规范和严谨的学术概念。自2003年以来,如何界定"颜色革命"便成为国内外有关"颜色革命"的学术著作及学术研讨会所讨论的一个重要问题。单是"颜色革命"的称谓就有许多种。

在中国学术界,针对发生在格鲁吉亚、乌克兰和吉尔吉斯斯坦的所谓的"颜色革命",将其称为(或译为)"色彩革命"或"彩色革命"者有之;①将其称为"广场革命"者亦有之;②也有学者将其称为"天鹅绒革命";③还有学者将其等同于"街头政治",认为"颜色革命"其实就是"街头政治"那一套东西。④ 除此之外,一些学者也对此提出了自己的理解。在邢广程看来,"颜色革命"有两种含义:一种是某种特定的颜色贯穿这个事件的过程,赋予了"颜色革命"一种政治上的含义;另外一种含义是,这些国家变色了,性质发生了某些变化。所谓的"颜色革命"实际上是前一种含义。⑤ 学者胡键认为,"颜色革命"的实质是后社会主义国家的第二次"和平演变"。⑥ 赵华胜教授则提出了"颜色革命"是独联体地区"第二次革命"的观点。以上是国内学者关于"颜色革命"称谓的大致观点。

就当事国吉尔吉斯斯坦而言,其国内学术界也曾就发生在该国的"颜色革命"展开过激烈的讨论,并出版了相关的学术著作。⑦ 其中,在"颜色革命"的称谓方面,也是形形色色,各有不同。2005年"颜色革命"发生之后,随即在吉尔吉斯斯坦国家科学院副院长、著名历史学家普洛斯基赫(Плоских)院士的主持下,相关专家学者就"3·24事件"进行了讨论。除"郁金香革命"或"黄色革命"这两个人尽皆知的称谓外,该事件的称谓还有以下几种:"颜色革命"、"三月革命"、"亚洲暴乱"、"人民政权"、"国家政变"、"人民革命"等。⑧ 与此同时,据笔者在吉国访学期间阅读的相关文献,"3·24事件"是一种比较普遍而中性的称谓。将吉尔吉斯斯坦的"颜色革命"冠以"郁金香革命"称谓的,是吉尔吉斯斯坦

---

①参见:《"色彩革命"及其地缘影响》,载于《现代国际关系》2005年第6期。

②参见陈达:《"颜色革命":中亚面临的现实抉择》,兰州大学出版社2007年版,第10页。

③相关论述参见周新城的《试析"天鹅绒革命"》,载于《中华魂》,2005年第8期。

④参见南菁:《浅议街头政治》,载于《思想理论教育导刊》2005年第7期。

⑤参见:《从独联体"颜色革命"谈起》,载于《时事报告》2004年第6期。

⑥胡键:《"颜色革命":后社会主义国家的第二次"和平演变"?》,载于《社会观察》2005年第6期。

⑦吉尔吉斯斯坦出版的有关"颜色革命"的学术专著主要有两部,即 Князев А. Государственный переворот. 24 марта 2005 г. в Киргизии. Бишкек, 2006; Плоских В М. 24 марта 2005 г.: Народная революция?!. Бишкек, 2005.

⑧См.: Плоских В М. 24 марта 2005 г.: Народая революция?!. Бишкек, 2005. С. 12,59.

原驻美国、英国大使及外长,反对派的主要代表人物之一——罗莎·奥通巴耶娃。① 也有人因吉尔吉斯斯坦首都比什凯克市的市花为黄色迎春花而将这场“革命”称为“黄色革命”或“柠檬色革命”。

众所周知,“颜色革命”一词是西方媒体和学术界最先使用的,但它却并非近年的新鲜事物。2003 年以来发生在独联体的“颜色革命”实际上是与 20 世纪 80 年代末发生在捷克斯洛伐克的“天鹅绒革命”一脉相承的,是与暴力革命相对应的一种革命类型。由于上述格鲁吉亚、乌克兰、吉尔吉斯斯坦三国的“革命”都是以某种颜色或鲜花为标志而展开的,故在西方政界的极力推崇和媒体推波助澜的宣传下被人为地涂上了各种“颜色”,并冠以“颜色革命”的称谓。

目前中国学术界有关“颜色革命”的概念分广义和狭义两种:广义的“颜色革命”是一种比较宽泛的定义,主要是指 21 世纪初期一系列以颜色命名的以和平的、非暴力的方式进行的政权变更方式,除格鲁吉亚的“玫瑰革命”、乌克兰的“橙色革命”、吉尔吉斯斯坦的“黄色革命”外,还包括伊拉克的“紫色革命”(伊拉克民众选举时,涂了紫色墨水按手印)、黎巴嫩的“雪松革命”(雪松为黎巴嫩国树)等,甚至还包括一些其他地区国家的政治变革;另一种是狭义的定义,专指某些独联体国家近两年来以和平的、非暴力的方式进行的政治变革。② 本书采用狭义的概念,主要探讨 2005 年发生在吉尔吉斯斯坦的政治变革问题。在此值得说明的一点是,出于行文的方便,本书在表述吉尔吉斯斯坦的“3·24 事件”时依然采用通用流行的称谓“郁金香革命”或“颜色革命”,这并不妨碍以下对其性质的分析与判定。

二、“颜色革命”的性质之辩

如何界定“颜色革命”的性质一直是学术界最具争议的一个难题。就其实质而言,辩论的焦点是:“颜色革命”究竟是“革命”还是“政变”。以下是国内外专家学者关于“颜色革命”性质界定的基本观点的梳理与概述。

(一)中国国内学术界的观点

中国国内学术界关于“颜色革命”性质探讨的结果及其观点主要集中在以下几个方面。

观点之一,“颜色革命”与 20 世纪 80 年代末捷克斯洛伐克“天鹅绒革命”一脉相承,是受此影响而后发生的苏东剧变余波的延续。中国国内持该观点的一

①См.:Александр Князев. Государственный переворот 24 марта 2005 г. В Киргизии. Бишкек, 2006. С. 7.

②参见邵峰:《“颜色革命”论析》。

批著名学者,大都把独联体国家近年发生的"颜色革命"置于苏东剧变这一宏观历史背景下进行分析,也有学者追溯得更远,将其与亨廷顿的"第三波"联系起来。如冯绍雷教授就认为,"颜色革命"之发生,应被认为是20世纪最后25年当中相继发生于世界各个地区的以民主和市场为导向的潮流的某种延续。……从某种意义上说,前苏东地区的变化有着与上述过程相类似的表现。如果说十多年前的前苏联东欧地区的政治变化是一场"未结束的革命",那么格鲁吉亚、乌克兰和吉尔吉斯斯坦的动荡则应被视为这一场"未结束的革命"的延续。① 黄仁伟教授认为,在总体上,"颜色革命"仍然是20世纪90年代苏东剧变的延续,但是又不同于苏东剧变。90年代初,这些国家爆发"民主化"浪潮的目标主要是摆脱前苏联、取得主权国家地位的"民族革命",而独联体内部的"颜色革命"并不是一场新的制度性的根本变革,而只是一次具有深刻外部背景、比较激烈的内部政治力量更替。② 周新城教授也认为近年的"颜色革命"是上世纪苏东剧变"天鹅绒革命"在独联体国家的故伎重演,但同时认为两种"天鹅绒革命"的性质不同:一类是改变社会主义国家政权的性质,把社会主义的无产阶级专政变为资本主义的资产阶级专政;另一类是在资本主义国家里把现政权改变成为亲美的(或更加亲美的)政权。③ 赵华胜教授在把20世纪80年代末90年代初的苏东剧变置于为"第一次革命"的前提下,认为"颜色革命"是前苏联地区的"第二次革命",其在精神上与第一次革命一脉相承,它是在第一次革命基础上的深化和继续。④

观点之二,"颜色革命"是西方实施民主扩张战略的又一次西化运动。该观点是中国国内学术界对"颜色革命"实质较为普遍的看法之一。大多数专家学者在分析"颜色革命"的成因时,都不否认"颜色革命"发生的西方背景,认为以美国为首的西方国家的民主输出战略是"颜色革命"的外因,独联体国家"颜色革命"是西方民主渗透的结果。事实上,上述国家的"颜色革命"也是在民主、自由的旗号下进行的。显然,在西方看来,以苏东剧变所开启的前苏联地区国家以民主化为导向的政治转型不同程度地出现了回归权威的倾向,这不符合西方价值准则和利益,为了巩固冷战成果,有必要对这些国家再次进行民主改造。有学

---

①参见孙凌云:《"颜色革命"与国际关系专题研讨会——黄仁伟、冯绍雷、潘光、沈丁立、赵华胜等著名专家观点综述》,载于《国际观察》2005年第3期。

②参见孙凌云:《"颜色革命"与国际关系专题研讨会——黄仁伟、冯绍雷、潘光、沈丁立、赵华胜等著名专家观点综述》,载于《国际观察》2005年第3期。

③参见周新城:《试析"天鹅绒革命"》,载于《中华魂》2005年第8期。

④参见赵华胜:《原苏联地区"颜色革命"浪潮的成因分析》,载于《国际观察》2005年第3期。

者指出,西方推动"颜色革命"的目的是:"西化","再西化"。[①] 阮宗泽也持同样的观点:一系列的"颜色革命"意味着独联体再次分化,第一次是"脱苏",即脱离前苏联而独立;第二次是"西倾",虽然这些国家并不都是亲美的,但他们发生"颜色革命"以后,和美国的关系会更为紧密。[②] 事实上,有些国家并非如此,如吉尔吉斯斯坦在"颜色革命"后依然奉行在俄罗斯、美国两个大国之间寻求平衡的对外战略。总之,"颜色革命"这一用词实质上折射出西方大国披着"民主"与"革命"的外衣,大肆干涉与颠覆他国合法政权,扩张其势力范围的意图。[③]

观点之三,"颜色革命"是西方第二次"和平演变"和新一轮"冷战"的继续,"去俄罗斯化"或"脱俄西进"是西方和某些发生"颜色革命"的国家的目标诉求。20 世纪的苏东剧变曾一度被西方欢呼为"历史的终结",并视为其对社会主义国家实施冷战与和平演变的重大胜利。然而,前苏联地区十余年社会转型所暴露出的种种弊端表明西方并没有彻底"消化"其冷战的遗产,"苏联帝国"的后遗症反而在继续蔓延,这便为美国在"民主改革"旗帜下进行第二次"和平演变"提供了机遇。对此,胡键研究员提出了"颜色革命"的实质是后苏联国家的第二次"和平演变"的鲜明观点。他认为,这次"和平演变"的目标表面上看是美国在帮助后社会主义国家由权威政治向民主政治转型,但实际是美国在后社会主义国家培植亲美势力,企图在战略上孤立俄罗斯,"民主"不过是一个幌子。[④] 复旦大学俄罗斯中亚研究中心教授唐朱昌则提出了"颜色革命"是新一轮"冷战"的观点。在他看来,"颜色革命"有很多原因,其中主要是美国的因素。美国并没有因为苏联解体、东欧国家放弃社会主义而放弃冷战。现在也是一种冷战。现在的冷战与过去的冷战在形式上有所不同,但仍表现为美国对传统的社会主义国家以及现在的社会主义国家的一种行为。…… 从格鲁吉亚开始,美国或明或暗地支持了这些国家的反对派,企图推翻现政权。美国是这场"颜色革命"的"革命导师"。美国下一步是想促使独联体解体,最后甚至促使俄罗斯解体。美国对传统的社会主义国家不满,现在的新布什主义就是对传统的社会主义国家的遏制,是新一轮的冷战。[⑤] 季志业研究员也认为,"颜色革命"是以美国为首的西方进一步"消化冷战成果"的战略步骤。冷战结束后,以美国为首的西方用十多年时间完成了第一阶段"消化冷战成果"的目标。……从 2003 年起开始了第

---

①参见王智鹏、潘志平:《民主自由与安全——"颜色革命"后的思考》,载于《西北民族研究》2006 年第 3 期。

②此系阮宗泽观点,参见《从独联体"颜色革命"谈起》,载于《时事报告》2004 年第 6 期。

③此系陈向阳博士观点,参见《"色彩革命"及其地缘影响》,载于《现代国际关系》2005 年第 6 期。

④胡键:《"颜色革命":后社会主义国家的第二次"和平演变"?》,载于《社会观察》2005 年第 6 期。

⑤参见孙凌云:《"颜色革命"与国际关系专题研讨会——黄仁伟、冯绍雷、潘光、沈丁立、赵华胜等著名专家观点综述》,载于《国际观察》2005 年第 3 期。

二阶段的“消化冷战成果”，即逐步把独联体国家纳入西方“民主阵营”。① 如果说“颜色革命”是西方对前苏联地区国家实施“和平演变”和推行“冷战”这一结论成立的话，俄罗斯显然便成了遭受打击的对象。

事实上，美国在独联体国家推动“颜色革命”不仅仅是为了推行所谓的“民主”，更有战略上的考虑，主要是为了削弱俄罗斯在这一地区的影响力。② 因为一个在前苏联地区有着传统影响的强大的俄罗斯不符合西方的战略利益。话说回来，除了西方极力怂恿和拉拢，某些发生“颜色革命”的国家本身因对俄罗斯存有积怨而对“脱俄西进”怀有急切的愿望，如格鲁吉亚和乌克兰便堪称“入约加盟”（加入北约和欧盟）的急先锋。众所周知，有西方学科背景的萨卡什维利和有“美国女婿”之称的尤先科在“颜色革命”之后都奉行了更为积极的亲西方政策。难怪有学者称，“颜色革命是前苏联地区去俄罗斯化的最新体现”。③ 至于吉尔吉斯斯坦，因情况特殊则另当别论。

观点之四，“颜色革命”不是真正意义上的社会“革命”，而是以“街头政治”为手段、以夺取政权为目标的“柔性政变”。把“颜色革命”与“街头政治”联系起来进行研究，也是我国学术界判断“颜色革命”性质的一种极为重要的分析视角。就街头政治的定义而言，张中云教授认为，所谓街头政治，是指政治组织或团体为了达到既定的政治目的，有计划、有组织地发动广大群众上街集会、游行，进行抗争的政治活动，一般采取非暴力的“和平民主”方式，是政治斗争的重要形式，动员和组织方便，任何派别都可以组织和利用。独联体各国近年来搞街头政治的派别和群体，以不同的花果颜色作为自己的政治标志，要求更迭现政权，被称为“颜色革命”，如格鲁吉亚“玫瑰革命”、乌克兰“橙色革命”、吉尔吉斯斯坦“郁金香革命”等。④ 究其实质而言，街头政治可谓是“颜色革命”的表现形式，提到“颜色革命”就一定要谈到“街头政治”，因为“颜色革命”最鲜明的特点就是“街头非暴力革命”，即“街头政治”。⑤ 街头政治是外部势力介入一国内政的通道，且极具杀伤力。因此，街头政治既是“美国颠覆它不喜欢的政权、扶植亲美政府的得力工具”，当然更是“一国反对派向当局施压的有效形式和夺取政

---

①参见：《“色彩革命”及其地缘影响》，载于《现代国际关系》2005 年第 6 期。

②参见祝念峰、王群瑛：《专家学者研讨“颜色革命”、“街头政治”及美国西化、分化中国的战略》，载于《高校理论战线》2005 年第 6 期。

③刘先才：《“颜色革命”与美俄战略之争》，载于《安徽师范大学学报》（人文社会科学版）2005 年第 4 期。

④参见张中云：《街头革命与政权更迭》，载于刘明主编的《街头政治与“颜色革命”》，中国传媒大学出版社 2006 年版，第 29 页。

⑤吕秀玲等：《“街头政治”给我国带来的启示》，载于《河北理工大学学报》（社会科学版）2008 年第 1 期。

权的捷径"。① 街头政治所具有的"非暴力"、"和平民主"的特性,更易使人们联想起"颜色革命"过程中没有流血冲突的政权更迭。

那么,在"颜色革命"是否就是一场真正意义上的"革命"这一问题的判断上,中国国内一些学者持明确的观点:"颜色革命"不是传统意义上的"革命",而是一场"政变"。这主要是基于对"革命"一词的经典内涵的理解。按照《韦伯斯特新二十世纪词典》的解释:"革命是指推翻一个政府、一种政府形式或一种社会制度,使之发生变革。"而《维基百科全书》对"革命"的定义是:"革命是一种剧烈的变革。"显而易见,从传统的革命的定义来看,"颜色革命"根本就算不上是一场真正意义上的社会革命。单就发生"颜色革命"国家的社会制度和性质未发生任何实质性变化这一点便足以说明问题。可见,"颜色革命"在更大程度上接近于政变,即反对派利用民众对当局的不满情绪,以组织街头抗议的方式推翻现政权。② 周新城教授也表达了同样的观点:所谓"天鹅绒革命",其实不是什么革命,而是通过和平的"街头政治"方式颠覆政权的一种政变。③ 格鲁吉亚、乌克兰、吉尔吉斯斯坦三国"革命"后,制度依旧,秩序未变。据外电评论,萨卡什维利"革命"后变得更加专制,议会变得越来越像个"花瓶",正因为如此,萨卡什维利获得了"高加索新沙皇"的称号,以至于欧盟驻格鲁吉亚代表在其上呈欧盟总部的报告中坦言"格鲁吉亚的民主在倒退";乌克兰的"橙色革命"实际上体现了寡头们之间利益的重新分配,而并未出现有利于整个社会经济增长的态势,尤先科与季莫申科这对曾经的"革命"盟友翻脸为敌,分道扬镳,执政当局依然腐败,丑闻缠身,而在 2006 年的乌克兰议会大选中,曾在"革命"中败北的前总理亚努科维奇领导的地区党出人意料地获得高票支持率,表明了民众对"橙色革命"的深切失望;吉尔吉斯斯坦在"郁金香革命"之后,政局更加动荡,难以走出政治危机的困惑。更具讽刺意味的是,在吉尔吉斯斯坦,"革命"的当天吉国最高法院便宣布此前的议会选举结果无效,然而时隔仅 3 天,新议会就被宣布为合法的。由于通过"革命"上台的新领导并未给上述三国带来什么新变化,也就意味着其"革命"丧失了实质性的意义和内涵。

除上述基本观点之外,中国另有学者认为,"颜色革命"是一场反权威主义的社会运动,④是美俄角逐独联体并对独联体续存的挑战,⑤等等。

①南菁:《浅议街头政治》,载于《思想理论教育导刊》2005 年第 7 期。

②此系丁晓星观点,参见《"色彩革命"及其地缘影响》,载于《现代国际关系》2005 年第 6 期。

③周新城:《试析"天鹅绒革命"》,载于《中华魂》2005 年第 8 期。

④曾向红、杨恕:《社会运动理论视角下的"颜色革命"》,载于《俄罗斯中亚东欧研究》2006 年第 2 期。

⑤陈玉荣:《"颜色革命"与美俄角逐独联体》,载于《国际问题研究》2005 年第 4 期。

(二)西方和俄罗斯学术界的观点

对于独联体国家发生的所谓的“颜色革命”,西方国家和俄罗斯同样也是给予了高度的关注。对于这一场场“革命”的性质,西方国家和俄罗斯与中国国内争论的情形大致相同,也是众说纷纭,观点各异。以下是西方国家和俄罗斯学术界关于“颜色革命”的观点概括。

不可否认,“颜色革命”的强势话语霸权掌握在西方手中。“颜色革命”的发生令西方感到欢欣鼓舞,不少欧美学者认为,“颜色革命”是自由世界的重大胜利,是世界的第四次“民主革命”浪潮。前三次分别是指18—19世纪欧美国家的资产阶级民主革命,二战后对德国、日本、意大利的“民主改造”和亚洲、拉美独裁国家的“民主化”进程,以及20世纪90年代的苏联东欧剧变。① 法国《外交世界》2005年10月号以《东方骗人的革命》为题,发表了该刊特派记者维肯·舍特里安的评述文章,认为“颜色革命不是社会革命,不是以一种新秩序取代现有秩序”。② 美国芝加哥大学前苏联问题专家罗纳德苏尼也认为,“颜色革命”并不是社会革命,而是政治变动。③ 美国学者利文认为,发生在独联体国家的“颜色革命”在发展中国家,尤其是转型国家比较普遍,是由于人民厌倦了老面孔,接着以人民运动的形式来改变现状,但实质未曾改变,只是各地情况的表现不一,吉尔吉斯斯坦和乌兹别克斯坦不过是具有中亚特色而已。④ 另一位美国学者哈德拉库马认为,“颜色革命”与前苏联国家在后苏联时期所选择的发展道路有关。独立之初国家陷于混乱,强权人物的出现有助于稳定,但当国家进入平稳发展阶段后,强权人物及其家族统治是没有任何前途的,只能带来更多的腐败,加剧社会不满,只有寻求新的、更加民主的方式方可使国家获得新的发展机会。所以,“颜色革命”是希望变革的群众和既得利益者之间矛盾冲突的表现。⑤ 值得说明的一点是,尽管独联体“颜色革命”具有深刻的西方背景已是不争的事实,但美国官方向来都不承认自己是“颜色革命”的策划者。

由于俄罗斯与独联体的特殊关系,故对发生在其“后院”的“颜色革命”自然是深表关注。针对独联体各国的“颜色革命”,尤其是吉尔吉斯斯坦的“郁金香革命”,俄罗斯官方及学术界发表了不同的看法。在吉尔吉斯斯坦“3·24事件”发生之后,俄罗斯国家杜马独联体事务和同胞联络委员会主席科科什金称吉尔

①参见李慎明、王逸舟:《2006年:全球政治与安全报告》,社会科学文献出版社2006年版,第85页。

②转引自刘明主编的《街头政治与“颜色革命”》,中国传媒大学出版社2006年版,第6页。

③参见〔法〕维肯·舍特里:《“颜色革命”是换汤不换药》,环球视野网,2005年10月。

④Lieven A. Where have all the flowers gone, International Herald Tribune, 31. 10. 2005.

⑤Bhadrakumar M K. A stort sweeps the post - Soviet space, Oct. 5, 2005. http://www.atimes.com/atimes/Central - Asia/GJ05Ag01. html.

吉斯斯坦“3·24事件”为“剧烈的政权更迭”,而不愿用“革命”或“暴动”来形容。在俄罗斯政治形势中心分析室主任别利亚耶夫看来,独联体国家“颜色革命”问题的实质是这些国家在西方民主、经济和社会价值观扩张冲击下的选择问题。学者马雷舍娃则认为,独联体“颜色革命”的本质是反抗专制统治。[①] 俄罗斯联邦国家民主研究所所长斯米尔诺夫从“革命”后新领导人执政的合法性角度出发,认为发生在吉尔吉斯斯坦的不是一次例行的“革命”,而是宪政危机的爆发。[②] 也有俄罗斯学者说,吉尔吉斯斯坦事件是政权内部精英更替的表现,是反对派精英与当权派精英之间的冲突,并不具有革命运动的特征。[③] 2005年3月28日,吉尔吉斯斯坦“颜色革命”发生后不久,俄罗斯《共青团真理报》就刊出了一篇题为《吉尔吉斯斯坦给俄罗斯敲响警钟》的文章,说:“吉尔吉斯斯坦并没有发生革命。……这是一起精心策划的行动。……目的是不惜代价,在俄罗斯周围形成薄弱地带。”[④]这一观点与中国学者所认为的“颜色革命”是西方输出民主、打压俄罗斯在独联体战略空间的观点基本一致。

(三)吉国内有关“郁金香革命”的观点

作为当事国,吉尔吉斯斯坦国内从官方到学术界,甚至是民间对此事件反应十分强烈,围绕“3·24事件”提出了各种观点。称“革命”者有之,称“政变”者亦有之。这从此前所列吉国内对该事件的诸多称谓中可见一斑。通过研究笔者发现,吉国政界更多的是以“革命”一词来表征“3·24事件”,尤以“人民革命”为甚。通过“革命”上台的新总统巴基耶夫曾表示:“人民革命表达了人民的意志及其追求自由、真正的生活和对未来美好的期望。革命——仅仅是未来漫长道路的开端。”[⑤]吉国前外长罗莎·奥通巴耶娃在接受俄罗斯媒体采访时表示,3月24日发生的是一场“人民革命”,除此别无他称。[⑥] 或许是受俄罗斯著名哲学家别尔嘉耶夫下述观点的影响:“每一次成功的政变都可视为革命,而每一次失败的政变则被认为是叛乱。”[⑦]朱马诺夫也认为:“3月24日发生的是一场真正

①См.: Д. Малышева, Центральная Азия в свете “демократических революции”, Мировая экономика и международных отношения, 2006 № 8.

②Вячеслав Смирнов. В Кыркызстане не “революция”, а кризис. http://www.apn.ru/news/pritt10845.htm.

③Досым Сатпаев и Сергей Козлов, Обозреватель, революционный равняя шаг. http://www.np.kz/2005/13/rmnenie.html.

④转引自《参考消息》,2005年3月29日。

⑤Слово Кыргызстана, 13 мая 2005.

⑥См.: Александр Князев. Государственный переворот 24 марта 2005 г. В Киргизии. Бишкек, 2006. С. 7–8.

⑦См.: Плоских В М. 24 марта 2005 г.: Народая революция?!. Бишкек, 2005. С. 3.

的人民革命。……该事件的发生是阿拉真主意志的体现。”①还有人说，这是一场具有客观规律性质的人民革命，人民厌倦了前政权，其引起了人民大众的愤慨，再也没谁相信伪善的政治。② 但前总统阿卡耶夫（包括其长女）始终坚持称这场“革命”为“国家政变”。流亡俄罗斯期间，2007 年 2 月 14 日阿卡耶夫应邀在莫斯科卡耐基中心演讲时再次表达了这一观点：“出于政治嗜好，一些专家对这一事件赋予各式各样的称谓，一会儿称做‘国家政变’，一会儿称做‘郁金香革命’。不过，还是那句俄罗斯老话说得好，‘辣根不比萝卜甜’……事实证明，吉尔吉斯斯坦发生的是一场国家政变。”③持此观点的还有吉国著名学者、吉尔吉斯—俄罗斯斯拉夫大学政治学教研室教授克尼亚泽夫（Князев）。在“郁金香革命”发生一年之后，他的专著——《吉尔吉斯 2005 年 3 月 24 日的国家政变》出版，并由阿卡耶夫作序。在该书前言当中，克尼亚泽夫从传统的“革命”定义出发，以“革命”没有改变社会政治制度为由否定了“革命”的说法，并在该书的结语中得出了醒目的结论：2005 年 3 月 24 日的事件不是一场自发的人民起义，而是一场由一小撮前官员、议会代表以及主要来自南方的个别政治家在某些黑社会犯罪团伙支持下所策划的叛乱。“3·24 事件”摧毁了曾经是中亚地区最民主的国家。④ 此外，关于吉尔吉斯斯坦的“郁金香革命”是否属于“颜色革命”，吉国前总统战略研究所所长、总统助理 B. 鲍加特列夫指出：从表面上看，三场“革命”有很多相似之处，但由于国情、起因、方式和结果等方面的不同，吉尔吉斯斯坦的“革命”与“颜色革命”有着明显差异。⑤ 接下来笔者将尝试着对吉国的“郁金香革命”提出自己的看法。

（四）笔者的观点

由于独联体格鲁吉亚、乌克兰、吉尔吉斯斯坦三国“颜色革命”的原因各不相同，其所表现的性质亦非均质，因此不能对上述三国“颜色革命”进行简单划一的定性。事实上，从格鲁吉亚、乌克兰、吉尔吉斯斯坦三国“革命”的过程来看，虽说有若干共性，比如都是在国内经济社会问题出现、反对派崛起、外部势力干预等一系列综合因素促成下的涂上以各种“颜色”的街头政治事件，但“革命”又各有千秋，各不相同。“颜色革命”的发生在有的国家以内部动因为主，有的则主要受外力影响。若就经济社会问题而言，当以吉尔吉斯斯坦最为严重；就反

---

①Слово Кыргызстана，01 июля 2005.

②МСН，22 июля 2005 .

③Первый президент Кыргызстана о политической ситуации в стране . http：//www. eurasianhome. org/xml/t/expert. xml? lang = ru&nic = expert&pid = 974.

④См. ：Александр Князев. Государственный переворот 24 марта 2005 г. В Киргизии. Бишкек，2006. С. 7 – 8，242.

⑤参见：《吉尔吉斯事变不是“颜色革命”》，载于《瞭望新闻周刊》2005 年第 14 期。

对派的组织水平和影响力而言,乌克兰的表现最为显著;从外部势力的干预程度来看,又以格鲁吉亚最为明显和赤裸裸。尽管本书借用了“颜色革命”这一广泛使用的称谓,但并不意味着我们就认可把在这些国家发生的事件称为“颜色革命”。不过,为了方便,本书还是使用了“颜色革命”这一流行的说法。

综合上述国内外专家学者的观点,笔者认为,发生在独联体国家的“颜色革命”绝非真正意义上的社会革命,而是受内外综合因素影响、在追求和推进民主名义之下以和平方式发生的国家政权的更迭,也可以说是一场政变,其实质是以新老精英、反对派精英与当权派精英为主导的国家利益集团之间的一次权益再分配,或者说是国家政权内部的一次精英更替,其所反映的是转型期国家政权体系内的一次重大制度危机。

至于吉尔吉斯斯坦的“郁金香革命”,尽管它与其他“颜色革命”存在着诸多的共同点,但它仍然具有自己的特征。如果仍以“颜色革命”来表征吉尔吉斯斯坦发生的政权更迭现象,那么,这只能算是一场变异的“革命”。因为以上述学术界关于独联体“颜色革命”中所表现出的“非暴力”和“脱俄西进”(或“去俄罗斯化”)的标准来衡量,显然吉尔吉斯斯坦的“郁金香革命”不具备这些特征,只能说是“颜色革命”中的一个特例。

首先,吉尔吉斯斯坦“郁金香革命”的发生并不像当年捷克斯洛伐克的“天鹅绒革命”那样充满柔性:没有打碎一块玻璃,没有点燃一辆汽车,而是伴随了一系列打砸抢事件的发生。其中,中国在吉国的“国英商城”就曾在这场政变中被付之一炬。且不必说,从奥什到比什凯克,大街上万人涌动、马队横行,示威者冲进总统府,在总统办公室吃喝拉撒睡,阿卡耶夫总统的画像被焚烧。情急之下,总统落荒而逃,流亡异国他乡,吉尔吉斯斯坦政权在棍棒下一夜瓦解。这场“革命”以如此低级的抢劫方式发生,令西方尴尬。就连美国国务院发言人埃雷利斯也说:“吉尔吉斯斯坦人民有权对议会中出现的不合法现象进行抗议,但是他们却不能以非法手段占领政府大楼,制造暴力事端。”①可见,暴力事件不但使吉尔吉斯斯坦以柔性“革命”夺取政权的说法大打折扣,同样也降低了其“民主”的品格。

其次,吉尔吉斯斯坦“郁金香革命”的发生主要是其国内政治精英利益和权力之争的结果,两派在对外政策上并无实质性的区别,这一点与格鲁吉亚和乌克兰显然不能画等号,至于说“去俄罗斯化”,就更难以令人折服。事实表明,“郁金香革命”对吉俄关系并未造成实质性的负面影响,“革命”后俄罗斯在吉尔吉

①参见潘志平、石岚:《民主与“革命”——“颜色革命”后的思考》,载于《新疆社会科学》2007 年第 2 期。

斯斯坦的影响力远非美国可以匹敌,反而出现了要求美国撤出其军事基地的呼吁和要求。况且,有关资料显示,不但"3·24事件"发生之前反对派一直与莫斯科保持着密切的联系,而且在"郁金香革命"后,于当年7月作为反对派上台的巴基耶夫总统10月就对莫斯科进行了专程造访。"关于'反俄狂'的说法在吉尔吉斯斯坦是行不通的,绝大多数公众依然认为俄罗斯是吉尔吉斯斯坦最持久和最可靠的伙伴","对我们国家任何一个政治家来说,有一点是最为清楚的:吉尔吉斯斯坦的未来在很大程度上是与俄罗斯联系在一起的"。① 因此,在笔者看来,在不否认西方在某种程度上别有用心地插手吉国内部事务以及推波助澜的蛊惑宣传作用的同时,吉尔吉斯斯坦"郁金香革命"主要还是由其国内的政治经济状况引起的,尤其是社会经济因素可以说是导致阿卡耶夫政权垮台的根本动因。这也是笔者在吉国访学期间与不少当地学者交流时其普遍认可的一个观点。一句话,吉国在"郁金香革命"过程中体现出来的亲西方倾向不是很明显,反俄罗斯并不是吉国反对派鼓励人民走向街头的重要内容。即使是反对派,也希望吉尔吉斯斯坦保持与俄罗斯的传统友好关系。因为参与"郁金香革命"的许多反对派领袖只是出于权力斗争的需要,在政见上与阿卡耶夫并无太大的分歧,且其中的许多人都曾在俄罗斯受过教育,属于俄罗斯栽培的政治人物,故其不但不反俄,而且亲俄。更有甚者,包括前政权反对派议员在内的个别议员,如多隆别克·萨基尔巴耶夫(Доронбек Садырбаев)、穆拉特·朱拉耶夫(Мурат Джураев)等人甚至建议把吉尔吉斯斯坦并入俄罗斯。② "郁金香革命"后,2005年和2006年吉国曾连续两年就国家在未来对外关系中应与何国优先发展关系的问题展开民意调查,其中俄罗斯遥遥领先,两年的支持率分别为76%和83%,而美国和中国两年的支持率相同,分别仅占4%和1%。③ 可见,"颜色革命"是"脱俄西进"的观点显然不适合吉尔吉斯斯坦。

第二节 "郁金香革命"的过程

通过研究我们发现,独联体国家"颜色革命"发生的一般模式是:在举行的总统选举或议会选举中,如果执政党或亲政府党派取得选举优势,那么反对党便拒绝接受选举结果,并将选举失利的原因归结为政府在选举中存在舞弊,然后发动群众集会或示威游行,要求重新选举或政府下台。当抗议活动未遭到政府强

①См.: Плоских В М. 24 марта 2005 г.: Народая революция?!. Бишкек, 2005. С. 183,185.

②Ростки. тюльпанов. http://www.iamik.ru/?op=full&what=content&ident=31971.

③Ногойбаева Э А. и другие, Кыргызстан. Политика и Экономика: материалы и докуметы. Бишкек, 2006 г. С. 436.

有力的反击时,就采取更为激进的形式冲击政府,占领政府大楼或电视台,进而取得政权。接下来,志得意满的反对党(派)开始采取措施使通过政变取得的权力机器合法化并得到国际社会的承认。[①] 吉尔吉斯斯坦的“郁金香革命”也不例外。

点燃吉尔吉斯斯坦“郁金香革命”导火索的是2005年的议会选举,这是该国独立以来的第三次议会选举,也是根据2003年宪法吉国议会重新恢复一院制之后的第一次选举,新议会应推选出75名议员,名额比上届少了30人,由全国75个选区按每个选区1个名额选举产生,因此角逐格外激烈。在当时吉国司法部注册的42个党派中有14个党派参加了这次选举。推出候选人最多的是“正义党”以及被称为“政权党”的由阿卡耶夫总统长女领导的“前进的吉尔吉斯斯坦党”,分别有21名和26名候选人参选。其余党派推出的候选人最多不超过10人,还有一些党派仅推出一两名候选人。为了表明选举的公正性,有500多名国际观察员和1.5万名本地观察员对整个选举进行监督,其中有来自独联体的218名观察员和来自欧洲安全与合作组织的208名观察员。[②] 此外,为了防止舞弊,确保投票合法进行,本次选举采用了专门的透明投票箱,选民在投票时需将大拇指的指纹印在自己的选票上,计票时有专门仪器进行检测,以避免重复投票。这次选举之所以如此兴师动众,一个重要的原因在于它与阿卡耶夫总统谋求连任有关。因为在反对派看来,如果亲政府的力量在此次议会选举中获胜,阿卡耶夫就会指示“听话的议会”修宪,以便使其在第二个任期届满后再次参加总统选举。尽管阿卡耶夫此前一再表示他无意再次参选,且西方也对其施加过压力,但反对派还是信不过,因此抗议活动愈演愈烈。

2005年2月27日,新一届议会选举如期举行。第一轮选举当天就产生了32名议员,到3月13日第二轮选举结束,又有39名议员产生。至此,75名议员中的71名已经当选,尚余4名议员待选。选举结果表明,支持阿卡耶夫总统的选举力量获得了胜利,其中包括总统一双儿女在内的亲政府阵营的代表就占据了30多个议席,以独立身份进入议会的代表将近一半,而亲西方的反对派候选人则超不过8人,于是他们对选举结果表示不满。第二轮选举结果刚一公布,反对派就以“选举舞弊”为由组织示威游行活动进行抗议。抗议活动最先出现在经济落后、反对派相对集中、当局影响较弱的距首都500多千米之外的南部地区,然后逐渐蔓延到位于北方的首都比什凯克。

---

①参见曾向红、杨恕:《社会运动理论视角下的“颜色革命”》,载于《俄罗斯中亚东欧研究》2006年第2期。

②《吉尔吉斯斯坦爆发“颜色革命” 美欲让中亚山国变色》,参见《新闻晨报》,2005-03-23。

2005年3月15日,反对派在吉国南部的贾拉拉巴德州采取大规模行动,此举立即引起了南部重镇奥什市反对派支持者的拥护和效仿。19日,贾拉拉巴德州和奥什州政府办公大楼就被攻占。20日凌晨,警方采取行动,驱散了占领这两地政府大楼的抗议者。之后,反对派支持者不仅再次占领了两地政府大楼,而且还攻击当地护法部门办公地,向警察投掷石块、燃烧瓶等,致使紧张局势骤然升级。据报道,抗议者还占领了素有“第二首都”和“总统行宫”之称的奥什市国际机场。在西部的塔拉斯州,抗议示威人群以同样的方式占领了州长和市长办公室。22日,反对派开始大举向首都挺进。24日,首都比什凯克发生骚乱,反对派及其支持者在极短时间内占据了政府大楼、总统办公室、国家电视台等要害部门。国家强力安全部门在与反对派的对峙中临阵倒戈,局势顿时混乱不堪。总统阿卡耶夫被迫携带家眷仓皇出逃,乘直升机前往邻国哈萨克斯坦,并于25日晚飞抵莫斯科寻求庇护。25日,议会任命反对派领导人巴基耶夫为代总理并代行总统职责。28日,原副议长、反对派领军人物之一捷克巴耶夫在议会的重新投票选举中当选为新议长。4月3日,议长捷克巴耶夫受命率吉国议会代表团飞抵莫斯科,专门就阿卡耶夫辞职问题进行谈判。2005年4月4日,阿卡耶夫在俄罗斯正式宣布提前辞去吉尔吉斯斯坦总统职务,同时也宣告了阿卡耶夫时代结束。

第三节 “郁金香革命”的原因分析

中亚地区“颜色革命”发生在吉尔吉斯斯坦,着实让国际社会大跌眼镜,也出乎不少吉国内政治家的意料,更令阿卡耶夫总统感到困惑难解。难怪“革命”发生后他曾情绪激动地反复质问自己:“我不明白,为什么我们的国家排在西方的‘民主改造’候选国名单之列?所有人都应知道,吉尔吉斯斯坦是中亚最民主的国家!”诚然,吉尔吉斯斯坦一直被视为中亚地区的“民主橱窗”,是以美国为首的西方重点扶持的对象。早在“郁金香革命”发生之前的2004年,面对独联体国家来势凶猛的“颜色革命”风暴,地处欧亚大陆腹地的中亚地区虽说是山雨欲来风满楼,但据国际观察家的分析和预测,“革命”不会发生在吉尔吉斯斯坦,因为它是中亚最自由和民主的国家;中亚国家政局最不稳定的是乌兹别克斯坦和土库曼斯坦,因为它们最封闭;哈萨克斯坦和塔吉克斯坦处于乌兹别克斯坦和土库曼斯坦之间。① 就连阿卡耶夫本人也对自己苦心经营15年的“民主神话”

①此观点系中国研究中亚问题学者王智娟、潘志平先生当时在阿拉木图获知的说法,详情参见王智鹃、潘志平的《民主自由与安全——“颜色革命”后的思考》,载于《西北民族研究》2006年第3期。

深信不疑,并对其执政的民主基础表示乐观。2005 年 1 月 8 日,阿卡耶夫在会见俄罗斯总统普京后接受《土耳其周刊》专访时依然轻松自信地说:“在乌克兰你到处都可以听到‘库奇马滚出去’的口号,但在我们国内听不到‘阿卡耶夫滚出去’的声音。”①在“郁金香革命”的前一个月,阿卡耶夫依然声称吉国的局势牢牢掌控在其手中。外长艾特玛托夫也毫不犹豫地表示,吉尔吉斯斯坦不会重复所谓的“橙色革命”,也“不存在出现任何‘颜色革命’的可能性和前提条件”,吉尔吉斯斯坦目前的政局是稳定的、平静的和正常的。② 然而,事实上偏偏是吉尔吉斯斯坦遭遇了“革命”的袭击。从表面上看,这场风波是由议会选举引发的政治危机,但“革命”的背后却隐藏着深刻的社会经济根源及外部动因。经济凋敝、贫困难脱、腐败丛生、社会不公、两极分化、政治弊端、地区矛盾和族群对立十分严重,这既是独立十余年来吉尔吉斯斯坦社会现状的真实写照,同时更是促成吉国“郁金香革命”的社会背景。如果再对阿卡耶夫多年来奉行的“走钢丝”外交以及西方“民主改造”等一系列外因进行回顾,“民主岛”上盛开“郁金香革命”之花也就不难理解了。

一、经济社会问题:“郁金香革命”之根源

谈及“郁金香革命”的原因,俄罗斯前总统普京曾直言不讳地说:“吉尔吉斯斯坦发生的一切对俄罗斯来说并非意外事件,这是吉国政权软弱,社会经济问题日积月累的必然结果。”笔者在吉国学术访问期间,曾就该问题与相关学者进行过交流,大多数学者也持同样的观点,认为经济衰败以及由此引发的一系列社会问题是阿卡耶夫政权被推翻的根本原因,其中贫困问题是推动这场政治危机的原动力。

前苏联时期,吉尔吉斯斯坦就一直是全联盟经济最落后的加盟共和国之一。独立后,尽管阿卡耶夫总统十分推崇并积极实施自由市场经济,使吉尔吉斯斯坦成为中亚唯一效仿俄罗斯实施“休克疗法”的国家,但收效甚微,吉尔吉斯斯坦的经济发展一直很缓慢,是独联体乃至中亚地区比较贫穷的国家之一。其中 1991—1996 年是国家经济处于危机的困难时期,国内生产总值下降了 48.7%。虽说自 1996 年经济开始增长,但至今尚未恢复到独立前的水平。难怪获得过前苏联时期国家文学奖、具有世界知名度的著名吉尔吉斯民族作家钦吉斯·艾特玛托夫在“颜色革命”后的座谈发言中无比激动地说:“每当听到我们国家被称

---

①转引自潘志平主编的《“颜色革命”袭击下的中亚》,新疆人民出版社 2006 年版,第 42 页。

②参见陈俊锋:《选举气氛平静,“革命”没有发生——亲历吉尔吉斯斯坦议会选举》,载于《参考消息》,2005 - 03 - 03。

为后苏联地区最贫穷的国家时就会感到无比痛心。"①

有关资料显示,截至2004年吉尔吉斯斯坦国内生产总值仅达到1990年的80.1%,工业总产值仅占1990年的58.8%。② 与此同时,仅有500万左右人口的吉尔吉斯斯坦所欠的外债数额却高得惊人。据1999年统计数据,吉国人均获取外国贷款54美元,创独联体国家最高纪录,而同期的乌兹别克斯坦仅为6.2美元,哈萨克斯坦为8.0美元,塔吉克斯坦为18.5美元。③ 到2005年第一季度末,吉国外债已超过20亿美元,④基本上相当于其一年的国内生产总值。多年来外界一直盛传吉尔吉斯斯坦是靠外债生活,此话不无道理。

如此落后的经济状况又导致了失业、贫困、人口外流等一系列复杂的社会问题。"吉尔吉斯斯坦70%的乡村没有自来水,41%没有医院和保健机构,60%没有交通服务和公路。吉尔吉斯斯坦的贫困接近于赤贫,居民的基本工资非常低,月收入一般为20—30美元,一些人的月收入甚至不到10美元,全国有13%的居民处于极度贫困线下,他们的收入只够购买食物,只能维持最基本的生存。"⑤ 应该说,这一描述比较符合吉国的客观现实。据笔者2007年在吉国学术访问期间的实际考察和切身体会,吉国日用消费品的价格甚至高于中国北京、上海等城市。在吉国首都比什凯克,以粮食、蔬菜为例,折合成人民币,大米和面粉每千克6元多,土豆每千克也3~4元,香蕉每根3元多;吉国虽说以畜牧业为主,但牛羊肉价格并不低,上好的牛羊肉每千克超过40元。笔者在与一些社区退休老人交流时得知,其退休工资超不过1000索姆(200元人民币左右),许多老人抱怨长期都吃不起肉和黄油,冬季也缴不起采暖费,因此他们十分怀念前苏联。据笔者了解,吉国首都市民的平均工资只有70美元左右,大学教授工资也不过百把美元。⑥ 吉国1998年贫困水平为54.9%,其中赤贫人口就占24%,2002年贫困人口有所下降,但仍占44.4%,其中70%的贫困人口生活在农村。⑦ 在贫困问题当中,儿童贫困问题尤其值得关注。2005年家庭调查显示,0—7岁的儿童中

①См.: Плоских В М. 24 марта 2005 г.: Народая революция?!. Бишкек, 2005. С. 5.

②См.: Карина Сафарова, Корнелия Ридель. Центральная Азия: собственный взгляд. Бишкек, 2006. С. 213.

③См.: Алымбек Биялинов. Десятилетие реформ в Кыргызстане: до рыночной зкономики еще далеко. Центральная Азия и Кавказ. 2001. № 6.

④См.: Омаров М Н. Кыргызыстан – 2005. Стратегии и сценарии развития. Бишкек, 2005. С. 42.

⑤赵华胜:《原苏联地区"颜色革命"浪潮的成因分析》,载于《国际观察》2005年第3期。

⑥以上是笔者在吉尔吉斯斯坦学术访问期间的实地考察材料。另据吉尔吉斯斯坦家统计局2006年9月公布的数据,2006年1—6月吉尔吉斯斯坦职工名义工资为2827.5索姆,约合70美元,参见《中亚信息》2006年第10期。

⑦См.: Кочербаева А А. Проблема бедности в условиях рыночной экономики. Вестник КРСУ. 2004. Том 4. № 7.

有52%处于贫困状态，其中14.8%处于赤贫状态。在农村，贫困儿童占到59.3%，高出城市22.3%。① 此外，恶劣的条件还是新生婴儿死亡率较高的一大重要原因。吉尔吉斯斯坦的贫困状况极不平衡，以上仅是首都及全国总的基本情况，如果按地区来进行考察，则南方与北方、农村与城市、高山地区与平原地区之间的贫困差距就更加鲜明。例如，据有关专家评估，吉尔吉斯斯坦2003年约有50%的居民生活在贫困线以下，在南方地区同期贫困人口的比重则高达80%。而在农村，情况则更为严重，有些地方一天的平均收入超不过1美元。② 以下是2004—2006年吉尔吉斯斯坦全国各地贫困水平（见表5-1）以及城市与农村居民贫困水平（见表5-2），贫困差异之大由此可见一斑。

表5-1 2004—2006年吉尔吉斯斯坦全国各地贫困水平

单位：%

地区	2004年	2005年	2006年
全国	45.9	43.1	39.9
比什凯克市	16.5	10.8	5.5
楚河州	21.7	22.0	20.1
塔拉斯州	51.3	44.4	40.0
伊塞克湖州	54.1	51.5	43.9
纳伦州	66.3	51.2	49.3
奥什州	57.0	55.9	52.1
加拉拉巴德州	50.1	55.9	58.3
巴特肯州	77.8	59.1	50.9

资料来源：АКИpress，2007. № 9. С. 15.

表5-2 2004—2006年城市与农村贫困水平

单位：%

地区	2004年	2005年	2006年
全国	45.9	43.1	39.9
农村	55.5	50.8	47.7
城市	28.3	29.8	26.7

资料来源：АКИpress，2007，№ 9. С. 14.

①См.：Уровень жизни населения Кыргызской Республики 2001 – 2005. Бишкек. 2006. С. 25.

②См.： Лаша Чантуридзе. Кыргызстан на перепутье: экономичесие причины революции тюльпанов. Центральная Азия и Кавказ. 2006. № 4.

从总体上来看,吉国南方虽说人口多于北方,但经济却落后于北方,贫困人口主要集中于南方。以 2006 年为例,位于南方的加拉拉巴德州、奥什州和巴特肯州三州居民的贫困水平分别是 58.3%、52.1% 和 50.9%,而同期位于北方的楚河州和比什凯克市居民的贫困水平则分别为 20.1% 和 5.5%。①

造成贫困的原因是多方面的,其中失业是一个重要原因。以 2005 年为例,总失业水平为 8.1%。2006 年 15 岁以上青年就业水平为 59.9%。② 尽管阿卡耶夫执政期间已将消除贫困作为一项国家战略,并多次制定消除贫困的国家计划,但该问题时至今日也没得到解决。由于国家经济状况不景气,导致众多吉尔吉斯斯坦人背井离乡,远赴俄罗斯和哈萨克斯坦等独联体国家打工,仅 1991—1996 年就有 30 万人离开了吉尔吉斯斯坦。③ 移民问题已成为当今困扰吉尔吉斯斯坦国家发展的一个重要问题。这不但影响了国家的经济发展,如高素质的俄罗斯族人的移民使国家发展失去了一定程度的智力支持;而且移民问题还对吉国内政治生活产生了重大影响,如人口流失给国家大选以及就重大问题所举行的全民公决造成了一定的难度。

持续的经济衰退不仅导致贫困,而且滋生腐败。腐败问题虽说是独联体国家转型期间普遍存在的现象,但相对而言吉尔吉斯斯坦的腐败程度更加典型和突出。正如国际专家小组在分析了吉尔吉斯斯坦社会经济状况后所指出的那样,吉国“改革道路上最大的障碍就是由不合理的国家管理导致的日益增长的影子经济和腐败”。④ 吉国现总统、当年的反对派领军人物巴基耶夫在评价其所参与领导的“革命”时曾明确指出:贪污腐败是吉尔吉斯斯坦诸多社会灾难和经济问题的根源,也是引起民众愤怒的主要原因。⑤

在吉国各类腐败当中,阿卡耶夫的家族腐败尤为严重,公众对此的反应和不满情绪也最为强烈。阿卡耶夫总统虽然为学者出身,且有中亚“民主斗士”的称号,但却没有表现出知识分子廉洁自律的高尚气节,而是在“民主”旗号下利用总统特权为其家族谋私利、搞腐化提供保护伞,从而使国家权力顶层出现了家族寡头政治。而其家族又靠特殊的行政资源攫取国家财富,损害公众利益。阿卡耶夫的子女、女婿都是掌控国家经济命脉的“大寡头”,其长子和长女都是经营大型超市和加油站的大企业家,女婿也因大肆敛财而遭受吉国司法部门的指控。

---

①Кыргызская бедность стоит 5 миллиардов сомов, АКИpress,2007. № 9.

②См. :Занятость,безработница,трудовая миграция. Бишкек, 2007. С. 5,9.

③См. : Чотонов У. Кыргызстан по пути суверенитета. Бишкек, 2007. С. 251.

④См. : Талайбек Койчуманов. Превентивные антикоррупционные меры в Кыргызстане:состояние и перспективы. Центральная Азия и Кавказ. 2006. № 1.

⑤См. : Курманбек Бакиев, Во всем виновата коррупция. Независимая газета, 8 апреля 2005.

总统夫人迈拉姆·阿卡耶娃卖官鬻爵在吉国可谓是家喻户晓。据吉尔吉斯斯坦有关资料透露,吉国前总统夫人阿卡耶娃是国内贩卖官职的龙头老大,吉尔吉斯斯坦所有官职都有明码标价,每年卖官鬻爵的收入约占 GDP 的 20%。① 据说,阿卡耶娃的亲戚和同学几乎占据了政府要职,甚至有传言,她以数百万美元的价格出售部长职位。② 俄罗斯报纸指出,在阿卡耶夫任总统期间,他的家族把整个国家都掌握在自己手里,当这个微笑的学者型总统想把吉国建成中亚的民主国家时,他也逐渐变成了优柔寡断的统治者,同时政权被他的亲戚、老乡操纵着。吉尔吉斯斯坦的经济成了腐败的同义词。③ 阿卡耶夫的子女在聚敛了足够的财富后,便开始涉足政治。长女别尔梅特自建亲总统政权党——“前进的吉尔吉斯斯坦党”,长子艾达尔也涉嫌有意在其父让贤时“子承父业”,两人在 2005 年议会选举中双双当选为议员。

事实上,阿卡耶夫执政 15 年期间,吉尔吉斯斯坦并没有形成一支高效廉洁的公务员队伍。受其家族腐败作风的影响,吉国高层乃至整个权力阶层普遍存在严重的腐败现象。在吉国媒体上出现频率最高的四个词依次是:走后门、贿赂、非法和毒品,这在相当程度上反映了该国的腐败状况。据笔者了解,吉国公务员可以同时经营生意。正因为如此,吉国最富有的阶层中 80% 是官员,然后才是商人。内阁官员贪污严重,部长级官员的工资在 150 美元左右,但许多官员都开着豪华轿车,购置多处高档别墅,人民早有不满。④ 如前所述,吉国是中亚接受外援最多、外债负担最为沉重的国家,但在各权力阶层都普遍存在着“吞食”国外贷款的腐败现象。经济上的腐化是以政治上的裙带关系为依托的。在 2005 届议会的 75 个议席中,除阿卡耶夫的一双儿女和几个亲戚外,还有政府总理的儿子,总参谋长的女儿等。在此值得一提的是,阿卡耶夫执政后期,反腐败被列为国家一项重大的发展战略,但吉国腐败丛生的现象并未得到实质性的改观。以 2003 年为例,国际透明组织公布的独联体国家廉政指数排名资料显示,吉尔吉斯斯坦的排名在独联体,尤其是中亚地区处于相当靠后的位置(见表 5－3)。⑤

---

①林治华:《“颜革命”爆发的经济学分析——吉尔吉斯斯坦和乌兹别克斯坦转轨经济比较》,载于《俄罗斯中亚东欧研究》2006 年第 1 期。

②参见:《阿卡耶夫执掌吉尔吉斯斯坦 15 年》,载于《环球时报》2005－04－01。

③参见吴绩新:《从吉尔吉斯斯坦看中亚局势变化的动因》,载于《兰州学刊》2005 年第 6 期。

④参见刘明:《街头政治与“颜色革命”》,中国传媒大学出版社 2006 年版,第 185 页。

⑤有关国际透明组织清廉指数说明:全球清廉指数采用 10 分制,其中 10 分为最高分,表示最廉洁;8.0～10.0 表示比较廉洁;5.0～8.0 表示轻度腐败;2.5～5.0 表示腐败比较严重;0～2.5 表示极度腐败;0 分表示最腐败。

表5-3 2003年独联体国家清廉指数排行表

国家	清廉指数	排名
白俄罗斯	4.2	53
亚美尼亚	3.0	78
俄罗斯	2.7	86
哈萨克斯坦	2.4	100
摩尔多瓦	2.4	100
乌兹别克斯坦	2.4	100
乌克兰	2.3	106
吉尔吉斯斯坦	2.1	118
阿塞拜疆	1.8	124
格鲁吉亚	1.8	124
塔吉克斯坦	1.8	124

资料来源:Социально - экономическая трансформация в странах СНГ:достижения и проблемы(материалы международной конференции),ИЭПП,Москва,2004. С.46. 中文转引自孙静、祝政宏的《试论“颜色革命”的原因和实质》,载于《新疆社科论坛》2006年第2期。

通过上述分析,我们认为,经济与社会问题虽然不是导致吉国爆发“郁金香革命”的唯一因素,但毫无疑问却是其根本动因,因为,“一个威权政权经济的失败也许会瓦解该政权的基础”①。不但如此,严重的腐败问题也对赶跑阿卡耶夫起到了墙倒众人推的强化与加剧作用。“颜色革命”后,吉尔吉斯斯坦著名作家、前外长及驻比利时大使艾特玛托夫为自己祖国发生的重大变局拍手称快,认为它是一场“真正的革命”。同时他还指出,吉国腐败无处不在,裙带体制侵蚀了整个国家,阿卡耶夫倒台是腐败的必然结果。② 应该说,在吉国具有很高威望的著名作家的这番评价是比较中肯的。

二、反对派崛起:“郁金香革命”的直接动因

事实表明,独联体国家的“颜色革命”都是反对派精心组织策划、直接参与并成功翻盘的结果。同样,吉尔吉斯斯坦阿卡耶夫政权也是在那场由反对派掀起的来势凶猛的所谓的“革命”中顷刻土崩瓦解的。不过,吉尔吉斯斯坦既“民

①参见〔美〕塞缪尔·亨廷顿:《第三波——20世纪后期的民主化浪潮》,刘军宁译,上海三联书店1998年版,第43页。

②转引自刘明主编的《街头政治与“颜色革命”》,中国传媒大学出版社2006年版,第185页。

主”又“专制”的特殊政治环境使反对派产生的环境比较复杂,从而使人们在对吉国反对派的认识上存在着偏差,难以作出准确的判断。

造成这种认识偏差的主要原因在于:一方面,立国后阿卡耶夫为了极力树立中亚地区“民主总统”的形象,便积极致力于建立自由开放的公民社会。客观而论,吉国的社会政治空间是中亚地区最为开放的。事实上这也为反对派提供了生长的沃土和宽松的生存空间。另一方面,如同前述,随着社会转型的深化及受中亚邻国的影响,吉国总统集权制逐渐得以确立和巩固,这无疑又限制了反对派的生存空间。正因为如此,有人认为吉国的反对派十分脆弱,而有人则认为吉国反对派势力强大。俄罗斯学术界就有不少专家学者(如 A. 米格拉尼扬)认为,吉尔吉斯斯坦没有能够对抗前政权的、具有独立活动能力的反对派。① 也有西方学者认为,与大多数“后苏联国家”一样,吉尔吉斯斯坦反对派的力量非常弱小。他们支离破碎、组织松散,他们的政党结构在每次大选前都不断地变化着,它们所遵循的是某个人的观点而不是固定的政治纲领。② 然而,认为吉尔吉斯斯坦反对派十分强大的观点亦不是少数。在“郁金香革命”前夕,2005 年 1 月 14 日俄罗斯《独立报》则撰文说:“吉尔吉斯斯坦目前已具备乌克兰‘天鹅绒革命’所需的前提条件:民众对阿卡耶夫连续执政 15 年深感失望;有西方撑腰的反对派有一大批人身居高职,反对派有自己的媒体,有一定的街头斗争经验;尚在坐牢、被西方视为政治犯的反对派领袖库洛夫能力超凡。”③也有人认为,吉国境内较活跃的政党和政党组织总共有 100 多个,其中,原总统阿卡耶夫的“政权党”在政党总数中仅占 1/3,而反对党派则占到了总数的 2/3,力量异常强大,使吉国内形成了“弱势政府”的格局。④ 通过研究,笔者认为吉国反对派的发展经历了一个由弱到强的过程。具体而言,自 2000 以后,吉国反对派迅速崛起并逐渐成长壮大起来,而在此之前则一直处于零星分散的蛰伏状态。

在笔者看来,2000 年以前,吉国反对派发展缓慢的主要原因有以下三个方面:第一,阿卡耶夫的威望如日中天,尤其是自 1996 年起吉国经济开始缓慢复苏,使得民众及各派政治力量对阿卡耶夫总统的激进改革能够给予一定程度的理解;第二,总统集权制对反对派的打压使其难以联合;第三,议会选举主要采取选区代表制,而非比例代表制,使政党难以发挥作用,从而制约了反对派的发展。

①См.: Тогусаков О. Революция: уроки, надежды. http: // www. centrasia. ru/newsA. php4? st = 1121665860.

②〔德〕乌韦·哈尔巴赫、〔奥地利〕弗朗茨·埃德的《吉尔吉斯斯坦的政权更迭和独联体内部的政权颠覆恐惧》,载于《世界经济与政治》2005 年第 11 期。

③转引自潘志平主编的《“颜色革命”袭击下的中亚》,新疆人民出版社 2006 年版,第 42 页。

④参见陈达:《“颜色革命”:中亚面临的现实抉择》,兰州大学出版社 2007 年版,第 62 页。

然而,自2000年以来,吉国反对派日渐发展壮大起来,尤其是以2002年春天的"阿克森事件"为契机,吉国反对派开始在"倒阿"的旗号下出现了大联合的态势。"支持阿卡耶夫下台及人民改革运动"(后改名为"争取人民权利")、"吉尔吉斯斯坦人民运动"、"人民进步"等反对派联盟逐渐组建起来。21世纪以来,吉国反对派日益强大的原因可归纳为以下几个方面:其一,在经历了十余年的改革后,经济社会问题没有得到解决,不能为精英提供更多可供支配和分割的资源,造成了社会分化和新老政治精英分裂不断加剧。自20世纪90年代末期以来,吉国内部出现了争夺总统权力的人,他们利用吉国脆弱的经济向阿卡耶夫的建国方针挑战。其二,总统集权制使阿卡耶夫总统的"民主神话"受到质疑,"阿克森事件"镇压反对派议员引发政治危机,成为反对派联合的催化剂。其三,1999年选举法规定,2000年议会选举将首次采取部分比例代表制,引发了新一轮建党高潮,从而为反对派政党进入议会打开了方便之门。其四,阿卡耶夫执政期间根据自己需要随意频频更换政府高官,使不少上层精英因在权力和财富分配中失意而加入反对派阵营,从而为自己树立了过多的政敌。在这方面,不但有前副总统库洛夫、前总理巴基耶夫和前外长奥通巴耶娃这样典型的反对派领军人物,而且还有以前国防部副部长伊萨柯夫、前副议长捷克巴耶夫等反对派议员为代表的政治精英人物。

吉尔吉斯斯坦的反对派可以分为三类:第一类是有政党组织的"正式"的反对派。他们想通过合法的宪政道路(总统或议会选举)实现自己的政治愿望。第二类比较复杂,包括各类反对阿卡耶夫总统的非政府组织和社会团体,如人权组织和新闻媒体等。他们虽有政治要求,但不把执政作为目标。第三类是政府禁止的伊斯兰宗教极端组织。他们想推翻现政权,建立一个政教合一的伊斯兰国家。① 鉴于政党具有明确的政治目标和严格的组织结构,在国家的政治生活中发挥的政治影响力比较巨大,故吉国反对派基本上都是以政党组织为依托的。到2005年"郁金香革命"之时,吉国内政治反对派主要有以下几大派系②:

(1)以前副总统库洛夫为首的"尊严"党及其支持者;

(2)以前吉共中央第一书记马萨利耶夫为首的吉尔吉斯斯坦共产主义者党及其支持者;

(3)以图尔孙别克·阿琿为首的吉尔吉斯斯坦人权保护组织及其支持者;

(4)以米斯尔·阿希尔库洛夫为首的"公正选举公民联合"组织;

①张宁:《吉尔吉斯斯坦"颜色革命"中的选举因素》,载于《俄罗斯中亚东欧研究》2005年第5期。

②参见艾莱提·托洪巴依:《吉尔吉斯斯坦政局及其趋势》,载于潘志平主编的《中亚政局:走势微妙》,新疆人民出版社2005年版,第165页。

(5)以巴基耶夫为首的南方吉尔吉斯人。

除此之外,以捷克巴耶夫(“郁金香革命”后出任议长)为首的、主要支持者为南方农村居民的“祖国”党也是当时比较活跃的一支反对派势力。不过,就实力大小和影响力而言,最强的反对派政党当为“尊严党”;就个人知名度来看,“郁金香革命”过程中最活跃的反对派人士主要是库洛夫(尽管他尚在狱中,但并不妨碍其政治能量的散发)、巴基耶夫、奥通巴耶娃和别克纳扎罗夫(“阿克森事件”中受迫害的反对派议员)等,他们大都是“倒阿”的政党或政党联盟的领袖人物。如前所述,吉国“郁金香革命”是由2005年议会选举引起的,而参与此次选举的42个政党中,反对派就占据了7个,其阵容强大,除2个共产党(吉尔吉斯斯坦共产党和吉尔吉斯斯坦共产主义者党)及“尊严党”外,其余4个是由各党派组成的政党联盟,即成立于2004年9月、有9个反对党参与的以前总理巴基耶夫为主席的“吉尔吉斯斯坦人民运动”;成立于2004年秋、以前外长奥通巴耶娃为主席之一的“祖国联盟”;“新道路联盟”以及“为公正选举的公民联盟”。上述7个反对派政党及政党联盟在选举期间结成“政治力量论坛”,相互协作和支持,成为推动“颜色革命”的主导力量。

可见,吉尔吉斯斯坦反对派阵容不但十分强大,而且政治目标极其明确:推翻阿卡耶夫政权,参加议会选举。对此,包括阿卡耶夫总统在内的吉国当局应该说是有所警惕的。面对独联体其他国家卷起的“颜色革命”狂飙,自2004年年底起吉国当局多次在媒体上表示,反对派试图通过“一切手段”夺取政权。阿卡耶夫总统也曾在政府扩大会议上说:“最危险的是,现在‘家贼’有了专业训练,这些人已学会钻石取火,将点燃各种颜色的‘革命火焰’。”①

客观而论,“郁金香革命”的发生固然与反对派崛起及其组织策略得当直接相关,但为何反对派登高一呼便应者云集?这一问题值得深思。很显然,反对派是利用了民众对当局的不满情绪取得“革命”成功的。而吉国独特的社会结构则是孕育可被反对派利用的民众力量的土壤。对于吉国的社会结构,有学者称之为“哑铃式”②结构,即吉尔吉斯斯坦形成了占有国家权力和社会财富多少不同的上层精英、中间阶层、社会平民三个阶层。上层精英和社会平民是“哑铃”一小一大的两端,前者尽管人数不多,但由于掌握了国家权力资源,故而分享到了巨额社会财富,拥有巨大的政治影响力;后者虽然人数众多,但无论是拥有的权力资源还是占有的社会财富都无法与上层精英相提并论,实际上是吉国广大的贫困阶层。而“哑铃”的中间则是社会中间阶层,这一阶层包括教师、技术人

①参见刘明:《街头政治与“颜色革命”》,中国传媒大学出版社2006年版,第181页

②参见杨恕:《从“郁金香革命”剖析“颜色革命”》,载于《中国评论》2005年8月号。

员、中小企业主、一般公务员等等。中间阶层不仅人数少,政治影响力弱,而且不稳定。随着国家转型不断向纵深推进,吉国社会的分化也不断加剧,其表现之一就是上层精英之间出现分野。由于权力和财富分配不均,一部分上层精英通过执掌国家机器而获得了权力资源,这一部分上层精英以阿卡耶夫为代表;而另一部分上层精英则是权力和财富分配中的失意者,以库洛夫和巴基耶夫为代表,他们因与阿卡耶夫政见不合或者受到当局的排挤、打击而出局,遂组成反对派,在"革命"过程中旗帜鲜明地挑战阿卡耶夫政权。如前所述,独立以来吉国所形成的庞大的贫困群体占据了"哑铃"较大的一端,他们对阿卡耶夫政府在解决贫困和腐败问题上的无所作为心怀不满;反对派为实现权力和财富在上层精英间重新分配而掀起的抗议活动恰好为贫困群体表达不满提供了一个契机,同时也为反对派利用平民阶层与以阿卡耶夫为首的上层精英之间的矛盾搞所谓的"革命"搭建了一个很好的平台;中间阶层因缺乏重大的政治影响力,无法在社会平民和上层精英间爆发冲突时形成一个缓冲地带,这就是"郁金香革命"之所以成为"闪电革命"的一个原因。总之,就某种意义而言,"郁金香革命"的实质是在财富和权力分配中失意的上层精英联合下层平民反对以阿卡耶夫为代表的上层精英。①

三、非政府组织:西方介入"郁金香革命"的特洛伊木马

从一定意义上讲,独联体国家"颜色革命"是以美国为首的西方国家实施"民主改造"的结果,而非政府组织则是其推销西方自由民主观念并对他国实施"民主改造"的重要工具和有力武器。表面上看,相对于格鲁吉亚的"玫瑰革命"和乌克兰的"橙色革命",西方在吉国"郁金香革命"过程中的反应显得有点迟疑和被动,既没有对通过"革命"上台的反对派领导人发表贺电,也没有大肆地公开发表过多的煽动性言论,但这并不意味着西方与吉国的"郁金香革命"丝毫无关。相反,西方非政府组织的"特洛伊木马"早在十多年前就已潜入吉国,且多年来的活动一直十分活跃,在该国的"民主化"改造方面做了大量的投入。可以说,"郁金香革命"是其收获多年"民主改造"成果的集中体现。事实上,在2005年"郁金香革命"过程中,西方并没有放弃对吉国反对派或明或暗的支持。在颠覆阿卡耶夫政权过程中,西方非政府组织同样扮演了关键的角色。

吉尔吉斯斯坦非政府组织数量之大,活动能力之强在中亚,甚至在独联体地区都是名列前茅的。吉国虽说只是一个拥有500万左右人口的小国,但却集中了中亚地区数量最多的反对党、独立媒体和非政府组织。据说,在吉尔吉斯斯

①参见杨恕:《从"郁金香革命"剖析"颜色革命"》,载于《中国评论》2005年8月号。

坦,每1000人中就有一个非政府组织。难怪有位荷兰人对阿卡耶夫说:"总统先生,我们国家被称为郁金香国,你的国家应当称做非政府组织国家。"①下表是吉国1991—2004年各类非政府组织的发展状况(见表5-4)。据笔者在吉国学术访问期间的感受和了解,在吉国各类非政府组织中,国外尤其是西方非政府组织占有相当的比例。可见,称吉国为"非政府组织之国"绝非言过其实。

表5-4 1991—2004年吉尔吉斯斯坦非政府组织数量增长变化

	1991	1992	1993	1994	1995	1996	1997	1998	1999	2000	2001	2002	2003	2004
总计	340	561	658	767	938	1487	1841	2325	3146	3850	4828	6120	7462	9076
社会团体	34	70	95	119	142	516	543	604	690	767	890	987	1102	1187
职业组织	38	70	84	100	119	158	252	333	393	469	534	592	627	664
工会	125	164	168	168	173	185	193	195	227	286	355	438	488	512
地区组织	10	29	33	50	74	91	131	177	189	205	235	265	371	399
政治组织	15	25	33	40	53	64	72	76	88	91	94	102	107	113
其他社会组织	118	203	245	10	377	473	650	940	1559	2032	2720	3736	4767	6201

资料来源:Карина Сафарова, Корнелия Ридель. Центральная Азия: собственный взгляд. Бишкек, 2006. С. 171.

在吉尔吉斯斯坦活动的各类国外非政府组织,当以美国为最。"索罗斯—吉尔吉斯斯坦"基金会、"自由之家"、欧亚基金会、民主研究所、国际共和研究所等各类美国非政府组织遍布比什凯克大街小巷,它们是美国行政当局计划项目及各大部委的援助任务的主要承担者和实施者。此外,欧安组织、联合国发展计划(ПРООН)等国际组织也替美国分担着部分援助任务,尤其是欧安组织,"自苏联解体后已成为美国实施其欧亚战略的一个最主要的工具"。② 据统计,截至2005年8月15日,全球总计有2914个非政府组织在中亚注册,其中就有1010个落户吉尔吉斯斯坦,③这些组织大多有美国背景,且受到美国国际发展委员会(USAID)等机构的资助或直接领导,以参与政治为目的。长期以来,以美国为首的西方非政府组织对包括吉尔吉斯斯坦在内的后苏联国家实施"民主改造",其参与"颜色革命"的方式手段是多种多样的,但主要表现在经济和政治两个方面。

①参见:《郁金香革命的牺牲者——阿卡耶夫》,载于《莫斯科共青团员报》2005-07-04。

②См.: Александр Князев. Государственный переворот 24 марта 2005 г. В Киргизии. Бишкек, 2006. С. 14.

③参见傅宝安等:《"颜色革命":挑战与启示》,江西人民出版社2006年版,第155页。

首先,经济援助是以美国为首的西方国家推动"颜色革命"的基本手段之一,而非政府组织则是其经济援助得以实现的重要载体。早在1992年,美国参议院便通过了《自由援助法》,目的在于支持后苏联新独立国家自由民主改造和向市场经济过渡。美国对吉尔吉斯斯坦的所有援助几乎都是以"支持自由行动计划"、"输出监督与边界安全计划"等各种形式的计划项目为名进入该国的。如前所述,由于吉国在前苏联时期就十分落后,独立后的经济状况不但没有好转,反而出现了倒退,旷日持久的贫困问题始终未得到解决,这便是吉国大开国门欢迎西方进入的重要原因。另外,苏联解体后老百姓一夜之间陷入穷困的深渊,加之科研经费短缺,大批知识分子为了谋生纷纷加盟西方非政府组织,甘愿为其效劳,这对在吉国培养亲西方人士起到了极大的作用。相对于中亚其他国家,美国在吉国推行的"双边民主推动计划"规模是最大的。仅以2004年为例,美国用于吉国各项民主计划的资金就高达1200万美元,①其中不少流向了非政府组织。

2005年"郁金香革命"期间,受西方资助的非政府组织表现尤为活跃,对吉国议会选举表示极其关注,为反对派搞"街头政治"乐此不疲。吉国议会选举期间,美国驻吉大使史蒂芬·扬在向美国国务院提交的关于吉国议会选举的报告中说,吉国议会选举期间美国在各项推动"民主"和支持反对派候选人的活动方面已经花了500万美元,建议美国政府在支持吉国反对派方面再拨款2500万美元。② 非政府组织"自由之家"被誉为美国在世界各国推广民主和自由的"传声筒和急先锋"。为了帮助反对派出版报刊,该组织在吉国开设了唯一的一家印刷厂。另外,该组织还帮助反对派成立了独立的"大众传媒支持中心",曾一次就提供了80万美元的经费援助。③ 据《纽约时报》披露,在吉国发生"郁金香革命"期间,"自由之家"曾替美国政府资助吉国反对派报纸《MSN》7万美元,以破坏阿卡耶夫的声誉。④ 此外,"革命"期间,美国还出资帮助反对派解决示威游行民众的食宿,甚至为其发工资。吉尔吉斯斯坦"街头革命"参加者每天都可得到不同程度的"补助",从2美元到40美元不等。⑤ 另外,"街头革命"参加者还可获得免费吃、住和交通工具等。这对每月只有几十美元的当地人来说,确实是一笔不少的收入。其实,许多吉尔吉斯人参与游行并无明确的政治目的,仅仅是为

①参见:《西方铺就吉尔吉斯斯坦"革命道路"》,载于《参考消息》2005-04-01。

②参见郑羽:《中俄美在中亚:合作与竞争》,社会科学文献出版社2007年版,第147页。

③См.: Александр Князев. Государственный переворот 24 марта 2005. В Киргизии. Бишкек, 2006. С. 28,39,40.

④参见傅宝安等:《"颜色革命":挑战与启示》,江西人民出版社2006年版,第156页。

⑤孙静、祝政宏:《试论"颜色革命"的原因和实质》,载于《新疆社科论坛》2006年第2期。

了领取“免费的牛奶和面包”而已。总而言之,从资金援助到技术指导,“革命”期间西方非政府组织在帮助吉国反对派组织民众参与“街头政治”方面倾注了大量的心血。

其次,宣扬西方价值观,通过各种渠道培育亲西方政治精英,操纵所在国大众传媒,给反对派以精神鼓舞和支持,为其“革命”提供政治力量,这是西方非政府组织在长期“民主化”积累之后导演“颜色革命”惯用的政治手法。冷战结束后,在后苏联地区的西方非政府组织便长期扮演着西方民主传播者的角色。独联体“颜色革命”的发生在一定程度上讲是西方多年“民主输出”对各国民众“革命”政治心理产生潜移默化影响的结果。诚如索罗斯基金会的创始人、金融大鳄索罗斯所言:“‘革命’不应被引向防御工事,不应该在街道上,而应该在平民的思想里。”①早在1993年,索罗斯基金会就选中了被誉为“中亚民主岛”的吉尔吉斯斯坦,重点支持吉国的独立媒体,同时以教育等领域为突破口来宣扬西方的自由民主价值观,并使其影响得以不断扩大,以达到培育民主势力的长远目标。在这方面最具代表性的就是美国设在吉国的中亚大学(简称“吉美大学”)。该大学的校训是“自由、知识和智慧”,主要任务是“推动公民社会的发展,为两国文化交流提供帮助”。② 吉美大学得到美国国务院、索罗斯基金会、欧亚基金会、开放社会研究所等组织的支持,在吉国青年学子当中具有一定的吸引力。该校虽说收费在吉国是最高的,但学校常为一些学生精英颁发奖学金,并资助他们赴美留学,为此造就了不少亲美的新生代政治精英人物。此外,非政府组织还积极主动邀请一些具有“民主”倾向的政府要员、反对派骨干分子、亲西方青年学者以及其他社会各界精英到西方演讲、学习和交流,使其受西方民主的耳濡目染,同时教其熟悉西方民主选举程序,为其提供西方政治斗争的经验等等。比如,在2004年1月吉国发生“窃听器事件”之后,被窃听的四名反对派政治家便于当年3月被邀请到美国国务院参加了为期半个月的政党建设短期培训班,其中包括前总理、反对派精英人物巴基耶夫。除了选送反对派以及被美国看好的相关人士到西方接受学习和训练之外,驻吉国的西方非政府组织还频频与其国内有关政府要员和反对派精英进行接触。据说,“郁金香革命”前夕,除美国驻吉大使到监狱探望著名的反对派人士库洛夫之外,欧安组织驻吉代表也会见了反对派代表,这对反对派发动“郁金香革命”起到了极大的鼓舞作用。

在当代美国,媒体被称为“第四权”。鉴于大众传媒在社会舆论引导方面的特殊功能和强大的宣传鼓动作用,西方国家在对后苏联国家实施“民主改造”过

①《美国索罗斯基金会资助独联体国家的“颜色革命”》,新华网2005-03-10。

②参见郑羽主:《中俄美在中亚:合作与竞争》,社会科学文献出版社2007年版,第150页。

程中十分看重媒体的作用,尤其是当"颜色革命"来临时,西方非政府组织大都参与了操纵所在国媒体、控制其社会舆论的活动。早在2005年议会选举之前,美国的非政府组织便开始四处活动,帮助吉尔吉斯斯坦培训记者,资助反对派出版报纸和印发传单,直接插手吉国的大众传媒。在此值得一提的是,美国还在吉国建立了各种组织的网络,除反对派外,还吸引一切可以利用的力量。除美国的非政府组织,欧安组织也积极活动,在中央选举委员会进行座谈和培训。经过西方的包装与操纵,吉国反对派利用大众传媒大肆渲染阿卡耶夫家族的腐败,将执政的阿卡耶夫集团妖魔化,从而煽动民众对其政权的不满情绪。当时的美国驻吉大使斯蒂芬·扬在其向美国国务院所做的报告中所指出:"在选举前我们主要的任务就是制造对现政权、在法律上无效力的阿卡耶夫腐败体制及其亲俄倾向和在选举中非法利用'行政资源'的不尊重。因此,使馆民主委员会、索罗斯基金会、欧亚基金会配合美国国际发展委员会,组织在政治上表现积极的选举集团,以便鼓励它们为反对亲总统的候选人而制造混乱局面。"①可见,西方插手大众传媒对2005年吉尔吉斯斯坦的政变起到了推波助澜的作用。就连美国著名的中亚问题专家M. Б. 奥勒科特(Олкотт)也承认,"美国人长期对吉尔吉斯斯坦非政府公民集团的援助,对愤怒的人民赶走阿卡耶夫起了不小的作用"。② 当然,这与吉国媒体本身在中亚地区就比较开放不无关系。独立后首部宪法规定了公民自由表达思想的权利,从而使言论自由得到了保障。据不完全统计,吉国登记在册的各类大众传媒机构超过300多家,③其中反对派所掌握的报刊媒体也为数不少。"郁金香革命"中,反对派媒体积极配合西方国家,为其"革命"营造了绝佳的舆论环境。

四、南北矛盾和部族对立:"郁金香革命"之历史文化背景

在独联体三国"颜色革命"发生的原因中,除社会经济与外来因素之外,历史文化传统也是一个不可忽视的重要因素,特别是地区主义和部族主义思想在乌克兰与吉尔吉斯斯坦"革命"中表现得尤为明显,而其中又以吉尔吉斯斯坦为甚。

吉尔吉斯斯坦曾有过漫长的游牧社会历史文化传统,地区部族思想至今依

---

①Доклад посла Стивена Янга в госдепартамент США. См. : Александр Князев. Государственный переворот 24 марта 2005 г. В Киргизии. Бишкек, 2006. С. 44.

②См. : Александр Князев. Государственный переворот 24 марта 2005. В Киргизии. Бишкек, 2006. С. 32.

③См. : Карина Сафарова, Корнелия Ридель. Центральная Азия: собственный взгляд. Бишкек, 2006. С. 173.

然根深蒂固,尤其是部族主义,已成为影响吉尔吉斯斯坦政治发展的一个重要因素。南北问题是吉尔吉斯斯坦一个持久的结构性问题。吉国全国总计有7个州,其中北方占4个,南方占3个。南方和北方在种族、文化、经济、政治、自然条件以及生活方式等方面有明显的差别。从历史和地理上讲,流经吉尔吉斯斯坦的锡尔河在传统上是中亚地区游牧地区和农耕地区的一条大致分界线。锡尔河以南是农耕地区,属于农耕文化区;锡尔河以北是游牧地区,属于草原文化区。①从宗教上看,吉尔吉斯斯坦虽说是穆斯林国家,但由于伊斯兰教在中亚的传播是由南向北渐次推移的,故南方农耕区最早接受伊斯兰教,民众宗教意识远远浓厚于北方草原文化区,为此南方人常常抱怨北方人根本就不是虔诚的穆斯林。显然,宗教因素是引发吉国南北居民心理排斥与对抗的深层次因素。就部族来说,南方的吉尔吉斯人由额德格纳和蒙古什等部落组成,许多世纪以来,他们与乌兹别克人、塔吉克人居住在一起,关系密切,而北方的吉尔吉斯人则与南西伯利亚各民族相接近。② 就经济生活而言,北方经济比较发达,居民相对富裕,而以农业为主的南方居民相对贫困,贫困、失业、犯罪等社会问题比较突出,这也是吉国反对派主要集中在南方的现实条件。

尽管吉尔吉斯斯坦大小部族为数不少,但以地区为界基本上可划分为南北两大部族。受历史和现实因素的影响,南方部族和北方部族的矛盾与竞争历来都是吉国政治和社会生活中的持久因素。早在沙俄乃至此后的前苏联时期,南北部族为争夺浩罕汗国王权及共和国中央书记职位而进行的斗争就从未终止过。维持国家政权在南北之间平衡似乎已成为保持吉国长治久安的一种不成文的惯例。从某种意义上讲,“郁金香革命”是南北部族为争权夺利而斗争的结果。自独立至“3·24事件”之前,吉国权力基本上掌控在以阿卡耶夫为首的北方部族手中,在国家最高执行和司法权力机关,来自南方部族的代表急剧减少,总统办公厅的重要职位几乎没有南方部族出身的代表,而阿卡耶夫身边来自萨雷巴基什部族(阿卡耶夫出身于该部族)的官员不在少数,如勃罗特·扎努扎科夫(Болот Джанузаков)、捷米尔·别克阿克马塔利耶夫(Темирбек Акматалиев)、乔波·巴耶科娃(Чолпон Баекова)等。③ 吉国“革命”从南方发起,南方人成为“革命”的主体,其中的一个重要原因就是南方人对权力分配不公和由北方人把持国家政权表示不满。

---

①赵华胜:《原苏联地区“颜色革命”浪潮的成因分析》,载于《国际观察》2005年第3期。

②参见艾莱提:《中亚民族政治情势及民族关系的前景》,载于潘志平主编的《中亚的民族关系:历史、现状和前景》,新疆人民出版社2003年版,第122页。

③См.:Самидин уулу С. От кеминизма до ичкилизма. Кыргызский клан представляет собой некое …. http://www.centrasia.ru/newsA.php4?st=1176448320.

总而言之,"郁金香革命"在一定程度上反映的是吉国南北地区对立和族群矛盾激化的结果,换言之,是国家政权在南北部族之间的一次重组。

第四节 "郁金香革命":不成功的"第二次转型"

本章在第一节开始探讨"颜色革命"的性质时已经述及,我国一些著名学者把前几年发生在独联体格鲁吉亚、乌克兰、吉尔吉斯斯坦三国的"颜色革命"誉为上世纪苏东剧变第一次"天鹅绒革命"的继续与深化,是第二次革命。众所周知,正是20世纪80年代末90年代初苏东剧变那场所谓的"天鹅绒革命"开启了包括吉尔吉斯斯坦在内的所有后苏联国家体制的重大转型。那么,受此分析范式的启发,我们在此思考的一个重大问题就是:此前发生在独联体的一系列带有"色彩"的"第二次革命"可否被理解为上述国家"第二次转型"的一个标志呢?如果可以的话,那么对发生"革命"国家的"第二次转型"又该作何评价?

的确,目前学术界关于"颜色革命"是否意味着后苏联国家"第二次转型"的提法并不十分普遍。不过,也有一些西方学者和观察家在看到格鲁吉亚和乌克兰政局动荡后便认为,欧亚地区的"后苏联国家"开始了新一轮政治转型。① 尽管此前在对发生在独联体国家"颜色革命"的性质进行界定时,我们并不认为这是一场真正意义上的社会革命(如前所述,仅出于行文方便本书姑且使用"颜色革命"这一流行的提法),而只是一次和平的政权更迭方式而已。就吉尔吉斯斯坦的"郁金香革命"而言,在有的学者看来其实质也不过是"一场与民主无缘的非正常政权更迭"。② 但是,我们不可否认这样一个事实:独联体地区的"颜色革命"都是各国反对派打着自由、民主的旗号组织发动起来的,且其主要的参与者也是普通民众。所以,"颜色革命"是否带有"民主"诉求这一问题值得深思。尽管"颜色革命"的客观结果是当事国发生了政权更迭,但革命的性质和成因却是极其复杂和不均匀的。对"颜色革命"的组织者和参与者来说,其动机或许并非为了真正的民主,但决非与民主没有丝毫关联,至少在表面上是这样的。笔者认为,从"郁金香革命"的内外动因来看,按照西方的价值观标准,使吉国更加"民主"可以说是西方的主要目的与诉求;而除社会经济根源之外,要求"民主"似乎也在一定程度上反映了吉国内民众的愿望,至少他们是在反对派"民主"说词的影响下参与"革命"的。前已提及,有的中国学者也认为,"颜色革命"是一场反

①参见〔德〕乌韦·哈尔巴赫、〔奥地利〕弗朗茨·埃德:《吉尔吉斯斯坦的政权更迭和独联体内部的政权颠覆恐惧》,载于《世界经济与政治》2005年第11期。

②王智鹏、潘志平:《民主自由与安全——"颜色革命"后的思考》,载于《西北民族研究》2006年第3期。

权威主义的社会运动。吉国国内部分学者也持这样的观点。“郁金香革命”发生后不久,吉国总统战略研究所学者高调诠释了这场“革命”,说它是“新的革命——前苏联的第二轮解体”,“是所有的并非无动于衷和绝望的公民的一次强大的民主突破”,“开启了全新的进程”。用吉国“革命者”的话说,是“选举不公”引发了“革命”。① 可见,“革命”孕育了某种程度的民主渴求。或者说,是由于虚假的民主,才导致了“民主化”的“颜色革命”。

众所周知,20 世纪 80 年代末 90 年代初的苏东剧变是在“第三波”民主化浪潮涌动的背景下发生的,当时正值新自由主义大行其道,后苏联国家的政治转型也由此拉开序幕,西方的自由民主制度便成了上述国家政治转型的目标追求。但问题是,是否所有转型国家在走向欧美型的市场经济与民主政治体制模式的过程中,都必然会成为西方式的市场经济与法制国家,答案显然是否定的。事实上,通过研究表明,“当代民主转型在大多数情况下不能说在最终都建立了巩固的民主制度,反而是民主制度常常遭遇停滞,甚或是导致在伪民主花言巧语修饰下的权威主义秩序的复归,后苏联国家的情形就是这样”。② 以后苏联国家吉尔吉斯斯坦为例,十多年的转型非但没有成为政治精英们当初所憧憬的真正的民主和法制国家,反而是在转型过程中,既非复归传统制度,亦非走向既定目标,出现了种种制度陷阱。除了上述的经济凋敝、腐败丛生、贫困严重等社会问题之外,吉尔吉斯斯坦的民主状况并不容乐观。20 世纪 90 年代初,吉尔吉斯斯坦曾被西方国家视为民主的样板,但是后来其政治形势的发展又令西方国家大失所望。阿卡耶夫总统也像其中亚邻国那样,逐渐适应了总统集权的统治模式,披着“民主”的外衣,进行专制统治。2002 年,国际选举基金研究会曾就民主问题在吉国作过调查,其结果显示,大多数居民支持进一步向议会授予更大的权力。在被调查者当中,41% 的人更喜欢民主,只有 23% 的人感觉吉国是一个完全民主的国家,50% 的人感觉它是偏向民主的国家,17% 的人认为它根本没有民主,58% 的人将民主定义为权利和自由,41% 的人对国家的民主实践不满。③ 所以,笔者认为,如果“颜色革命”被理解为“第二次革命”,那么不排除“革命者”希望以此为契机,革除“第一次革命”以来的各种积弊,把国家改革推向一个新水平的愿望。就这一意义来讲,“颜色革命”应该可被理解为后苏联国家“第二次转型”的一个标志。只是,“颜色革命”并没有带来又一次成功的转型。

①潘志平、石岚:《民主与“革命”——“颜色革命”后的思考》,载于《新疆社会科学》2007 年第 2 期。

②См.: Мельвиль А Ю. Опыт теоритико - медотологического синтеза структурного и процедурного подходов к демократическим транзитам. Политические исследования, 1998. № 2.

③参见〔美〕玛莎·布瑞尔·奥卡特:《中亚的第二次机会》,李维建译,时事出版社 2007 年版,第 281 页。

然而,事实表明,“郁金香革命”已过去五年多了,除了反对派通过“革命”上台执政之外,吉国“颜色”没有发生任何实质性改变。无论是国家政治经济制度,还是社会结构,抑或是新领导人的统治方式,甚至是民主的发展情况等等,依然延续过去的模式,与阿卡耶夫时代相差无几。香港《亚洲时报在线》2005 年 4 月 4 日载文评价吉国“郁金香革命”时指出,“郁金香革命”并非真正的革命,而是“一次换汤不换药的政权更迭”。

首先,就政治方面而言,“郁金香革命”并没有解决吉国内社会的基本矛盾,只是暂时缓和了精英阶层内部权力和财富分配的矛盾。“郁金香革命”后,吉国媒体界出现了一个很吸引人眼球的新词语——“阿卡耶夫作风”(Акаевщина)。笔者在吉国访学期间,经常在当地报刊上看到这样的词句:“阿卡耶夫走了,但阿卡耶夫作风依然长存。”这可以说是吉国“革命”后,政治生态的极好写照。“郁金香革命”后,出于防止南北分裂和维护国家安全稳定的需要,北方出身的库洛夫被南方出身的巴基耶夫总统请出监狱担任政府总理,结成“巴—库联盟”的执政模式。鉴于“郁金香革命”后吉国议会出现严重分裂,亲阿卡耶夫政党(主要是阿卡耶夫女儿领导的“前进的吉尔吉斯斯坦党”)当选的部分议员脱离该党转向政府方面,部分议员成为反对派。这使得库洛夫因难以开展工作而辞去总理职务,“巴—库联盟”遂告破裂,库洛夫随即组织了新的反对派联盟——“联合阵线”。随着精英重新分化与组合,尤其是南方出身的巴基耶夫上台执政打破了由北方人阿卡耶夫所确立的权力结构的平衡,这令北方的政治精英产生了极大的不满。故“郁金香革命”之后,吉国好长时期被连续不断的街头政治所困扰,中亚地区最“民主”的国家反倒成了地区政局最为混乱的国家,至今依然走不出政治危机的困惑。① 对此,吉国内有学者认为,由于南北双方难以妥协,吉尔吉斯斯坦目前(“郁金香革命”之后)局势非常类似于 1993—1994 年俄罗斯总统与议会对抗时的情景。②

谈及“郁金香革命”后民主的发展情况,吉国总统战略研究所的一些学者在 2005 年的一些国际会议上提出:“经历了伟大的‘颜色革命’的洗礼,我们更民主、更自由了,不是老百姓怕政府,而是政府怕老百姓。现在如同锅炉打开了阀门,吉尔吉斯斯坦是中亚最稳定的国家。”③显然,该说法难以令人折服。至于说

①关于吉尔吉斯斯坦处于政治危机的观点,笔者 2007 年在该国学术访问期间曾与斯拉夫大学政治学教研室教授努尔·奥马罗夫等学者进行过交流,努尔·奥马罗夫曾撰文认为吉尔吉斯斯坦政权危机的常态,参见吉报纸《白轮船》(Белый пароход)2007 - 05 - 30。

②Нет у революции конца! http://www.apn.kz/opinions/article6847.htm.

③转引自王智鹏、潘志平的《民主自由与安全——“颜色革命”后的思考》,载于《西北民族研究》2006 年第 3 期。

吉国为中亚最稳定的国家,如前所述,实际情况恰恰相反。"郁金香革命"退潮还不到3个月,当年6月17日吉国首都又发生了上千人冲击总统府的恶性事件,在接下来的几个月当中,接连有3名反对派议员遭遇暗杀,2007年多名新闻工作者遭遇身份不明者殴打,公众和平集会受限制……这怎能体现"稳定"和"民主"呢？在2006年3月所作的关于吉国民主发展状况的民意调查中,情况不一:52%的被调查者表示满意,但54%的北方被调查者表示不满意,而69%的南方被调查者表示满意;大部分比什凯克人表示不满意,而乡村和小城市居民则持肯定意见。① 这不仅反映了不同地区的人对民主的认知差异,同时也从中折射出南北之间的对立。单是"阿卡耶夫作风"依然存在这一点足以说明吉国的民主状况不容乐观,更何况巴基耶夫也是因步阿卡耶夫之后尘而被推翻的。

其次,就经济发展而言,"郁金香革命"并未使吉国走向繁荣。相反,新领导人面临的最严峻的挑战是在经济领域。在中亚地区,吉尔吉斯斯坦的社会经济状况是目前最糟的。"郁金香革命"后的政局动荡与贫困有关,贫困对政局动荡起到了推波助澜的作用。据吉国财政部新闻办公室2007年1月18日公布的资料,2006年吉国GDP为28亿美元,其实际增幅仅为2.7%(远远低于政府预期的8%),比2005年下降了0.2个百分点,而2006年吉国通货膨胀率则为5.2%(2005年为4.9%);②据世界银行公布的2006年世界各国GDP排行榜,吉尔吉斯斯坦在中亚地区位居最末位。中亚五国的排名是:哈萨克斯坦——第55名(772.37亿美元),乌兹别克斯坦——第89名(171.78亿美元),土库曼斯坦——第104名(104.96亿美元),塔吉克斯坦——第142名(28.11亿美元),吉尔吉斯斯坦——第143名(26.95亿美元)。③ 2007年为吉国独立以来经济增长最好的一年,GDP增幅为8.5%,到2008年又有所下降,为7.6%。④ 尽管如此,吉国仍是中亚经济增长最差的国家。在2006年"郁金香革命"后的一项民意调查中,3%的被调查者认为吉国经济严重恶化,5%的被调查者认为有很大的好转,17%的被调查者认为出现某种程度的恶化,25%的被调查者认为在一定程度上有所好转,49%的被调查者认为经济状况没有发生任何改变。⑤ 总之,吉尔吉斯斯坦由于国小力单,资源缺乏,加之政局不稳,投资环境差,很难吸引到外来

①Ногойбаева Э А. и другие, Кыргызстан. Политика и Экономика: материалы и докуметы. Бишкек, 2006 . С. 425.

②参见《中亚信息》2007年第2期。

③http://www.cqvip.com/QK/81766X/2007008/25807721.html.

④См. :Рост ВВР Кыргызстана в 2008 году составил 7.6 процента. http://www.24.kg/economics/2009/01/14103107.html.

⑤Ногойбаева Э А. и другие, Кыргызстан. Политика и Экономика: материалы и докуметы. Бишкек, 2006. С. 437.

投资,故其经济发展依然滞后,这在一定程度上严重制约了吉国民主化的发展水平。

最后,"郁金香革命"并没有改变吉国"哑铃式"的社会结构。"郁金香革命"后,贫穷、腐败、精英的急剧分化所导致的政局不稳等一系列重大社会政治问题依然深深困扰着吉尔吉斯斯坦,并对新政权构成了极大的挑战。"革命"后,吉国贫困状况虽说在全国各地出现了不同程度的好转,但情况依然十分严峻,要改变多年的痼疾绝非一朝一夕之事。2006 年,吉尔吉斯斯坦全国总的赤贫依然占到 9.1%,仅比上年下降了 2%,特别是首都比什凯克的赤贫状况毫无改观,依然停留在 2005 年的水平。① 这只是全国总的情况,如果把南北和城乡地区综合起来考虑,则情况更为严重。自 2007 年以来,物价尤其是食品价格迅速上涨,通货膨胀率一度超过 100% 以上,对广大老百姓来说无异于雪上加霜。据专家的预测,2008 年因经济发展放缓,情况将会更糟。2006 年 3 月就家庭月平均收入所作的一项民意调查显示:仅 14% 的家庭超过 3000 索姆(1 美元约合 35 美元左右),20% 的家庭在 1500 ~ 3000 索姆之间,27% 的家庭在 901 ~ 1500 苏姆之间,29% 的家庭少于 900 索姆。与此同时,55% 的被调查者认为吉尔吉斯斯坦当前所面临的最大问题是失业。在对 2006 年新一届政府工作的业绩进行评价时,33% 的被调查者的回答是"毫无改观"。而在问及民众最大的担心是什么时,27% 的人认为除了战争和内战便是贫困、经济衰退和不稳。② 贫困往往与腐败是孪生的,"革命"并没有消除腐败,反而使腐败渗透到社会的各个角落,并逐渐成为民众习以为常的生活方式,由此导致制度被严重扭曲。在就"郁金香革命"后吉国腐败问题所作的民意调查当中,36% 的人认为腐败加剧了,49% 的人认为依然如故,仅 5% 的人认为腐败程度有所下降。③ 事实上,重蹈阿卡耶夫腐败覆辙是巴基耶夫政权垮台的根本原因之一。毫无疑问,反腐败同样是未来吉国政府所面临的一项极为艰巨的任务。

本章小结

总结上述分析,从"民主岛"到"郁金香革命",曾号称"中亚最民主的国家"的吉尔吉斯斯坦居然遭遇"民主化"运动的袭击而发生了需要再次"民主改造"的"颜色革命"。表面上看,这似乎是一个悖论,出乎世人意料。然而,通过上述研究与分析之后,这一切又在意料之中。总体而论,吉国"郁金香革命"是国内

①См. :АКИpress. 2007, № 9. С. 15 – 16.

②Ногойбаева Э А. и другие, Кыргызстан. Политика и Экономика: материалы и докуметы. Бишкек, 2006 . С. 448,426,430,428.

③Там же. С. 441.

外一系列综合因素造成的结果,其中根本原因在于国内因素。上述情况表明,“颜色革命”并非救国良药。“郁金香革命”虽说尘埃落定已五年有余,但经过“革命”洗礼的吉尔吉斯斯坦并没有发生“质”的变化与飞跃,旧的制度和秩序依然被保留下来,且继续在发挥作用。所谓的“革命”既没有解决根本的经济社会问题,更没有消解多年来民主建设的缺陷,况且“革命”的后遗症对吉国的政治发展带来了极大的负面影响。非法的政权交接方式使巴基耶夫政权难免担心其反对派会以其人之道还制其人之身,这一点已被2010年4月发生的“血色革命”印证。就这个意义来讲,“郁金香革命”所导致的“第二次转型”从其已产生的结果和目前的表征来看显然算不上是一次成功的转型。

第六章　吉尔吉斯斯坦政治转型特征评析

1991年吉尔吉斯斯坦以苏联解体为契机开始了其真正意义上独立自主的政治转型。2005年一场所谓的“颜色革命”把中亚“民主岛”神话的缔造者、曾被誉为中亚“最民主与最开朗”的总统阿卡耶夫赶下了台。作为反对派上台的巴基耶夫总统试图借助“革命”的动力来填补阿卡耶夫时代的制度陷阱，进一步推进民主化政治转型，实现经济振兴，消除贫困与腐败。然而，颇具讽刺意味的是，时隔五年后的2010年，当年的“革命者”在又一次来势凶猛的政变中不出12小时就被“革命”掉了。可见，西方式的民主并非解决吉国政治发展与社会问题的灵丹妙药，传统政治文化等本土因素依然制约着西方式民主制度作用的发挥，并将长期影响吉国政局的稳定。本章将在此前有关各章对吉尔吉斯斯坦政治转型进程全貌进行概括与阐述的基础上，尝试着对其政治转型的特征进行总结与评析，同时也将反映其政治转型所面临的问题。

第一节　“激烈—缓和—激烈”的转型进程

从政治发展的观点来看，任何政治体系都不是停滞不前的，而是处于不断演变与发展的过程之中。但与此同时，政治稳定也是政治发展所追求的重大目标之一。亨廷顿在分析民主化国家政体的脆弱性和稳定性时曾指出，“稳定在分析任何政治体制当中都是一个中心纬度”。① 民主化政治转型是一个极其复杂的政治过程。在后苏联地区，民主化转型方式因国家不同而各具特色，很难划出一个统一的模式。就政治转型进程的总体态势而言，吉尔吉斯斯坦是后苏联国家中表现为“激烈—缓和—激烈”特征的为数不多的国家之一。时至今日，政治不稳定、民主有待巩固等问题依然是困扰吉尔吉斯斯坦政治转型的尤为突出和尖锐的问题。通过比较我们发现，绝大多数前苏东国家在经历了政局动荡不安、

①参见〔美〕塞缪尔·亨廷顿：《第三波——20世纪后期民主化浪潮》，刘军宁译，上海三联书店1998年版，第9页。

权力斗争激烈尖锐的初期转型阶段之后,目前政治形势已基本趋于稳定,政治运作也日益趋于制度化,如波兰、捷克、匈牙利、波罗的海三国以及俄罗斯等。然而,把吉尔吉斯斯坦作为个案来分析,情况则要复杂得多。

总体来看,自独立至20世纪90年代中期是吉尔吉斯斯坦政治的不稳定期,90年代下半期吉国内政局保持了相对稳定的一段时期,进入21世纪以来,吉国政局波折不断,再度逐渐陷入政治不稳的泥潭,尤其是2005年的"郁金香革命"导致了吉国独立以来最为严重的政治危机。"郁金香革命"之后,吉尔吉斯斯坦依然走不出政治危机的干扰与困惑,政权危机似乎成为一种常态,用吉国内著名学者的话来形容就是:"稳定的吉尔吉斯斯坦政权危机。"①

1991—1995年为政治不稳定期,由此导致政治转型进程动荡不安。在由旧体制向新体制转变的过程中,受传统与现代思维方式的影响,保守和激进政治力量之间出现一定程度的激烈对抗是正常的。与所有前苏东国家一样,在吉尔吉斯斯坦政治转轨初期,新旧势力之间的对抗同样是异常激烈和尖锐,其主要表现为旧式的苏维埃议会与以总统为代表的执行权力机关之间的激烈冲突与对抗。以下所列举的两大事件便是这种对抗的集中体现。

在1991—1994年吉尔吉斯斯坦土地改革的第一阶段,围绕着土地私有化问题总统和议会意见相左,出现了尖锐对峙的局面。独立之初,为了推进民主化进程,阿卡耶夫总统认为:真正的民主首先在于赋予千百万公民民主权利和自由,其中经济权利和自由比其他占有更重要的地位。……没有经济自由就不可能有民主。这便是土地改革的关键,公民拥有土地私有权也在其范围内,这就是民主的最高表现。② 然而议会反对派因对市场改革有敌意,极力反对土地私有化,认为土地属于国有财产而禁止买卖。于是,总统关于土地改革的法令遭到议会以及农业部门的公然对抗,致使农业改革的措施明显滞后,农业改造的实质也被扭曲了。在迫不得已的情况下,总统解除了农业部长及其所有副手的职务。

最能反映总统与议会激烈博弈的另一件大事就是,如前所述,1993—1994年总统与议会的对抗达到了白热化状态。先是1993年12月政府而因遭遇"黄金案"指控而被迫解散,后来是1994年9月议会又因大多数议员拒绝工作而被迫解散,一系列的政治危机搞得总统焦头烂额,严重影响了国家的正常运转。当时激烈政治斗争的复杂情况可以从阿卡耶夫总统对叶利钦以武力流血方式摧毁俄罗斯旧式苏维埃议会的同情和复杂心态的流露中得到反映:"在俄罗斯,民主力量与前苏联时代遗留下来的宪法所掩盖着的不可调和的反对派的对抗已经越

①Нур Омаров. В Кыргызстане стабильный кризис власти. Белый пароход. 30 мая 2007.

②〔吉〕阿斯卡尔·阿卡耶夫:《难忘十年》,武柳等译,世界知识出版社2002年版,第14页。

过了文明政治形式的界限,这种对抗在莫斯科导致了流血的惨剧。从原则上讲,我是反对动用武力解决国内冲突的。但是,在当时我是支持叶利钦的。”①议会的解散为总统权力的扩大奠定了基础,同时也为稳定政治局面的出现创造了一定的条件。

1996—2000 年,吉尔吉斯斯坦政治转型步入了相对平稳的一个新时期,政治形势较为稳定。这种局面的出现是一系列因素综合作用的结果,其中最重要的因素是总统集权制。1996 年宪法通过之后,国家权力开始向总统倾斜,议会的权力遭到极大的限制和削弱,以权威主义(至少是半权威主义)为标志的总统集权制政体逐步形成。阿卡耶夫总统靠自己的威望及国家权力杠杆成功地在各派政治力量之间维持平衡,从而保障了国内局势基本平稳。此外,经济因素也是不可忽视的一个重要因素。20 世纪 90 年代上半期,社会普遍对“休克疗法”的激进改革战略表示不赞同。然而,随着经验的积累,改革在一些领域取得了初步积极的正面成果。自 1996 年起共和国经济逐渐走出危机,仅当年占国民生产总值 11% 的工业的增长率就达到了 3.9%。与此同时,国家先后推出了《到 2005 年国家发展战略》、退休人员生活保障及社会保险等一系列改革构想和方案。在此背景下,各派政治力量开始对总统奉行的改革方针表示一定程度的理解与支持。在此需要指出的是,随着总统集权制的日益巩固和加强,反对派的力量十分弱小,难以达到联合的程度,更何况一部分反对派被吸收到政府工作。在努力发展经济的同时,阿卡耶夫总统也十分注重民族的团结,于 1997 年提出“吉尔吉斯斯坦——我们共同的家园”的构想,旨在加强各民族间的睦邻友好与协作关系。

总之,尽管这一时期国家面临着诸多困难,如经济复苏缓慢,社会分化开始加剧,大部分人的生活水平并不是很高,但总统的威望依然如日中天,社会对国家的改革和当局的许诺依然寄予了很大的期望,因而国内局势没有出现重大波折与动荡,政治转型进程呈平稳发展态势。

自 2000 年以来,吉尔吉斯斯坦社会分裂与政治精英的分化不断加剧,加之社会经济问题没有得到解决,政治危机和社会爆炸便不可避免。② 可以说,2005 年的“郁金香革命”将吉国政治危机首次推向了顶峰。吉国政治转型进程受“郁金香革命”影响出现反弹现象,再度变得跌宕起伏,尤其是“郁金香革命”之后,吉国政局变得更加不稳,街头政治不断,反对派与巴基耶夫政权的对抗有增无

①〔吉〕阿斯卡尔·阿卡耶夫:《难忘十年》,武柳等译,世界知识出版社 2002 年版,第 94 - 95 页。

②См.: Элебаева А, Пухова М. Транзит в контексте политического развития современного Кыргызстана(1991 - 2006). Центральная Азия и Кавказ. 2007. № 2.

减，乃至2010年再次发生了类似2005年“革命”而较之更甚的“血色革命”。

通过分析我们发现，造成吉尔吉斯斯坦政治转型在这一阶段出现重大波折的原因除经济发展缓慢之外，更主要的是总统集权制政体的弊端和反对派的发展壮大。

首先，诚如亨廷顿在《第三波——20世纪后期的民主化浪潮》所指出的那样，权威政权往往过分地把政绩当做合法性的主要来源之一。然而，“把合法性建立在政绩基础之上的努力产生了可以被称做政绩困局的东西”。这样，“政绩平平既瓦解了统治者的合法性，也瓦解了这一制度的合法性”。① 如同前述，不可否认带有权威性质的总统集权制在特定的时期对稳定政局和社会形势起到了不可估量的积极作用。同时更应该看到，总统权威虽说能保障一时的秩序，但却难以成就永久的合法性。总统特权如果被滥用或被无限放大，必将会对国家政治生活的正常运作产生严重的负面影响，特别是在“政绩平平”的情况下。显然，吉尔吉斯斯坦所发生的一切不幸被亨廷顿言中。如果说21世纪之前广大民众还对阿卡耶夫总统推行的民主化改革寄予厚望和表示一定程度的支持，那么十余年改革所带来的贫穷、腐败和集权则可以说是令民众深感失望了。在民众看来，这位面带微笑、始终把“民主”挂在嘴角的总统不但没有把其国家建设得像“瑞士”般繁荣与富庶，反而是进行总统专制统治，务西方“民主”之虚。有关吉国经济凋敝、贫困与腐败问题本书第四章已有详细论述。正如吉尔吉斯斯坦国家科学院副院长、院士普洛斯基赫教授在2005年“郁金香革命”之后，组织各界专家学者对该事件进行反思时所作的评价：“人民从道义上已经厌倦了前统治者。他们那些蛊惑人心的声明口号同国家和国家政治的现实状况大相径庭，因为国家政治已被收买，无法满足人民的社会需要。”②进入21世纪以来，社会各界对总统集权制微词颇多，不满情绪日益高涨，要求修改宪法限制总统权力成为一种共识，从而导致了政权与民众的对抗不断加剧。

其次，2000年议会选举前夕是吉尔吉斯斯坦政党创建的一个高峰期，这为反对派的形成和壮大创造了一定的条件。进入21世纪以来，吉国反对派的一个发展特点就是由零星走向联合。修改宪法、限制总统权限是其主要目标。围绕着总统集权制，反对派与总统的对抗日渐激烈，国家政局因此难以稳定。发生在2002年春天的阿克森流血事件可以说是为此后阿卡耶夫总统的下台以及持续不断的政治危机埋下了隐患，也可以说是21世纪吉国政局由平稳走向动荡的一

①参见〔美〕塞缪尔·亨廷顿：《第三波——20世纪后期的民主化浪潮》，刘军宁译，上海三联书店，1998年版，第59页。

②См.：Плоских В М. 24 марта 2005 г.：Народая революция?!. Бишкек，2005. С. 3.

个转折点。正是该事件导致了反对派的联合,组成了“支持阿卡耶夫下台及人民改革运动”、“吉尔吉斯斯坦人民运动”、“人民进步”等联盟,公开与阿卡耶夫政权叫板,从而迫使其于2003年对宪法进行了修改。但2003年宪法只是表面上还原了议会的部分权力,总统的实际权限并未因此而遭到削弱。所以,吉尔吉斯斯坦国内形势并未因新宪法的通过而走向稳定,反而因各派力量之间难以统一的政见分歧以及社会分化的加剧而变得更加不稳。2005年大选使国内政治气氛更加充满了浓烈的火药味。尽管阿卡耶夫总统一再表示自己无意参加2005年的总统大选,但吉尔吉斯斯坦社会还是普遍存在着一种担忧:生怕总统变相将任期由五年改为七年。民众此种担心不无道理,因为其邻国哈萨克斯坦已有将总统任期改为七年的先例,更何况阿卡耶夫也曾有过效仿邻国以全民公决延长总统任期的想法。2005年2月的议会选举终于成为吉尔吉斯斯坦“郁金香革命”这场政治危机的直接导火索。由于亲总统的“前进的吉尔吉斯斯坦党”(阿卡耶夫女儿为该党领袖)和“公正党”在选举中占据了议会75个席位中的25个,加之阿卡耶夫女儿所领导的政党在选举中因涉嫌舞弊而引发了政治丑闻风波,由此招致了反对派的强烈不满。“郁金香革命”最终在以前政府总理巴基耶夫为首的反对派的精心策划下发生了。阿卡耶夫的总统生涯也在这场被称做“郁金香革命”的政变中提前画上了句号,吉尔吉斯斯坦由此进入了巴基耶夫时代。

2005年“郁金香革命”使吉尔吉斯斯坦社会产生了极大的震荡。社会分化、秩序混乱、犯罪活动加剧险些将国家推向失控的边缘,为此民众强烈呼吁尽快恢复秩序。在此背景下,巴基耶夫决计提前进行总统选举,并在当年7月10的总统选举中当选为新一任吉尔吉斯斯坦国家总统。然而其总统的合法性问题始终成为反对派的把柄。与此同时,为了防止国家分裂,维持国家权力的地区平衡,“郁金香革命”后南方出身的总统巴基耶夫与北方出身的前副总统(1993年后不再设立副总统一职)、前国家安全委员会主席及楚河州州长库洛夫结成政治联盟,签署了“联合执政”协议,由库洛夫出任政府总理。按西方政治家的观点,革命的一个基本标志是执政的新精英以前未参与过国家管理(如捷克在“天鹅绒革命”后就是如此),但吉尔吉斯斯坦革命后上台的并非新精英,而是前总统阿卡耶夫的旧战友(尽管后来两人反目),故新政权的目标不是转向新的发展模式和社会政治制度,而是旧的改革模式的继续。① 显然,这也是吉尔吉斯斯坦“郁金香革命”性质时常遭到质疑的一个重要缘由。

①См.: Элебаева А, Пухова М. Транзит в контексте политического развития современного Кыргызстана(1991 – 2006). Центральная Азия и Кавказ. 2007. № 2.

事实表明,“郁金香革命”并未改变吉尔吉斯斯坦权力格局的现状,旧有的社会矛盾也并未因此而得到缓和与化解,由此导致反对派的极大不满。在国家贫困状况依然十分严峻的情形下,新的政治危机一触即发。“郁金香革命”之后,吉尔吉斯斯坦议会重新进行了分化与组合。在2005年议会选举中大获全胜的两个亲总统的政党几乎不复存在,其在议会的成员一部分转变为反对派,另一部分转向当时的政权。在此背景下,反对派强烈要求修改宪法以限制总统的权力。而总统虽然口头上许诺答应,却总是迟迟不见行动。于是,到2006年11月初,反对派举行了声势浩大的示威游行活动,要求总统和总理下台,与此同时,一些政府的支持者也组织集会以抗议反对派破坏正常的国家秩序,致使吉国内的政治气氛一时间骤然紧张起来。不过,巴基耶夫一再声明,类似2005年的“郁金香革命”事件不会重演。直到11月8日,新宪法的通过才使得事态有所平息。由于该宪法在一定程度上倾向于议会,致使执行权力机关的权限有所削弱,由此导致该宪法及其短命,出台仅一个多月就又被更新的宪法取代。

总体而论,2005年事件后吉国政局不稳主要是由宪法危机所导致,但也不排除反对派对现存权力格局的不满。由于“巴—库联盟”是“郁金香革命”后非常时期的产物,加之吉尔吉斯斯坦有南北轮流执政的历史传统以及库洛夫不甘久居人下的本性及其社会威望,这便注定了“巴—库联盟”不会太长久。事实上,“郁金香革命”后库洛夫对巴基耶夫总统执政的合法性一直表示质疑,并希望自己能早日当选吉国总统。由于难以与“革命”后的这一届议会进行合作,2006年12月19日,库洛夫以本届议会不符合宪法规定无权组阁为由,率其内阁提出集体辞职。巴基耶夫总统出于维护“巴—库联盟”的需要,希望库洛夫继续留任政府总理,但其提名两次在议会都难以获得通过。无奈之下,2007年1月29日,巴基耶夫只好任命伊萨别科夫为新一届政府总理,该届政府上台还不到2个月,便因巴基耶夫总统重新改组政府而被迫辞职。2007年3月29日,巴基耶夫总统又任命前工业、贸易和旅游部长阿塔姆巴耶夫为政府新总理。时隔不到10个月,吉国政府再度走马换将。2007年12月24日,俄罗斯族能源部长丘季诺夫(Чудинов)出任新一届政府总理。

失去权力后,库洛夫立即宣布自己转入反对派阵营,并成立了曾在吉尔吉斯斯坦影响最为广泛的旨在“为了吉尔吉斯斯坦名副其实未来”的激进反对派联盟——“联合阵线”。在此需要指出的是,吉尔吉斯斯坦此前还成立了另一大反对派联盟——“支持改革运动”。2007年4月11—19日,两大反对派阵营联手在首都比什凯克总统府附近的阿拉套广场举行了声势浩大的集会与游行。不过,两大反对派阵营的意见并不统一:库洛夫的主要目标是要求当时的总统下台,提前进行总统选举;而“支持改革运动”的领导人、时任总理阿塔姆巴耶夫只是要求限制总统权力,而不要求其下台。结果,这场游行最终因被当局驱散而收场,但是反对派并未就此善罢甘休。2007 年 10 月 21 日,吉国又以全民公决的方式修改宪法,总统的权力与此前相比再次扩大。此次修宪在吉国内社会各界引起了激烈的争论,不少专家学者对此持反对态度,认为新宪法草案是在“拒绝民主”。投票前一些公民社会团体在报刊上连连刊出公民倡议书,呼吁民众团结起来以限制总统“窃取国家政权”。① 也有学者认为此次修宪的全民公决缺乏公正性,将有可能导致类似 2005 年“郁金香革命”的悲剧在吉尔吉斯斯坦重演。② 不幸的是,这一预言已被 2010 年 4 月发生的骚乱与政变所印证。

与政府更换频繁相伴随的是,鉴于“郁金香革命”后吉国反对派发生严重分裂,各派力量争权夺利不断,致使吉国政局变得更加动荡不安,社会治安严重恶化,各种暗杀和骚乱事件不断。2005 年 6 月、9 月和 10 月,苏拉巴迪耶夫、埃尔金巴耶夫以及阿克马特巴耶夫 3 位议员先后被杀害。2005 年 6 月初,吉国首都比什凯克大约 200 多名手持棍棒的群众袭击了最高法院大楼,砸坏了门窗。时隔不久,6 月 17 日,因吉国中央选举委员会此前宣布并拒绝持有吉国护照的哈萨克斯坦公民、“我的祖国党”领导人巴雷克塔巴索夫为总统候选人,500 多名巴氏的支持者冲击吉国政府大楼,其中不少示威者要求代总统辞职。据报道,在这次骚乱中,从阿卡耶夫家乡赶赴首都比什凯克的民众多达 8000 人。在警察和内务部队驱散示威群众的过程中,有 41 人受伤。③ 除反对派库洛夫辞去政府总理职务之外,“郁金香革命”后吉国议长捷克巴耶夫、总检察长别克纳扎罗夫以及外长奥通巴耶娃均因在新的权力斗争中失去权力而加入反对派阵营,这对加剧吉国局势的震荡起到了推波助澜的作用。事实上,上述反对派领军人物在推翻巴基耶夫政权过程中确实发挥了主导作用。

综上所述,纵观吉尔吉斯斯坦“激烈—缓和—激烈”十余年的政治转型历程,我们不难发现,该进程的平稳期相对要短暂一些,而更多的是充满了跌宕起伏的复杂与曲折,激进激烈的特点尤为明显。单从频频修宪和更换政府总理即可见一斑:1991—2007 年,吉尔吉斯斯坦独立不足 16 年,就已经 7 次对宪法进行了重大修改(其中 5 次以全民公决方式进行,且不包括诸如把俄语定为官方语言的宪法变动),12 次更换政府总理,其中 2007 年 1 年之内就 3 次更换政府,至于内阁部长的撤换更是数不胜数。2010 年事件后,吉国再度以全民公决的方式修改宪法,决定将吉国变成一个议会制国家。与此同时,吉国临时政府的人员

①См.: Лица. 11 октября 2007.

②2007 年 10 月 26 日,笔者与美国中亚大学副校长、现议会议员及社会民主党议会党团领导人别申莫夫(Бешимов)的一次学术谈话。

③参见刘明:《街头政治与“颜色革命”》,中国传媒大学出版社 2006 年版,第 107 页。

组成也进行了一次大换血。吉国政治转型进程的总体态势表明,即便在看似平静的时期,也潜伏着诸多不稳定因素。在描述当代吉尔吉斯斯坦政治发展时,吉国总统管理学院教授埃列巴耶娃女士的结论是:“非常态的、脆弱的稳定。”①笔者认为,该评价应当是比较客观中肯的。

总之,就2010年政变后吉国的形势来看,其国内高层政治精英之间的权力斗争依然十分激烈,南北对抗的形势更加严峻,地区地缘政治形势急剧恶化,深层次的社会问题尚未解决,凡此等等,吉尔吉斯斯坦在政治、经济、社会、民族等各方面依然潜伏着巨大的矛盾、冲突和危机,政局不稳仍将是未来很长时期吉国政治发展所面临的最为严峻的挑战,这一切必将深刻影响吉国政治转型,使其充满不确定性,很难预料类似“郁金香革命”或“血色革命”的政治突发事件会不会再发生。因而,吉尔吉斯斯坦政治转型进程何时才能真正步入平稳有序的发展阶段,目前尚难以预测。

第二节　“强总统、弱议会、小政府”的权力格局

“强总统、弱议会、小政府”是吉尔吉斯斯坦十余年政治转型权力格局基本特征的集中表现,总统集权制是导致这一权力架构失衡的根本原因。有关总统集权制以及总统与各大基本权力机构之间的关系本书前面相关章节已有详尽论述,在此不再赘述,但是笔者认为,对吉尔吉斯斯坦政治转型总体特征进行高度概括和提炼,并在此以不同的视角再度对总统集权制下的权力格局进行分析是极其必要的。因此,本节将在前述的基础上,着重分析“强总统、弱议会、小政府”的权力结构对吉尔吉斯斯坦政治制度所造成的影响。

尽管吉尔吉斯斯坦早在政治转型启动阶段就接受了西方宪政民主制度的三权分立原则,且独立后的各部宪法都明确写到,国家权力是建立在立法、行政、司法三权分立的基础之上的。然而,国家政权在实际运作过程中发生了畸变,权力结构严重失衡。总统高高在上,不属于“三权”中的任何一支,但却对“三权”有着极大的支配权和控制力(如图6-1所示)。其结果是:议会位微权轻、司法独立难得保障、政府严重依赖总统,由此导致三权分立名不副实。对此,吉国著名社会学家伊萨耶夫教授认为吉尔吉斯斯坦实际上存在着四支权力:总统权、执行权、立法权以及司法权。② 宪法规定,总统不是政府首脑,但政府组建权却几乎完全集中在总统手中。加之宪法的矛盾界定,政府既要对议会负责,又要向总统

①См. : Элебаева А Б. Политическая трансформация: опыт Кыргызстана в мировом контексте. Бишкек,2002. С. 106.

②Общественный рейтинг. 5 апреля 2007.

负责,且不说政府总理几乎没有任命内阁部长的权力。众所周知,议会为立法机构,但吉尔吉斯斯坦议会在修改和补充宪法时却常常因遭遇重重困难而被架空,国家独立以来所通过的几部宪法绝大多数都是由总统倡议而组织的全民公决的形式通过的。至于司法机构,如前所述,法院和法官的独立问题至今尚未解决。

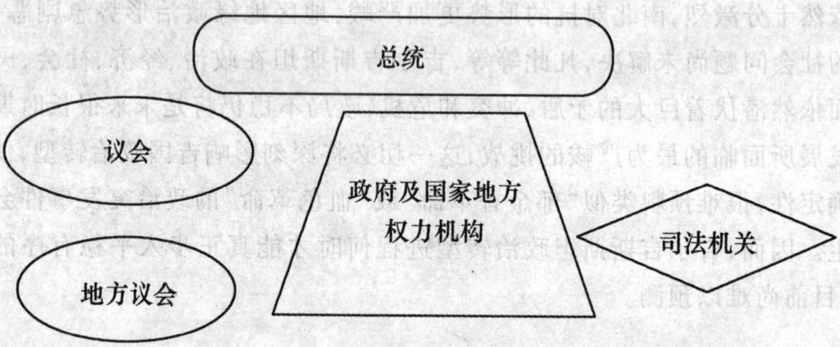

图 6-1　吉尔吉斯斯坦国家权力结构

资料来源:Карина Сафарова, Корнелия Ридель. Центральная Азия: собственный взгляд. Бишкек, 2006. С. 164.

人类社会的历史实践表明,统治权的分配及结构设计是一切国家问题的核心,它事关一个国家政治生活运转的正常与否。在中国学术界,对包括吉尔吉斯斯坦在内的中亚国家总统集权制政体进行评析时更多地集中于该政体对维持政局稳定的正面作用,而对这种权力结构所带来的负面影响没有给予足够的关注和研究。结合上述相关章节的分析,笔者认为,就吉尔吉斯斯坦而言,在不否认总统集权制对保持国家稳定的积极作用的同时,更应该看到这一体制的弊端和消极影响。通过吉尔吉斯斯坦政治转型十余年的历程,就某种意义上讲,国家权力分配严重失衡是造成其国家内部政局不稳、政治发展产生结构性危机的基本原因,这在吉国进入 21 世纪表现得尤为明显。换言之,吉国总统与议会对抗尖锐、各派政治精英相互倾轧、政局混乱不堪在很大程度上与总统集权制的弊端有关。根据笔者在吉国访学的实地观察以及与当地学者的交流感受,可以毫不夸张地说,进入 21 世纪以来,反对总统集权制已成为国家政治生活的主旋律以及现政权与反对派斗争的焦点。以"郁金香革命"为标志的、此后持续不断的政治危机正是国家权力结构失衡所导致的严重后果的真实写照。

尽管目前尚不能得出吉尔吉斯斯坦民主化已经回潮的结论,但随着政治转型的不断深化,权威主义倾向日趋明显却是不争的事实。正是由于总统自上而下不断加强传统秩序,才有了 2005 年"郁金香革命"及 2010 年"血色革命"在自下而上的社会动员中将所谓的民主政权葬送的例子。

总而言之,同绝大多数后苏联国家相比,与吉尔吉斯斯坦政治景观类似的国家尚不多见。在"强总统、弱议会、小政府"的权力格局框架下,十多年政治发展所造就的是一个至今依然模糊不清和极不完善的政权体系。虽说前苏联时期议行合一的苏维埃体制形式早已被打破,但新的分权制衡原则不但制度设计漏洞百出,而且没有被真正付诸实施,只是暴露了旧制度的固疾和缺陷。十余年间权力重组不断进行,但却没有跳出"新瓶"装"旧酒"的窠臼,所谓的"新权贵"实质上只是被包装的"旧权贵"而已,传统的政治行为、习惯和思维方式仍在延续。2005年"郁金香革命"之后,吉国旧的权力格局并没有被打破,政坛也未出现新气象,"阿卡耶夫习气"依然影响着精英们的政治思维,巴基耶夫继续步其前任后尘。所以,这在国家政权体系建设缺乏周密设计的制度安排以及缺乏对民主价值观充分尊重的政治文化的前提下,可以断定,尽管"强总统、弱议会、小政府"的权力格局带有严重的缺陷,但它却是与吉尔吉斯斯坦的政治生态环境相匹配的,且在未来很长一段时期这一权力模式不会发生实质性的变化。

第三节　政治转型与民族国家建构同步进行

吉尔吉斯斯坦的政治转型与民族国家建构在内在逻辑上有着高度的相关性。在这方面,西方著名学者埃里克·霍布斯鲍姆曾说过:"与任何其他政体形式一样,自由民主政体需要一个能保证其实施的政治单位,这个政治单位通常是'民族国家'。在不存在这种单位的地方,自由民主政体是不适用的。"①应该说,吉尔吉斯斯坦政治转型所追求的目标——建立自由民主政体与其民族国家的建构并行不悖。况且,民族国家是吉国政治转型的前提和基础。

比较研究通常是人文社会科学最常用的研究方法之一,有比较才有鉴别。吉尔吉斯斯坦政治转型启动时不同于第三波中其他国家的一个显著特征就是,它尚不是独立主权国家。同样是前苏联国家,吉国与俄罗斯和波罗的海三国等国家加入前苏联之前的情况却不一样,这些国家在加入前苏联之前都有过民族国家的建国历史,尤其是前苏东国家波兰、捷克、匈牙利,除此之外还有着相当的资本主义发展经验。因而,对缺乏民族国家建国经验的吉尔吉斯斯坦来说,其政治转型面临着极其艰巨的双重任务:除了构筑新型国家制度外,还肩负着民族国家建构的重任。就某种意义而言,脱离前苏联后尽快建立和巩固民族国家不但是包括吉尔吉斯斯坦在内的中亚国家的第一要务,更是其政治转型顺利成功的

①埃里克·霍布斯鲍姆:《民主不加选择可能有害》,于海青编译,载于《社会科学报》2003年6月5日。

一个基本前提，离开民族国家这一前提条件，国家的转型将无从谈起。为此，伴随着政治转轨进程的启动和不断加深，吉尔吉斯斯坦便积极致力于民族国家的建构事业。

当今全球化潮流对民族国家构成了极大的挑战和冲击。特别是对欧盟这样的超国家实体中的大多数国家而言，民族国家的意义似乎正在日益淡化和消解，但对长期失去“历史祖国”、缺乏民族国家经历的新独立国吉尔吉斯斯坦来说，刚刚起步的民族国家的建构和认同则显得弥足珍贵。无论就政治转型的动因，还是就其转型的内容及特征来看，民族国家的建构都可视为吉国政治转型的一个不可分割的重要组成部分。有关吉尔吉斯斯坦未形成过民族国家的历史背景前已述及，这里仅对独立以来吉尔吉斯斯坦在民族国家建构事业方面所作的努力及其重要性进行分析。

首先，开始充实主权国家的内容。按照国际惯例，主权国家必须具有一定的象征符号。为此，独立后国家先后制定了国旗、国徽、国歌，并发行了货币。什么是国家？国家始于边界。离开领土与边界去谈主权国家无异于无本之木、无源之水，更何况领土与边界安全自古以来就是任何一个国家主权的基本前提条件。中亚国家独立后基本上保留了前苏联时期的民族国家划界，这并不意味着就没有问题，只是由于各国忙于内政建设暂且无暇顾及罢了。其实，边界问题是目前继水资源问题之后最易引发纠纷和冲突并严重影响中亚国家关系的一个棘手问题。吉尔吉斯斯坦总共有四个邻国：中国、哈萨克斯坦、乌兹别克斯坦和塔吉克斯坦。除与中国的边界问题基本解决外，与其他三个中亚邻国的边界问题至今尚未解决，依然存在大量有争议的地段，尤其是与乌兹别克斯坦、塔吉克斯坦两国的边界问题更为严重。就传统安全意义而言，这对吉尔吉斯斯坦建构民族国家将是一个十分严峻的挑战，且这还不包括领土保卫问题。独立后吉尔吉斯斯坦薄弱的军事力量难以保障国家的领土安全，直到2002年才有了自己独立的边防军，此前国家边界一直由俄罗斯边防军来守卫。除此之外，赢得国际社会的承认也是民族国家在外部取得合法性的重要条件。目前，国际社会已承认了吉尔吉斯斯坦的国际法主体意义。

其次，就制度转型本身而言，也体现了民族国家建构的诉求。任何一个独立主权国家都有其相应的国家制度，这不仅包括政治制度，也包括经济制度以及外交制度。众所周知，中亚新独立国家是苏联解体的被动受惠者。立国之初，各国不知如何处置这突如其来的“独立”，也不知从何开始。民族国家的形成和发展完全取决于领导人的个人禀赋和意志。如前所述，土库曼斯坦尼亚佐夫当政，国家逐渐倒回中世纪的状态；吉尔吉斯斯坦选择了阿卡耶夫，便出现了“民主岛”。自独立以来，吉尔吉斯斯坦为构筑民族国家所必须的制度架构一直在努力地进行着探索。在以宪法确立了国家基本政治制度和发展方向的同时，也先后在经济、外交等方面制定了一系列的政策与构想，从而满足了民族国家正常运行所必需的制度安排和需要。

最后，建构国家民族是吉尔吉斯斯坦民族国家建构的一项核心内容。意大利议员马斯穆德·阿泽利奥有句名言："我们已经缔造了意大利，现在是构建意大利人的时候了。"①民族国家与国家民族是两个截然不同但却有着密切关联的概念和范畴。在谈及民族与国家的关系时，黑格尔说过："只有形成了国家的民族才具有更高贵的品格。"但同时黑格尔又说："民族不是为了产生国家而存在的，民族是由国家创造的。"②对民族国家而言，建构国家民族具有极其重要的理论和现实意义，这不仅关系到国家"身份"的认同问题，更深层地讲，最终涉及的是国家统治的合法性问题。在当代，即便是有着悠久民族国家历史的发达国家，也没有忽视国家民族的建构问题，更何况对于仅有短短十几年独立历程的转型国家吉尔吉斯斯坦，国家民族建构意义之重大自不待言。可见，对当代吉尔吉斯斯坦来说，缔造吉尔吉斯斯坦国家与塑造吉尔吉斯斯坦人同样迫切和艰巨。

吉尔吉斯斯坦虽然人口不多，但却是一个多民族国家，加之其在漫长的历史上一直是游牧生活方式，部族观念根深蒂固，由此导致社会关系极其复杂。另外，吉尔吉斯斯坦的独立不是民族解放运动的结果，由于缺少这种增强民族凝聚力的黏合剂，因此统一的民族意识或国家意识十分淡薄。即便是今天，人们的忠诚也仅仅属于其所在的部族或民族，而不属于其所生活的民族国家。然而，民族国家的稳定与发展恰恰需要依托多民族的统一，除非是单一民族国家，而事实上当今世界单一民族国家几乎就不存在。何况对一个现代民族国家而言，形成国家体制、选择国家发展方向的首要前提是形成民族认同。因此，如何把属于不同地域、文化、宗教、语言的认同整合到对吉尔吉斯斯坦这个民族国家政治共同体的认同中，不仅事关国家安全与稳定、经济发展与社会进步，而且也关乎国家政治转型的顺利进行与成功。鉴于此，独立以来吉尔吉斯斯坦国家领导人十分注重民族团结，为塑造吉尔吉斯斯坦人进行了坚持不懈的努力。

国家民族的建构离不开国家领导人的努力和政策的正确引导。第一，就政策层面而言，吉尔吉斯斯坦独立后国家领导人一直奉行民族和睦政策。诚如阿卡耶夫总统所言，"国内各族人民的团结是国家生存和摆脱危机的首要条件"；"如果没有公民和谐与民族和睦，就不能解决任何问题"。③ 为了体现"吉尔吉

---

①转引自曾向红、杨恕的《中亚各国国家民族的构建：以塔吉克斯坦为例》，载于《国际政治研究》2006年第2期。

②参见王辑思：《民族与民族主义》，载于《欧洲》1993年第5期。

③参见刘庚岑、徐小云：《吉尔吉斯斯坦》，社会科学文献出版社2005年版，第220页。

斯斯坦人民是一个不可分割的统一整体",立国之初阿卡耶夫总统便提出了"吉尔吉斯斯坦——我们共同的家园"这一反映民族关系的构想。第二,就组织机构而言,为了使"吉尔吉斯斯坦——我们共同的家园"这一体现民族关系的理念落到实处,以保障民族和谐与国内安全,1993 年 12 月阿卡耶夫发布总统令,宣布成立吉尔吉斯斯坦人民代表大会,该代表大会由各民族的精英代表人物组成,总统一般都要亲临大会并发表讲话。首届代表大会于 1994 年 1 月召开,阿卡耶夫总统在讲话中阐述了自己关于民族关系的想法与考虑,他曾说:"当我们谈论居住在共和国的所有人时,将要正确地发表意见的是人民,而不是吉尔吉斯斯坦的各民族,这已被列入了拥有独立主权的吉尔吉斯斯坦的新宪法……哪里将公民分为本地人和非本地人、自己人和异乡人,哪里就不存在民主。"最令总统难以忘怀的一句话是:"我们的吉尔吉斯斯坦——我们的共同家园,真正的家园。它现今的面貌和形象是由生活在其中的所有人建立的……建设这样一个家园,无疑是要以一个统一家庭的方式友好、和睦、永久地生活下去。"①自 1995 年,欧安组织开始对吉尔吉斯斯坦的人民代表大会进行充分的研究。该组织少数民族事务最高负责人马科斯·王·德斯图尔强调:"吉尔吉斯斯坦有能力构建和谐社会,其堪称大多数国家民族和睦的典范。"②为了遏制大吉尔吉斯主义,缓和主体民族与非主体民族的关系,尤其是为减少俄罗斯人的外流,1993 年在吉俄两国总统共同倡导下,吉尔吉斯—俄罗斯斯拉夫大学在比什凯克创建,叶利钦总统亲临奠基仪式。2000 年,与国语吉尔吉斯语"同样使用"的俄语的官方语地位以立法的形式被确立。由于历史的原因,吉尔吉斯斯坦自古南北地域分化与对抗十分明显。为了缓和南北矛盾,2000 年总统作出决定,将南方城市奥什定为第二首都,并在此设立总统官邸。第三,通过历史寻根,利用文化积淀来塑造现代主体民族。其主要体现是以反映吉尔吉斯民族英雄的宏伟叙事史诗《玛纳斯》来唤醒吉尔吉斯人的民族自觉意识。为了纪念史诗《玛纳斯》问世 1000 年,联合国教科文组织将 1995 年定为"玛纳斯年",吉尔吉斯斯坦借此举行了隆重的千年庆典活动,并发表了《玛纳斯宣言》,以此来弘扬和振兴吉尔吉斯人的民族精神。然而,民族主义是把双刃剑,它既"培养了本民族人民相互亲密的感情联系和对国家的忠诚,同时也易于滋长褊狭心理、排外情绪和极端爱国主义精神"。③ 过分强调和突出主体民族的作用和地位反而对吉尔吉斯斯坦国家民族的构建带来了一定的负面影响。

①〔吉〕阿斯卡尔·阿卡耶夫:《难忘十年》,武柳等译,世界知识出版社 2002 年版,第 115 页。

②См. : Акунов А А, Керимбаев Ш К. Политический Кыргызстан. Бишкек, 2001. С. 295.

③陈必达:《民族主义——国际政治中的一把双刃剑》,载于《江汉论坛》,1996 年第 9 期。

综上所述,吉尔吉斯斯坦独立十余年来在民族国家建构方面所取得的成就为其政治转型提供了一定的基础。与此同时,政治转型过程中所出现的诸多问题也影响了民族国家的建构,何况民族国家的建构是一项长期而复杂的艰巨工程。

第四节　政治运作非制度化:困扰政治转型的痼疾

如前所述,依据我国从事比较政治学研究的学者吴清的政治转轨四个阶段划分标准,最后一个阶段是"过渡完成阶段",即"新的政治规范与政治秩序实现制度化的阶段"。显然,吉尔吉斯斯坦距此标准尚有相当的距离和差异,独立来十多年的政治发展实践表明,吉国至今尚未突破政治转型的"过渡完成阶段",政治运作的非制度化现象依然十分严重,这已成为困扰并影响其政治转型的一大痼疾。

任何政治体系都不是静态的,政治制度只有在运作的过程中才会产生效能。人们常说,无规矩难以成方圆。情同此理,政治只有依据一定的"规矩"运作才能顺利进行并达到其预期的目的。这里的规矩即"制度"。制度是人类社会特有的本质现象之一。制度的价值和意义在于推动社会的进步,促进人的发展。制度虽说是社会科学研究的一个基本对象,但有关制度的概念目前中外学术界尚无定论,不同学者从不同学科对制度的界定不一。就一般意义而言,制度属于人们社会关系和社会行为的规范体系。在萨缪尔森看来,制度是一种"公共品"。新制度学派的主要代表人物道格拉斯·C.诺斯认为:"制度是一系列被制定出来的规则、守法程序和行为的道德伦理规范。"①亨廷顿曾指出:"制度就是稳定的、受珍重的和周期性发生的行为模式。"②司马云杰认为:"一个社会如果没有规范,没有制度,没有法律,只凭着本能、私欲或任内心的黑暗力横行于世,是不可能发展起文明和社会秩序的。"③在对制度有了简单了解之后,再来看制度化。美国著名社会学家帕森斯认为,制度化就是指制度所蕴含的价值取向和角色期望实际被结合进人格系统,并按照制度所提供的价值取向和角色期望行动的过程。④ 亨廷顿在论述政治之制度化标准时也曾说过,"复杂社会里的政

①〔美〕道格拉斯·C.诺斯:《经济史中的结构与变迁》,陈郁、罗华平等译,上海三联书店、上海人民出版社1980年版,第225-226页。

②〔美〕塞缪尔·亨廷顿:《变化社会中的政治秩序》,王冠华等译,三联书店1989年版,第12页。

③司马云杰:《文化悖论:关于文化价值悖谬及其超越的理论研究》,陕西人民出版社2003年版,第142页。

④参见〔美〕D.P.约翰逊:《社会学理论》,南开大学社会学系译,国际文化出版公司1988年版,第523页。

治共同体依赖于该社会政治组织和政治程序的力量",而"组织和程序与其制度化水平成正比","制度化是组织和程序获取价值观和稳定性的一种进程"。① 就其功用而言,制度化的功能和结果在于推动社会生活的规范化和秩序化。

鉴于制度化是一个内涵十分丰富的概念,根据本节所论述的主题思想的需要,笔者在此特将制度化界定为政治制度化。亨廷顿十分注重政治制度化研究,其《变化社会中的政治秩序》、《第三波——20 世纪后期的民主化浪潮》等著作都对制度化有过阐述。在他看来,政治制度化具有一定的民主价值。在他的政治制度化研究中包含了民主化、法制化、规范化以及透明化(可预测性)等特征。② 美国斯坦福大学政治学教授施密特也认为包括政党制度、中央代表机构等在内的"局域体制"的制度化在民主巩固与存续中扮演着重要的角色,越多的局域体制巩固程度越高,民主的全面巩固就越深,民主达到的品质就越好。③ 上述理论分析表明,制度的核心在于"规则",而制度化的实质在笔者看来就是对规则遵循的程度。制度化的反面即非制度化。这里的非制度化同样特指政治非制度化。套用上述帕森斯的制度化概念,可把政治非制度化理解为,政治制度和规范所蕴含的价值取向以及由此而产生的角色期望没有内化为组织或公民个体的价值取向和角色期望。这就是说,组织或公民个体在政治活动中常会采取一些与民主化、法制化、规范化以及程序化等现代民主政治"游戏规则"相违背的非常态的政治行为。

通常情况下,一个政体的制度化水平主要从以下几个方面来衡量:第一,组织和程序的适应性,即制度适应环境挑战的能力和存活能力。第二,制度和组织的复杂程度。第三,政治组织程序独立于其他社会团体和行为方式而生存的程度。第四,政治组织的团结和内聚力程度。这四项指标对于不同的政治制度虽然有一定的或然性,但总体上基本能够反映出一个政体的制度化水平。④

如果以此来衡量吉尔吉斯斯坦政治运作及政体的制度化水平,应该说非制度化是一个极为鲜明的特征。事实表明,在吉尔吉斯斯坦,"法外制度比能够提供政治体制框架的法定制度对政治体制的影响更大"。⑤ 吉尔吉斯斯坦独立以来已基本确立了西方式的民主政治制度框架,从国家的根本法——宪法到选举法、政党法等,通过了无数法规,但问题不在于没有"政治游戏规则"可循,而在

①〔美〕塞缪尔·亨廷顿:《变化社会中的政治秩序》,三联书店 1989 年版,第 11 - 12 页。

②关于该观点可参见〔美〕格林斯坦、波尔斯比编的《政治学手册精选》(下卷),储复耘译,商务印书馆 1996 年版,第 152 页。

③参见刘军宁:《民主与民主化》,商务印书馆 1999 年版,第 197 页。

④王桂生,胡宗斌:《政治制度化与俄罗斯总统制》,载于《今日东欧中亚》1996 年第 6 期。

⑤〔美〕古德诺:《政治与行政》,华夏出版社 1987 年版,第 1 页。

于政治实践中各主要行为体不依据民主规矩行事,违规操作。诚如2006年4月吉尔吉斯斯坦社会政策研究所以"吉尔吉斯斯坦新的政治传统——前景与危机"为题举行的圆桌会议上有学者所指出的那样,吉尔吉斯斯坦"现阶段存在的最大问题就是缺乏遵守规则的传统"。① 以下笔者仅以选举制度、政党制度以及国家权力交接制度为例,来透析吉尔吉斯斯坦国家政治生活中的非制度化现象。

首先,就选举制度而言,且不说制度设计的漏洞和缺陷,单从对已有政治秩序和规则的履行状况来看就存在着严重的非制度化现象。在美国著名比较政治学家阿尔蒙德看来,任何政治体系都必须通过某种方式选用人员在政治结构中担当各种角色,其中选举通常被视为一种极为普遍的录用方式。长期以来,西方政治学家大都认为,选举是衡量政治制度是否民主的一个重要标准,选举被视为民主的底线。"现代民主政治体系的基本概念是公民能够通过定期选举控制精英人物。"②美国政治学家罗伯特·达尔认为民主政治必须符合五项标准:有效的参与;投票的平等;充分的知情;对议程的最终控制;成年人的公民资格。③ 显然,这五项标准与选举不无关系。亨廷顿也曾指出,民主是一种政体,"民主政治的核心程序是被统治的人民通过竞争性的选举来挑选领袖","选举是民主运作的方式……选举既是民主化的目标,也是民主化的工具"。④ 民主政治是吉尔吉斯斯坦政治转型所追求的终极目标。然而,独立以来的重大选举,如总统选举、议会选举等却常常有悖于民主价值观。

以2000年总统选举为例,阿卡耶夫总统是否有资格再次参与该次总统选举这一问题,曾在吉国内引起过激烈的争论。宪法明文规定,每届总统任期五年,同一个人不能连任两届以上总统。阿卡耶夫自1990年任总统到2000年正好两届。为了为阿卡耶夫寻求参与2000年总统选举的法律依据,早在大选前的1998年7月13日,宪法法院就通过了一项决议,认为1990—1995年不能算做阿卡耶夫的总统任期,理由是阿卡耶夫首次当选根据的是前苏联时期1978年的旧宪法。这样一来,给人的感觉是,阿卡耶夫在第一个任期的五年当中似乎是总统,似乎又不是总统。宪法法院的这一决定显然与其此前,即1995年12月28日通过的决议自相矛盾。1995年宪法法院的决议中这样写道:"A. 阿卡耶夫于1990年首次当选国家总统,由此开始履行国家元首职责。因此,阿卡耶夫的任

①См.: Новые политические традиции в Кыргызстане: перспективы и риски . Бюллетень Института общественной политики, 2006. № 4.

②〔美〕加布里埃尔·A. 阿尔蒙德、小G. 宾厄姆·鲍威尔:《比较政治学:体系、过程和政策》,曹沛霖等译,上海译文出版社1987年版,第130页。

③〔美〕罗伯特·达尔:《论民主》,商务印书馆1999年版,第43页。

④参见〔美〕塞缪尔·亨廷顿:《第三波——20世纪后期的民主化浪潮》,刘军宁译,上海三联书店,1998年版,第4、213页。

期应从他实际担任总统职务时算起，即从1990年10月27日算起。”①争议归争议，2000年阿卡耶夫不但参与了总统角逐，而且卫冕成功。

此外，为限制反对派参加2000年的总统选举，当局别出心裁地组织了一次国语考试为其设置门槛。由7名接受动员的语言学家组成专门的委员会，作为主考官被授命要“从根本上杜绝外来者”。尽管每位应试者都有十多年的从政经历，但还要像小学生那样在考场进行听写和写作，还需同主考官进行20分钟的口语交流。参加此次为竞选总统所设置的国语考试的反对派候选人主要是：来自共产党的代表马萨利耶夫和乌苏勃巴耶夫；来自议会的代表伊什巴伊·肯基尔别科夫和安瓦拉·阿尔特科娃；新成立的巴特肯州副州长尤鲁克斯兰·托伊丘别科夫；来自安全部门的高级官员奥穆尔别克·苏瓦纳利耶夫；主要反对派人士库洛夫放弃考试。非常奇怪的是，尽管所有反对派候选人都是吉尔吉斯族，但结果是他们的国语（吉尔吉斯语）考试均“不及格”，从而堵塞了其参与总统选举的竞争之路。在以“考试”的方式淘汰了主要的反对派竞争对手之后，当局轻而易举地保障了投票结果：阿卡耶夫得票74.47%，捷克巴耶夫13.09%，阿塔姆巴耶夫6.0%，艾申姆卡诺夫1.8%，巴吉尔乌鲁0.96%，阿库诺夫0.44%。② 在此值得说明的一点是，尽管吉国宪法与选举法有总统候选人须掌握国语的规定，但借助苛刻的“考试”将反对派候选人排挤出局，似乎有违真正民主选举的精神，何况当时俄语已被提升到了仅次于国语的官方语的地位。

再来看议会选举，同样存在着极为严重的舞弊现象，尤以2005年议会选举为甚。即便是在欧洲安全与合作组织等国际组织派遣大量观察员监督的情况下，吉尔吉斯斯坦2005年议会选举的违规行为同样达到了令人吃惊的程度。大量的选民被收买，一张选票据说可卖到600索姆（约合15美元）。③ 以亨廷顿的观点，选票舞弊是与民主的内容不相容的。除选民被贿赂之外，2005年议会选举还遭到了当权者的严重干涉。先是被阿卡耶夫称为反对势力“火车头”的前外长奥通巴耶娃因与总统长女在同一选区竞选议员，便被当局以“未在吉国连续居住五年”为由取消了竞选资格。随后，倾向于总统的政党公开利用行政资源进行院外活动来拉选票，利用司法机关和选举委员会遏制反对派代表候选人，并通过法院和中央选举委员会决议将其排挤出局。反对派85岁的候选人T. 乌

①См.：Аджар Куртов. Особенности президентских выборов в Центральной Азии. Центральная Азия и Кавказ. 2002. № 6.

②См.：Аджар Куртов. Особенности президентских выборов в Центральной Азии . Центральная Азия и Кавказ. 2002. № 6.

③См.：Новые политические традиции в Кыргызстане: перспективы и риски . Бюллетень Института общественной политики, 2006. № 4.

苏巴里耶夫的62%的选票被法院取缔，阿卡耶夫总统女儿在大学选区获胜引发了政治丑闻，等等。① 2005年议会选举的违规行为引起了社会公众的极大不满，从而直接引爆了“郁金香革命”。

上述情况表明，非制度化的政治运作抹杀了民主制度下的选举的意义。由于选举被操纵，仅仅成为一种“民主”的摆设，而对谁将掌控国家权力的现实不会产生任何影响。选举在这里只是当局获得公众对官方政策支持的一种手段，事实上成了“没有选举的选举”，仅仅是一种“民主节日”的代名词而已。

其次，从政党制度层面来看，非制度化现象也十分突出。吉尔吉斯斯坦早在苏联解体前夕作为加盟共和国的政治改革中就确立了多党制，且独立后的各部宪法均对公民自由组建政党的权利作了专门规定，1999年为规范政党行为还颁布了首部政党法，但时至今日其政党建设的发展依然比较缓慢。如果说政党发展成效显著的话，那仅仅是体现在数量上，而非质量上，更谈不上亨廷顿所言的政党是“补充制度的力量”。一言以蔽之，没有形成一整套成熟的政党体系。关于吉国政党制度所面临的问题，本书第三章已有详细论述。政党是一种制度化的组织，但吉国政党普遍缺乏严密的组织结构和组织原则，绝大多数政党没有基层分支机构，组织纪律十分涣散。以部落组建政党是吉国政党制度的一大特色，政党成员往往是部落成员。我们知道，政党是拥有特定政治目标的组织，故制定一个有别于其他政党或社会组织的党纲是十分重要的。由于提不出适当的政治纲领和党纲雷同现象十分严重，吉国政党的创建不是依靠某种价值观念或政策主张，而是靠政党领袖的个人魅力和吸引力来组建的，形成了所谓的“领袖党”。比如“尊严党”、“祖国党”、“旗帜党”、“自由党”等就是依靠库洛夫、捷克巴耶夫、别克纳扎罗夫、图尔古纳利耶夫等人的个人威望组建起来的。

吉尔吉斯斯坦政党制度长期处于非制度化的低水平运作状态，一个重要的原因就在于为政党参与选举所提供的制度安排存在严重缺陷。在当代西方民主国家，政党制度对政府形式具有举足轻重的作用。如前所述，在吉国政党不但不能推出总统，而且长期在议会难以觅得一席之位，就更不用说组阁了。仅自2005年起，议会由政党角逐的状况才逐渐得以改观。尽管如此，但因受传统的个人崇拜影响，人们推选议员时仅仅是依据政党领导人的威望来投票，而非按政党的纲领和主张来投票。由于长期以来政党在国家政治生活中的作用十分有限，致使吉国政党政治中政权党与反对党的分野泾渭分明。这样，有行政资源支持的政党就十分活跃，否则就急剧分裂并走向衰败，尤其是当总统处于强势时，便可给予每个亲总统党成员以特权，而当总统遇到困难时，该党便即刻分裂并转

①См.：Хамисов В. Партии и политический рынок Кыргызстана. Ориентир，2007. № 1.

入其他组织。2005年议会选举中获胜的阿卡耶夫女儿率领的“前进的吉尔吉斯斯坦党”就是一个典型的案例。阿卡耶夫被赶下台后，“前进的吉尔吉斯斯坦党”随即分崩离析，不复存在。一部分成员投靠了现政府，另一部分加入反对派，阿卡耶夫女儿随后也被取消议员资格。在巴基耶夫总统的支持下，成立于2007年的“光明大道党”便在当年的议会选举中大获全胜，几乎占了2/3还多的议席，成为名副其实的总统党。议会的所有政策及国家的一切重大决策几乎都由该党来决定，迫使社会民主党和共产党两个议会党团扮演了反对党的角色。据吉国专家分析，“光明大道党”的活动与命运是与巴基耶夫总统紧密相连的。如果总统遭遇意外困境，该党便将步“前进的吉尔吉斯斯坦党”之后尘，出现四分五裂是在所难免的。

最后，吉尔吉斯斯坦的超级总统制本身就使得该体制带有鲜明的非制度化色彩。关于吉国总统集权制的弊端及其危害此前相关章节已从不同分析纬度述及。鉴于制度发生断层，单纯依靠民主政治的资源不足以维系总统的权力，于是总统制的支持者便不得不同时操纵传统和非传统性的支持来维持其基本上是传统的合法性。阿卡耶夫能蝉联吉国总统15年之久，并3次以高支持率当选，便是他通过非传统的渠道动员起了传统性的政治资源扩大了其选民基础的结果。这样的后果就是，总统独揽大权，只有分权而没有制衡，违背了宪政民主制度的真正涵义。事实上，由吉国总统与议会的激烈斗争而引发的政局长期不稳，在很大程度上可以说是总统制非制度化运作的结果。再就政权交接制度而言，同样存在着严重的制度设计漏洞。通过选举制度正常地进行国家政权和平有序的交接是人类政治文明的重要体现。自1993年首部宪法颁布以来，吉尔吉斯斯坦就不再设立副总统一职。这如果是在总统死亡或国家元首遭遇意外的情况下，将很容易使国家陷入无政府的混乱状态。吉尔吉斯斯坦宪法不但缺乏使政权平稳过渡的周密设计，即便是对已有政权交接规则也不能很好地履行。2005年的“郁金香革命”与2010年的“血色革命”实质是一场政变，不但暴露了吉尔吉斯斯坦非文明交接政权的弊端，同时也是政治运作非制度化的现实反映。

总之，政治运作非制度化已成为吉尔吉斯斯坦政治转型的严重障碍。造成这种结果的原因是多方面的，但其中根本的一点就在于缺乏与新制度相适应的制度精神。由于特殊的历史文化传统，民主制度所需要的法制意识、个人自主意识乃至精英之间的妥协意识等在吉尔吉斯民族的精神世界极其难觅。这在经济落后、社会剧烈变革造成信仰危机的情况下，无疑会对民主制度构成深层次的威胁。由此可见，就吉尔吉斯斯坦政治转型而言，缺少的不是制度的框架，而是制度的生存能力；缺少的不是制度实体，而是能照章办事、对制度充分尊重的制度精神。所以，培育恪守制度的精神，对吉尔吉斯斯坦政治运作走向制度化是十分必要的。

第五节 不断的宪政危机:一道独特的政治景观

宪政是人类政治文明的共同结果。“从历史上看,宪政的产生总是基于这样的理由,即确定国家的权力的边界并限制国家的管理者。宪政,是一个比法治或法治国更高的抽象的概念,其含义与有限国家相当。”①宪法与宪政是相辅相成而又相互区别的两种政治与法律范畴。“宪法是宪政的前提,宪政是宪法的生命。也可以说,宪法是静态的宪政,宪政是动态的宪法。因此,宪法的内容直接决定宪政的内容,立宪的目的就是宪政的目的;没有宪法就谈不上宪政,而离开宪政,宪法则成了一纸空文。”②可见,仅拥有一部宪法,并不意味着就能实现宪政。

宪政与民主是现代政治的基础。宪政民主制度既是吉尔吉斯斯坦政治转型追求的目标模式,同时也是其政治运作的基本依傍。苏联解体后,原苏东国家政治转型在某种程度上可以说是从宪政改革开始的。独立后,吉尔吉斯斯坦依照现代西方政治学说的基本原理设计了第一部宪法。然而,盲目模仿西方宪法制度而忽视了本民族传统及政治文化的结果就是,宪法所设计的“政治游戏规则”常常不为各政治行为体所认可和接受,由此导致宪法危机频频发生,从而给国家正常的政治秩序带来了严重的灾难。吉尔吉斯斯坦修改宪法的频率之高在独联体国家是极为罕见的。对此曾有吉国学者认为,吉国宪法修改与变动之快,简直使人来不及用别的语言去翻译它。

自1991年到2010年,吉国独立的19年间,吉尔吉斯斯坦对宪法所作的重大修改多达8次,其中6次(1994年、1996年、1998年、2003年、2007年、2010年宪法)以全民公决的方式进行,另外2次(2006年11月、12月宪法)是在不到2个月的时间内仓促通过的。事实上,吉尔吉斯斯坦1993年刚通过首部宪法就又把宪法改革提上了议事日程,且时至今日这一问题并没有得到实质性的解决,宪政改革依然是社会各界争论最为激烈的问题之一。

究其实质而言,吉尔吉斯斯坦宪法改革是围绕着国家权力体系以及政权组织形式而展开的,尤其涉及总统、议会与政府之间的权力分配。宪法危机也常常是政权危机和国内局势不稳的重要原因。如前所述,进入21世纪以来,吉国内政局动荡不安基本都与宪法改革有着直接关系。反对派极力要求修改宪法,限

①〔美〕丹尼尔·S. 勒夫:《社会运动·宪政与人权》,姚建宗译,载于《宪法比较研究文集》(3),山东人民出版社1993年版,第274页。

②李龙、周叶中:《宪法学基本范畴简论》,载于《中国法学》1996年第6期。

制总统的权力已成为修宪的核心。诚如吉国学者所指出的那样,所谓的2005年“革命”也是宪法改革要求的结果。① 因为“前总统阿卡耶夫执政14年间国家宪法数次变化,且每次只是更加巩固了个人的权力”。② 自1996年修宪确立总统集权制以来,吉国“强总统、弱议会、小政府”的权力格局就一直未发生实质性的改观。“郁金香革命”之后,反对派要求修改宪法的愿望更加强烈,在不到一年时间里先后修宪就多达三次,这在世界上实属少见,尤其是在2006年11—12月,吉国在连续不到2个月时间内便发生了2次修宪的闹剧。还在2005年3月“郁金香革命”刚刚结束之际,巴基耶夫便向支持他的“革命者”许诺将修改宪法,限制总统的权力,将吉国由总统制国家变为总统—议会制国家。然而,时隔一年半之久,总统依然是口惠而实不至,2006年11月被惹怒了的反对派开始在首都举行示威游行,要求总统下台并修改宪法。由于“郁金香革命”之后议长、外长以及总检察长失去了权力“蛋糕”而加盟反对派,使得游行集会的声势更加浩大。迫于压力,吉国议会在11月8日匆忙通过了一部体现“议会”制的宪法。由于该部宪法削弱了总统的部分权力,尤其是组阁权,故令反对派极其满意。诚如反对派联盟“支持改革运动”的领导人、前议长捷克巴耶夫所言:“当11月宪法被签署后,我们都很高兴,全体人民、全世界都为此感到高兴。”③然而,好景不长,时隔一个多月后的12月19日,库洛夫总理提出辞职引发了政府危机,难以提出新的政府总理候选人。因为根据此前的11月宪法,总统没权提名总理人选,议会暂时也没有总理人选提名权,因为议会必须按政党重新改选后才有此项权力。在此情况下,巴基耶夫总统决定再度修改宪法。12月30日在总统倡议下,一部反映所谓“总统—议会制”的新宪法在吉国议会得到通过,并于2007年1月15日得到巴基耶夫总统的签署。然而,反对派随即以该宪法使“国家重新倒退回阿卡耶夫时代”为由号召人民不予承认,并于当年4月11日在首都举行了为期十多天的示威游行活动以示抗议。

2007年9月,吉国宪法法院一纸决议,裁定2006年通过的两部宪法因不符合宪法程序而作废。2007年10月21日,吉国第5次以全民公决的方式再次修改宪法。2007年修宪曾一度在吉国引起强烈反响,因总统权力被强化而招致不少批评意见,有人认为是“拒绝民主”,也有人认为是总统在“窃取国家权力”,等等。2010年4月政变推翻巴基耶夫政权后,吉国临时政府随即起草新的宪法草

①См.: Конституционная реформа: проблемы и предложения. Бюллетень Института общественной политики, 2006. № 4.

②Койчуев Т. Политика, экономика, миросвязи Кыргызстана. Бишкек, 2007. С. 53.

③Шамсудин Мамаев. Киргизия снова сменила конституцию. http://www.eurasianhome.org/xml/t/opinion.xml?lang=ru&nic=opinion&pid=624.

案，并于6月27日交付全民公决，希望借此将吉国由总统制国家变为议会制国家。

就吉尔吉斯斯坦的现实状况来看，拥有宪法并不意味着就能实现宪政。曾有西方学者认为："一部宪法的颁行标志着政治连续性的大断裂，它通常是战争、革命与民族独立等剧变的产物。宪法首先是旧秩序废弃、崩解或失败后建立新政治秩序的手段。"①吉尔吉斯斯坦独立十多年来，频频修改宪法，但却难以保持一种新的持久稳定的政治秩序的存在，也没有实现宪政，更没有体现出宪政所蕴含的民主与法制精神。当然，这更多的是因受本土传统因素的影响，致使其精英，乃至普通民众至今没有理解西方式宪政民主制度的精髓，没有养成对该制度遵从的习惯。

吉尔吉斯斯坦历次修宪的现实情况表明，国家政权的权力架构设计是事关吉国宪政改革与危机的一个核心纬度。与绝大多数独联体转型国家相比，我们不难发现，吉尔吉斯斯坦在经历了十多年的政治转型之后，至今没有形成一个稳固的政权体系，政权形态尚未最终明朗化。因为，"一种制度才刚刚开始采用，各种政治势力就会立即开始去解释它、修正它，直到实际上的政治体制变得与宪法本身所缔造的体制相比面目皆非为止"。② 国家现行政体制度的法律设计不但模糊不清，而且表里不一。从宪法角度来看，现行宪法表明国家统治方式是所谓的总统—议会制，但在现实中却已严重扭曲为总统集权制。事实上，吉尔吉斯斯坦的政体模式是一种连本国学者也难以搞清楚的"混合模式"。与此同时，吉尔吉斯斯坦的国家权力体系至今没有达到一个稳固的质的状态，政治体制依然十分脆弱，这是影响其国家政治转型十余年间政局稳定的一个根本原因。

在此值得注意的是，有关国家政体问题的激烈争论在吉尔吉斯斯坦从未间断过，究竟是实行总统制，还是议会制，抑或是总统—议会制，长期难以形成定论。尽管学术界及部分反对派对实行议会制的呼声很高，但社会大多数人还是对总统制情有独钟。"郁金香革命"一周年后的一项民意调查显示：被调查者中的48%赞同总统制，22%赞同总统—议会制，18%赞同议会—总统制，12%赞同议会制。③ 尽管2010年吉国修宪决计实施议会制，但能否就此稳固国家政权体系还有待进一步观察。如果吉国改行议会制后国家政府体制依然摇摆不定，那么再度修宪的可能性就难以排除，至于未来是否会再次发生宪政危机也是充满着变数。

①〔英〕安德鲁·海伍德：《政治学》，张立鹏译，中国人民大学出版社2006年版，第345页。

②〔美〕古德诺：《政治与行政》，王元译，华夏出版社1987年版，第2页。

③Ногойбаева Э А. и другие, Кыргызстан. Политика и Экономика: материалы и докуметы. Бишкек, 2006. С. 434.

本章小结

本章从转型过程、权力格局现状、民族国家构建、政治制度化以及宪政危机等方面对吉尔吉斯斯坦政治转型的特征进行了总结和评析，应该说这是吉国近二十年政治转型的结果及其政治图景的宏观描述与总体反映。就转型进程而言，在前苏东转型国家中，除乌克兰等极个别国家外，像吉尔吉斯斯坦这样“激烈—缓和—激烈”、长期政局不稳、宪政危机频频的国家并不多见。中东欧的波兰、捷克、匈牙利、波罗的海三国、俄罗斯等国，甚至是中亚其余四国，其政治景观与吉国大不相同，基本上在经历了转轨初期的波折动荡之后，在进入21世纪以来国家政局基本趋于平稳，各项政治制度的运作已逐渐趋于制度化。超级总统制的刚性是把双刃剑，虽有利于吉国稳定秩序，但同时又与其民主制度的精神诉求相违背，成为不稳定的潜在威胁。与中亚地区别国一样，民族国家构建与吉国政治转型相伴随，但南北分裂的历史传统却为其转型平添了几份艰辛。吉尔吉斯斯坦政治转型的上述特征是一系列内外因素综合作用的结果，本书下一章将对此作出解读。

第七章　影响吉尔吉斯斯坦政治转型的因素分析

以现代西方政治理念为基础，确立并实现民主政治是吉尔吉斯斯坦政治转型的核心内容和终极目标。如果仅仅从表面上看，吉尔吉斯斯坦现行政治体制与欧美型发达国家似乎没有什么明显区别：三权分立、多党政治、定期选举、言论自由、开放的公民社会等各种西方现代民主制度所具有的标志性内容在吉尔吉斯斯坦可谓是应有尽有。何况长期以来，吉尔吉斯斯坦素以中亚"民主岛"之美称在西方世界赢得了普遍赞誉。可是，有谁能想到，2005 年一场"郁金香革命"一夜之间将阿卡耶夫的民主神化击得粉碎，"革命"仅仅五年之后的 2010 年，巴基耶夫政权又被再度发生的"血色革命"摧垮。吉尔吉斯斯坦到底发生了什么？世人困惑不解。

显然，问题的答案所涉及的是吉尔吉斯斯坦民主化政治转型的绩效和政治运作的结果。换言之，也就是为何以民主化为导向的政治转型反而落得权威主义的政治结局？为何西方的自由民主制度难以在吉尔吉斯斯坦找到生存环境？究竟是什么因素导致了吉尔吉斯斯坦在转型过程中所选择的制度发生了畸变、政治转型陷入了"民主—专权"的怪圈以及本书分析吉国政治转型特征时所描述的种种制度陷阱？这正是本章所要探讨的核心。

政治转型是一个极其复杂的动态过程，它必然受到众多因素，尤其是当事国政治环境因素的影响，因为任何政治体系都不会存在于真空中，"政治系统的生存、运行和发展都是在一定的政治环境中展开的"。① 由于政治环境是特定地域空间的产物，所以任何一国的政治环境都是特殊的，决不会与另一个国家完全相同。一般而言，经济、文化、民族与宗教、国际环境等都是构成政治环境的主要因素。且不说就世界范围内，单就前苏东转型国家而言，其政治转型的差异就十分明显。吉尔吉斯斯坦独立以来的政治转型有诸多特点，这显然与其独特的政治运作环境密不可分。本章主要从社会经济、传统政治文化、民族关系、宗教极端

---

①王松、邦佐主编：《政治学》，高等教育出版社 1991 年版，第 164 页。

势力、外部势力五个方面集中分析其对吉尔吉斯斯坦政治转型所产生的影响。

第一节 社会经济因素

经济是任何一个社会政治赖以存在和发展的基础。经济与政治向来就是孪生的，两者相辅相成，相互作用。经济本身就是最大的政治，因为“在经济运行的过程中，就包含了‘谁得到什么，如何得到’的政治结果”。① 在谈及政治与经济的关系时，西方学者查尔斯·林德布洛姆也曾说过：“在世界上所有的政治制度中，大部分政治是经济性的，而大部分经济亦是政治性的。”②马克思认为，人类社会经济制度，尤其是产权制度的变迁可谓是人类社会制度变迁史的“原生形态”，其历史唯物论正是建立在“经济—社会”的历史发展基础之上。在马克思主义经典作家看来，“唯物主义历史观从下述原理出发：生产以及随生产而来的产品交换是一切社会制度的基础——所以一切社会变迁和政治变革的终极原因——应当在生产方式和交换方式的变更中去寻找——应当在有关的时代的经济学中去寻找”。③ 显然这就是说，在人类社会历史发展进程中经济因素归根结底是起决定性作用的因素，政治发展取决于经济的发展，政治是经济的集中反映，任何一个社会的政治生活都受其物质生活的生产方式的制约。尽管政治权力往往会对经济活动产生难以估量的巨大影响，但一个社会上层建筑的性质及其发展状况最终还是取决于与之适应的经济基础的性质及其发展水平。吉尔吉斯斯坦政治转型滑向权威主义同样是有其深刻的社会经济根源的。

一、政治转型与经济转轨的互动关系

吉尔吉斯斯坦现行政治体制的模式在很大程度上与其经济转轨的特殊性有着极为密切的关联。依据马克思主义关于生产关系必须适应生产力发展状况的基本原理来看，该特殊性就在于，与所有后苏联国家一样，吉尔吉斯斯坦的经济转轨有悖于常规，具有超前的性质。换言之，是为了适应苏联解体这一历史事件的政治发展的产物。马克思曾说：“无论哪一个社会形态，在它们所能容纳的全部生产力发挥出来以前，是决不会灭亡的；而新的更高的生产关系，在它存在的

①参见李滨：《国际政治经济学：全球视野下的市场与国家》，南京大学出版社 2005 年版，序言第 1 页。

②查尔斯·林德布洛姆：《政治与市场：世界的政治——经济制度》，上海三联书店、上海人民出版社 1994 年版，第 9 页。

③《马克思恩格斯全集》（第 1 卷），人民出版社 1963 年版，第 307 页。

物质条件在旧社会的胞胎里成熟以前，是决不会出现的。”①世界经济发展的历史表明，渐进方式是经济制度变迁的常态。西方文明发达的市场经济并非一夜之间出现的，而是历经数百年不断演化的结果。不可否认，长期实施计划经济确实导致了前苏联进入20世纪80年代以来经济陷入停滞状态，但这并不意味着其生产力的生命力已完全枯竭。这就是说，生产力还没有发展到必须急风暴雨式地彻底变革生产关系的程度。假定，如果以渐进的方式及时调整生产关系中不适应生产力的那部分内容，未必不能使前苏联经济起死回生。就连美国学者大卫·科兹和弗雷德·威尔在评析俄罗斯“休克疗法”时也承认，“向资本主义市场制度的渐进式改革确实意味着在或长或短的时期内新旧体制的同时并存。……历史表明，渐进式经济改革确实行得通”。② 但当时苏联领导人戈尔巴乔夫的改革在经济领域浅尝辄止，便匆忙转向政治领域，企图以激进的政治改革来彻底变革生产关系。苏联解体后，新独立的吉尔吉斯斯坦是中亚地区第一个在相当程度上实施全面经济和民主改革的国家，并效仿俄罗斯开始了“休克疗法”式的激进经济改革。在此背景下，生产关系的急剧变革显然是为了回应激进的政治改革，更何况当权的精英们的真实用心还在于，通过快速私有化来彻底铲除旧的苏维埃体制赖以生存的经济基础，以便为构筑民主制度所需要的市场经济基础创造条件，从而保证已经启动的政治转型不再发生逆转。

然而，经济转型是一个涉及经济制度重建、经济结构重组乃至经济运行方式全面变革的复杂的制度变迁过程，而任何一项制度变迁绝不会孤立地发生，它要受到包括内生变量和外生变量在内的诸多因素的制约。在旧制度学派的代表人物凡勃伦看来，制度的实质是人们的一种思想习惯，而思想习惯又是从人类本能地对生活环境产生的心理反应产生的。凡勃伦认为，社会习俗、惯例以及规范在社会个体成员目标、抱负及行为的形成中起着重要作用，而这种惯例和规范最初产生于该群体的生活习惯、思想和行为模式，而该思想和行为模式又主要来源于当时流行的生活方式。基于此，凡勃伦在分析制度和制度变迁时应用的是一种“积累因果论”，即制度演进的每一步由以往的制度状况所决定。③ 对吉尔吉斯斯坦而言，缺乏市场经济的传统和熏陶是其以市场经济为导向的激进经济转轨的致命弱点。自古以来，吉尔吉斯社会一直以游牧生活方式为主，近代并入帝俄之后，又因远离欧俄文明，所以1861年农奴制改革后，仅局限于欧俄一隅的资本主义工业文明对地处欧亚大陆腹地的吉尔吉斯人的生活方式并未产生实质性的

①《马克思恩格斯选集》第2卷，第33页。

②〔美〕大卫·科兹、弗雷德·威尔：《来自上层的革命——苏联体制的终结》，曹荣湘等译，中国人民大学出版社2002年版，第253页。

③参见蒋雅文：《论制度变迁理论的变迁》，载于《经济评论》2003年第4期。

影响。前苏联是计划经济的发祥地,近70年高度集中的行政计划经济管理模式加之近半个世纪的东西方冷战对峙的封闭限制,客观上导致了地处中亚的吉尔吉斯加盟共和国对市场经济的理念亦是相当的陌生。苏联解体后,当精英人物对市场经济"概念"的认识水平还处在模糊不清的状态时,一场被誉为"休克疗法"的激进经济转轨就已拉开了序幕。显而易见,转型期吉尔吉斯斯坦经济制度的变迁带有政府主导的强制性质,而此种类型的制度变迁如果在缺乏市场经验的背景下离开以总统为代表的权威政治力量的保障,其转轨就会寸步难行,甚至可以说是难以想象的,更何况苏联解体后的混乱局势客观上也加大了其转型的难度系数。不难理解,这些情况恰恰又是政治权威主义产生的诱因。可见,就某种意义而言,吉尔吉斯斯坦激进经济转轨特殊而复杂的客观现实性要求以总统集权制为核心的权威主义政体与之相适应。

首先,从制度层面来看,在国家性质发生突变、缺乏市场经济运行机制的情况下,重建新的市场经济制度就意味着必须打碎旧的计划经济体制及其结构,这只有依靠国家权威力量才能实现。

其次,经济转轨不单单是一个制度重构的过程,同时也是一个经济利益再分配的过程。伴随着苏联解体,吉尔吉斯斯坦的社会结构也发生了重大的变迁。在新形势下,如何有效地调节各社会群体的利益关系与矛盾,以实现其利益均衡?这不仅事关经济改革能否顺利进行,而且更关乎为国家稳定寻求政治民主化的社会支持力量的问题。在"休克疗法"导致社会秩序失范的情况下,只有强化以总统为核心的权威政治力量才能治理混乱的经济秩序,从而为改革创造一个良好的环境和稳定的局面。

再次,为了消除经济改革过程中所遭遇的阻力,客观上要求吉尔吉斯斯坦借助政治权威力量来为其转型的顺利进行铺平道路。众所周知,与所有后苏联国家一样,吉尔吉斯斯坦的经济转型是在苏联解体、新旧制度交替的特殊背景下启动的。经济不单单是一个财富的概念,其中也蕴含着极为丰富的伦理价值观。改革初期,有不少人因长期生活在前苏联体制下,受传统保守思响的影响,对阿卡耶夫总统推行的激进改革表示不理解,这种情况在议会反对派人士中体现得尤为明显。关于这一点在论述总统集权制形成时已述及。吉尔吉斯斯坦多次修宪来扩大总统权限,在很大程度上也是出于排除经济改革阻力的需要。

总而言之,吉尔吉斯斯坦经济转轨的特殊性和复杂性客观上对政治提出了民主与权威的双重要求:既要通过民主政治为市场的培育和发展创造自由宽松的环境,又不得不加强政治权威,以便为经济转轨提供秩序保障,甚或防止其发生逆转和倒退。这正是经济因素使吉尔吉斯斯坦政治转型保持着既"民主"又"专制"张力的两难境地的真实写照。

二、脆弱的经济难以提供民主生存的土壤

在就政治转型与经济转轨的互动关系进行了简单的宏观分析之后，接下来将尝试着就吉尔吉斯斯坦政治转型过程中微观经济状况对其民主化的影响进行分析。

经济发展与民主政治之间的关系相当复杂，两者之间并不存在简单的决定与被决定关系，但是经验研究表明，经济发展对政治发展尤其是对政治民主化具有重大影响。经济发展与民主之间存在高度相关性。对于这一论断，尽管曾经有人在20世纪60年代末70年代初提出过异议，例如亨廷顿、林茨、奥唐奈尔等，但是在70年代和80年代的政治转型浪潮发生之后，一些学者经过检讨，重新肯定了经济发展与民主之间的相互关系。[①] 研究政治发展与政治转型的当代西方政治理论家都十分注重社会经济等物质因素在政治转轨，尤其是民主化巩固过程中所扮演的角色及其所发挥的重要作用。其中不少人把经济发展视为民主化的先决条件之一。在李普塞特看来，“一个国家越富裕，它准许民主的可能性就越多。……一个分化成大多数贫困民众和少数显贵的社会，要么导致寡头统治，要么导致暴政”。[②] 科恩曾说过：“在世界各地，民主的改进与普及甚至保持，其严重障碍之一是不能实现民主的物质条件。”[③]亨廷顿在分析第三波国家民主化政治转型时曾指出，“在民主的水平与经济发展的水平之间存在着极高的相关性”，“经济发展对民主化有巨大的积极作用”。[④] 西方著名政治学家罗伯特·达尔也持同样的观点，即宪政民主体制的有效运作必须基于经济高度发展所形成的多元社会秩序之上。

其实，经济发展，或者说财富的增加本身并不会直接引起民主政治的出现，重要的是经济发展有利于营造民主化所需的环境或条件。亨廷顿在证明这种关系时曾列举了如下理由：第一，经济高度发展带来了高度的城市化、识字率和教育水平，有利于提高公民的政治参与水平，它也带来了产业结构的变化，导致农民在规模上和重要性上的下降，以及中产阶级和城市工人阶级的发展，后两个阶级随着教育水平的提高，能够组织工会、政党和公民团体来影响政府的决策。第二，经济的发展产生了更多的公共资源、私人资源可供各个团体分配，政治变得

①郭定平：《韩国政治转型研究》，中国社会科学出版社2000年版，第68页。

②〔美〕西摩·马丁·李普塞特：《政治人——政治的社会基础》，张绍宗译，上海人民出版社1997年版，第27页。

③〔美〕科恩：《论民主》，聂崇信等译，商务印书馆1988年版，第282页。

④参见〔美〕塞缪尔·亨廷顿：《第三波——20世纪后期民主化浪潮》，刘军宁译，上海三联书店1998年版，序第3、4页。

越来越不是你死我活的零和游戏,因此,妥协和宽容都得到提倡,有利于缓和冲突。第三,经济增长造就了一个更为复杂的经济体系,这样的经济体系越来越难受国家的控制,随着国家对经济的放松,独立的权力中心日益成长和壮大,而这些权力中心将日益对政府的政策施加影响。第四,尽管经济增长的前期有可能出现经济的不平等,从长期来看,经济的发展将导致更加平等的收入分配。民主与彻底的经济平等是不相容的,但民主政治与财富和收入的巨大不平等也是不相容的,经济增长会降低这些不平等,因此也将促进民主的出现。于是,亨廷顿的结论是,如果你想要造就民主,就请促进经济增长。①

吉尔吉斯斯坦独立后虽说从宪法上确立了西方三权分立的宪政民主体制基本框架,但最终并未促使民主政治出现,其中最主要的原因之一就在于,吉国缺乏支撑西方民主制度和机制所必需的相应的社会经济基础,从而导致了其民主化中劣质因素的产生。

中亚国家经济转轨方式大体分为两类:一类是乌兹别克斯坦和土库曼斯坦的渐进式;另一类是哈萨克斯坦和吉尔吉斯斯坦以"休克疗法"为路径依赖的激进式。其中,吉尔吉斯斯坦转型的"激进"色彩在独联体国家是有其独特的表现的。与政治转型"民主岛"的狂热追求一样,吉国经济转轨的幅度之大、步伐之快,在中亚乃至独联体地区同样是比较突出的。1993 年 5 月,吉国率先走出卢布区发行本国货币索姆,1998 年,吉国加入 WTO,这在独联体都是第一个。虽然吉尔吉斯斯坦急于改革,并被西方认为是中亚地区市场经济开放程度较高的国家,但却并未实现经济繁荣。

从阿卡耶夫总统的回忆录《难忘十年》中不难发现,他对戈尔巴乔夫和叶利钦的激进改革始终流露出理解,甚至是赞赏的态度(关于这一点本书前面相关章节已述及)。因此,笔者认为这或许是吉国所奉行的经济改革战略相对而言走在中亚别国前列的一个重要原因。事实上,吉国在苏联解体前后就已推出了较为激进的经济改革方案。1990 年 10 月—1991 年 12 月便发生了由建设社会主义市场向可调节市场的转变。1991 年 12 月 20 日,吉国通过了本国的《私有化法》,同时设立了负责私有化工作的国有资产委员会。1992 年 1 月 17 日,吉国通过了《非国有化、私有化和企业主活动总则法》,1 月 27 日,吉国总统发布了《关于加速国家和公共财产非国有化和私有化的紧急措施的命令》。上述法规为吉国从计划经济走向市场经济奠定了法律基础。

苏联解体后,吉尔吉斯斯坦立即效仿俄罗斯实施以私有化为核心内容的

①参见〔美〕塞缪尔·亨廷顿:《第三波——20 世纪后期民主化浪潮》,刘军宁译,上海三联书店 1998 年版,序第 4 页。

"休克疗法"。阿卡耶夫说，私有化计划是吉尔吉斯斯坦经济改革中最优先的方向之一。如前所述，他最喜欢借用诺贝尔经济学奖得主弗里德曼的一句话："通往自由社会大门的钥匙只有三把：第一，私有化；第二，私有化；第三，还是私有化。"继俄罗斯 1992 年 1 月 1 日全面开放所有商品和服务领域的价格之后，3 天之后吉尔吉斯斯坦也于 1 月 4 日全面开放物价，这在中亚地区是第一个，而同样实施"休克疗法"的哈萨克斯坦开放物价是在 1 月 6 日。

吉尔吉斯斯坦的非国有化和私有化有两个特点：一是分阶段、循序渐进地进行；二是从农业开始。吉尔吉斯斯坦私有化分三个阶段：第一阶段是对国营农牧业企业进行私有化；第二阶段是进行国有住宅私有化及小私有化；第三阶段是对大中型国有企业实行非国有化和私有化。到 1993 年底，已有 86.7% 的贸易和大众食品企业实施了私有化，而在日常服务行业这一指数则达到了 97.2%，应该说吉尔吉斯斯坦私有化的速度同比超过了俄罗斯。① 截至 1995 年 1 月 1 日，国有资产非国有化或私有化所占比例的情况分别是：工业领域为 53.8%，农业领域为 37.3%，建筑业为 42%，交通运输业为 34.6%。② 而到 1998 年，私有经济在工业、商业、建筑业和运输业部门所占的比重已分别达到 87%、97%、57% 和 55%。③ 至 2006 年初，已有 87.8% 的国有项目被改造为私有制，其中工业领域为 95.9%，商业和社会饮食领域为 99.6%，服务领域为 96.2%，建筑业为 79.7%。④ 据 2007 年 1 月统计资料，吉尔吉斯斯坦全国总计有 563800 个经营主体，其中农民（农场）经济占 53.2%，个体业主（自然人）占 33.5%。⑤ 上述数据表明，从表面上看，吉尔吉斯斯坦私有化的速度和程度已达到相当水平。

然而，同俄罗斯等后苏联国家一样，由于吉尔吉斯斯坦"休克疗法"照搬西方模式且违反了经济规律，具体而言就是，在缺乏原始积累的条件下推行大规模私有化，在商品短缺的情形下一次性全面开放物价，更主要的是缺乏市场经济的经验。因而，吉尔吉斯斯坦"休克疗法"重蹈俄罗斯覆辙而遭遇失败便在情理之中。吉尔吉斯斯坦的私有化是在立法和行动准则十分脆弱、市场条件准备不充分的情况下开始进行的，故在私有化过程中许多高度专业化的企业被迫停产，也有一些企业面临倒闭、破产的威胁。对此，阿卡耶夫总统曾指出，吉尔吉斯斯坦私有化进程中出现过偏差，"一些企业和组织的领导人把私有化的实质仅仅理

---

①См.：Модель рыночной экономики в Кыргызстане. Бишкек, 2001. С. 39.

②Камарли Р И. Политические и экономические реформы в Кыргызстане(1991 – 1995). Бишкек, 1995. С. 38.

③前引书：《吉尔吉斯斯坦》，第 114 页。

④См.：Кыргызстан в цифрах 2006. Статистический сборник. Бишкек, 2006. С. 74, 126, 179.

⑤См.：Слово Кыргызстана. 31 января 2007.

解为一次占有资产的机会，而没有意识到除了占有之外，还要善于管理这些资产”。①

吉尔吉斯斯坦独立后曾幻想以快速私有化的方式来形成广大私有者阶层，以构筑民主政治所需要的经济基础和促进社会分层。对此，阿卡耶夫总统曾指出，“吉尔吉斯斯坦私有化的目的在于分配财产给公民，将财产哪怕是部分地转交给那些有经验、内行和勤劳的人们，希望他们能够在短期内使这些项目产生利润，并带来效益……我们从一开始确立的目标任务就是要把私有化变成对吉尔吉斯斯坦正在形成的、以市场为导向的经济进行结构性改造的一个基本工具”。② 然而，大规模私有化并没有造就一个文明的市场经济，反而带来的是经济的急剧衰退与崩溃，是绝大多数人的贫困以及由此导致社会的严重两极分化。以“休克疗法”为核心内容的私有化成了权贵和精英们堂而皇之巧取豪夺人民多年积累下的财富的幌子和便捷途径。一句话，吉尔吉斯斯坦私有化造就的是一个“影子经济”横行、腐败丛生的官僚寡头资本主义。

“休克疗法”的实施犹如开启了的“潘多拉魔盒”，致使吉国自独立伊始便生产持续下滑，经济不断恶化。1980—1990 年共和国生产增长了 3.4%，但自 1991 年起，吉国内生产总值开始急剧下降。1991—1995 年吉国内生产总值依次下降了 7.8%、13.9%、15.5%、20.1% 和 15.4%。1996 年出现回升，增长 5.6%，1997 年增幅为 10.4%，1998 年又出现反弹，增幅仅为 1.8%。总之，与 1990 年相比，截至 1999 年 1 月 1 日，吉尔吉斯斯坦国内生产总值累计下降了 40.9%。③ 难怪阿卡耶夫 1992 年 2 月 10 日在回答俄罗斯《真理报》记者时说，在吉尔吉斯斯坦，“很难找到一个生产没有下降的部门，无论是工业，还是农业”。

与国民生产严重下滑相伴随的是，一夜之间，失业骤增，物价暴涨，日用品匮乏，老百姓一下子跌入了痛苦生活的万丈深渊。有关统计资料显示，吉国 1991 年通货膨胀率高达 202%，货币发行比 1990 年增加了 8.3 倍，1992 年消费品价格是 1991 年的 10.5 倍以上，1993 年第一季度，吉国通货膨胀率为 36%，高居中亚各国之首。而 1993 年 6 月和 7 月，吉国职工月平均工资分别不足 63 索姆和 70 索姆，而这两个月的人均生活费则分别为 68.74 索姆和 89.67 索姆，养老金平均每月 30 索姆，仅折合 2～3 美元。④

①〔吉〕阿斯卡尔·阿卡耶夫：《直言不讳》，耶尔波里译，国际文化出版公司 2001 年版，第 80 页。

②См.：Ниязов Ф А. Политические и экономические реформы в Кыргызстане（1991 – 1995）. Бишкек，1995. С. 37 – 38.

③Токтомаматов К Ш. Современные аспекты социально – экономического развития Кыргызской Республики. Бишкек，1999. С. 44.

④参见刘庚岑：《独立后的吉尔吉斯斯坦》，载于《东欧中亚研究》1995 年第 2 期。

在这里值得一提的是，连年的生产下降、失业等原因使吉国形成了庞大的贫困者群体。关于吉国的贫困状况本书在论述“郁金香革命”根源时已有详尽阐述。“郁金香革命”后吉国的贫困状况并没有得到实质性的改观。据官方统计，截至2007年1月，人口仅有500余万的吉尔吉斯斯坦失业者数量就高达104400人。① “郁金香革命”后的两年多时间内，吉国贫困总体水平有所下降，先是由52%下降到44%，到2007年10月，又降至39.9%，但城乡生活水平差异依然悬殊，儿童贫困水平大大超过总体贫困水平，仅位于南方的贾拉拉巴德州就有17%的赤贫人口，贫困总体水平超过58%。② 但阿卡耶夫对吉国近年来贫困状况的估计要严重得多，2008年8月他在在莫斯科的一次演讲中认为，1997年是贫困高峰，60%的人为贫困人口，后因采取举措，2004年降至34%，而在“郁金香革命”三年半之后，贫困程度超过了80%～90%。③

2008年8月4日，吉国劳动与社会发展部宣称，吉国最低工资水平依然为2007年1月1日的劳动法所规定的340索姆（不足10美元），而吉尔吉斯斯坦国家统计委员会2008年上半年统计数据显示，最低一揽子消费为3693索姆（约100美元），其中退休人员的最低一揽子消费为3208索姆。据吉尔吉斯斯坦社会劳动部部长阿卜杜拉耶娃的观点，由于最低一揽子消费的增长，即便是退休金有所增长，两者的比率也依然是不相称的。吉国平均退休金与最低一揽子消费平均指数比率为48.4%，有一半退休人员领取的退休金低于1240索姆这一平均数，也就是低于最低一揽子消费的约2.6倍，而吉国退休人员要占其人口总数的10%。原比什凯克市市长达尼亚尔·乌谢诺夫说：“按照官方公民工资来判断，吉尔吉斯斯坦是一个没有希望的贫困者的国家。大多数工人月工资为800索姆（20余美元）。”按比什凯克市经济分析中心主任奥洛兹巴科夫的话说，截至2007年底，吉国贫困线的指数是人均920索姆，522.8万人的吉国几乎一半人为贫困者。2008年物价上涨，贫困加剧，据吉国社会劳动部2008年7月15日消息，目前吉国39.9%的居民属于贫困者（收入为860索姆），其中9.1%的人属于赤贫人口（收入为560索姆）。④ 另据独联体国家统计委员会最新资料，按最低工资排名，吉尔吉斯斯坦位居最末——为2.42美元，其余国家依次是：塔吉克斯坦6.23美元，乌兹别克斯坦7.77美元，格鲁吉亚10.95美元，摩尔多瓦15.37

---

①См. : ЧотоновУ. Кыргызстан по пути суверенитета. Бищкек, 2007. С. 238.

②См. : На сегодняший день уровень бедности в Кыргызстане фиксируется на уровене 39.9%. http://www.c-asia.org/index.php? cont=long&id=28600&year=2007&today=24&month=10.

③Ситуационное управление в Кыргызстане приведет к экономической и социальной катастрофе. http://www.eurasianhome.org/xml/t/expert.xml? lang=ru&nic=expert&pid=1679.

④Кыргызстану грозит бедность. http://www.tazar.kg/news.php? i=9110.

美元，俄罗斯 28.82 美元，阿塞拜疆 33 美元。而五个高工资国家是：哈萨克斯坦 71.62 美元，白俄罗斯 73.01 美元，拉脱维亚 154.64 美元，立陶宛 192.03 美元。爱沙尼亚最高，为 232.27 美元。①

由于贫困，导致吉国大量的人员远赴异国他乡谋生打工，成为劳动移民。吉国政府有关资料显示，截至 2006 年吉国人口大约为 530 万，在境外打工的劳动移民就有 100 多万人，约占其人口总数的 20%，其中 70 多万人在俄罗斯、20 多万人在哈萨克斯坦，83% 为吉尔吉斯族，17% 为其他民族，96% 的打工者年龄在 18 至 45 岁之间。②

此外，落后的经济与贫困又催生了吉国严重的腐败与社会不公。国际上通常采用基尼系数来研究一国贫困与社会分配的公正问题。表 7－1 是苏联解体前的 1987—1988 年同苏联解体后的 1993—1995 年部分前苏东国家的基尼系数③比较。

显而易见，吉尔吉斯斯坦转轨前后基尼系数差距之大位居各国之首，这说明了转型期间吉国社会不公程度在上述各国中是最严重的。

世界经验表明，经济变迁往往会导致社会结构发生重大的变迁。而“在阶级社会里，阶级分层是最根本的、最重要的社会分层，它对其他社会分层起着重要的制约作用，人类社会的社会结构的总体特征和运行规律首先是由社会阶级关系决定”。④

社会转型是一个多层面的进程，它涉及人类思想和行为所有领域的变革。而政治转型作为社会转型的一个重要方面，与该社会的结构变迁有着密不可分的关系。如果某个社会尚未出现清晰可辨的以现代性为导向的社会分层和政治分化，以及由社会结构变化所导致的社会性质的变化，那么该社会的政治转型充其量还停留在表面，其政治民主化进程也刚刚开始。⑤ 吉尔吉斯斯坦无疑是这样的典型，同时这也是其政治转型道路坎坷不平、民主化进程举步维艰的结构性因素。

---

①Кыргызстану грозит бедность. http://www.tazar.kg/news.php? i=9110.

②Как остановить бегство кыргызов из Кыргызстана? http://www.apn.kz/publications/article5274.htm.

③本表基尼系数说明：系数越高，收入分配越不公平，反之，系数越低，收入分配越公平。如果基尼系数为 1，则说明社会绝对公平，所有人得到同样一份蛋糕。如果系数为 100，则说明只有一个人得到了社会的全部财富，而其他人一无所有。参见〔波兰〕科勒德克的《从休克到治疗：后社会主义转轨的政治经济》，刘晓勇等译，上海远东出版社 2000 年版，第 237 页。

④吴增基等：《现代社会学》，上海人民出版社 1997 年版，第 192 页。

⑤参见黄军甫：《社会结构变迁与俄罗斯政治转型》，载于《当代世界社会主义问题》2004 年第 2 期。

表 7-1　转轨期间不公平的变化程度

国家	基尼系数（以人均收入计算）				
	1987—1988 年	1993—1995 年	国家	1987—1988 年	1993—1995 年
吉尔吉斯斯坦	26	55[c]	乌兹别克斯坦	28[a]	33
俄罗斯	24	48[c]	拉脱维亚	23	31
乌克兰	23	47[b]	罗马尼亚	23[a]	29[b]
立陶宛	23	37	波兰	26	28[d]
莫尔多瓦	24	36	白俄罗斯	23	28[c]
土库曼斯坦	26	36	捷克共和国	19	27[b]
爱沙尼亚	23	35[c]	斯洛文尼亚	22	25
保加利亚	23[a]	34	匈牙利	21	23
哈萨克斯坦	26	33	斯洛伐克	20	19

注：1993—1995 年大部分国家的数据为可支配收入，1987—1988 年的数据则为总收入，因为那时个人所得税还很少，总收入与净收入的差别不大。除匈牙利和立陶宛外，1993—1995 年的收入都包括实物消费。

a：1989 年的数据；b：以每月人均收入计算；c：以每季度人均收入计算；d：以每半年人均收入计算。

资料来源：联合国开发计划署（1996）及 Milanovic（1998）。中文译文转引自〔波兰〕科勒德克的《从休克到治疗：后社会主义转轨的政治经济》，刘晓勇等译，上海远东出版社 2000 年版，第 244 页。

苏联时期，吉尔吉斯共和国与整个联盟一样，只有两个阶级和一个阶层：工人阶级、农民阶级和知识分子阶层。独立后，包括吉国在内的中亚各国均把形成中产阶级作为一个战略目标，达到这一目标的手段便是“非国有化和私有化”。然而，新的社会分层结构虽然业已突破传统的局限，开始走向以社会经济地位为主要标准的分层结构，但由于其私有化的极度不公正及由此产生的社会流动机制的极不合理，因此吉尔吉斯斯坦新的社会分层结构并没有体现出任何现代性特征。众所周知，现代社会的阶层结构首先表现为中间大、两头小的橄榄形结构，这保证了社会大多数成员能够从事体面的工作，有一个较好的收入，从而使他们比较认同主流价值和普遍的社会规范，社会冲突因此降低到了社会可以承受的限度。与此同时，在现代社会阶层结构中，中间阶层作为消费的主导型群体，保证了社会经济的良性、持续发展和社会的稳定。其次，现代社会结构的特征还表现为公平性、合理性和开放性。这种社会阶层的分化不是以身份而是以成就为取向，而且分层结构的边界是开放的而不是封闭的。社会公民只要在共同的法律规范下达到某一职业所要求的知识、技能等条件，即可以实现层级间的流动。① 合理的社会分层结构及公正的社会流动机制不仅保证了经济的持续发展、社会的和谐进步,而且是“政治民主化的社会支持力量”。②

从以上有关吉国衰败的经济景象、庞大的贫困者群体以及社会不公、贫富两极分化悬殊现象的描述来看,吉国目前的社会分层结构显然与现代民主社会的特征相去甚远。如前所述,吉国社会结构是典型的“哑铃式”结构。构成“哑铃”两端的分别是为数不多的上层精英和数量庞大的平民社会,而代表着中间阶层的则是人数十分有限的教师、医生、技术人员、中小企业主以及普通公务员等,实际上也就是所谓的中产阶级。

吉尔吉斯斯坦是否具有中产阶级?这在目前还是一个十分有争议的问题。由于中产阶级在各国没有一个统一的界定标准,故关于吉国是否存在中产阶级的问题一直说法各异:有的西方学者认为吉国根本就不存在中产阶级,而吉国内学者对该问题的认识则是见仁见智。

在吉国内,有的学者认为,吉国没有中产阶级,只有三个阶层——赤贫者、贫困者以及“新富有者”阶层。其中赤贫者是指没有任何私有财产的、被边缘化的人;贫困者占全国人口的30% ~80%,基本上是靠国家财政拨款生活的人;“新富有者”是一些被政治化的金融犯罪小团伙。③ 也有人认为,吉国没有中产阶级,只有贫穷者和富有者。而还有一些专家则认为吉国存在中产阶级,其人数占全国总数的25%。阿卡耶夫时代一位政府高官称,能够承担得起500 ~5000美元汽车保养费的人可被视为中产阶级,照此计算,全国有这样的汽车30万辆,也就是30万户人家,即150万人,显然,对吉国来说这是一个天文数字。巴基耶夫当年曾说,据保守估计,吉国有中产阶级10% ~15%,中产阶级人数越多,国家便越稳定并越有秩序,发达国家中产阶级为60% ~80%,于是近年的任务便是力争使国家中产阶级达到40% ~50%。也有资料显示,只有2%的农场主勉强称得上是中产阶级,虽然许多企业主可称得上是中产阶级,但其70%属于影子经济。也有分析家认为,绝大多数居民的月收入为2.5 ~50美元,以目前的物价换算,90%的人属于贫困者,1/5属于赤贫者,月收入高于上述标准(2.5 ~50美元)的仅有9%,只有1%的富有者。④ 美国中亚大学前副校长别申莫夫则认为吉国中产阶级不足10%。⑤ 总之,综合吉国大多数专家学者的观点,可以得出结论,如果说吉国有中产阶级,那么其比例也是十分低的,充其量也超不过10%,

---

①黄军甫:《社会结构变迁与俄罗斯政治转型》,载于《当代世界社会主义问题》2004年第2期。

②陆学艺:《当代中国社会阶层研究报告》,社会科学文献出版社2002年版,第67页。

③Есть ли в Кыргызстане средний класс? http://www.msn.kg/ru/news/12582/.

④Зачем Киргизии средний класс? http://www.centrasia.ru/newsA.php? st=1196719500.

⑤Кыргызстан: Стоит ли демократия на поведке дня страны? http://www.ipp.kg/ru/analysis/600/.

显然这与西方民主国家的标准还有相当大的差距。

在西方学者看来,中产阶级号称社会的稳定器,没有中产阶级就没有代议制民主。古希腊政治学家亚里士多德很早就注意到了中产阶级对建立稳定共和政体的积极意义和价值,他说:"唯有以中产阶级为基础才能组成最好的政体。中产阶级比任何其他阶级都较为稳定。他们既不像穷人那样希图他人的财物,他们的资产也不像富人那么多得足以引起穷人的觊觎。既不对别人抱有任何阴谋,也不会自相残害,他们过着无所忧惧的平安生活。"①吉国社会分层结构的不合理表现为中产阶级的缺失,长期以来近半数人口的贫困者阶层使号称社会稳定器的中产阶级的出现化为虚有。这不但难以形成强大的中产阶级力量,反而会引发各种不利于国家稳定的社会问题,更谈不上建立发达的市民社会②,而市民社会恰恰又是民主政治扎根的土壤,具有重要的民主价值。正因为如此,当代政治转型理论常把市民社会的发育状况作为衡量民主化水平的一个重要尺度。

在西方政治思想史上,托克维尔是较早意识到市民社会与民主政治之间有必然联系的学者之一。他认为,民主的发展依赖于一定的社会条件,而一个多元、自主、生气勃勃的市民社会正是民主制度建设必不可少的重要条件。民主化进程的启动、发展以及民主化成果的巩固都离不开相应的社会历史条件的支持,其中,市民社会的兴起和发展被普遍认为是民主政治不可或缺的社会基础和重要条件。③

然而,吉尔吉斯斯坦缺乏市民社会和民主化的历史传统。长期以来,其市民社会被淹没于国家之中。尽管有多种因素会影响到市民社会的发展,但经济因素无疑是一个根本因素,尤其是,市场经济被视为市民社会的重要组成部分,它的发展为市民社会准备了基本要素。有人说:"市场经济是市民社会的基础,只有市场经济的充分发展,才会有真正意义上的市民社会。换言之,市场经济必然造就市民社会。"④这是因为,市场经济造就了市民社会的主体。市民社会产生的一个重要标志就是大量的个人和组织摆脱了政治权力的束缚,成为非政治的生活主体,也就是市民社会主体。市场经济在营造这些主体方面起了关键作用。⑤ 除此之外,市场经济在拓展市民社会的活动空间、塑造市民社会的意识形态、营造市民社会的自治机制等市民社会的构成要素方面亦发挥着极为重要的

①〔古希腊〕亚里士多德:《政治学》,吴寿彭译,商务印书馆 1983 年版,第 206 页。

②学术界亦称"市民社会"为"公民社会"、"文明社会",笔者在本书中采用马克思的传统经典称谓"市民社会"。

③参见孔德元:《市民社会与民主化进程》,载于《烟台师范学院学报》2002 年第 2 期。

④蔡拓:《市场经济与市民社会》,载于《天津社会科学》1997 年第 3 期。

⑤参见储建国:《市场经济、市民社会和民主政治》,载于《武汉大学学报》1999 年第 1 期。

作用。反之，“市民社会”则在一定意义上是市场经济发展的必要条件。它越是健全和发展，就越能促进市场经济体系的形成和发展。而市场经济的形成和发展反过来也能促进“市民社会”进一步健全和发展。① 从上述分析来看，吉国脆弱的市场经济显然难以提供民主化赖以生存的市民社会的基础。

众所周知，包括政党和非政府组织在内的各种社会组织以及大众传媒作为关键性的政治媒介，对市民社会的形成与发展有着巨大的促进作用。然而，由于经济因素的影响，大多数社会组织以及媒体运转不佳，不少媒体处于停顿和半停顿状态。就政党而言，大多数政党除在首都有一个办公室外，没钱在其他州地设立相应的基层组织。吉国虽说拥有中亚地区最多的非政府组织，据统计，到1998年末非政府组织有4000多个，但除国外非政府组织外，多数因财力问题难以正常运转。在吉国大众传媒中，就信任度和普及率而言，电视位居第一，占64%，报刊次之，约占50%，广播最低，仅占6%。② 然而大多数传媒不关心政治，尤其是电视，出于商业目的似乎专门播放休闲娱乐节目，难以起到教育和培养公民政治参与意识、进行社会鼓动宣传方面的作用，从而给市民社会的发展带来了一定的负面影响。

这样，由于经济因素导致中产阶级缺失，影响了市民社会的正常发育，吉尔吉斯斯坦尚未培育出宽容、妥协、诚实、信任、守法等市民应有的美德，从而影响了市民社会所追求的国家与社会之间的良性互动，堵塞了政界与市民社会沟通的渠道。从某种意义上讲，2005年的“郁金香革命”可谓是因缺少中产阶级这一能够调节社会矛盾压力的“缓冲器”，而导致国家与市民社会关系不和谐的真实反映。

经济因素除影响了市民社会正常发育之外，不景气的经济状况还严重影响了国家的政治活动以及公民的政治参与。比如，吉国选举所需的投票箱大多是由西方国家提供的，因贫困100多万人在境外打工，这无论是给吉国的总统大选还是议会选举，都带来了很大的困难。

总而言之，经济发展在一定程度上决定着民主的品格。经济是民主化稳固的条件，是民众信任政权的基础。对吉尔吉斯斯坦这样的转型国家而言，经济对民主政治的重要性就在于，经济发展不但可以“促进社会结构的变迁和鼓励民主化的价值观”，而且可以“使得在社会集团之间有更多的资源可供分配，因此

①参见刘放桐：《市场经济、“市民社会”、个体主体和现代化》，载于《河北学刊》1997年第1期。

②См.：Чиналиев У К. Кыргызстан на пути к демократии：трансформация политической системы. Москва，2004. С. 216－217.

也促进融合与妥协”。① 另外,经济发展的重要性还在于它能够在一定程度上成就执政者的合法性。就其实质而言,2005 年“郁金香革命”和 2010 年“血色革命”,阿卡耶夫与巴基耶夫政权丧失合法性的主要根源就在于经济因素。经济贫困、资源匮乏不但影响了普通民众对早已发生严重变形的民主政体的信任,而且亦加剧了政治精英们争权夺利的斗争以弥补资源分配不公的缺陷,民主政治的基础遂被削弱。一句话,吉尔吉斯斯坦脆弱的经济基础难以为民主政治提供生存的土壤。

第二节　传统政治文化因素

本节主要以部族主义为视角分析吉尔吉斯斯坦传统政治文化对其政治转型所造成的危害与影响。

比较政治学认为,“一个现代政治体系会在很多方面受到其国家历史的影响,其中影响最深的恐怕要算这个体系的政治文化了”。② 那么,何谓政治文化?简单地讲,就是一个民族关于政治生活的心理学,当文化与国家政治行为结合在一起时,便成为政治文化。从政治系统成员的行为取向和心理因素出发,阿尔蒙德等比较政治学家认为,“政治文化是一个民族在特定时期流行的一套政治态度、信仰和感情”。③ 在《公民文化》一书中,阿尔蒙德与西德尼·维巴又进一步强调,政治文化指的是作为被内化于该系统居民的认知、情感和评价之中的政治系统,某一特定民族的政治文化是政治对象的取向模式在该民族成员中的特定分布。④

政治转型就其实质而言是一种制度变迁的过程。制度是人类行为规范的总称,它包括道德观念、风俗习惯、法律等一系列人们相互关系的制约规则。按照制度的生成方式,制度可分为正式制度(制度的正式规则)和非正式制度(制度的非正式规则)。其中,法律条文规则通常被认为是正式制度,而传统习俗、道德规范及价值观念等则属于非正式制度。人类社会发展的历史表明,制度的非正式规则往往影响和制约着正式制度。“非正式规则是制度的基础部分,深深

①参见〔美〕塞缪尔·亨廷顿:《第三波——20 世纪后期民主化浪潮》,刘军宁译,上海三联书店 1998 年版,第 75－76 页。

②劳伦斯·迈耶等:《比较政治学——变化世界中的国家和理论》,罗飞等译,华夏出版 2001 年版,第 15 页。

③〔美〕加布里埃尔·A. 阿尔蒙德、小 G. 宾厄姆·鲍威尔:《比较政治学:体系、过程、政策》,曹沛霖等译,上海译文出版社 1987 年版,第 29 页。

④〔美〕加布里埃尔·A. 阿尔蒙德、西德尼·维巴:《公民文化》,徐湘林等译,华夏出版社 1989 年版,第 17 页。

埋藏在社会成员的意识或潜意识之中。非正式制约首先来源于文化或价值观念的遗传。"①对此,我国研究现代化的著名学者罗荣渠先生曾指出,"长期历史发展形成的文化沉淀物——文化传统,具有比政治结构更大的稳定性,成为影响历史动向的潜在的深层结构"。②显然,上述分析表明,政治文化属于制度的非正式规则范畴。

如前所述,由于历史上长期遭受外来民族或帝国的侵扰与征服,致使吉尔吉斯斯坦一直未能建立自己统一的民族国家。而人类社会历史发展的实践表明,统一民族国家与民族文化的形成具有较高的关联度。一般情况下,民族国家是民族文化形成不可或缺的载体。长期缺乏建立统一国家的历史,加之漫长的游牧生活方式,严重地影响了吉尔吉斯斯坦统一民族文化的产生。从一定意义上讲,由于原有基础和生活方式的差异,相对于中亚其他农耕文明国家(如乌兹别克斯坦、塔吉克斯坦等),游牧吉尔吉斯斯坦可以说是基本没有能体现其民族核心价值观的真正的传统文化,而更多地表现为因外来势力的入侵而对外来文化的被动接受和盲目模仿。③ 但是,由于吉尔吉斯斯坦有着十分深厚的游牧传统社会根基,相对于脆弱易变的外来文化,笔者认为最能体现和反映吉尔吉斯斯坦游牧部落生活的部族文化无疑占据着其千百年文化传统的主流,且时至今日在吉尔吉斯斯坦民众心中依然根深蒂固。因此,在探讨影响吉尔吉斯斯坦政治转型的因素时,部族主义作为一种传统政治文化显然是一个不可回避的分析视角。

一、部族主义的概念界定

在理解部族主义作为一种政治文化对吉尔吉斯斯坦政治转型产生影响之前,首先对部族主义的概念进行描述和界定是极其必要的,同时也有必要对与此关联的"部族"的概念有所了解。长期以来,由于翻译及其他方面的缘故,学术界及相关辞书对"部族"(英文"Tribe",法文"Tribu",俄文"клан"和"род"均有此意)概念和称谓的理解和界定并不是十分统一,与"部落"混用的现象也时有发生。目前中国学术界对部族和部族主义的研究大多集中在非洲方面,况且研究成果也相对有限。根据中国辞海的解释,"部族"的主要含义包括:(1)中国历史上指聚居的部落。最初指一个族体,后指一个族体内部的各部分,部族在此处是部落和氏族的合成。(2)对氏族、部落之后,资本主义以前的人们共同体的译称。源于俄文 народность。④ 西方学者通常把"部族"理解为由现实或臆想的

①参见杨俊一等:《制度哲学导论——制度变迁与社会发展》,上海大学出版社 2005 年版,第 126 页。

②罗荣渠:《现代化新论》,北京大学出版社 1993 年版,第 79 页。

③该观点源于笔者与中国著名中亚问题专家杨恕教授的一次学术谈话。

④参见:《辞海》,上海辞书出版社 1989 年版,第 519 页。

血缘纽带相联系的、紧密生活在一定地域的人群。① 在一些非洲学者看来，就民族共同体发育的历史进程而言，“部族”是由若干氏族和部落组成的一个族群，其发展水平各异，大体上处于氏族和民族之间。② 吉尔吉斯斯坦和俄罗斯研究者的“部族”概念比较宽泛，将“部族”视为由血缘纽带以及文化和地域关系相联系的大型亚民族群体。吉尔吉斯斯坦学者 M. 安瓦尔别克（Анварбек）认为，西方学者的“部族”概念用吉尔吉斯斯坦语可以有两种表达形式：“兀鲁克”（урук）和“兀鲁”（уруу）。其中“兀鲁克”主要指依靠现实血缘纽带联系的小部族；而“兀鲁”则指密切生活在一定地域的，其成员之间不仅有现实，而且有臆想血缘关系的较大的共同体。③ 综合以上分析，有关“部族”概念的理解和界定本书采用吉尔吉斯斯坦学者对“兀鲁”的阐释。

何谓部族主义（英文 Tribalism，俄文 Трайбализм，吉文 Уруучулук）？其界定就更为复杂，在国内外文献中至今尚无定论。有人将部族主义视为一种政治文化，也有人将部族主义看做族群之间相互的看法，还有人认为部族主义其实就是一种部族关系或部族传统。比利时研究非洲问题的著名学者 J. 范西纳对部族主义的界定是：“一个社会群体认为它在文化上有别于周围所有其他社会群体，而周围的社会群体也具有同样的看法。”④中国学者李保平将部落政治文化等同于部族主义，认为同一部落或部族的人们怀有强烈的集团意识，强调对本部落、本部族的忠诚和认同。这种部落政治文化被称为部族主义，它是传统政治文化的核心内容。它倾向于排斥其他部族，将对国家的忠诚和认同置于次要地位。⑤就吉尔吉斯斯坦学术界的情况来看，目前关于部族主义也没有确切的概念，部族主义往往也被认为是氏族部落关系的代用语。⑥ 也有不少吉国学者建议把部族主义视为一种超越时代的传统现象去研究，所谓的传统现象在这里主要是指沙皇俄国之前的风俗习惯和社会制度。⑦ 把部族主义界定为一种部族传统，在吉

①См.：Мокеев Анварбек，Какая власть и какая идеология нам нужна? Или – куда ведет Кыргызстан политика трайбализма и регионализма … http：// www. analitika. org/article. php? story = 20060227054852319.

②参见张宏明：《论黑非洲国家部族问题和部族主义的历史渊源——黑非洲国家政治发展中的部族主义因素之一》，载于《西亚非洲》1995 年第 5 期。

③См. ：Мокеев Анварбек，Какая власть и какая идеология нам нужна? Или – куда ведет Кыргызстан политика трайбализма и регионализма … http：// www. analitika. org/article. php? story = 20060227054852319.

④转引自 B. 戴维逊的《现代非洲：对一个新社会的探索》，中国社会科学出版社 1989 年版，第 37 页。

⑤参见李保平：《传统文化对黑非洲政治发展的制约》，载于《西亚非洲》1994 年第 6 期。

⑥См. ：Плоских В М. 24 марта 2005 г. ：Народая революция?!. Бишкек，2005. С. 110.

⑦См. ：Дэвид Гуллет，Трайбализм в Кыргызстане：точка зрения. Центральная Азия и Кавказ. 2002. № 2.

国学术界具有一定的普遍性。上文提及的吉国学者 M. 安瓦尔别克根据其对"兀鲁"(吉语为"部族"之意)的阐释,把部族传统称做部族主义。在他看来,作为部族主义的部族传统反映在其成员在解决共同的社会和政治问题时所表现出的团结精神。[①] 在本书中,笔者是把部族主义作为一种政治文化来理解的。

二、吉尔吉斯斯坦部族主义的基本原则与部族结构

通常情况下,人类活动的生产方式与其精神文化的形成有着极大的关系。吉尔吉斯人以部族传统和思想观念为基础的部族主义文化,在很大程度上可以说是受其千百年来游牧生活方式熏陶和影响的结果。另外,部族主义的落后性与封闭性常与地域有关,吉尔吉斯斯坦号称中亚的山地之国,这无疑是加深其部族文化色彩的一个重要条件。但相比而言,吉尔吉斯斯坦部族主义思想和观念形成的根本原因还在于其漫长的游牧传统。吉尔吉斯人自古就是游牧民族,氏族部落联盟是其传统社会基本的行政单位,它为后来吉尔吉斯民族固定地域政治共同体的形成奠定了基础。游牧村社不仅是吉尔吉斯人基本的社会组织形式,同时也是其社会经济与精神生活的集中反映。可以说,直到 19 世纪下半叶并入沙俄之前,吉尔吉斯斯坦依然保持着原始游牧生活方式。所以,即便是在整个近代,吉尔吉斯人也基本上处于传统社会阶段,近代西方资本主义的工业化文明对其几乎没有产生什么大的影响。

因受千百年游牧社会生活方式的熏陶,吉尔吉斯人的部族主义观念有着极其顽强的生命力,并入沙俄和加入前苏联虽说对其有所遏制,但依然未能阻止其独立后的死灰复燃。

并入沙俄是吉尔吉斯斯坦历史上一个重要的转折点,也是吉尔吉斯斯坦由传统社会迈向现代社会极为关键的一步,其突出表现之一就是生活方式的重大变迁,这便使得吉尔吉斯人的部族主义观念首次遭到了沉重打击。归并帝俄改变了吉尔吉斯人的生产和生活方式,使其由游牧走向农耕定居。伴随着沙俄对中亚的征服,大量欧俄斯拉夫民族迁入中亚吉尔吉斯人的居住地,并将斯拉夫民族先进的农业技术经验传授给吉尔吉斯人,加剧了其向农耕定居生活方式的转变。尽管十月革命后很长一段时间仍有相当数量的吉尔吉斯人从事游牧生产,但其转变毕竟是一种巨大的历史进步。与此同时,军政管理制度是沙俄统治中亚所采取的主要方式,特别是在被征服地区实施与本土划一的行政管理体系使

①См. : Мокеев Анварбек, Какая власть и какая идеология нам нужна? Или – куда ведет Кыргызстан политика трайбализма и регионализма … http: // www. analitika. org/article. php? story = 20060227054852319.

吉尔吉斯斯坦传统社会的组织结构遭到破坏，以血缘关系为纽带的氏族部落组织从此逐渐走向解体，这对吉国部族主义思想产生了巨大的腐蚀与消解作用。自19世纪下半叶吉尔吉斯斯坦各部落并入沙俄之后，根据1867年沙俄政府颁布的七河州与锡尔河州管理法规的相关规定，吉尔吉斯斯坦游牧民族被分散到新设立的各个乡和村居住以取代其部落联盟。由于每个乡有来自不同部落的居民混居，这样就使得大部落不为一个部落首领所领导，从而减少其与殖民行政当局的对抗。

到了苏联时期，苏联政府同部族主义的斗争进一步加强。为了改变社会结构，塑造统一的"苏维埃人"，阶级划分成了苏联国家社会分层的基本原则。同整个前苏联社会一样，吉尔吉斯人被划分为剥削阶级和被剥削阶级，目的是确立人们对阶级共同体的认同，而不是对氏族血缘共同体的认同。然而，苏联政府与部族主义斗争了70多年的历史实践表明，苏联为使吉尔吉斯人树立阶级意识所做的努力并未取得预期的效果。作为一种传统文化，几千年形成的部族主义思想与观念已深深地印在每个吉尔吉斯人的脑海中，不是几年、十几年，甚或几十年就能彻底退出历史舞台的。

苏联解体，吉尔吉斯斯坦真正获得独立后，部族主义思想重新抬头，其盛行主要是基于以下缘由：其一，为了建构民族国家，民族传统的复兴也为部族主义的再度活跃提供了沃土；其二，鉴于转型期国家秩序的混乱和人民生活遭遇的困苦，人们开始重新按血缘关系来寻求部落的保护，由此导致部族主义大行其道。在吉尔吉斯斯坦独立以来政治转轨的新形势下，其民主政治依然深深地处在"部族主义"阴影的笼罩之中。部落、血缘、权贵织成的网络与家族体系拼凑成了吉尔吉斯斯坦的政治大杂烩，从而影响了国家政治生活的正常发展。

（一）吉尔吉斯斯坦部族主义的基本原则

作为一种历经千百年的部落社会经济联系方式和世代经验积累的传统政治文化，部族主义已上升为一种意识形态，并渗透到吉尔吉斯社会生活的各个方面和领域，在其生产、分配、管理乃至祭祀活动等一切生活方式中起着决定性的作用。总体而论，吉尔吉斯斯坦部族主义的基本思想原则主要体现在以下几方面①：

（1）全部族人共同关心维护本部族的完整、独立和自主；

（2）共同关心本部族人员的增加和实力的发展壮大；

（3）物质福利主要是以血缘—部族共同体来确定分配；

（4）全部族人共同关心维护部族、部落内部的稳定、团结和互助；

①См.：Плоских В М. 24 марта 2005 г.：Народая революция?!. Бишкек，2005. С. 111.

(5)维护和提高部落的威望;

(6)调节生产、财产、家庭、群体及个人之间关系;

(7)担负有行为能力的一代人的教化任务;

(8)保护部族部、落及其财产免遭外来侵犯。

上述原则表明,就其本质而言,部族主义是吉尔吉斯民族传统社会自我组织制度的真实反映,该原则是构成吉尔吉斯人社会组织、管理、经济、教育、防务以及司法等活动的基础。不难发现,该原则同时也折射出了十分鲜明的部族利己主义色彩。

(二)吉尔吉斯斯坦部族结构的状况

由于吉尔吉斯民族人与人之间的关系自古以来就建立在以原始血缘关系为纽带的氏族、部落以及部落联盟的坚实基础之上,因此部族主义在其日常生活中具有极其重要的意义。时至今日,对所有吉尔吉斯人来说,无论是在个人还是在社会生活中,部族常常是每个人身份得到认同的一个重要标识。对任何一个政治精英而言,其属于哪个部族是其政治生命的关键所在。就部族结构状况而言,吉国目前的部族主要分为三大集团(或称三大翼、三大系):左翼、右翼以及伊奇基利克(左、右翼之外的第三大部族集团)。①

1. 左翼

左翼部族位于吉国北部和西部的平原地区。该集团主要包括萨雷巴噶什(Сары Багыш)、库什丘(Кушчу)、索尔托(Солто)、特纳伊(Тынай)、萨雅克(Саяк)、布库(Бугу)、萨鲁(Сару)七个大的部族。其中,萨雷巴噶什和布库两个部族对吉尔吉斯斯坦国家政治生活曾产生过重大影响。苏维埃政权在吉国确立初期的国家领导人大都出自布库部族,20 世纪 30 年代斯大林大清洗之后布库部族开始衰落,其主导地位随即被萨雷巴噶什部族所取代,斯大林之后的吉尔吉斯共和国领导人(包括阿卡耶夫)大多出自萨雷巴噶什部族。阿卡耶夫 1990 年战胜南方部族出身的马萨利耶夫出任总统,在很大程度上是由于部族支持发挥了关键的作用。总之,独立以来的十余年间,萨雷巴噶什部族可以说是阿卡耶夫政权获得支持的基础。

2. 右翼

右翼部族位居吉国南部山地地区。右翼只包含一个部族——埃迪基内(эдыгины)。该部族认为他们是纯正的吉尔吉斯人,是吉国民族文化遗产的主

①关于吉部族结构状况主要参考:Алишер Хамидов, Волнения в Кыргызстане с точки зрения соперничества кланов. http://www.eurasianet.org/russian/departments/insight/articles/eav060602ru.shtml; Владимир Сергиенко, Закономерный итог. http://www.continent.kz/2002/07/11.html; Государственное управление в переходных экономиках, С. 6. http://www.icps.kiev.ua/doc/lg_rus_200103.pdf.

要保护者。吉国独立以来的反对派大多来自右翼部族。

3. 伊奇基利克

伊奇基利克(吉语意为"内部的"或"平原的")是位于吉国南部地区既不属于左翼又不属于右翼的一个中间部族集团。构成该部族集团的众多部族并非吉尔吉斯族出身,但他们习惯认为自己是吉尔吉斯人。该部族集团与南方有着紧密的联系。

在此值得说明的是,随着社会发展,吉国部族之间的地域观念日趋显明,地区主义色彩十分浓厚。其主要原因是南方居民的生产方式、经贸关系乃至民族心理主要是在费尔干纳盆地形成的,而北方居民的上述特征则主要孕育于楚河谷地。[①] 因此,在没有特殊限定和区分的情况下,习惯上吉国所有部族可笼统地称做南方部族或北方部族。吉国独立以来,阿卡耶夫执政期间国家政治和经济大权基本由北方部族掌控,而南方部族在更多情况下扮演了反对派的角色。"郁金香革命"之后,巴基耶夫政权的载体主要为南方部族。

三、部族主义的表现特征及其对吉尔吉斯斯坦政治转型的影响

20 世纪 80 年代末 90 年代初,在苏东剧变的宏观历史背景下,吉尔吉斯斯坦以选择西方宪政民主制度作为一种全新的制度安排开启了其政治转型的历程。然而,十多年的政治发展实践表明,吉国虽然确立了西方民主制度的框架,但却没有建立起稳固有效的民主运行机制,且还导致了诸如政权体制脆弱、宪政危机不断、政局动荡不安、政治运作非制度化等一系列劣质民主因素的出现,从而使其政治转型充满了艰辛和曲折。造成吉国政治发展落后的原因固然很多,但其中以部族主义为代表的传统政治文化无疑是重要的影响因素之一。尽管吉尔吉斯的部族主义有各式各样的表现形态,但在笔者看来,对部族狭隘的政治忠诚、非理性的争权夺利斗争以及对部族首领权威的崇拜无疑表现得尤为突出和鲜明。接下来我们将从这三个层面分析其对当代吉尔吉斯斯坦政治转型所产生的危害和影响。

(1)狭隘的部族政治忠诚与认同不仅会对国家统一构成危害,严重影响吉尔吉斯斯坦的民族国家建构进程,同时也易于产生裙带关系,从而导致政权体系的腐败。

如前所述,民族国家建构是吉尔吉斯斯坦政治转型的一项极为重要的内容,因为如何建构民族国家这一吉国政治转型所必须依托的基本政治单位,是关系到其政治转型能否顺利进行的基本前提条件之一。为此,阿卡耶夫总统在执政

①Владимир Сергиенко, Закономерный итог. http://www.continent.kz/2002/07/11.html.

期间一直十分关注民族团结和民族国家的建构问题。诚如他在1994年11月接见南方奥什州和贾拉拉巴德州代表时所言:"尽管吉尔吉斯人拥有共同的语言、共同的历史传统,但现在部族主义和地方主义开始抬头,要知道在民族团结薄弱的情况下,分离主义可以轻而易举地扎根。我们现在是处于比任何时候都要更加团结一致的历史时期。"①

由于吉尔吉斯斯坦历史上长期没有建立过自己独立的民族国家,因此依靠血缘关系形成的部族便成了联系其社会成员的纽带,加之古代自然条件恶劣,部族彼此之间很少交往和联系。在此背景下从事游牧活动,每个成员只有依赖其所在的部族方可在安全和生存等生活方面寻得保护与支持。② 任何一个人如果离开自己的部落将是无法生存的,比如,个人单独行动极有可能落入外敌之手而遭遇人身安全的危险。此外,物质福利也主要是以血缘—部族共同体来确定与分配的。因此,每个成员只有严格遵守本部族的原则与规矩,才能维护自己的全部利益。这样,基于生存和利益维护的需要,在漫长的游牧生活过程中,吉尔吉斯人潜移默化地形成了只认同并忠于自己所属部族,而强烈排斥外族的保守的思维定势和民族心理。在过去没有形成国家的情况下,部族主义所表现的仅认同其所属部族的观念对维护该部族的统一和完整无疑具有一定的历史进步意义,但在形成民族国家之后,如果依然抱着狭隘的部族政治忠诚与认同观念不放,则会催生地区主义,甚或是民族分离主义,不仅不利于国家的完整与统一,而且对安定团结的稳定政治局面也是十分有害的。事实表明,吉尔吉斯斯坦独立以来时常面临着地区分裂状态的威胁,其根源就在于部族主义的这种狭隘思想。

吉尔吉斯斯坦南北部族不和以及由此导致的地区对抗问题由来已久。由于历史文化的差异,吉尔吉斯斯坦的部族主义带有浓厚的南北地域色彩,南北部族之间的矛盾和斗争一向十分尖锐和激烈。为了争夺浩罕汗国的支配权,自19世纪以来吉尔吉斯斯坦南北两大部族——以萨雷巴噶什为代表的北方部族与在南方占统治地位的奥什部族之间的争斗就从未间断过,由此奠定了南北部族争斗的基调和传统。前苏联时期,共和国最高领导人职位的更换同样反映了平衡南北部族关系,并化解其彼此之间矛盾的结果。从1950年到1961年,占据吉共中央第一书记位置的是南方出身的И. 拉兹扎科夫 Раззаков),1961—1985年该职位由来自北方萨雷巴噶什部族的Т. 乌苏巴利耶夫(Усубалиев)担任,1985—1990年该职位重新由南方人马萨利耶夫担,自1990年阿卡耶夫任总统,国家领

①〔吉〕《吉尔吉斯旗帜报》1995年2月4日。

②См.: Джениш Джунушалиев, Владимир Плоских. Трайбализм и проблемы развития Кыргызстана. Центральная Азия и Кавказ. 2000. № 3.

导权又被掌握在北方萨雷巴噶什部族出身的阿卡耶夫之手。① 2005 年“郁金香革命”之后，南方出身的巴基耶夫在出任代总统后，邀请北方出身的库洛夫担任政府总理，形成所谓的“巴—库联盟”执政模式，在很大程度上就是为了平衡南北部族关系，以免国家陷入分裂状态以及总统选举可能引发的内战。事实上，曾有吉国学者指出，在阿卡耶夫执政期间，因他多次操纵宪法，试图不惜一切代价将权力保留在自己家族手中并将其移交给自己的女儿，而使吉尔吉斯斯坦处于内战的边缘，政治发展与宪法原则背道而驰。对此，包括米格拉尼扬在内的一些俄罗斯政治学家曾预言，吉尔吉斯斯坦可能因带有地区主义色彩的南北部族争夺最高权力斗争的进一步加剧而走向解体。② 正因为考虑到借助“郁金香革命”推翻其政权的力量主要来自南方，阿卡耶夫于 2007 年 2 月在莫斯科卡内基中心一次演讲中才说他当时之所以签署的最后一个总统令是“不要开枪”，目的就在于避免因国家分裂和内战带给人们的灾难。③

众所周知，吉尔吉斯斯坦立国后的一项重大任务就是巩固和维护新生国家的统一与独立，然而由于历史上长期盛行对部族忠诚而缺乏对国家的认同，这便使得吉国独立以来的民族国家建设常常受部族主义因素的干扰和挑战而陷入尴尬的困境。不难想象，在未来很长一段时期内，部族主义依然是困扰吉国民族国家建构的一大痼疾。

另外，在长期的部族忠诚思想熏陶下，每个吉尔吉斯斯坦部族成员脑海深处，“自己人”与“外乡人”泾渭分明。并且吉尔吉斯人有一种传统的思维观念，即“凡是同乡人永远都是正确的”。④ 受此影响，吉尔吉斯人的部族主义已渗透到国家党政机关等一切权力机构，从而对国家政权造成了巨大的腐蚀作用。在前苏联时期的吉尔吉斯加盟共和国，虽说同部族主义进行了坚决的斗争，但它还是顽固地以其特有的方式适应了苏维埃体制，并渗透到共和国各级党和经济管理机关。20 世纪 70 年代末 80 年代初，几乎所有共和国党、苏维埃、工会、共青团机构的第一领导人都来自三个州的同一个部族，就连前苏联时期的集体农庄也被深深地打上了部族主义的印记，直到 70 年代赫鲁晓夫扩大集体农庄之前吉

①См.：Георгий Ситнянский. Национальные проблемы，внутренние и внешние. Центральная Азия. 1998. № 3.

②См.：Мокеев Анварбек, Какая власть и какая идеология нам нужна? Или – куда ведет Кыргызстан политика трайбализма и регионализма… http://www.analitika.org/article.php? story = 20060227054852319.

③Первый президент Кыргызстана о политической ситуации в стране. http://www.eurasianhome.org/xml/t/expert.xml? lang = ru&nic = expert&pid = 974.

④См. Трайбализм и проблемы развития Кыргызстана. Центральная Азия и Кавказ. 2000. № 3.

尔吉斯共和国的集体农庄一直是按部族原则来组建的,可谓是"部族农庄"。[①]

独立后,部族主义作为一种非正式规则的传统政治文化再度大行其道。其突出影响和表现之一就是吉国政府机关中裙带关系盛行。由于阿卡耶夫夫妇分别出生于北方的楚河州和塔拉斯州,因此在阿卡耶夫执政期间,北方部族在政府机关的势力相当雄厚,几乎把持了所有权力要害部门。如国务秘书奥斯马纳坤·伊勃拉伊莫夫(Османакун Ибраимов)、总统行政机关领导人阿曼别克·卡雷库洛夫(Аманбек Карыпкулов)等人就与阿卡耶夫同属萨雷巴噶什部族;[②]而像国家银行行长、外交部长、国家安全局局长、国家广电管理机构主任等其他政府要职要么被与阿卡耶夫同部落的人占据,要么为总统夫人家乡的人所把持。以下是阿卡耶夫执政年代 H. 塔纳耶夫(Танаев)第一届政府(2002 年 5 月—2004 年 2 月)吉尔吉斯斯坦总统办公厅以及行政和司法等其他国家权力机构要员的构成状况(以南北部族出身为例,见表 7-2)。

表 7-2 塔纳耶夫第一届政府吉尔吉斯斯坦总统办公厅以及行政和司法等其他国家权力机构主要人员部族出身状况

人名	职务	来自部族
阿申尔库洛夫	总统办公厅主任	北方
阿克马塔利耶夫	总统办公厅第一副主任	北方
阿勃迪尔巴耶夫	总检察长	北方
伊曼库洛夫	国家安全局局长	北方
萨尔巴诺夫	国家银行行长	北方
阿伊季克耶娃	国家广电管理机构主任	北方
巴耶科娃	宪法法院院长	北方
别伊舍娜利耶娃	最高法院院长	俄语少数民族

资料来源:Мокеев Анварбек. Какая власть и какая идеология нам нужна? Или – куда ведет Кыргызстан политика трайбализма и регионализма… http://www.analitika.org/article.php?story=20060227054852319.

表 7-2 清晰地表明,阿卡耶夫总统的幕僚及一些要害部门的领导人几乎均出自北方部族,裙带关系之严重由此可见一斑。

再以政党为例,如前所述,吉尔吉斯斯坦的政党制度同样被深深地打上了部

①См.: Джениш Джунушалиев, Владимир Плоских. Трайбализм и проблемы развития Кыргызстана. Центральная Азия и Кавказ. 2000. № 3.

②Алишер Хамидов. Волнения в Кыргызстане с точки зрения соперничества кланов. http://www.eurasianet.org/russian/departments/insight/articles/eav060602ru.shtml.

族主义的烙印。以部族为依托按氏族血缘关系组建政党是吉尔吉斯斯坦政党建设的一大特色，每个政党的成员几乎都来自同一部族。这样，部族成为政党的社会基础，而政党又充当着部族的政治代言人。一句话，部族势力与政党相结合，这是阻碍吉尔吉斯斯坦政党制度走向成熟发展的一个重要因素。

总而言之，由于部族势力介入国家政治生活，其所造成的政治腐败和政府低效也就在所难免了。从一定意义上讲，这也是葬送阿卡耶夫政权的一个重要因素。

(2)部族之间争权夺利的斗争在加剧政治运作非制度化的同时，也对吉尔吉斯斯坦的政局稳定产生了极其消极的负面影响。

为权力而斗争是吉尔吉斯斯坦部族主义传统的另一突出表现形式，当然这也是其千百年游牧生活经验的体现。由于气候、地理等因素，古代中亚，尤其是吉尔吉斯斯坦这样的山地之国，游牧生活条件十分恶劣。一方面，为了生存，在寻找和争夺水源、草场等经济要素的过程中，部族之间常常会发生你死我活的斗争；另一方面，抵御外来入侵、维护安全、保持部族完整和统一是部落联盟最大的事业，而在此过程中与外族发生冲突甚至战争也就在所难免了。久而久之，为生存和安全而进行部族斗争的传统使吉尔吉斯人产生了尚武好斗的民族个性与心理。这为部族精英与集团之间的政治斗争和冲突埋下了隐患。早在19世纪，为了争夺浩罕汗国的统治权，北方主要部族布库和萨雷巴噶什之间曾爆发过激烈的战争，与此同时，在南方占据统治地位的奥图兹·乌勒部族(Отуз Уул)和伊奇己利克部族(Ичкилик)也为此进行了激烈的角逐。①即便是在沙俄和前苏联时期，该传统也未彻底消失。不但共和国最高领导人如此，地方领导人，甚至村领导人也是本部落的“自己人”。难怪1926年4月在吉共中央选举委员会问及为何其地方苏维埃机关脆弱时，一个有名的工作人员 И．托伊奇诺夫(И．Тойчинов)就道出了是由于受部族关系的影响，其中主要是由于乡、村苏维埃不同部族代表在选举过程中争权夺利的消极影响。②

苏联解体，吉尔吉斯斯坦真正独立后，部族之间围绕着国家政权的斗争已成为吉尔吉斯斯坦政治生活中的一道风景线。就某种意义而言，部族集团的相互关系成了决定吉尔吉斯斯坦独立十多年来政治景观发展特点的一个重要因素。③

①См.：http://www.centrasia.ru/newsA.php4？st=1176448320.

②См.：Джунушалиев Д. Исторические истоки современной нестабильности. Народая революция?!. Бишкек, 2005. С. 116－117.

③См.：Кыргызстан—2025：стратегии и сценарии развития. Сборник статии и материалов, Бишкек, 2005. С. 41.

每逢选举期，部族主义为权利而斗争的特征便表现得尤为明显。无论是总统选举还是议会大选，人们均按照部族亲缘关系来投票。以1995年总统大选为例，北方出身的阿卡耶夫在北方各州的平均得票率为95%，而在南方地区获得的支持率远远低于北方，因为南方将约50%的选票投给了代表共产党的南方候选人马萨利耶夫。① 2005年“郁金香革命”之后，吉尔吉斯斯坦国家政权转入南方部族出身的巴基耶夫之手，由此导致北方部族出身的政治精英走向反对派。2006年11月，围绕着制宪问题吉尔吉斯斯坦再度出现了严重的政治危机，反对派组织了要求巴基耶夫总统下台的声势浩大的游行活动。在游行活动中，南北部族的斗争表现得淋漓尽致。北方反对派议员的目的是要从南方出身的总统手中夺回政权，为了号召人们参加游行，他们打出的带有地区部族主义倾向的口号是：“让我们一起从南方人手中夺权吧！”；而从南方专程赶来的巴基耶夫总统的支持者则组织了反游行活动，为了声援并支持“自己的总统”，南方部族打出的口号是：“不要让北方人夺走‘我们的总统’的权力。”②议会选举同样如此，任何一个北方出身的议会代表决不会在南方获得候选人提名，反之亦然。吉尔吉斯斯坦十多年的政治实践表明，总统与议会以及议会内部激烈的权力斗争其实是部族斗争的缩影。从深层原因来讲，2005年“郁金香革命”也是部族斗争引发的国家权力再分配的结果。换言之，也就是以巴基耶夫为代表的南方部族反对以阿卡耶夫为代表的北方部族垄断国家权力的一场争权夺利的部族斗争。表7－3将以“郁金香革命”前塔纳耶夫第二届政府（2004年2月—2005年3月）和吉尔吉斯斯坦总统办公厅等国家权力机关权力格局为例，来揭示吉尔吉斯斯坦国家政权在南北部族分配失衡的状况。

表7－3　塔纳耶夫第二届政府吉尔吉斯斯坦国家政权在南北部族分配状况

人名	职务	出身部族
塔纳耶夫	政府总理	俄语少数民族
茹马利耶夫	第一副总理兼交通运输部长	南方部族
马杰耶夫／阿伊季克耶娃	副总理	北方部族
阿托尔巴耶夫	副总理	北方部族
艾特玛托夫	外交部长	北方部族
托波耶夫	国防部长	南方部族

①См.：Акунов А А，Керимбаева Ш К. Политический Кыргызстан. Бишкек，2001. С. 46.

②http：//www. centrasia. ru/newsA. php4？ st＝1176448320.

续表 7－3

人名	职务	出身部族
苏班别克夫	内务部长	北方部族
塔尔加尔别科夫	总理办公厅主任	北方部族
阿比尔达耶夫	财政部长	北方部族
别伊舍娜利耶娃	司法部长	俄语少数民族
穆拉利耶夫	经济发展、贸易和工业部长	北方部族
勃尔茹洛娃／基吉巴耶夫	教育与文化部长	北方部族
马美托夫	卫生部长	南方部族
科斯丘克	农业、水利与工业改造部长	俄语少数民族
阿克马塔利耶夫	生态与紧急情况部长	北方部族
阿克纳扎罗娃	劳动与社会保障部长	北方部族
奥穆拉利耶夫	地方自治与地区发展部长	北方部族
沙波洛托夫	地区合作与一体化部长	南方部族
任别科夫	国资管理与外资吸引委员会主席	北方部族
奥莫罗夫	国家科学与知识产权办主任	北方部族
阿尔马库丘克夫	国家旅游、体育和青年政策委员会主席	北方部族
卡森莫夫	总统办公厅主任	北方部族
扎努扎科夫	第一总统办公厅副主任	北方部族
阿勃迪尔巴耶夫	总检察长	北方部族
伊曼库洛夫	国家安全局局长	北方部族
萨尔巴诺夫	国家银行行长	北方部族
穆萨耶夫	国家广电管理机构主任	北方部族
巴耶科娃	宪法法院院长	北方部族
奥斯莫诺夫	最高法院院长	南方部族

资料来源：Мокеев Анварбек. Какая власть и какая идеология нам нужна? Или – куда ведет Кыргызстан политика трайбализма и регионализма… http://www.analitika.org/article.php? story = 20060227054852319.

若按比例衡量，表 7－3 北方部族代表在国家相关权力机构中所占比例高达

72.3%,而南方部族代表所占比例仅为17.6%。① 这也是"郁金香革命"首先由南方发起,且主要推动力基本上来自南方的一个重要因素。

总之,由于受狭隘而保守的部族利益忠诚和认同观念的影响,吉尔吉斯斯坦以部族主义为表现的政治斗争一个显著特征就是非理性,这显然有悖于民主政治的价值观和准则,从而对加剧吉国政治运作非制度化起到了一定的推动作用(关于吉国政治运作非制度化本书第五章已作论述)。纵观吉尔吉斯斯坦独立十余年来的政治转型历程,其间宪政危机频频发生,政局时常不稳,政府频繁更换,政治危机时有发生,这在很大程度上可以说是受部族政治集团操纵的结果。作为社会痼疾,部族主义不但给吉尔吉斯斯坦政治稳定和社会发展带来了极大的危害,同时在一定程度上也严重妨碍了其国家民主化政治转型的进程。摈弃部族主义,恪守民主政治的游戏规则,是吉尔吉斯斯坦政治转型朝着有序化方向发展的重要保障之一。

(3)对部族首领人物的权威崇拜是吉国总统集权、政治转型回归权威的重要历史渊源之一。

如前所述,氏族部落联盟是吉尔吉斯斯坦社会基本的行政单位,也是此后吉尔吉斯民族固定地域政治共同体形成的基础。部落联盟首领为年长的比,由他统一管理部落联盟。比不仅行使行政大权,而且还扮演着司法仲裁者的角色。到了19世纪中期,由于阶级分化以及部落之间矛盾日益加深,受"玛纳普"排挤,比的权力受到了极大的削弱,仅保留了司法裁定权。作为新的统治阶级,玛纳普的权力可世代相传,并根据其所掌控牧民数量的多寡分为大、中、小三个等级。在此值得说明的是,玛纳普执掌最高权力的现象仅仅局限于北部吉尔吉斯斯坦社会,而在南方吉尔吉斯人那里最高控制权则主要是由浩罕汗王赐予。②吉尔吉斯斯坦传统社会分层也相对简单,只有两个阶级,即除上述比和玛纳普以及武士这样的富有的统治阶级之外,再就是被统治阶级,被统治阶级是当时吉尔吉斯社会主要受剥削的对象。可以说在并入沙俄之前,吉尔吉斯斯坦这种社会结构几乎没有发生实质性的变化。

从世界范围来看,通常情况下游牧社会都有崇拜部族首领的传统习惯。吉尔吉斯斯坦也不例外。部族首领在保护部族完整统一及其成员人身安全、经营管理、财富分配、司法仲裁等方面所发挥的巨大作用,在漫长的历史过程中培养

①См.: Мокеев Анварбек. Какая власть и какая идеология нам нужна? Или – куда ведет Кыргызстан политика трайбализма и регионализма … http://www.analitika.org/article.php?story=20060227054852319.

②См.: Бактыгулов Дж С. Момбекова Ж. К. История кыргызов и Кыргызстана с древнейших времен до наших дней. Бишкек, 2001. С. 152 – 153.

了吉尔吉斯人对部族首领的顺从与崇拜。虽然伴随着历史的发展,吉尔吉斯斯坦传统的社会结构发生了重大变迁,但民众对权威人物的崇拜心理并未随着社会的发展而完全丧失。在吉尔吉斯民族历史上,玛纳普沙巴丹(Шабдан)曾是萨雷巴噶什部族一位赫赫有名的部族首领。据记载,1912 年他去世后葬礼就持续了十多天,参加人数多达 1.5 万人,使用帐篷多达 1900 顶。① 吉尔吉斯人对首领的崇拜心理由此可见一斑。

吉尔吉斯斯坦独立后尽管极力倡导民主理念,但在领袖人物和民众的心灵深处,部族主义的残余影响依然根深蒂固。受历史部族首领崇拜心理的影响,尤其是在社会处于大变革年代,阿卡耶夫之所以逐渐走向集权,虽然有迎合普通民众心理需求的因素,但也不能说与历史文化传统绝无关系。受"玛纳普"式部族等级特权思想的影响,1991 年阿卡耶夫曾被授予"吉尔吉斯人最高汗"的称号。② 尽管吉尔吉斯斯坦总统集权制的形成与巩固是通过"法内制度"确立的,但不能忽视部族主义"法外制度"这一潜规则的影响。关于吉国总统集权制的形成及其评价等相关问题,本书第三章已有详细论述,在此不再赘述。

总之,上述分析表明,吉国传统政治文化是其民主化政治转型出现劣质因素的重要原因。有西方学者指出,自 20 世纪 90 年代以来,拉丁美洲、东欧、东亚的一些观察家发现,在他们遇到的民主化问题中,文化因素起着重要作用。因此,仅仅制定出一部民主的宪法是不够的。因为民主这东西并不是只要制订了合适的法律就可以轻易得到的,它要在一定的社会和文化环境中才得以繁荣,否则就难。③ 显然,吉尔吉斯斯坦无疑是反映这一点的典型,其民主化政治转型陷入尴尬的困境,在很大程度上不能说与其部族主义传统政治文化没有关系。

第三节　民族关系因素

吉尔吉斯斯坦虽说是一个面积不足 20 万平方千米、人口仅 500 多万④的中亚小国,但却是一个有着 130 多个民族及民族集团⑤、以伊斯兰教为主的多民族与多宗教国家。2000 年吉尔吉斯斯坦国家统计局数据显示,吉国人口 490.8

①См.: Жениш Джунушалиев, Владимир Плоских. Трайбализм и проблемы развития Кыргызстана. Центральная Азия и Кавказ. 2000. № 3.

②См.: Владмир Ханин. Кыргызстан: этнический плюрализм и политические конфликты. Центральная Азия и Кавказ. 2000. № 3.

③参见〔美〕塞缪尔·亨廷顿、劳伦斯·哈里森:《文化的重要作用——价值观如何影响人类进步》,程克雄译,新华出版社 2002 年版,第 141、143 页。

④据 2009 年 3 月吉尔吉斯斯坦国家统计局数据显示,吉尔吉斯斯坦人口为 530.9 万。

⑤См.:Акунов А А,Керимбаева Ш К. Политический Кыргызстан. Бишкек, 2001. С. 286.

万,其中主体民族是吉尔吉斯族(319.02 万人,占总人口的 65%),非主体民族中人口较多的有乌兹别克族(68.7 万,占 14%)、俄罗斯族(61.4 万,占 12.5%)以及乌克兰族(7.4 万,占 1.5%)等。①

世界政治发展的历史实践表明:政治稳定是政治发展的前提和保障,一个国家内部的团结、和谐与稳定是国家与社会发展能否顺利进行的基本前提之一;对处在大变革的转型期国家来说,政治稳定显得尤为关键和重要。影响吉尔吉斯斯坦政治稳定的因素固然很多,但其中民族关系无疑是一个重要方面,因为和谐的民族关系对提供吉尔吉斯斯坦政治转型所必需的稳定环境具有十分积极的作用和尤为迫切的现实意义。

由于历史的原因,吉尔吉斯斯坦不但民族成分复杂多样,而且地理分布极不均匀,以俄罗斯为代表的斯拉夫民族大多居住在经济较为发达的北方地区,而在南方经济落后地区,吉尔吉斯族和乌兹别克族所占比例较大,因此民族之间的矛盾与冲突由来已久。从人口数量来看,位居吉尔吉斯斯坦前三位的是吉尔吉斯族、乌兹别克族和俄罗斯族。诚如阿卡耶夫总统所指出的那样,吉尔吉斯斯坦各民族间的和睦在很大程度上取决于吉尔吉斯族、乌兹别克族、俄罗斯族三大民族的立场,民族间的冲突可能会毁掉共和国的稳定。② 自 19 世纪下半叶并入沙俄之后,吉尔吉斯民族与俄罗斯民族之间的矛盾就从未得到过彻底化解。苏联时期,尤其是 20 世纪 20 年代的民族划界使历史上原本作为政治和经济统一体的费尔干纳盆地被人为地划割给乌兹别克斯坦、吉尔吉斯斯坦、塔吉克斯坦三国,由此导致不少民族跨界而居,使民族关系变得更加错综复杂。至今在吉尔吉斯斯坦南部地区的巴特肯州还有两个乌兹别克斯坦的飞地——索赫(Сох)和沙希马尔丹(Шахимардан),两块飞地居住着 4 万 ~5 万乌兹别克人。③ 这两块飞地几乎没有融入吉尔吉斯斯坦社会,成为两国关系逐渐恶化的重要诱因。前苏联时期由于奉行不正确的民族政策,虽说凭着高压政策暂时掩盖了民族矛盾,但却未能阻止伴随着第三次民族主义浪潮而复兴的中亚地区的民族分离主义情绪,由此加剧了前苏联的解体。就在苏联解体之前的 1990 年,在吉尔吉斯斯坦南部的奥什州,吉尔吉斯与乌兹别克两个民族因争夺土地而发生械斗,造成众多人员伤亡的流血事件。奥什事件很快引发了严重的政治危机,国家政权发生更迭,南方出身的吉共中央第一书记马萨利耶夫下台,北方的阿卡耶夫由此执掌国家政权。自 1990 年奥什惨案之后的十多年间,吉乌关系一直在恶化,双方高层领导

①参见许涛:《吉尔吉斯斯坦民族宗教概况》,载于《国际资料信息》2002 年第 8 期。

②См.: Акаев А. Раздумья на судьбоносном этапе. Бишкек, 1994. С. 49.

③http://centrasia.org/newsA.php4? st=1161928260.

人很少会晤。南部乌兹别克族对其母国——乌兹别克斯坦的认同加剧了吉尔吉斯斯坦的民族分离主义倾向。据不完全统计,大约有25%左右的乌兹别克族人主张南部地区脱离吉尔吉斯斯坦而并入乌兹别克斯坦。据笔者在吉国访学期间的了解,因吉国长期与乌兹别克斯坦关系比较僵,吉国目前当数吉乌两族关系最为不和谐。

吉尔吉斯斯坦独立后,大吉尔吉斯主义曾一度有所表露,在国家和社会生活中刻意突出主体民族——吉尔吉斯族的主导地位。与充满激进民主思想的阿卡耶夫总统相比,吉尔吉斯斯坦议会则显得保守并具有明显的民族主义倾向,不顾总统反对以宪法规定吉尔吉斯语为唯一国语,并将此作为遴选总统的一个重要条件,此外,国家重要职位的领导人基本上由吉尔吉斯族来担任。例如,1995年2月选出的吉尔吉斯斯坦议会78名议员中,吉尔吉斯族占90%,而吉尔吉斯人仅占全国人口的61.6%,其他民族的人即使是本行业专家,也不能担任要职。①以俄罗斯族为例,在本届议会当选议员中所占比例仅为6%,而在当时俄罗斯人却要占到吉国人口总数的20.9%。② 吉国议会曾通过法律并宣称:土地仅仅是吉尔吉斯族的财产。狭隘的民族主义导致了吉国内民族矛盾的加剧,给吉尔吉斯斯坦国家安定团结的政治局面带来了一定的负面影响,从而给国家的发展造成了重大损失。

在苏联解体的过程中,俄罗斯族成了受排挤的对象。1991年是反俄的高峰期。该年夏天,吉尔吉斯斯坦青年为庆祝1916年中亚起义75周年而举行游行,游行队伍沿着当年起义者从沙俄军队溃逃的路线行进,并号召人们不要买俄罗斯人的房子,反正他们迟早会自己抛弃的。③ 苏联解体后,在吉尔吉斯斯坦的俄罗斯人一下子沦为“二等公民”,并被视为“少数民族”,大批不懂吉尔吉斯语的俄族军官、司法工作者、从前党的积极分子以及科技和生产领域成千上万看不到自己及后代前程的年轻专家都纷纷离开了吉尔吉斯斯坦。据不完全统计,仅1992—2000年离开吉尔吉斯斯坦的俄罗斯人就超过60万之众,2003年俄罗斯人仅占吉国居民的21%。④ 大量俄罗斯人的迁出改变了吉尔吉斯斯坦人口的比例,20世纪90年代中期之前俄罗斯人数量居吉国第二位,有90多万,90年代中期之后,俄罗斯人数量降至60多万,乌兹别克族上升至第2位。不可否认,拥有较高文化素养和技术水平的俄罗斯人来到中亚,曾对各国的经济发展和文化教

①参见陈联璧:《中亚五国民族关系问题》,载于《东欧中亚研究》2001年第3期。

②参见郝文明:《中国周边国家民族状况与政策》,民族出版社2000年版,第166页。

③См.: Георгий Ситнянский. Национальные проблемы, внутренние и внешние. Центральная Азия. 1998. № 3.

④См.: Свободная мысль - XXI. 2005. № 12.

育水平的提高起到了不可估量的作用，其离开同样给刚刚立国的吉尔吉斯斯坦造成了很大的困难。在吉尔吉斯斯坦，1991 年吉尔吉斯人在该国熟练工人中只占 8%，在工程技术人员中只占 3%。由于包括俄罗斯人在内的斯拉夫居民的出走，该共和国的经济运转立即受到影响。1993 年夏天，比什凯克农业机械厂停产了 3 周，而机床制造厂只有 10% 的生产在运转。到 1993 年底，阿卡耶夫总统自己都承认，该国的经济下降程度已赶上了发生战争的亚美尼亚和被国内战争困扰的塔吉克斯坦。[①] 如前所述，鉴于俄罗斯人出走给国家造成的重大损失，吉国总统阿卡耶夫采取了一系列举措，其中包括赋予俄语官方语的地位、允许在吉俄罗斯人拥有双重国籍等等。这在一定程度上缓解了俄罗斯人的外流。

总之，独立十多年来，由于吉尔吉斯斯坦国家领导人的努力，民族关系得到了一定的改善，没有出现其邻国塔吉克斯坦那样的混乱，为其政治发展和转型创造了一定的有利条件。阿卡耶夫总统在谈及吉尔吉斯社会改革的重要性及其取得成果的必要条件时宣称：“我们民族政策所取得的重要成果就是达到了社会政治的一体化，从而避免了民族分离主义倾向的出现。我们不存在因多元民族而产生的影响社会发展的实质性的纠纷。”[②]但就现实情况而言，同时还应看到，吉尔吉斯斯坦的民族关系并不容乐观，依然是影响其国家稳定和未来发展、民族国家建构以及政治转型的一个重大的潜在因素。

第四节　宗教极端势力因素

众所周知，“三股恶势力”（民族分离主义、宗教极端主义和国际恐怖主义）是影响和困扰当今中亚地区安全和社会发展的一大毒瘤。其中作为一种带有宗教性质的极端政治运动，伊斯兰极端主义严重影响到了包括吉尔吉斯斯坦在内的中亚国家政治转型所需要的稳定的政治环境，从而使这一转轨进程变得复杂化。

由于所处地域和历史的原因，与中亚其他农耕文明相对发达的国家比较，吉尔吉斯民族的伊斯兰化进程要迟缓得多，基本上是在分批迁出叶尼塞河之后民族共同体的形成过程当中才逐渐改信伊斯兰教的，尤其是在浩罕汗国统治期间，传播伊斯兰教是浩罕行政当局政策的一个重要组成部分，因而伊斯兰教的普及程度才有所加强。但在一些偏远的乡村，伊斯兰教的普及程度依然很低，只是在上层精英人物那里对伊斯兰教的信仰比较虔诚。据最早到达吉尔吉斯斯坦的俄

①参见吴家多：《中亚地区的俄罗斯人问题》，载于《世界民族》1998 年第 1 期。

②См.：Акунов А А，Керимбаева Ш К. Политический Кыргызстан. Бишкек，2001. С. 286－287.

罗斯学者记载，“伊斯兰教教义这个民族知道的很少，或者说是根本不知道。他们公然违反教规，不担心将来为自己的过错受到惩罚”。① 此外，因受南北地域因素的影响，伊斯兰教在吉尔吉斯斯坦南北地区的信仰程度差异十分巨大。具体而言就是，伊斯兰教在吉尔吉斯斯坦南方地区的影响要远远大于北方地区。原因是伊斯兰教在中亚的传播是由南向北逐渐推进的，农耕地区接受伊斯兰教要早于游牧地区。吉尔吉斯斯坦北部地区因长期盛行游牧生活方式，加之深受俄罗斯文化的影响，故伊斯兰教观念相对淡薄，许多吉尔吉斯族人从来就不是虔诚的穆斯林；相反，地处南方的奥什、贾拉拉巴德和巴特肯三个州，因受乌兹别克斯坦和塔吉克斯坦的影响，较早地接受了农耕文明，加之为乌兹别克族的主要聚居区，所以南方穆斯林对伊斯兰教的信仰程度要浓厚得多。被誉为第二国都的南方城市奥什自古以来就是穆斯林中心，素有“麦加第二”之称。1998 年地区研究院在吉国南部地区进行的一项社会调查显示，半数以上的被调查者家中存有古兰经。在奥什州，21.6% 的被调查者每年至少去清真寺一次，而在贾拉拉巴德州，24.4% 的被调查者每年去清真寺一次，尤其是乌兹别克族，不但经常去清真寺，而且能严格遵守穆斯林的习俗。② 不过总体来说，伊斯兰教在吉尔吉斯斯坦的影响远不如乌兹别克斯坦、塔吉克斯坦等中亚其他国家。这也是伊斯兰极端势力在吉国渗透及活动不如乌兹别克斯坦、塔吉克斯坦等其中亚邻国那么严重的一个重要原因。然而，必须要看到，吉尔吉斯斯坦虽说立国之初没有发生像塔吉克斯坦那样因宗教极端势力对世俗政权的冲击而引发的内战，但自 20 世纪 90 年代末期以来，伊斯兰宗教极端势力开始向吉国渗透，给其国家安全与稳定造成了极大的危害作用。

冷战结束后，伴随着伊斯兰教在中亚的复兴，一些宗教极端势力和组织也在中亚相继出现和蔓延，如乌兹别克斯坦伊斯兰复兴运动、塔吉克斯坦伊斯兰复兴党、伊斯兰解放党（伊扎布特）等。这些宗教极端组织与民族分离主义和恐怖主义合流，采取绑架、暗杀、爆炸、劫持人质等一系列恐怖手段，其目的在于推翻中亚各国的世俗政权，建立政教合一的哈里发神权国家。吉尔吉斯斯坦立国之初宪法就明确规定，严禁成立任何带有宗教性质的政党，其目的在于阻止宗教参与政治。比起邻国乌兹别克斯坦和塔吉克斯坦，吉尔吉斯斯坦受宗教极端势力的危害相对要小一些，但因吉国南部与乌兹别克斯坦和塔吉克斯坦紧相毗邻，而塔吉克斯坦又与阿富汗接壤，这为境外宗教极端势力的渗透创造了便利的条件。

---

①参见吉尔吉斯斯坦库尔曼江达特卡基金会：《山国女王库尔曼江和她的时代》，陈杰军译，新疆人民出版社 2003 年版，第 24 页。

②См.：Атыркуль Алишева. Религиозная ситуация в Кыргызстане. Центральная Азия и Кавказ. 1999. № 4.

乌兹别克斯坦、塔吉克斯坦两国宗教极端势力的渗透，还是给吉尔吉斯斯坦的国家安全和社会稳定造成了相当的危害，最典型就是巴特肯事件。1999 年 8 月，大约有 1000 名伊斯兰极端主义者和恐怖分子由阿富汗经塔吉克斯坦窜入吉尔吉斯斯坦与乌兹别克斯坦接壤的巴特肯区和琼阿拉区，占据 5 个居民点，并劫持 20 名人质，其中包括吉尔吉斯斯坦内卫部队司令沙姆克耶夫和 4 名日本地质考察人员。① 鉴于吉尔吉斯斯坦军力有限，后经哈萨克斯坦、乌兹别克斯坦、俄罗斯等国参与，历时两个多月才最终平息了该恶性事件。

除境外伊斯兰极端势力之外，目前对吉尔吉斯斯坦国内安全形势构成最大威胁的当数伊斯兰解放党。自 20 世纪 90 年代末期该宗教极端组织开始在吉尔吉斯斯坦展开活动以来，吉国内的安全形势变得更加复杂，其负面影响亦波及国家的政治生活领域。伊斯兰解放党的纲领性口号就是：“谁能够拿起武器，就用武器战斗；而谁没有武器，那就用语言和财产来战斗。”②有关数据显示，目前在吉国南部活动的该党成员大约有 4000 人，其中 94% ~96% 是乌兹别克族。③ 吉尔吉斯斯坦南北经济的贫富差异以及不合理的民族政策是伊斯兰解放党在南部兴起并频繁活动的主要根源。据吉尔吉斯共和国劳动和社会保障部 2004 年 6 月发布的消息，2004 年失业人口增加 15400 人，达到 174700 人，失业人口主要集中在巴特肯州等地。④ 在吉尔吉斯斯坦伊扎布特吸收的成员多为南方 25—35 岁的青年，⑤其中以乌兹别克族青年居多。除贫穷外，由于主体民族吉尔吉斯族处处占有优越地位，乌兹别克族青年因才智得不到发挥而对前途感到失望，遂加入宗教极端组织，其目的是寄希望于“伊斯兰复兴”来解决其所面临的社会问题。

近年来，伊斯兰解放党不断向政府组织渗透，拉拢政府高官下水，其缘由是政府官员掌握有大量的资源和生意，依靠他们方可获得支持和赞助。2004 年 7 月 2 日，吉尔吉斯斯坦逮捕了 10 名为外国情报部门、国际恐怖组织和极端组织充当间谍的政府官员。⑥ 另外，吉尔吉斯斯坦的民主反对派曾与伊斯兰极端分子保持着接触。20 世纪 90 年代末期，一些反对派领袖曾与极端分子的领导人会面商讨吉尔吉斯斯坦的局势，他们希望利用伊斯兰极端分子作为“冲锤”来反

①参见陈联璧、刘庚岑、吴宏伟：《中亚民族与宗教问题》，中央民族大学出版社 2002 年版，第 324 页。

②См.：Алексей Сухов. Кыргызстан：Роль Хизб Ут – Тахрир в радикализации ислама. Центральная Азия и Кавказ . 2006 . № 6.

③Там же.

④http：// www. azattyk. org 2004 – 06 – 19.

⑤См.： Жумагулов Б. ПроблемыРелигиозного экстремимаи национальной безопасности Кыргызстана：взгляд и мнения молодежи. Ориентир. 2007. № 1.

⑥参见潘志平：《中亚政局：走势微妙》，新疆人民出版社 2005 年版，第 174 页。

对阿卡耶夫体制。① 可见,阿卡耶夫政权的垮台也与伊斯兰极端势力不无关系。

鉴于伊斯兰复兴党给吉尔吉斯斯坦国家带来的严重危害,2003 年共和国最高法院作出决定,认定伊斯兰复兴党是威胁国家安全的极端组织。事实上,宗教极端势力的活动不仅扰乱了社会秩序,破坏了安定团结的社会局面,更重要的是给国家政治转型的进程造成了极大的困难。搞好经济、铲除腐败、真正贯彻民主原则,不仅有助于遏制宗教极端势力的蔓延和发展,而且有助于为民主政治的转型创造良好的氛围和运作环境。

第五节　外部势力因素

注重环境分析是当代政治转型研究的一大特点,其中国际环境和文化环境尤为引人注目。② 因为任何政治体系都不可能是封闭的,其运行和发展必然受内外因素的影响和制约。事实上,除上述我们所分析的社会经济、传统政治文化及民族宗教等内部环境因素之外,一个国家的制度变迁同样受外部环境的影响,尤其是在当代国际关系相互渗透日趋加深的全球化背景之下。对吉尔吉斯斯坦而言,中亚地区周边环境和外部大国势力对其政治转型所产生的影响和作用不可低估。

一、地区周边环境因素

由于长期缺乏民族国家,历史上中亚五国是以地区整体形象载入史册的,因此中亚国家有着相似的历史文化传统。前苏联时期,各国的政治与经济制度几乎如出一辙。独立后,五国虽然走上了各自不同的发展道路,但苏联帝国后遗症依然短时间内难以烟消云散。这样,相似的经历使得地区内一国的政治行为容易被另一国接受和效仿。如前所述,曾有吉国学者认为,阿卡耶夫总统执政早期曾热衷于追求民主,但后期却出于巩固政权的需要转而成为民主的反对者,并不断加强总统权威。笔者认为,这在很大程度上与其中亚邻国领导人铁腕统治但却能维护国家秩序的示范效应有关。

众所周知,总统集权制是中亚五国政体的共同点。除吉尔吉斯斯坦阿卡耶夫因政变被赶下台和土库曼斯坦尼亚佐夫病逝外,其余三国自独立以来国家最高领导人至今均由一人担任。在西方学者眼中,除哈萨克斯坦、吉尔吉斯斯坦两

①См.：Зураб Тодуа. Кыргызстан：причины，уроки，возможные последствия падения режима Аскара Акаева. // Центральная Азия и Кавказ . 2005 . №3.

②参见郭定平:《论当代政治转型理论的背景与逻辑》,载于《上海社会科学院学术季刊》1997 年第 3 期。

国有着对国际社会较为开放的心态之外,其余中亚国家,尤其是乌兹别克斯坦、土库曼斯坦两国是专制集权的封闭国家。其中土库曼斯坦是唯一秉承斯大林主义的国家;而乌兹别克斯坦的政治改革受外部影响不大,可谓是一个现代的独裁政治体制国家。[①] 问题是,无论是有独联体"常青树"之称的纳扎尔巴耶夫,还是铁腕总统卡里莫夫,抑或是精于政治平衡之道的尼亚佐夫,他们都能依靠总统的权威统治维持国家的稳定,具有较强的执政能力,而吉尔吉斯斯坦虽被誉为中亚的"民主橱窗",但却是地区政局最不稳定的国家。这使阿卡耶夫总统开始反思邻国的经验,并认识到了权威对稳定的作用。20 世纪 90 年代中期以来,吉尔吉斯斯坦的邻国乌兹别克斯坦、哈萨克斯坦等相继以全民公决的方式来延长总统的任期,此举立即引起了吉尔吉斯斯坦的效仿。阿卡耶夫总统也试图将其任期延长至 2000 年,但因议会强烈反对而未能如愿以偿。

事实上,中亚邻国确实给吉尔吉斯斯坦的民主化政治转型造成了巨大的压力。一方面,立国初期阿卡耶夫大打民主招牌对中亚邻国的专制统治构成了挑战,于是引起了邻国的担忧。哈萨克斯坦、乌兹别克斯坦以及土库曼斯坦的一些政治家、专家学者甚至普通民众也认为,吉尔吉斯斯坦并非中亚民主的样板,而是威胁中亚地区稳定的根源,[②]这种观点在"颜色革命"之后尤甚。另一方面,由于吉国迎合西方,积极向民主社会迈进,使美国决策者对阿卡耶夫高度尊敬,由此招致哈萨克斯坦、乌兹别克斯坦两个中亚大国领导人的眼红与不满。在哈萨克斯坦总统纳扎尔巴耶夫和乌兹别克斯坦总统卡里莫夫的眼中,吉尔吉斯斯坦是中亚小国,微不足道:两人都认为自己的国家才应该是美国人喜欢的,他们想方设法给阿卡耶夫施加压力,让他为在西方国家所受到的欢迎付出代价;两人都以贸易和能源问题为手段向阿卡耶夫证明吉尔吉斯斯坦根本不重要。这样,阿卡耶夫也好像逐渐认识到自己力量的相对弱小,也明白不管吉尔吉斯斯坦多么民主,也总是会被更为强大的邻国所遮盖。这便使得阿卡耶夫失去了对民主改革的热情,也开始像中亚其他国家的统治者一样运用权力。[③] 在后阿卡耶夫时代,巴基耶夫采取限制媒体、对反对派实施打压等手段不断加强总统权威,目的在于维护秩序与稳定,这在很大程度上不能说与其邻国强势领导人执政能力的影响没有关系。乌兹别克斯坦总统在处理"安集延事件"上的果敢做法,对"郁金香革命"后上台的吉尔吉斯斯坦总统也具有一定的教益。

---

①参见〔美〕玛莎·布瑞尔·奥卡特:《中亚的第二次机会》,李维建译,时事出版社 2007 年版,第 173、184 页。

②Кыргызстан: пример демакратического развития или угроза стабилиности? http://blog.kyrgyz.us/1899/3712/kyrgyzstan-primer-demokraticheskogo-razvitiya-ili-ugroza-stabilnosti.

③〔美〕玛莎·布瑞尔·奥卡特:《中亚的第二次机会》,李维建译,时事出版社 2007 年版,第 150 页。

此外，吉尔吉斯斯坦周边的安全环境也是影响其内政建设的一个极为严峻的问题。中亚是当今国际安全体系中的一个脆弱地带，属于冲突多发的世界热点地区之一。对中亚五国来说，地区形势的安全与稳定与各国的稳定息息相关。如 2005 年发生在吉尔吉斯斯坦的“郁金香革命”对与其相邻的乌兹别克斯坦的“安集延事件”就起到了推波助澜的作用，致使两国关系一度极为紧张。中亚地区历史上国家关系就不和，独立后领土边界、水资源利用、过境交通税征收等一系列问题又使得地区国家之间的关系变得更加错综复杂。吉尔吉斯斯坦有三个中亚邻国——哈萨克斯坦、乌兹别克斯坦、塔吉克斯坦，彼此之间边界问题至今尚未得到彻底解决。就吉尔吉斯斯坦与其中亚邻国的关系而言，尤以吉乌关系最为紧张。两国共同边界为 1295 千米，其中就有 300 多千米的有争议地段。① 截至 2005 年，两国仅就 654 千米的共同边界达成划界协议。② 此外，两国领土上还有对方的飞地。吉乌两国独立以来围绕着领土边界问题时常龃龉不断，致使两国关系时有紧张。以 2000 年为例，乌兹别克斯坦单方面在吉乌边界布雷，致使两国武装对抗达到顶峰。

除了边界问题，水资源问题是困扰当今中亚国家关系的另一重要因素。前苏联时期中亚地区的水资源由联盟中央统一调配并给予上游吉尔吉斯斯坦、塔吉克斯坦两国一定的补偿。苏联解体后，原中亚地区五个加盟共和国成为独立主权国家，民族国家的利益上升为第一位。于是，水资源丰富的上游国家吉尔吉斯斯坦、塔吉克斯坦两国与下游用水大户哈萨克斯坦、乌兹别克斯坦、土库曼斯坦三国围绕着水资源的利用问题矛盾日益尖锐。其中，乌兹别克斯坦与吉尔吉斯斯坦在锡尔河水资源利用问题上的对抗与冲突尤为激烈，斗争的焦点在于用水补偿问题。独立十多年来，中亚地区的用水制度依然沿袭前苏联时期的规则，但因苏联解体，下游用水国家已不再为上游国家进行用水补偿，由此导致上下游国家关系紧张。乌兹别克斯坦坚持认为水是神赐的，而吉尔吉斯斯坦则认为乌兹别克斯坦的石油和天然气也是上天赐予的。两国在此问题上至今依然是唇枪舌剑争斗不已，严重影响到了两国间的正常关系。

吉哈关系、吉塔关系虽然不及吉乌关系那样严重，但并不等于就没有问题。尤其是吉尔吉斯斯坦、乌兹别克斯坦、塔吉克斯坦三国交界的费尔干纳盆地历来就是藏污纳垢，盗匪横行之地，素有“中亚火药桶”之称。如今，费尔干纳盆地已成为三股恶势力活动的重灾区，严重威胁到了地区的安全。

---

①http://www.vpk-news.ru/article.asp pr_sign=archive.2006.143.articles.conception_01.

②См.: Д. Файзуллаев. Узбекстан - Киргизия: политико-экономические последствия территориальных проблем. Азия и Африка сегодня. 2000. № 7.

总而言之，吉尔吉斯斯坦所处的中亚周边环境对其国内政权建设和政治发展所产生的影响是多方面的，既有地区别国政治行为和模式对吉国产生外溢和示范效应的影响，又有复杂的地区国际关系不利于为吉国政治转轨营造和谐稳定的外部环境的一面。吉尔吉斯斯坦独立以来政治转轨道路上的诸多波折在很大程度上不能说与地区周边安全环境丝毫无关。

二、外部大国势力因素

冷战结束后，中亚地区的地缘战略意义再度凸显。为填补因苏联解体而造成的地区地缘政治的真空，各大外部势力竞相进入该地区，成为影响地区政治和社会转型的一个重要因素。由于中亚国家大多实力相对弱小，大国外部势力的介入和渗透除影响地区安全与稳定外，还会导致各国不能掌控自己的命运，发展方向带有不确定性。对此，曾有西方学者指出：“中亚各国的弱小以及它们对威胁与优先目标的不同认知，使地区合作机制缺乏，从而使得中亚国家容易受到地区大国通过军事、外交、经济手段施加压力的影响。”①

吉尔吉斯斯坦是中亚地区最小的国家之一，在大国之间寻求多元平衡发展是其对外政策的基本特色。外交政策的游离性使其国内政策不可避免地要受外来力量的左右和影响。在中亚，大国外部势力之所以看中并把吉尔吉斯斯坦作为介入的主要对象，一个根本的原因就在于吉国传统文化基础薄弱，抗干扰能力差。而由于缺乏自己的核心文明价值观，吉国转型在各项制度安排上更多地表现为对外来文明的依赖和接受，由此导致其转型带有某种程度的模仿性和摇摆性。有关这一点在本书第三章第一节分析吉国立国之初发展模式选择时曾有一定程度的反映。从独立以来十多年的政治转型实践观之，作为大国外部力量，俄罗斯与以美国为首的西方国家对吉国民主化政治转型的影响无疑最大，或者说，对吉国政治发展具有重要意义的国际环境应该主要是指吉俄关系和吉美关系。

（一）吉俄关系

如果用水乳交融来形容吉俄关系，是毫不过分的。相对于中亚别国，吉尔吉斯斯坦与俄罗斯的关系具有悠久的历史。自1757年首批天山吉尔吉斯人西迁西伯利亚，上书女皇叶卡捷琳娜二世寻求庇护并接受沙俄国籍始，吉俄关系已走过了两个半世纪的历程。如前所述，吉国独立国家身份的确立是受惠于苏联解体的结果，但在缺少民族国家治国经验的情况下，客观上要求其在一定的历史时期不得不依靠俄罗斯，尤其是在引导吉国走向独立的道路上，俄罗斯更是功不可

---

①Svante E. Cornell and Niklas L. P. Swanstrom, The Eurasia Drug Trade: The Challenges to Regional Security, Problems of Post-Communism, July/August 2006, p. 17.

没。正因为如此,吉国前总统阿卡耶夫曾无比动容地说:“是上帝和历史将俄罗斯赐予我们的,没有莫斯科的支持我们根本无法获得自己的主权,正是新的民主的俄罗斯才将我们引向主权国家的发展道路。”①

早在苏联解体前后,吉尔吉斯斯坦便与俄罗斯建立了良好的关系。1991 年 7 月 21 日被认为是吉俄作为两个主权国家新型关系诞生的日子。当天两国签署了《关于吉尔吉斯斯坦与俄罗斯联邦国家间关系的条约》。在条约签订之前,吉国总统阿卡耶夫宣称:“俄罗斯未来的道路就是我们吉尔吉斯斯坦所要走的路,因为这是民主之路,是人的尊严恢复之路。我坚信,在 21 世纪俄罗斯将是吉尔吉斯斯坦主要的经济和政治伙伴。”②由于吉俄两国是在苏联框架内签署的该条约,于是在苏联解体后的 1992 年 3 月 20 日,两国在上述条约的基础上签署了《吉尔吉斯斯坦和俄罗斯联邦确立外交关系议定书》,从而巩固并进一步推动了双边关系的发展。1992 年 6 月 10 日,吉俄两国签署了《友谊、合作与互助条约》。2000 年 7 月 27 日,两国又在莫斯科签署了《俄罗斯联邦与吉尔吉斯共和国永久友谊、盟友与伙伴关系宣言》,从而奠定了双方战略协作的基础。总之,无论是阿卡耶夫,还是巴基耶夫,都曾在不同场合表示,俄罗斯是吉尔吉斯斯坦对外关系最优先的方向之一。

吉尔吉斯斯坦与俄罗斯的良好关系还体现在,吉国一直是俄罗斯所倡导的诸如独联体、集体安全条约组织、欧亚经济共同体、上合组织(中俄首倡)等国际或地区组织的积极参与者。除长期保持高度政治互信外,吉俄两国在经济、文化、安全和军事等领域一直保持着较高的合作水平。1992 年,吉俄两国总统阿卡耶夫和叶利钦共同倡导在比什凯克创办吉尔吉斯—俄罗斯斯拉夫大学,这是独联体第一所由吉俄联合创办的高规格高等学府,堪称吉俄文化合作的典范。至于两国在军事安全领域的合作,同样十分密切,这单从 2002 年以前吉国边界主要由俄罗斯边防军把守即可见一斑。在此值得一提的是,在冷战结束后的全球化背景下,经济逐渐成为决定国家关系的首要因素,是与政治一样维持和促进国家关系平衡发展的另一个车轮。由于与前苏联难以割舍的传统经济联系,对吉尔吉斯斯坦来说,俄罗斯无疑是其最重要和最大的贸易伙伴,时至今日吉国经济依然严重依赖于俄罗斯的商品。1991—2000 年,吉国俄双方一共签署了 100 多个经贸协定。据独联体统计委员会资料,吉国 2002 年对外贸易额为 1.0722 亿美元,其中俄罗斯就占到 19.9%,处于绝对领先地位。俄罗斯对吉国的经济

①Георгий Рудов. Российско - кыргызские отношения: история и современность. Москва - Бишкек,2001. С. 5.

②Акаев А. Откровенный разговор. Москва, 1998. С. 123 - 124.

投资从2000年的340万美元增加到2002年的1710万美元。① 2006年,吉俄贸易额为8.312亿美元,占吉国贸易总额的24%。② 2008年6月,在圣彼得堡独联体首脑峰会后,俄罗斯总统梅德韦杰夫在会见吉尔吉斯斯坦总统巴基耶夫时指出,吉俄双边贸易额已突破50%。另外,俄罗斯还是吉尔吉斯斯坦最主要的双边信贷合作伙伴之一,其所提供的贷款要占到吉尔吉斯斯坦贷款总额的10%。2009年2月初,俄罗斯总统梅德韦杰夫在与到访的吉尔吉斯斯坦总统巴基耶夫会谈的过程中,双方签署了关于俄罗斯向吉尔吉斯斯坦提供15亿美元免费贷款的协议。③

在此值得一提的是,俄罗斯充分利用前苏联时期在中亚的基础网络设施和传统的经济优势,将其天然气工业与电力产业扩展到中亚,并以此为砝码来调节中亚国家的关系,使吉尔吉斯斯坦从中大获益处。在过去几年里,俄罗斯天然气工业股份公司(Gazprom)已渗透到中亚,与哈萨克斯坦、乌兹别克斯坦石油天然气公司签订了战略合作协议。2003年5月,吉尔吉斯斯坦也与俄罗斯天然气工业股份公司签署协议。这样,俄罗斯天然气股份公司把从乌兹别克斯坦、土库曼斯坦两国收购的天然气卖给吉尔吉斯斯坦,从而避免了因乌兹别克供应商任意制定高价所造成的影响。与天然气工业一样,俄罗斯利用前苏联时期在中亚遗留下的统一电网积极开发中亚电力市场,这对水力资源丰富的吉尔吉斯斯坦来说具有可观的经济意义。2004年8月,俄罗斯单一电力系统(RAO - UES)与吉尔吉斯斯坦政府签署了关于开发卡姆巴拉特水电站1号和2号机组谅解备忘录,该工程需要追加19亿美元,且已完成了可行性报告的论证。④ 由于乌兹别克斯坦、吉尔吉斯斯坦两国历史怨恨甚深,俄罗斯在中亚施加能源手段既可以敲打对其有离心倾向的乌国,也可以使俄吉关系得到巩固。

尽管独立后俄罗斯的中亚政策经历了由不重视到重视的演变过程,但笔者认为,相对于中亚其他国家,可以说吉尔吉斯斯坦对俄罗斯几乎不存在离心倾向。原因是吉国是中亚一个资源缺乏的小国,其在国家发展道路上有赖于俄罗斯。况且,吉国许多政治精英,如阿卡耶夫、巴基耶夫、奥通巴耶娃、库洛夫等人在前苏联时期都曾在俄罗斯求学,从内心对俄罗斯怀有特殊感情。而对俄罗斯来说,重视与吉国发展关系除希望扩大在中亚的影响外,在吉国大量的俄罗斯人

---

①Воропаева В. и другие. Введение в историю Кыругызско – российских отношений. Бишкек, 2005. С. 77.

②http://www.sng.allbusiness.ru/content/document_r_FD8E83BA-4B5F-4FA9-953C-8608D3DCEA88.html.

③http://www.nts.kg/action=news&na=read&topic=4672.

④http://www.cawater-info.net/news/11-2004/04_e.htm.

无疑是又一重要原因。苏联解体前的1989年，在吉俄罗斯人大约90多万，占吉国人口总数的21.5%，俄罗斯族为吉国第二大民族，而目前在吉俄罗斯人也有大约50万左右，占吉国人口总数的比例仍超过10%，次于乌兹别克族位居第三。

因此，在吉国无论是政治精英还是普通民众，都对俄罗斯保持着较高的认同度。如前所述，与独联体格鲁吉亚和乌克兰的"颜色革命"不同，吉国"郁金香革命"并没有冲淡吉俄关系，甚或说对两国关系没有产生丝毫的损害。这从"郁金香革命"后在吉国举行的一系列民意测验中可得到充分证明。在关于"何国对吉国影响最大"的调查问卷中，90%的吉尔吉斯斯坦人认为是俄罗斯；在关于"是否允许俄罗斯保留在吉国坎特空军基地"的调查问卷中，91.1%的人回答了"是"，而对"是否允许美国保留在吉国军事基地"的回答仅有40%是正面的。①在2008年11月所做的一项社会调查中，对"您最希望扩大哪个国家未来在吉尔吉斯斯坦以下领域的影响"这一问题的回答结果是：在经济领域，俄罗斯76.7%、美国35.6%、中国14.8%；在军事领域，俄罗斯86.8%、美国30.0%、中国6.5%；在人文合作领，域俄罗斯56.7%、美国35.5%、中国6.9%。② 2009年2月3日，吉国总统巴基耶夫在访俄期间正式宣布，吉国将关闭在玛纳斯机场的美国空军基地，并在随后议会投票表决后就此签署了总统令，这对于吉俄关系无疑起到了进一步的推进作用。

上述民意测验结果充分表明了俄罗斯在吉尔吉斯斯坦国家生活中的特殊地位和重要作用。对此，俄驻吉前大使E.A.什马金（Шмагин）曾说："目前吉尔吉斯斯坦不仅是我们在独联体内部一个最要好的朋友、盟友和伙伴，而且是一个说起'俄罗斯'一词时特别向往的国家。……大凡从莫斯科来的人感到惊奇的是，在俄罗斯之外还有这么一个生活中俄语随处可见并充满着俄罗斯味的国家，俄罗斯精神像从前一样依然在此受到尊重……大部分广告上写的是俄语，办学标准与俄罗斯如出一辙。"吉国总统巴基耶夫在一次访谈中则说："吉尔吉斯人民与俄罗斯人民总能结成一种特别亲热的关系，我倒是想把它说成一种亲戚关系。"③2005年10月1日，吉国总理库洛夫在访俄期间接受《独立报》采访时曾表示："目前我们在许多方面都是以俄罗斯为目标。我们十分关注俄罗斯所发生的一切，有时甚至超过关注我们国家所发生的一切。我们不同意俄罗斯新闻界对我们这样的描述：美国是吉国的头号敌人，俄罗斯是吉国的头号朋友。诚

①Проект"Время Востока". http://www.analitika.org/article.php? story=20070114213007858.

②Русский с кыргызом братья наиек. http://www.easttime.ru/analitic/1/4/530p.html.

③Русский с кыргызом братья наиек. http://www.easttime.ru/analitic/1/4/530p.html.

然,俄罗斯是我们的头号朋友,但不能就此就说美国是我们的敌人。美国的确不是我们最好的朋友,但却是像其他国家一样应该保持良好关系的国家,当然,俄罗斯是我们的优先方向。"①

然而,吉俄关系中并非不存在不和谐因素。如前所述,独立后民族主义思想泛滥、俄罗斯族遭受排挤、在俄罗斯的吉国非法移民以及俄罗斯本身受经济问题的困扰等诸多因素都不同程度地对两国关系造了成负面影响,但这些影响毕竟不是主要的。从总体上讲,上述政治互信、经贸往来、军事安全合作、文化交流以及吉国普通民众对俄罗斯的认同心理等充分说明了吉国独立以来吉俄关系的密切程度。这是理解吉尔吉斯斯坦政治转型受俄罗斯影响的现实环境因素。

我国著名学者冯绍雷教授曾提出,转型国家的制度变迁与国际关系之间存在着广泛的相关性,发生在一国之内的社会变革及其制度表现会逐渐产生"外溢"效应,从而影响国家关系。俄罗斯与吉尔吉斯斯坦的亲密关系以及俄罗斯权威主义政治转型模式对吉国潜移默化的影响无疑代表了这种情况。例如,1993年俄罗斯总统与议会因权力之争发生了"十月事件",同年在吉国也因所谓的"黄金案"总统与议会尖锐对抗,导致1994年吉国议会解散。对此,阿卡耶夫在回忆录中对当年叶利钦采取"炮打白宫"时的处境给予了理解与同情。就某种意义而言,吉尔吉斯斯坦体制转型的模式可谓是俄罗斯的翻版。② 首先,吉尔吉斯斯坦是中亚唯一在经济改革领域接受并照搬俄罗斯"休克疗法"的国家。③俄罗斯于1992年1月1日全面开放物价,吉尔吉斯斯坦紧随其后于1月4日实行物价全面开放。其次,目前吉国总统党——"光明大道党"在议会所处的地位以及所发挥的作用可谓是俄罗斯"统一党"的翻版。最后,曾有吉国学者明确指出,普京的俄罗斯步入权威主义道路,提出了恢复和巩固在后苏联国家影响的任务,并逐渐走向"主权和可控民主"模式,无疑会对吉尔吉斯斯坦这样的小国产生影响。④ 或许正是考虑到前苏联国家与俄罗斯深厚的历史渊源,亨廷顿在研究第三波回潮时曾指出:任何民主化或正在民主化的大国转向权威主义都可能在其他国家触发类似的滚雪球行为,在俄罗斯朝着权威方向的逆转都有可能会

①Воропаева В. и другие. Введение в историю Кыругызско – рассийских отношений. Бишкек, 2005. С. 106.

②此观点源于笔者2007年在吉尔吉斯斯坦学术访问期间与比什凯克人文大学拉希德·尤素波夫教授的一次学术谈话。

③Воропаева В, Джунушалиев Д, Плоских В. Из истории кыргызско – российских отношений(XⅧ – XX вв.). Бишкек, 2001. С. 77.

④Был ли остров демократии в Центральной Азии? http://www.ipp.kg/ru/analysis/600/.

对苏维埃各共和国的民主化产生令人不安的影响。①

与此同时,俄罗斯对吉尔吉斯斯坦政治转型的现实影响更多的是来源于俄罗斯及前苏联文化传统的历史深处。俄罗斯传统文化东正教、村社主义所传承的专制理念和权威崇拜以及前苏联时期高度集权的苏维埃政治体制,无不将其遗传基因复制给当代俄罗斯的社会政治生活。当代民主俄罗斯首任民选总统叶利钦曾公开称自己是新沙皇"鲍里斯一世"(叶利钦的名字为鲍里斯)、21世纪以来俄罗斯历久不衰的"普京热"等现象,充分反映了历史文化传统的惯性力量。

如前所述,吉尔吉斯斯坦由于与沙俄以及此后前苏联的特殊关系,尤其是作为前苏联加盟共和国,近70年来受高度集权的苏维埃政治体制的熏陶,不仅使其政治精英的政治思维和行为有前苏联传统政治模式的印记,同样使广大民众的政治心态仍无法摆脱前苏联体制的阴影。而且,吉国现有政治结构的诸多重要方面,也并非是苏联解体、国家独立后的创新,相反可以发现许多在前苏联时期甚至十月革命前沙俄政治制度中的残余和影子。② 对此,丹麦学者奥勒·诺格德在评价吉尔吉斯斯坦政治体制时指出:"由于正式的(现代的)制度被前现代社会和苏维埃体制中的非正式(传统)制度所僭居(colonized),表面的社会易变性实质上是假的。"③比如,对强力人物的推崇、对权威的崇拜,构成了吉国新制度安排中的内在成分,使吉国的政治合法性体现了典型的魅力型政权类型的特征。正如吉国总统战略研究所前所长B. 鲍加特列夫所言,尽管前苏联地区的各加盟共和国都是在西式"民主"的呼声下独立的,但"中央集权的权威统治结构都保留了,执政的也是前苏联时代的旧臣,国内沿袭的也是前苏联的旧体制,在体制转换时,这些国家更多保留着前苏联时期的痕迹"。④ 还有,独立之初,新自由主义思想一度独领风骚,但随着"休克疗法"的失败,大多数人陷入贫困状态,社会主义思想重新抬头,尤其是左翼共产党主张恢复前苏联在社会产生了一定的影响。目前,在吉尔吉斯斯坦各种意识形态当中,共产主义思想虽远非最主要的,但却是居第一位的意识形态。绝大多数公民对现今政治制度持批评

①参见〔美〕塞缪尔·亨廷顿:《第三波——20世纪后期民主化浪潮》,刘军宁译,上海三联书店1998年版,第356页。

②参见杨恕、曾向红:《中亚各国制度变迁的政治文化动因》,载于《俄罗斯中亚东欧研究》2007年第6期。

③〔丹〕奥勒诺格德:《经济制度与民主改革:原苏东国家的转型比较分析》,孙友晋等译,上海人民出版社2007年版,第194页。

④转引自徐海燕的《解读"颜色革命"》,载于《国际资料信息》2005年第10期。

态度,并对其功能效果表示怀疑,因而不愿参与社会政治活动。① 受前苏联文化影响,对国家的依赖思想在不少人头脑中依然根深蒂固,这与市民社会倡导积极独立的个人也是格格不入。

综上所述,吉尔吉斯斯坦政治转型陷入这种既民主又集权的怪圈,不能说与俄罗斯的大国示范效应毫无干系。从现实情况来看,吉尔吉斯斯坦独立以来所谓的民主化政治转型只不过是行前苏联集权政治之实而务西方民主政治之虚罢了,其本质依然是总统集权制。

(二)吉美关系

冷战结束后,以美国为首的西方国家对地处欧亚大陆腹地的中亚这一长期使其感到陌生的地区表示了极大的兴趣。美国是最早承认吉尔吉斯斯坦独立的为数不多的几个国家之一。苏联解体的第二天,即1991年12月27日,吉美双方就确立了外交关系。1992年2月,美国驻吉使馆在比什凯克开馆,这是吉国独立后的第一个外国外交机构,同年5月,吉国驻美使馆开始在华盛顿工作。应该说,由于吉国在中亚地区舞台上所扮演的角色有限,美国没有针对其特别的战略目标,美国对吉国政策仅是其中亚战略框架下的一个组成部分,吉国受美国重视的程度也是伴随着整个中亚地区受重视的程度而逐渐增强的。为此,要了解吉美关系首先必须了解美国的中亚战略。

安全、民主、能源是美国对中亚战略的基本目标和内容。总体而论,虽然苏联解体后美国很快与中亚新独立国家相继建立了外交关系,但在20世纪90年代美国对中亚事务的介入极为有限,缺乏一个明显的中亚政策。造成这种境况的原因主要有三:其一,苏联解体后俄罗斯放弃对中亚的控制使美国没有充分认识到中亚在国际格局中的重要地位;其二,美国对中亚国家转型过程中伊斯兰极端势力、恐怖主义等非传统安全因素给美国全球利益造成的威胁估计和认识不足;其三,中亚尚未发现储量可观的油气资源。由此导致美国决策层和学术界普遍认为美国在中亚地区存在的利益十分有限,这一地区在美国的全球战略中仅具有边缘性的地位。② 从这种认识出发,美国并没有制定出积极全面的中亚政策,它对中亚的关注主要集中在如何处理前苏联遗留在中亚国家,尤其是哈萨克斯坦的大规模杀伤性武器与缓解新独立国家因为经济衰退所导致的人道主义灾难等问题上。虽然美国也试图向中亚地区引进美国所倡导的民主、人权、市场经济等价值观念,但此时的美国将更多的注意力集中在与俄罗斯发展建设性伙伴

①См.:Чиналиев У К. Кыргызстан на пути к демократии: трансформация политической системы. Москва, 2004. С.215,220.

②Stephen Blank, ‘The United States And Central Asia’, in Roy Allison and Lena Johnson(eds.) Central Asia Security: the New International Context(London: Royal Institute for International Affairs, 2001), p.127.

关系上,而把帮助中亚国家发展经济视为一种负担,因此美国对此问题的热心程度不可避免地受到了极大的限制。①

但是,进入21世纪以来,美国加大了对中亚关注和介入的力度。一个重要的原因就是,2000年普京上台后俄罗斯外交政策调整的一个重要内容就是重新恢复对独联体和中亚作为其传统战略利益区的重视,由此引发了美国对中亚政策的倾斜力度。这明显地表现在,2000年4月俄罗斯总统特使雅斯特任布斯基(Ястржембский)和美国国务卿奥尔布赖特同时对中亚进行了闪电式的访问。从这时起,美国对中亚政策具有明显和直观的性质,美国决心担负起中亚地区安全与稳定的责任,并积极利用"民主"说词和经济杠杆向地区政治精英施加压力,其主要战略目的在于建立一个由华盛顿控制的中亚政治秩序网络。2001年发生的"9·11事件"更是美国重新认识并发现中亚的一个分水岭。该恐怖袭击事件使美国对中亚国家在国际地缘政治格局中得天独厚的优势地位有了新的认知,并以此为契机积极介入重塑中亚地缘政治环境的努力中。诚如时任国务卿鲍威尔2002年2向美国众议院国际关系委员会作证时所指出的那样:"美国在中亚的存在与利益将长期存在,这是一种我们以前无法想象的局面。"②2005年吉尔吉斯斯坦"郁金香革命"和乌兹别克斯坦"安集延事件"之后,美国对其中亚政策进行了反思,意识到了过分干预中亚国家内政对美国所造成的不利影响,开始打造包括中亚、南亚和阿富汗在内的"大中亚计划",更多地寄希望于通过民主和人权来推动中亚的政治与经济改革,以达到使中亚地区长期稳定的目标。这说明了美国对中亚的关注度仍在不断上升。

以上是美国对中亚战略的总体情况,吉美关系正是在这一框架下不断发展与演变的。由于吉尔吉斯斯坦是中亚地区小国,自然资源禀赋较差,没有像哈萨克斯坦、乌兹别克斯坦、土库曼斯坦那样丰富的油气资源,所以在美国心目中哈萨克斯坦、乌兹别克斯坦是地区大国,能源合作潜力较大。但是吉国亦有其一定的优势:其一,吉国便利的地缘位置在美国的中亚战略意图中具有多重意义。以玛纳斯空军基地为例,距离阿富汗才643千米,距哈萨克斯坦仅32千米,距中国只有321千米。其二,相对于中亚其他国家,吉国"民主岛"的招牌使其对外开放度为中亚之最,这为美国的渗透打开了方便之门。因此,在安全与民主方面,吉国对美国具有很大的吸引力。不过,就吉国独立以来吉美关系发展的总体情况而言,吉尔吉斯斯坦对美国的兴趣更浓,态度也更积极。

①Eugene B. Rumer, "Flashman's Revenge: Central Asia after September 11", Strategic Forum, Institute for National Strategic Studies National Defense University, № 195, December 2002, p. 2.

②Quoted in Vernon Loba, Footprints in Steppes of Central Asia, The Washington Post, February 9, 2002.

众所周知,吉尔吉斯斯坦国家转型的方向是以西方为参照系而确定的。所以,无论是民主政治,还是自由市场经济体制的构筑和发展,吉尔吉斯斯坦都离不开西方,尤其是美国的理解和支持。而西方则借此机会将吉国扶持为中亚民主国家的样板,以便进一步向其周边国家推广西方的价值观和准则。为此,吉国独立以来吉美双方在经济、政治和军事上长期保持着密切的关系。

自吉国独立以来,吉美双方先后签署了20多个双边协定,奠定了两国关系正常发展的基础。其中比较重要的有:1992年5月8日,两国在华盛顿签署了关于促进投资的协定;同年8月26日,两国政府又签署了相互理解备忘录;1993年1月19日,吉美签订了关于鼓励和相互保护投资的协议;等等。此外,吉国独立后,美国包括国务卿、国防部长以及国会参众两院议员等政治要员曾多次造访吉国,这对促进两国关系不断向前迈进发挥了重要作用。

2001年"9·11事件"可被视为吉美关系发展的一个重要里程碑,吉国在美国中亚战略棋盘上的地位骤然提高。当年12月底,吉国议会通过决议允许美国在其玛纳斯民用机场设立军事基地以进行反恐。这对吉国来说是增加其经济收入的一个重要来源。据吉国运输部长称,美国驻吉联军军用飞机每起降一次所要支付的费用平均为300美元,而重达300吨以上的运输机每起降一次则需要支付7000美元。① 另据报道,美国每年向吉国提供的援助资金和玛纳斯基地租金达1.5亿美元,超过吉国政府每年财政预算收入的20%。② 可以说,玛纳斯基地是吉国政府最主要的"财源"之一。更重要的是,2001年11—12月,吉美双方政府签署相关协议达成以下共识:③

(1)促进吉尔吉斯斯坦经济融入世界经济一体化;

(2)巩固民主作为持久稳定的基础;

(3)加强吉尔吉斯斯坦边界守卫并提高国防能力;

(4)同国际恐怖主义作斗争,包括彻底铲除极端主义赖以生存的社会、经济和资金源头。

众所周知,包括吉尔吉斯斯坦在内的后苏联国家在转型之初大都对以美国为首的西方国家追随较紧,一个根本原因就在于其经济转轨有赖于西方的经济援助。因此,经济因素同样是影响吉美关系的重要因素,也是美国等西方国家对吉国实施民主改造的重要手段。阿卡耶夫总统十分清楚,对吉尔吉斯斯坦这样

①Красная звезда. 2 июля 2002.

②http://www.huaxia.com/xw/gjrd/2009/02/1325904.html.

③Нур Омаров. Состояние и перспективы межгосударственного сотрудничества Кыргызстана и США в 90-годы XX-го-начала XXI столетия. http://omarov-nur.narod.ru/2004/KR_USA_USA_K_AKP.doc.

又穷又小的国家而言，只有对西方言听计从，依靠总统个人人格魅力才能吸引西方的投资、贷款和经济援助，从而避免其所在中亚地区相邻大国的压制。这也是阿卡耶夫以极大的热情推进政治改革、树立民主形象的根本原因之所在。

事实上，在阿卡耶夫的行动赢得西方赞誉的同时，以美国为首的西方国家的经济援助也源源不断地流入吉国，使吉国的经济和政治改革一直走在中亚国家的前列。吉国是中亚第一个进行宏观经济项目改革的国家。阿卡耶夫利用其总统权威积极推行与"华盛顿共识"相符的经济改革。在美国的影响下，1993 年 5 月，吉国在世界银行"稳定宏观经济项目"的支持下，率先采用了本国货币和自由贸易制度；1998 年加入世贸组织，这在后苏联国家是绝无仅有的。就接受经济援助的情况而言，在中亚国家中吉国接受的经济援助是比较多的。美国是吉尔吉斯斯坦最主要的"输血者"，其对吉国援助有一定的政治目的和企图，绝大多数经济援助都是以《自由促进法案》（1992 年 10 月 24 日由布什总统签署）、《丝绸之路战略法案》（1999 年 5 月由美国国会通过）等各种形式的计划项目为名进行的，旨在促进吉国民主转型、经济稳定以及国家安全等等。以下是吉国独立以来美国政府对吉国经济援助状况（见表 7－4）以及通过《自由促进法案》对中亚经济援助状况（见表 7－5），16 年总共援助数额为 928930 万美元。

表 7－4　1992—2007 年美国政府对吉尔吉斯斯坦提供外援总数

单位：百万美元

财政年度	援助数额	财政年度	援助数额
1992 年	13.020	2000 年	49.763
1993 年	108.263	2001 年	41.717
1994 年	90.496	2002 年	94.216
1995 年	44.582	2003 年	54.556
1996 年	63.630	2004 年	56.250
1997 年	23.857	2005 年	55.233
1998 年	50.337	2006 年	34.714
1999 年	61.189	2007 年	88.100

资料来源：Кубанычбек Омуралиев. Помогли ли американские деньги Кыргызстану? Акipress, 2000. № 8.

表 7-5 《自由促进法案》账户为中亚国家提供援助资金

单位:万美元

国家	2005 年	2006 年	2007 年	2008 年(申请额)
哈萨克斯坦	2670	2480	—	1440
吉尔吉斯斯坦	3510	2900	—	2380
塔吉克斯坦	2450	2380	—	2690
乌土库曼斯坦	650	500	—	550
乌兹别克斯坦	3150	1780	—	850
总计	12430	7808	—	7910

资料来源:Curt Tarnoff, U. S. Assistance to the Former Soviet Union(Washington, D. C.:CRS Report Order Code RL. 32866, Library of Congress), Update March1, 2007, p. 6.

从表 7-5 来看,与中亚各国相比,吉国明显占绝对优势。事实上,早在 1993 年,美国总统顾问泰勒伯特(С. Тэлбот)访问吉尔吉斯斯坦时对其初步的改革成果给予了高度的评价,并在对共和国领导人大加赞赏的同时暗示,西方将一如既往地支持他。美总统顾问还特地断言:“吉尔吉斯斯坦人均获得的援助将要多于别的国家。”①

然而,美国的巨额援助并未换回其所希冀的结果。因为,政治转型是一项复杂的工程,尽管以美国为首的西方不遗余力地援助吉尔吉斯斯坦,并以此为手段对其实施民主改造,但却无法剔除其千百年政治传统和文化等的影响,吉尔吉斯斯坦最终还是走向总统集权制。结果是在西方看来,吉尔吉斯斯坦所谓的民主体制与中亚其他国家并无二致,并因此对吉国颇有微词。正因为如此,美国卡内基国际和平基金会资深合作者、著名的中亚问题专家玛莎·布瑞尔·奥卡特曾称这是西方在吉尔吉斯斯坦计划的失败。② 除此之外,阿卡耶夫总统奉行的大国平衡外交政策也令美国极为不悦。2005 年大选之前,美国就曾暗示阿卡耶夫放弃此次总统大选。如前所述,“郁金香革命”仅仅是西方干涉吉国内政的一个缩影。事实上,“郁金香革命”后美国一直没有放松和停止过用于支持吉国民主化政治转型的经济援助。2006 年,世界银行拨款 2000 万美元用于帮助吉尔吉斯斯坦改革国家管理体制。③ 2007 年 8 月,在经历了美国 3 年的严格筛选和考

---

①См.:Зураб Тодуа. Кыргызстан: причины, уроки, возможные последствия падения режима Аскара Акаева. Центральная Азия и Кавказ. 2005. № 3.

②〔美〕玛莎·布瑞尔·奥卡特:《中亚的第二次机会》,李维建译,时事出版社 2007 年版,第 42 页。

③См.: Элебаева А, Пухова М. Транзит в контексте политического развития современного Кыргызстана(1991-2006). Центральная Азия и Кавказ. 2007. № 2.

验之后,吉尔吉斯斯坦又正式加入了美国的“千年挑战计划”。

显然,上述情况在一定程度上反映了吉美关系的密切状况,但同时也不否认存在着影响两国关系的诸多因素。其中,平衡与俄罗斯的关系不仅是令吉国当权者十分头痛的一件棘手事,更是横在吉美之间的一个不可逾越的障碍。此外,2006年一名吉国公民在玛纳斯基地遭遇美国士兵枪杀给两国关系蒙上了一层阴影。曾让美国感到遗憾的是,“郁金香革命”后的巴基耶夫政府并没有奉行疏俄亲美的外交政策。更令美国感到尴尬和恼怒的是,2009年2月3日,吉国总统巴基耶夫在访问俄罗斯期间与俄罗斯总统梅德韦杰夫会谈时宣布,吉国将关闭美国在吉国的玛纳斯基地。2月19日,吉国议会以压倒多数的票通过了限美国在180天内撤离其玛纳斯基地的决议,巴基耶夫总统当日签署了该决议。不过,巴基耶夫总统在解释关闭美国玛纳斯基地原因时曾流露出了两难的复杂心态,只是说由于社会问题(美国士兵枪杀吉国公民在社会上引起的不良反响)和经济问题(租金问题)吉国才作出此决定,同时还强调,该事件不会影响吉美关系的进一步发展。事实上,吉国要彻底摆脱美国的影响绝非一件容易的事。可以预见,在未来相当长的时期内,吉国在包括美国在内的大国之间寻求多元平衡的外交政策不会发生实质性的改变。诚如吉国前副总统、反对派人士库洛夫所言:“我们必须对所有的人说‘是’,美国人给我们钱,俄罗斯人给我们工作。吉国公民从俄罗斯带回来的收入将近占国家预算的一半。俄罗斯还向我们提供燃油和供暖,我们不能惹恼莫斯科。”①

本章小结

吉尔吉斯斯坦十多年政治转轨的实践和经验表明,其国家实际上运行着两套政治体制:形式上的民主政治和实质上的总统集权制。笔者认为,吉国政治转型陷入此种尴尬境地是一系列综合因素及其政治运作环境共同作用的结果,其中既有本土因素,也有外来因素。

首先,就政治转型与经济转轨的互动关系而言,民主化与经济制度变革是一个具有双重目标的核心关联的进程。经济结构的变化是影响国家权力结构的最重要的因素。西方民主制度的基础是市场经济,从这个意义上来讲,吉国脆弱的经济状况显然难以提供支撑民主体制的基础。苏联解体后,吉国模仿西方迅速建立起来的民主政治制度与权力和财富的分配不公甚至集中垄断、腐败丛生等一系列社会问题,形成了严重的不协调及矛盾。这不但与文明的市场经济背道而驰,从而削弱了民主化的基础及其所必需的市民社会,进而影响到了民众参与

①参见思悄:《吉尔吉斯斯坦:一夜新人换旧人》,载于《党的建设》2005年第5期。

政治的热情，也加剧了精英之间因经济资源缺乏而引起的争权夺利的斗争，最终动摇了执政者的合法性基础。2005年的“郁金香革命”及2010年的政变可谓是劣质经济因素葬送民主制度的真实情况的反映。

其次，漫长的游牧生活方式使吉国传统社会根基十分深厚，其中部族主义传统政治文化的陋习已成为困扰吉国政治转型进程中非制度化政治运作的恶质因素，而俄罗斯传统政治文化以及前苏联时期的各种制度、价值观、思想和行为方式则对吉国政治转型过程中正式制度与非正式制度叠合有效性、回归权威主义体制产生了间接影响。

再次，就民族宗教层面而言，不和睦的民族关系常常是影响国家统一与稳定，阻碍民族国家建设的潜在危险因素，宗教极端势力同样是影响吉国社会转型所必需的和谐稳定局面的重大安全隐患。

最后，政治转型过程中的制度变迁与对外关系具有高度的相关性，因为外交能为一国国内体制的变化提供新的发展空间。吉国由于本国资源禀赋不高，加之又是地区小国，大国平衡的多元外交模式一直是其对外战略的指导思想。由此造成的后果是，吉国政治转型很容易受大国外部势力的影响，在这方面俄美对吉国的影响最具代表性。这便使得吉国政治转型不可避免地带有某种模仿性、游离性和摇摆性，同时也是吉国政局不稳的一个重要原因。

第八章　当代西方政治发展理论与吉尔吉斯斯坦政治转型实践的悖论及其启示

黑格尔有句名言："只有黄昏降临时，智慧之神的猫头鹰才展开翅膀。"先哲这一意蕴深长的话语显然是在告诫人们，对一切事关人类文明重大历史进程的认识与评判要等到这一进程完结之后才能开始。20 世纪 90 年代初，伴随着前苏联的解体，在现代西方政治理论指导下，以西方自由民主制度为终极目标追求的吉尔吉斯斯坦开启了其艰难的政治转型历程。屈指算来，这一进程只不过区区十多年的历史，但时至今日还远未结束。若从这个意义上讲，要对吉尔吉斯斯坦的政治转型从宏观上作以高屋建瓴式的全面把握，并对其政治转型的未来态势进行预测，似乎还为时尚早。

然而，基于种种缘由和现实研究的需要，在当前现有的条件下，对这一进程进行阶段性的分析与把握，不仅是极其必要的，而且是可能的。因为，吉尔吉斯斯坦的政治转型毕竟已有近二十年的历史沉淀，它为我们以较为冷静的心态对该进程进行客观的评价提供了科学的依据。

第一节　从"民主岛"到"郁金香革命"：吉尔吉斯斯坦民主之路依然任重而道远

20 世纪 90 年代初苏联解体之前，吉尔吉斯斯坦在世界上似乎鲜为人知，更谈不上对其的关注度了。然而，时过境迁，就在刚刚迈入 21 世纪的第五个年头，一场"郁金香革命"使吉尔吉斯斯坦一下子成为国际社会关注的焦点。从独立初期对中亚"民主岛"的梦寐以求到 2005 年"郁金香革命"民主神话的破灭；从阿卡耶夫总统曾因对民主津津乐道而被西方赞誉为"中亚民主战士"到其一夜之间被赶下台而被迫流亡异国他乡；从当年作为"革命者"上台的巴基耶夫到其时隔仅仅五年又被"革命"掉而重蹈前任覆辙的颇具讽刺意味的戏剧性结局……。人们仿佛在问，吉尔吉斯斯坦到底怎么了?!

通过对本书研究内容的全面总结,得出以下主要结论。

第一,就转型动因而言,苏联解体既是吉尔吉斯斯坦政治转型的历史前提,也是其政治转型的主导性动因。没有苏联解体,就没有吉尔吉斯斯坦真正意义上的政治转型。苏联体制弊端亦即吉尔吉斯共和国体制的弊端,是其政治转型的根本动因。与此同时,苏联体制弊端及制度惯性的延续对后苏联时代吉尔吉斯斯坦政治转型产生了相当大的负面影响。

第二,就转型结果来看,吉尔吉斯斯坦远远不是一个真正意义上的民主国家。虽然吉国独立后在结构和形式上成功地确立了西方的民主制度,但却未能成功地吸纳西方民主政治的精髓,更没有真正实现由结构民主向功能民主的转变,由此导致了其民主带有某种欺诈性和虚伪性的劣质特性。在宪政制度安排上,三权分立、多党制、普选制、言论自由、媒体自由、独立开放的市民社会等西方民主政治的形式应有尽有,但在现实政治运作中却完全变味和走调,所呈现的是与民主政治大相径庭的另一番景象:总统制削弱了三权分立权力体制的制衡效力,使分权制衡机制名存实亡,诚如我国学者邢广程所指出的那样,其政治制度实际上是以"总统权力最大强化、议会职权最大弱化、司法权力最小仲裁化"为运行特征的;吉国虽然突破了民主制度的选举红线,但即便是在欧安组织、上合组织等国际组织监督下,其选举也依然因被操纵而时常引发政治丑闻;政党多如牛毛,但作用的发挥十分有限,离开总统行政资源的支持,政党的生存空间便大大缩水和受限;公民权利常常遭到侵犯,大众传媒遭遇打压和限制,在一定程度上使人权自由的说辞成为一种摆设;尽管阿卡耶夫一开始就极力倡导开放的公民社会,但脆弱的市场经济基础以及中产阶级的缺失至今并未促成一个健全市民社会的出现;等等。总之,吉国政治运作中存在着严重的非制度化现象,从而决定了其现有民主的性质。吉国内颇有影响的一家通讯社 2008 年 10 月的一项民意调查显示,77.25% 的被调查者认为吉尔吉斯斯坦不是一个民主国家,36.05% 的人对吉国民主现状给予了负面评价,15.45% 的人认为吉国民主仅仅是停留在口头上而已,另有 7.08% 的被调查者认为吉国是一个权威主义国家,其"民主岛"只是"白宫"(指吉国政府)杜撰出来的神话。① 一句话,诚如亨廷顿所言,民主的说辞虽说被接受,但却未被付诸实施。

第三,就转型的路径选择和规律来看,吉尔吉斯斯坦政治转型是一个由民主逐步滑向权威主义统治的过程。客观地说,这一现象在后苏联时代的独联体国家比较普遍,但吉尔吉斯斯坦最具代表性。笔者认为,就民主向权威过渡、国家形象前后反差之大等情况来看,吉国是任何后苏联国家无法比拟的。通过研究

①http://www.24.kg/community/2008/10/20/95721.html.

笔者发现,无论是西方还是吉国内学术界,普遍认为20世纪90年代中期以前吉尔吉斯斯坦是中亚地区最民主、最开放的国家。在西方国家眼里,吉国是中亚地区的"民主岛",阿卡耶夫总统本人也因竭力将自己打造成中亚的"托马斯·杰斐逊"形象而被美国人视为中亚地区"最开明"的总统和"中亚地区开明民主领袖"的典范。但自1996年起,因来自家族和邻国的压力,更主要的是因国内改革受阻,阿卡耶夫总统以修宪的形式不断扩大总统权力,最后逐步适应了总统集权的权威主义统治模式。总统的人格权威在权力结构中占有绝对地位,法的权威和机构权威则处于附属地位,如反对派报社被查封,媒体记者因被指控冒犯总统而被判刑,总统与其任命的地方领导人暗中联手共同压制议会,为其家族腐败充当保护伞,等等。诚如吉国学者所言:"吉尔吉斯斯坦的官僚主义是由于当局的政治霸权而产生的……阿卡耶夫当局可以违反立宪制的原则,实施官僚主义统治,竭力缩小宪法原则的使用范围……阿卡耶夫当局的政治霸权最终导致行政体制与政治体制合流,以及对司法独立的侵犯。在吉尔吉斯斯坦,按照国际标准建立起了看似最人道的法律,而当局却一点都不羞于行其权威体制之实。"①正因为如此,如前所述,曾有学者称2005年发生在吉尔吉斯斯坦的"郁金香革命"为一场反权威主义的社会运动。

第四,以中亚地区为视阈,吉尔吉斯斯坦的民主化水平相对高于其他邻国。截至目前,中国国内外学术界大都以中亚地区为研究对象,而关于地区国别研究的著述并不多见。这样,就导致了对地区相关问题下结论时不可避免地带有某种笼统性和模糊性。比如,包括吉国学者在内的相当一部分专家学者在描述中亚国家的政体时往往泛泛地将其称为"权威主义"。当然,这首先与权威主义这一概念界定的不确定性有很大关系。权威主义概念极其复杂,有广义、狭义之分(本书前言已述及)。就一般情况而言,目前学术界比较认可的解释是,权威主义政体是介于极权政体和民主政体之间的一种过渡型政体。权威主义政体虽然带有专制的特征,但其"并不全然反对民主,它往往套着民主的外衣,具有形式上的民主,甚至权威领袖头脑中亦有民主观念"。② 通过研究考察,笔者认为,吉尔吉斯斯坦的权威主义应该属于比较温和的那一类,与其邻国土库曼斯坦和乌兹别克斯坦不可同日而语。但吉尔吉斯斯坦是中亚地区向民主制度过渡最快的国家,比起"唯一秉持斯大林主义"的土库曼斯坦和被视为"警察统治"的乌兹别克斯坦,吉国民主化程度及对国际社会的开放程度位居中亚榜首是无可辩驳的。

①〔吉〕埃米尔·张嘎尔佐维奇·卡尼梅托夫:《苏联解体后社会转型理论与实践的悖论及其发展前景》,载于《国际论坛》2006年第1期。

②王孝勇:《权威主义政体:概念、特征和类型》,载于《南京工程学院学报》(社会科学版)2007年第4期。

阿卡耶夫虽有专权的一面，但在他统治下的吉国却有着中亚相对自由和开放的公民社会：吉国是中亚人口最少的国家，却集中了地区最多的反对党和非政府组织；反对派媒体和西方非政府组织可以在吉国“高效运转”，就连西方也承认，吉国出版机构是中亚地区最敢说话的媒体。① 就选举而言，有的西方学者认为，阿卡耶夫是中亚领导人中最乐意服从选民的人。他分别在 1991 年、1995 年和 2000 年三次参加总统竞选。当 1995 年中亚其他国家都通过全民公决增加总统权力并延长总统任期时，吉国是唯一进行总统选举的国家。再者，比起 1999 年土库曼斯坦尼亚佐夫宣布自己为终身总统，阿卡耶夫的专权无疑稍逊一筹。凡此等等，充分说明了不可把吉国的权威主义与其中亚邻国等量齐观，这也是导致吉国政治转型显得复杂而矛盾的重要方面。

第五，历史传统和现实需要决定了吉尔吉斯斯坦依托总统集权制的权威主义政体在未来相当长的时期内仍将继续发挥作用。吉尔吉斯斯坦有着深厚的传统社会根基，除游牧民族固有的崇拜首领的民族心理外，伊斯兰文化、俄罗斯东正教文化以及苏维埃文化等外来政治亚文化②所传承的顺服权威和专制等理念，已以非正式制度的惯性力量嵌入到了吉国政治转型期间的正式制度之中，并对其当政者的执政理念、思维乃至行为方式产生持久而深刻的影响。由于政治转型与经济转轨相辅相成，故经济转轨的特殊性和复杂性客观上对政治转型提出了民主与权威的双重要求：既要通过民主政治为市场的培育和发展创造自由宽松的环境，又不得不加强政治权威，以便为经济转轨提供秩序保障，甚或防止其发生逆转和倒退。这正是现实经济因素使吉尔吉斯斯坦政治转型保持着既“民主（尽管是一种形式民主）”又“专制”张力的两难境地的真实写照。针对吉国所面临的困境，有西方学者为其开了这样的处方：“重新由一位具有现代意识、深受西方影响、锐意改革的领导人通过强人手段推行权威主义政治，不失为解决经济改革与民主巩固之两难困境的有效办法。”③

第六，综合国内外一系列因素来看，吉尔吉斯斯坦未来政治转型的方向以及能否维持持久稳定的政治局面仍充满了变数。从吉国政治转型的现实状况来看，虽说吉国总统集权制在未来相当长一段时期内将依然发挥作用，但要知道，权威虽说能够维持一时的秩序，但却成就不了永久的合法性。从政治方面看，吉国十余年的政治转轨所造就的是一个至今十分模糊和脆弱的政权体系，并导致

①〔美〕玛莎·布瑞尔·奥卡特：《中亚的第二次机会》，李维建译，时事出版社 2007 年版，第 154 页。

②有关中亚政治亚文化的观点可参见杨恕的《转型的中亚和中国》，北京大学出版社 2005 年版，第 1 页。

③〔丹〕奥勒诺格德：《经济制度与民主改革：原苏东国家的转型比较分析》，孙友晋等译，上海人民出版社 2007 年版，第 194 页。

了宪政危机不断等一系列难以治愈的政治病；就经济状况而言，国家积贫虚弱、绝大多数居民旷日持久的贫困状态无时不在削弱执政者的合法性基础；就民族宗教来看，诸多矛盾尚未彻底解决、南北部族对立倾向严重、恐怖主义俟机骚扰不仅威胁着国家安全，而且严重影响了政治改革所需的稳定局面。另外，最为致命的是吉国长期游离于大国之间，缺乏自己独立的国家发展战略。正如阿卡耶夫在流亡莫斯科的一次演讲中所指出的那样，在引领国家走向何方这一问题上，当局至今既没纲领，也没战略，更没有哲学，我们所看到的仅仅是随意性地管理国家，而这必然导致经济和社会灾难。① 这些情况无疑是我们判断和预测吉国政治转型未来走势的基本依据。

总之，政治转型是一个动态的过程。这就要求我们在对吉国政治转型失败之处进行评价时，也要看到其所取得的进步与成就。比如，单就司法保护而言，吉国已从前苏联时期注重对国家的保护逐渐转向对个人利益的保护。诚如吉国内有的学者所言，十多年的政治总结说明了吉尔吉斯斯坦人民在民主文明的形成道路上已迈出了重大的一步，单是这一点就已经不简单了。应该说，这一评价是较为中肯的。毫无疑问，现代国家与社会发展的最终目标是实现民主，权威主义在一定程度上可被理解为一种实现民主的手段。从这一意义上讲，俄罗斯著名政治学家米格拉尼扬下面这段话对所有转型国家具有启迪意义：“权威主义并不比庸俗的民主可怕，它可能是一剂苦药，但却是通向民主的一座桥梁。”目前，吉尔吉斯斯坦正面临着从“形式民主”向“实质民主”过渡这一艰巨任务，而在缺乏民主传统的背景下，这就意味着其未来的政治转型绝非一帆风顺，民主之路依然任重而道远。

第二节　傲慢与局限：当代西方政治发展理论与吉尔吉斯斯坦政治转型实践的悖论给予中国的启示

就某种意义而言，政治转型的实质所反映的也就是政治发展问题。鉴于第二次世界大战结束后广大发展中国家在现代化道路上陷入迷茫和困境，一些西方政治理论工作者为了给上述国家指点迷津，纷纷将目光投向政治发展领域，由此推动了比较政治学的一门新的分支学科——政治发展学的急剧勃兴。客观地讲，当代政治发展理论是西方傲慢话语霸权的产物，其所涉及的内容广博而宏富。概括起来，西方政治学关于政治发展理论的基本观点是：(1)在社会制度

①Ситуационное управление в Кыргызстане приведет к экономической и социальной катастрофе. http://www.eurasianhome.org/xml/t/expert.xml? lang=ru&nic=expert&pid=1679.

上，视民族独立国家为“传统社会”，其社会发展方向是西方资本主义式的“现代社会”；(2)在政治发展目标和评价标准上，把西方资本主义社会的意识形态、经济方式和政治制度视为人类社会文明的顶点，并以此为观察、衡量、评价世界上任何国家政治发展的标准；(3)按照西方民主模式，为发展中国家设计并推销其政治发展的道路和模式；(4)以“价值中立”为原则，用抽象的研究方法割断发展中国家的历史。[①] 显然，西方政治发展理论的本意是要为发展中国家提供一种政治发展的道路和模式。

在此值得一提的是，对待西方政治发展理论，我们应该以马克思主义唯物辩证法来一分为二地看待，即在不否认其在一定程度上具有合理的因素外，更应该注意和警惕其理论弊端与缺陷。西方政治发展理论的最大的弊端在于不顾广大发展中国家国情而试图寻找一种普遍发展的模式。如同冷战结束后福山那名噪一时的“历史终结论”所宣扬的那样：“西方的自由民主制度是人类最终的政府形式，”其“历史终结论”的潜台词背后明显地隐含着这样一种逻辑：非欧美型转型国家的经济与政治改革目标似乎除了西方式的市场与民主模式将别无选择，唯独如此，全人类最终都将达到“普遍的同质国家”。[②] 显而易见，这种理论带有明显的西方主义色彩，是“西方中心论”傲慢与偏见的典型体现。

事实上，带有西方色彩的政治发展理论并非放之四海而皆准的万能处方。因为该理论毕竟是西方政治、经济和文化土壤中的产物，必然会存在由这种生态环境所造成的局限性，而离开西方特定的政治环境条件，试图用一个统一的规范模式来影响不同国家的政治发展，显然是不可能收到预想的效果的。战后一系列发展中国家，尤其是冷战后广大后苏联转型国家的发展实践非常具有说服力地证明了，西方政治发展理论实际上并未对广大发展中国家的政治发展实践产生多大的积极作用。显然，后苏联吉尔吉斯斯坦无疑是这样的典型。

伴随着苏东剧变，具有激进民主思想的学者总统阿卡耶夫在西方自由民主政治理论的指导下，开启了吉尔吉斯斯坦全面的社会转型进程。可有山有水的吉尔吉斯斯坦在经历了阿卡耶夫十余年民主改造之后并没有成为“中亚的瑞士”，反而在2005年一场“郁金香革命”中将其苦心经营十多年的“民主岛”彻底葬送。

中国在过去曾有过与前苏联国家吉尔吉斯斯坦相同的体制，在发展道路上曾有过一段相同的历程，但后来中国和吉尔吉斯斯坦分别在改革开放后以及苏

①王世雄：《后发国家政治发展及其模式选择——兼评权威主义现代化道路》，载于《浙江社会科学》2001年第1期。

②〔美〕弗朗西斯·福山：《历史的终结?》，载于美国《国家利益》1989年夏季号。

联解体后走上了不同的发展道路，最终出现的发展结果也大相迥异。因此，从这个意义上讲，吉尔吉斯斯坦政治转型理论与实践的悖论对同样处于转型过程中的中国无疑具有十分重要的警示意义和启示作用。

纵观吉尔吉斯斯坦政治转型的全部历程，从中亚“民主岛”到“郁金香革命”，再到所谓的“血色革命”的戏剧性变迁，引发了我们深刻的反思。就这一意义而言，笔者认为，吉尔吉斯斯坦政治转型的反面经验教训对中国的启示意义主要体现在以下几个方面。

启示之一，必须坚持科学的政治发展观与民主观，正确处理改革、发展、稳定三者的关系，这是中国改革开放事业顺利进展并取得伟大成就的重要保证。政治转型（改革）是政治发展的一项重要内容。笔者认为，导致吉尔吉斯斯坦政治转型陷入困境的一个根本原因首先在于该国无论是在前苏联晚期戈尔巴乔夫执政期间的政治改革，还是独立以来的政治转型，始终缺乏一个与其国情相符合的正确的理论指导思想。诚然，政治民主化是西方政治发展理论的一个核心内容，但政治发展绝非就是建构西方式的民主政治制度。更何况，政治发展总是指向一定的目标，主要由四个相互联系的要素构成：秩序、效率、公平、民主。① 科学的政治发展观的本质应该是上述诸要素合理协调地发展，片面追求其中任何一个要素都必将导致政治发展的不稳定，这显然是与政治发展的目标相违背的。实践表明，政治稳定问题是后发展国家，尤其是当代转型国家在推进政治改革过程中所面临的最为棘手的难题。即便是亨廷顿这样的西方政治理论家，也十分注重政治发展过程中的民主化与政治稳定问题。他认为，对几乎任何一个国家来说，首要的问题是创建一个合法的公共秩序，“人类可以无自由而有秩序，但不能无秩序而有自由”。② 从一定意义上讲，政治稳定是政治发展的必要条件，同时也是政治发展的必然结果，政治稳定是社会稳定的核心。

吉尔吉斯斯坦在政治转型过程中不顾自身的政治生态环境，把西方自由民主制度作为其政治转型的导向和终极目标，把民主视为万能，把民主抽象化、绝对化乃至庸俗化，而忽视了民主的多样性、现实性及其发展的阶段性，结果陷入了民主的“迷思”与“陷阱”之中。而“泛民主化”造成的严重危害之一就是国家政局时常不稳，2005 年“郁金香革命”和 2010 年“血色革命”就是吉国政治转型过程中政治不稳现象的极端反映。

中国改革开放取得举世瞩目成就的一个法宝就在于，始终坚持了科学的政治发展观，也得益于能够正确处理“改革、发展、稳定”三者之间的关系。中国改

①刘学军：《政治发展与政治稳定问题研究》，载于《国家行政学院学报》2006 年第 6 期。

②亨廷顿：《变化社会中的政治秩序》，三联书店 1989 年版，第 7 页。

革开放的总设计师邓小平同志一贯认为,维护国家政治稳定和社会稳定是我们进行改革的基本前提。他说:"中国的问题,压倒一切的是需要稳定。没有稳定的环境,什么都搞不成,已经取得的成果也会失掉。中国一定要坚持改革开放,这是解决中国问题的希望。但是要改革,就一定要有稳定的政治环境。……民主是我们的目标,但国家必须保持稳定。"①继邓小平之后,江泽民、胡锦涛等中央领导同样十分注重"改革、发展、稳定"三者之间的辩证关系及其协调发展对中国现代化建设的重大作用。江泽民同志曾指出:"改革、发展、稳定,好比是我国现代化建设棋盘上的三者紧密关联的战略性棋子,每一招棋都下好了,相互促进,就会全局皆活;如果有一招下不好,其他两招也会陷入困境,就可能全局受挫。所以把握好改革、发展、稳定的关系,是现代化建设的一项重要领导艺术。"②同样,正确处理好"改革、发展、稳定"三者的关系,也是中国共产党坚持科学发展观,构建和谐社会的重要基础。

总之,就民主化与政治稳定关系对国家发展所造成的重大影响而言,吉尔吉斯斯坦显然是一个不成功的例子,汲取其经验教训,对中国坚持正确的政治发展观,推进改革开放事业持续稳定发展,无疑具有发人深思的警示和启迪意义。

启示之二,不断加强党的执政能力建设是吉尔吉斯斯坦政治转型给予中国的又一重大启示。吉尔吉斯斯坦独立十多年来的政治转型没有促成一个繁荣富强的"中亚瑞士"的出现,反而引发了一系列社会问题:经济凋敝与民众贫困难以克服、政府腐败与低效旷日持久、宪政危机与政局不稳司空见惯、部族对立与南北分裂形势严峻等等。吉尔吉斯斯坦之所以发生"郁金香革命",在很大程度上与阿卡耶夫政权的执政能力不强有着极为密切的关系。

在中亚五国中,阿卡耶夫的执政能力远远低于其邻国。客观上说,这与他学者出身、是中亚唯一非前共产党领导人担任总统、缺乏党务工作经验不无关系。以"郁金香革命"为例,与"安集延事件"乌兹别克斯坦总统卡里莫夫的强硬果断相比,阿卡耶夫在该事件中失去政权很大程度上也反映了其性格的软弱性。

在笔者看来,阿卡耶夫执政能力的最大不足首先表现在他缺乏引导和把握改革正确方向的能力。无论在政治还是在经济上,尽管吉国都是以激进的方式走在中亚前列,但均因盲从他国经验和缺乏本国特色而陷入困境。与邻国乌兹别克斯坦和哈萨克斯坦相比,吉尔吉斯斯坦始终缺乏与其国情相符的正确的国家发展战略。乌兹别克斯坦独立后一直坚持强调走自己的路,并没有急于采取西方所开的"休克疗法"处方,而是以温和渐进的方式实施改革,从而保持了社

①《邓小平文选》(第3卷),第284页。

②江泽民:《论有中国特色社会主义》,中央文献出版社2002年版,第211页。

会的稳定;哈萨克斯坦则在2006年提出了要在2024年之前实现国内生产总值增加三倍,使哈国进入世界50个最具竞争力国家的行列;吉尔吉斯斯坦总统虽嘴上说要走符合本国实际情况的既不同于西方也不同于社会主义计划经济的"第三条道路",但其经济改革实际上却是奉"华盛顿共识"为圭臬,同时受到了俄罗斯的严重影响和左右。对此,吉国前外长、社会政策研究所所长伊马纳利耶夫曾坦言,吉尔吉斯斯坦没有自己的发展方向和目标。①

其次,阿卡耶夫在执政的方式、方法以及策略上有失得当。由于长期过热地追求民主,使民主的发展超越了社会经济的发展,超越了人们的期望值,因此阿卡耶夫被戏称为"跑到火车头前面去了";在解决经济问题时,吉国曾有不尊重经济规律的做法,其政府曾提出要改变单一经济结构,而创建完整的国民经济体系,这可以说是给资源状况不佳、经济实力弱小、资金匮乏以及传统经济纽带遭到割裂的吉国出了一道几乎不可能完成的难题;对媒体和非政府组织监管不力,这反映了阿卡耶夫执政失误的另一个侧面。如前所述,吉国被戏称为"非政府组织之国",长期以来外国非政府组织在其国家可谓是"任我行"。因放纵媒体而失去舆论阵地是阿卡耶夫丢权的开始。正因为如此,俄罗斯独联体问题研究所所长曾把阿卡耶夫比做"吉尔吉斯斯坦的戈尔巴乔夫",而普京总统也曾把吉国政治危机的原因归咎于阿卡耶夫的软弱。可见,"阿卡耶夫靠传统政治文化(指权威)维持了统治,而依赖民主则丧失了政权"的说法不无道理。

总而言之,阿卡耶夫执政的理念、方式、方法等方面所彰显的执政能力对吉尔吉斯斯坦政治转型产生了相当的负面影响,这对中国共产党提高执政能力建设同样具有重要的启示意义。值得称颂的是,2004年9月召开的中共十六届四次会议通过了《关于加强党的执政能力建设的决议》,把"立党为公、执政为民、执政兴国"作为中国共产党的第一要务来抓。阿卡耶夫执政的教训使我们认识到,提高党的执政能力建设仍需常抓不懈,决不可掉以轻心。

启示之三,所谓的西方"统一发展模式"并非世界上一切国家必须效仿的终极模式,坚定不移地走中国特色社会主义道路是实现中华民族伟大复兴的必由之路,这是吉尔吉斯斯坦政治转型留给我们的最大的启示。吉尔吉斯斯坦民主化政治转型理论与实践的悖论告诉我们,西方的价值观绝非全人类必须接受的价值观,西方式的宪政民主制度也不是所有国家效仿的终极模式。正如西方著名历史学家、《全球通史》一书的作者斯塔夫里阿诺斯所言:"19世纪,整个世界接受了一种社会模式,那就是西方的资本主义。如今,再也不存在什么世界性的

①该观点源于笔者2007年5月在吉尔吉斯斯坦学术访问期间与伊马纳利耶夫先生的一次学术谈话。

社会模式，因为所有社会都处在深深的危机中。当然，我们可以学习外国某些独特的技术，但就总的社会模式而论，却没有一个可鉴用。……每块大陆、每个地区的各个民族都有各自独特的问题，他们有责任拿出自己独特的解决办法。”① 就连托克维尔在考察了美国的政治制度之后，也不由得感慨地认为，如果把美国的政治制度搬到其他国家就要变形。何况吉尔吉斯斯坦在漫长的历史上都是游牧国家，几乎没有经历过资本主义的熏陶，部落宗法制思想至今依然根深蒂固，传统的社会结构及政治文化与现代社会格格不入，在这样的背景之下盲目简单地移植西方的社会制度和发展模式，致使改革遭遇波折也就在所难免。难怪曾撰写《历史的终结》并提出“自由民主模式在全世界取得胜利”的著名美籍日裔学者福山曾一度声明要与过去的思想盟友决裂，并在2007年6月圣彼得堡的一次演讲中声称，如果全球化导致世界只有一种文化模式，这不能称为是民主的。

吉尔吉斯斯坦在经历了十多年的转型之后非但没有成为政治精英们当初所憧憬的真正的民主和法制国家，反而是在转型过程中，既非复归传统制度，亦非走向既定目标。从这一意义上讲，吉尔吉斯斯坦留给我们的警示意义是深刻的。更何况，由“华盛顿共识”到“北京共识”再次证明了中国特色社会主义发展模式的理论价值和现实意义。吉国前总统阿卡耶夫流亡俄罗斯期间在接受媒体采访时的肺腑之言或许是对中国模式所做的最好注释：“我现在才理解邓小平是多么的英明，他一直呼吁的恰恰是稳定，以便能够长期发展。”

本章小结

伴随着苏联解体，以西方为参照系的吉尔吉斯斯坦在西方政治发展理论的指引下开启了以自由民主宪政制度为目标诉求的政治转型进程。显而易见，就目前吉国政治转型的阶段性结果来看，吉国却陷入了西方民主制度的“迷思”与“陷阱”之中，出现了理论与实践的悖论。本章旨在对吉国政治转型进行全面总结与回顾，对其政治转型绩效进行评价并得出六点结论，同时还就西方政治发展理论与吉国政治转型实践的悖论给予中国的启示意义提出了相应的看法。

①参见〔美〕斯塔夫里阿诺斯：《全球通史：1500年以前的世界》，吴象婴、梁赤民译，上海社会科学院出版社1999年版，中文版序言第2页。

参考文献

一、中文文献

(一)汉译著作

[1]阿斯卡尔·阿卡耶夫. 难忘的十年[M]. 武柳,译. 北京:世界知识出版社,2002.

[2]阿斯卡尔·阿卡耶夫. 直言不讳[M]. 北京:国际文化出版公司,2000.

[3]阿基姆别科夫. 阿富汗焦点与中亚安全[M]. 杨恕,汪金国,译. 兰州:兰州大学出版社,2002.

[4]加布里埃尔·阿尔蒙德,G. 宾厄姆·鲍威尔. 比较政治学:体系、过程和政策[M]. 曹沛霖,译. 上海:上海译文出版社,1987.

[5]加布里埃尔·A. 阿尔蒙德,西德尼·维巴. 公民文化——五国的政治态度和民主[M]. 马殿君,译. 杭州:浙江人民出版社,1989.

[6]詹姆斯·H. 比灵顿. 俄罗斯寻找自己[M]. 杨恕,译. 兰州:兰州大学出版社,2007.

[7]西里尔·E. 布莱克. 比较现代化[M]. 杨豫,陈祖洲,译. 上海:上海译文出版社,1996.

[8]戴维·比瑟姆. 马克思·韦伯与现代政治理论[M]. 徐鸿宾,译. 杭州:浙江人民出版社,1989.

[9]兹比格纽·布热津斯基. 大棋局——美国的首要地位及其地缘战略[M]. 上海:上海人民出版社,1998.

[10]尼·别尔嘉耶夫. 俄罗斯思想[M]. 雷永生,邱守娟,译. 北京:生活·读书·新知三联书店,1995.

[11]乔·萨托利. 民主新论[M]. 冯克利,阎克文,译. 北京:东方出版社,1998.

[12]斯塔夫里阿诺斯. 全球通史[M]. 吴象婴,梁赤民,译. 上海:上海社会科学院出版社,1999.

[13]保罗·A.萨巴蒂尔.政策过程理论[M].彭宗超,译.北京:生活·读书·新知三联书店,2004.

[14]罗伯特·A.达尔.现代政治分析[M].王沪宁,陈峰,译.上海:上海译文出版社,1987.

[15]大卫·科兹,弗雷德威尔.来自上层的革命——苏联体制的终结[M].曹荣湘,译.北京:中国人民大学出版社,2002.

[16]戴维·伊斯顿.政治生活的系统分析[M].王浦劬,译.北京:华夏出版社,1989.

[17]古德诺.政治与行政[M].王元,译.北京:华夏出版社,1987.

[18]米·谢·戈尔巴乔夫.改革与新思维[M].苏群,译.北京:新华出版社,1987.

[19]戈尔巴乔夫言论选集(1984—1986年)[M].苏群,译.北京:人民出版社,1987.

[20]格泽戈尔兹·W.科勒德.从休克到治疗:后社会主义转轨的政治经济[M].刘晓勇,应春子,等,译.上海:上海远东出版社,2000.

[21]胡曼·佩马尼.虎视中亚[M].王振西,译.北京:新华出版社,2002.

[22]加文·汉布里.中亚史纲要[M].吴玉贵,译.北京:商务印书馆,1994.

[23]戴维·赫尔德.民主的模式[M].燕继荣,译.北京:中央编译出版社,1998.

[24]哈贝马斯.公共领域的结构转型[M].曹卫东,译.上海:学林出版社,1998.

[25]汉密尔顿.联邦党人文集[M].程逢如,译.北京:商务印书馆,2004.

[26]路易斯·亨金.宪政·民主·对外事务[M].邓正来,译.北京:生活·读书·新知三联书店,1996.

[27]塞缪尔·亨廷顿.第三波——20世纪后期民主化浪潮[M].刘军宁,译.上海:上海三联书店,1998.

[28]塞缪尔·亨廷顿.变化社会中的政治秩序[M].北京:生活·读书·新知三联书店,1989.

[29]塞缪尔·亨廷顿.文明的冲突与世界秩序的重建[M].周琪,译.北京:新华出版社,2002.

[30]塞缪尔·亨廷顿,劳伦斯·哈里森.文化的重要作用——价值观如何影响人类进步[M].程克雄,译.北京:新华出版社,2002.

[31]塞缪尔·亨廷顿.现代化:理论与历史经验的再探讨.上海:上海译文出版社,1993.

[32]塞缪尔·亨廷顿.我们是谁?——美国国家特性面临的挑战[M].程克雄,译.北京:新华出版社,2005.

[33]塞缪尔·亨廷顿,琼·纳尔逊.难以抉择——发展中国家的政治参与[M].汪晓寿,吴志华,等,译.北京:华夏出版社,1989.

[34]科恩.论民主[M].聂崇信,朱秀贤,译.北京:商务印书馆,1988.

[35]西摩·马丁·李普塞特.政治人——政治的社会基础[M].张绍宗,译.上海:上海人民出版社,1997.

[36]洛克.政府论[M].瞿菊农,叶启芳,译.北京:商务印书馆,2003.

[37]卢梭.卢梭民主哲学[M].陈惟和,译.北京:九州出版社,2004.

[38]约翰·麦克里兰.西方政治思想史[M].彭淮栋,译.海口:海南出版社,2003.

[39]麦高文.中亚古国史[M].北京:中华书局,2004.

[40]马克思,恩格斯.马克思恩格斯选集[M].北京:人民出版社,1972.

[41]哈·麦金德.历史的地理枢纽[M].北京:商务印书馆,1985.

[42]道格拉斯·C.诺斯.经济史中的结构与变迁[M].陈郁,罗华平,等,译.上海:上海三联书店,1994.

[43]罗伯特·D.帕特南.使民主运转起来:现代意大利的公民传统[M].王列,赖海榕,译.南昌:江西人民出版社,2001.

[44]青木昌彦.比较制度分析[M].周黎安,译.上海:上海远东出版社,2001.

[45]玛莎·布瑞尔·奥卡特.中亚的第二次机会[M].李维建,译.北京:时事出版社,2007.

[46]让-马克·夸克.合法性与政治[M].佟心平,王远飞,译.北京:中央编译出版社,2002.

[47]托克维尔.论美国的民主[M].董果良,译.北京:商务印书馆,2002.

[48]马克思·韦伯.经济与社会[M].林荣远,译.北京:商务印书馆,1998.

[49]约瑟夫·熊彼特.资本主义、社会主义与民主[M].吴良健,译.北京:商务印书馆,1999.

[50]奥勒·诺格德.经济制度与民主改革:原苏东国家的转型比较分析[M].孙友晋,译.上海:上海人民出版社,2007.

(二)中文著作

[51]刘庚岑,徐小云.吉尔吉斯斯坦[M].北京:社会科学文献出版社,2005.

[52]冯绍雷,相蓝欣.转型理论与俄罗斯政治改革[M].上海:上海人民出

版社,2005.

[53]冯绍雷.制度变迁与对外关系——1992年以来的俄罗斯[M].上海:上海人民出版社,1997.

[54]冯绍雷,刘靖华,陈乐民.冷眼向洋(下)[M].北京:生活·读者·新知三联书店,2000.

[55]杨恕.转型的中亚与中国[M].北京:北京大学出版社,2005.

[56]王治来.中亚史纲[M].长沙:湖南教育出版社,1986.

[57]王治来.中亚近代史[M].兰州:兰州大学出版社,1989.

[58]王治来.中亚国际关系史[M].长沙:湖南出版社,1997.

[59]马大正,冯锡时.中亚五国史纲[M].乌鲁木齐:新疆人民出版社,2000.

[60]潘志平.中南亚民族宗教冲突[M].乌鲁木齐:新疆人民出版社,2003.

[61]潘志平.中亚的民族关系:历史、现状与前景[M].乌鲁木齐:新疆人民出版社,2003.

[62]潘志平.中亚的地缘政治文化[M].乌鲁木齐:新疆人民出版社,2004.

[63]潘志平.中亚政局走势微妙[M].乌鲁木齐:新疆人民出版社,2005.

[64]潘志平.民族自决还是民族分裂[M].乌鲁木齐:新疆人民出版社,1999.

[65]薛君度,邢广程.中国与中亚[M].北京:社会科学文献出版社,1999.

[66]王沛.中亚五国概况[M].乌鲁木齐:新疆人民出版社,1997.

[67]马曼丽.中亚研究——中亚与中国同源跨国民族卷[M].北京:民族出版社,1995.

[68]丁宏.中亚五国民族文化综论[M].北京:民族出版社,2003.

[69]陈联璧,刘庚岑,吴宏伟.中亚民族与宗教问题[M].北京:中央民族大学出版社,2002.

[70]赵常庆,陈联璧,刘庚岑,董晓阳.苏联民族问题研究[M].北京:社会科学文献出版社,1996.

[71]赵常庆.中亚五国概论[M].北京:经济日报出版社,1999.

[72]孙壮志.中亚新格局与地区安全[M].北京:中国社会科学出版社,2001.

[73]张新平.地缘政治视野下的中亚民族关系[M].北京:民族出版社,2006.

[74]吴宏伟.中亚人口问题研究[M].北京:中央民族大学出版社,2004.

[75]王鸣野.美国的欧亚战略与中南亚五国[M].乌鲁木齐:新疆人民出版

社,2003.

[76]王楠.俄国统治中亚政策研究[M].乌鲁木齐:新疆大学出版社,2000.

[77]潘志平."颜色革命"袭击下的中亚[M].乌鲁木齐:新疆人民出版社,2006.

[78]陈达.颜色革命:中亚面临的现实抉择[M].兰州:兰州大学出版社,2007.

[79]安维华等.中亚穆斯林与文化[M].北京:中央民族大学出版社,1999.

[80]张文德.中亚苏菲主义史[M].北京:中国社会科学出版社,2002.

[81]曹维安.俄国史新论:影响俄国发展的基本问题[M].北京:中国社会科学出版社,2002.

[82]陈新明.苏联演变与社会主义改革[M].北京:中共中央党校出版社,2002.

[83]刘克明,金挥.苏联政治经济七十年[M].北京:中国社会科学出版社,1990.

[84]徐亚清.中亚五国转型研究[M].北京:民族出版社,2003.

[85]黄苇町.苏共亡党十年祭[M].南昌:江西高校出版社,2002.

[86]王正泉.剧变后的原苏联东欧国家(1989—1999)[M].北京:东方出版社,2001.

[87]陆南泉,姜长斌.苏联剧变深层次原因研究[M].北京:中国社会科学出版社,1999.

[88]陆南泉.苏联经济体制改革史论[M].北京:人民出版社,2007.

[89]薛君度.转轨中的中东欧[M].北京:人民出版社,2002.

[90]赵常庆.十年巨变:中亚和外高加索卷[M].北京:东方出版社,2003.

[91]吴仁彰.苏联东欧剧变与马克思主义[M].北京:世界知识出版社,1998.

[92]庞大鹏.从叶利钦到普京:俄罗斯宪政之路[M].长春:长春出版社,2005.

[93]赵定东.俄罗斯社会转型模式研究[M].北京:人民出版社,2007.

[94]郭春生.社会政治阶层与苏联剧变——20世纪60—90年代苏联各社会政治阶层研究[M].北京:当代世界出版社,2006.

[95]周尚文,叶书宗,王斯德.苏联兴亡史[M].上海:上海人民出版社,2002.

[96]黄立茀.苏联社会阶层与苏联剧变研究[M].北京:社会科学文献出版社,2006.

[97]马龙闪. 苏联文化体制沿革史[M]. 北京:中国社会科学出版社,1996.

[98]马龙闪. 苏联剧变的文化透视[M]. 北京:中国社会科学出版社,2005.

[99]陈之骅,吴恩远,马龙闪,等. 苏联兴亡史纲[M]. 北京:中国社会科学出版社,2004.

[100]江流. 苏联剧变研究[M]. 北京:社会科学文献出版社,1994.

[101]吴恩远. 苏联史论[M]. 北京:人民出版社,2007.

[102]金雁. 苏俄现代化与改革研究[M]. 广州:广东教育出版社,1999.

[103]安启念. 东方国家的社会跳跃与文化滞后:俄罗斯文化与列宁问题[M]. 北京:中国人民大学出版社,1994.

[104]朱达秋,周力. 俄罗斯文化论[M]. 重庆:重庆出版社,2004.

[105]刘靖华,东方晓. 现代政治与伊斯兰教[M]. 北京:社会科学文献出版社,2000.

[106]任允正,于洪君. 独联体国家宪法比较研究[M]. 北京:中国社会科学出版社,2001.

[107]姚海. 俄罗斯文化之路[M]. 杭州:浙江人民出版社,1992.

[108]郭定平. 韩国政治转型研究[M]. 北京:中国社会科学出版社,2000.

[109]罗荣渠. 现代化新论[M]. 北京:北京大学出版社,1993.

[110]庞金友. 现代西方国家与社会关系理论[M]. 北京:中国政法大学出版社,2006.

[111]许和隆. 冲突与互动:转型社会政治发展中的制度与文化[M]. 广州:中山大学出版社,2007.

[112]梁琴,钟德涛. 中外政党制度比较[M]. 北京:商务印书馆,2000.

[113]王世杰,钱端升. 比较宪法[M]. 北京:中国政法大学出版社,1997.

[114]胡盛仪. 中外选举制度比较[M]. 北京:商务印书馆,2000.

[115]陈尧. 新权威主义政权的民主转型[M]. 上海:上海人民出版社,2006.

[116]孙代尧. 台湾权威体制及其转型研究[M]. 北京:中国社会科学出版社,2003.

[117]俞可平. 政治与政治学[M]. 北京:社会科学文献出版社,2003.

[118]俞可平. 全球化与政治发展[M]. 北京:社会科学文献出版社,2003.

[119]周叶中. 代议制度比较研究[M]. 武汉:武汉大学出版社,2005.

[120]朱福惠. 宪法学原理[M]. 北京:中信出版社,2005.

[121]刘军宁. 民主与民主化[M]. 北京:商务印书馆,1999.

[122]赵虎吉. 比较政治学:后发展国家视角[M]. 广州:中山大学出版

社,2002.

[123]夏玉珍,江立华.政治社会学教程[M].武汉:华中师范大学出版社,2005.

[124]王乐理.政治文化导论[M].北京:中国人民大学出版社,2000.

[125]程乃胜.近代西方宪政理念[M].合肥:安徽人民出版社,2006.

[126]张小劲,景跃进.比较政治学导论[M].北京:中国人民大学出版社,2001.

[127]程同顺.当代比较政治学理论[M].天津:南开大学出版社,2001.

[128]应克复.西方民主史[M].北京:中国社会科学出版社,1997.

[129]邓伟志.变革社会中的政治稳定[M].上海:上海人民出版社,1997.

[130]辛鸣.制度论——关于制度哲学的理论建构[M].北京:人民出版社,2005.

[131]王松,王邦佐.政治学[M].北京:高等教育出版社,1991.

[132]王长江,姜跃,等.现代政党执政方式比较研究[M].上海:上海人民出版社,2002.

[133]中国社会科学杂志社.民主的再思考[M].北京:社会科学文献出版社,2000.

[134]王惠岩.政治学原理[M].北京:高等教育出版社,1999.

[135]李爱华.现代政治学[M].北京:北京师范大学出版社,2001.

[136]王浦劬.政治学基础[M].北京:北京大学出版社,1995.

[137]王邦佐,孙关宏,等.新政治学概要[M].上海:复旦大学出版社,1998.

[138]孙关宏,胡雨春,等.政治学概论[M].上海:复旦大学出版社,2004.

[139]王沪宁.政治的逻辑:马克思主义政治学原理[M].上海:上海人民出版社,2004.

[140]王沪宁.比较政治学分析[M].上海:上海人民出版社,1986.

[141]王沪宁.民主政治[M].香港:三联书店,1993.

[142]丛日云.西方政治文化传统[M].哈尔滨:黑龙江人民出版社,2002.

[143]丛日云.当代世界的民主化浪潮[M].天津:天津人民出版社,1999.

[144]徐大同.西方政治思想史[M].天津:天津教育出版社,2005.

[145]卢现祥.西方新制度经济学[M].北京:中国发展出版社,1996.

[146]薛晓源.全球化与新制度主义[M].北京:社会科学文献出版社,2004.

[147]刘军宁.共和·民主·宪政:自由主义思想研究[M].上海:上海三联

书店,1998.

[148]李晨.外国政治制度[M].天津:南开大学出版社,1997.

[149]白钢,林广华.宪政通论[M].北京:社会科学文献出版社,2005.

[150]刘开寿.现代世界政党和政党制度比较研究[M].重庆:重庆出版社,2001.

[151]曹沛霖.制度纵横谈[M].北京:人民出版社,2005.

[152]安德鲁·海伍德.政治学[M].张立鹏,译.北京:中国人民大学出版社,2006.

[153]许云霄.公共选择理论[M].北京:北京大学出版社,2006.

[154]李纲.社会转型代价论[M].太原:山西教育出版社,1999.

[155]赵成根.民主与公共决策研究[M].哈尔滨:黑龙江人民出版社,2000.

[156]谢维雁.从宪法到宪政[M].济南:山东人民出版社,2004.

[157]刘明.街头政治与“颜色革命”[M].北京:中国传媒大学出版社,2006.

[158]傅宝安,吴才焕,丁晓强.“颜色革命”:挑战与启示[M].南昌:江西人民出版社,2006.

[159]林勋健.西方政党是如何执政的[M].北京:中央党校出版社,2001.

[160]郑羽.中俄美在中亚:合作与竞争[M].北京:社会科学文献出版社,2007.

二、外文文献

(一)俄文文献

[1]Акаев А. Памятное десятилетие[M]. Бишкек: Кыргызстан, 2001.

[2]Акаев А. Раздумье на судьбоносном этапе[M]. Бишкек: Илим, 1994.

[3] Акаев А. Экономика переходного периода глазами физика [M]. Бишкек: Кыргызстан, 2000.

[4] Акаев А. Кыргызстан на пути становления независимости [M]. Бишкек: Кыргызстан, 1995.

[5]Акаев А. Откровенный разговор[M]. Москва: Мир, 1998.

[6]Акаев А. Думая о будущем с оптимизмом: Размышления о внешней политики и мироустройстве[M]. Москва: Международные отношения, 2004.

[7]Акаев А. С народом и для народа. Бишкек: Учкун, 1995.

[8]Артыкбаев А М. Формирование политической системы《открытого》

общества в КР[М]. Бишкек:КГНУ,2000.

[9] Артыкбаев М Т, Артыкбаев А М. Политическая системьа《открытых》и《закрытых》обществ[М]. Бишкек:КГНУ,1997.

[10] Акунов А. Государственное управление Кыргызстана в транзитный период[М]. Бишкек:КГНУ,1999.

[11] Айдаралиев А А. Демократические процессы в Центральной Азии: Опыт и перспективы [М]. Бишкек: Международный университет Кыргызстана,1998.

[12] Абильдаев Э. Политическая система Кыргызстана: Проблемы и перспективы[М]. Бишкек:Илим,2001.

[13] Анарбеков А. Политические партии в Кыргызстане (1991 – 1999) [М]. Бишкек:Центр государственного языка и энциклопедий,1999.

[14] Асанканов А. Кыргызы: рост национального самосознания [М]. Бишкек:Мурас,1997.

[15] Абрамзон С М. Киргизы и их этногенетические и историко – культурные связи[М]. Ленинград:Наука,1971.

[16] Абилдаев Э Е. Трансформация политической системы Кыргызстана: системно – структурный анализ: Афтореф. дисс... д – ра полит. наука [D]. Алмты:АГУ им. Абая,2001.

[17] Акунов А А, Киютин В Г. Постсоветский Кыргызстан глазами зарубежных политилогов[М]. Бишкек:Элпек,1998.

[18] Акунов А А, Керимбаев Ш К. Политический Кыргызстан. Учебное пособие[М]. Бишкек:ИГУСИ – КГНУ,2001.

[19] Бердиев А Д. Избирая президента Кыргызыстана [М]. Бишкек: Банковский Вестник Кыргызской Республики,2000.

[20] Бактыгулов Дж С, Момбекова Ж К. История кыргызов и Кыргызстана с древнейших времен до наших дней [М]. Бишкек: 《Кыргызыстан》–《Мектеп》,2001.

[21] Воропаева В, Джунушалиев Д, Плоских В. Из истории кыргызско – российских отношений(XVIII – XX вв.)[М]. Бишкек:Илим,2001.

[22] Воропаева В, Плоцких В. Введение в историю кыргызско – российских отношений[М]. Бишкек:Илим,2005.

[23] Горбачев М С. Жизнь и реформы (Кн. 1) [М]. Москва: Новости,1995.

[24] Джуманалиев А. Политическая история Кыргызстана (становление политической системы кыргызского общества в 1920 – 1930 – е годы) [M]. Бишкек: Национальная академия наук Кыргызской Республики, 2002.

[25] Дононбаев А. Кыргызстан: политическая культура, человек и государство[M]. Бишкек: КРСУ, 2001.

[26] Джунушалиев Д, Плоских В. Суверенный Кыргызстан: проблема традиций и социальной целостности[M]. Бишкек: Илим, 1999.

[27] Джекшенкулов А. Новые независимые государства Центральной Азии в мировом сообществе[M]. Москва: Научная книга, 2000.

[28] Данилов А Н. Переходное общество: проблемы системой трансформации[M]. Минск: Попурри, 1998.

[29] Жумалиев К, Ожукеева Т. X XI век: Институт президентства в Кыргызской Республике[M]. Бишкек: Илим, 1998.

[30] Жумалиев К М, Ожукеева Т О. X XI век: Государственная политика в Кыргызской Республике[M]. Бишкек: Илим, 1999.

[31] Зеличенко А Л. Афганская наркоэкспансия 1990 – х гг. и проблема национальной безопасности Кыргызстана [M]. Бишкек: КРСУ, 2003.

[32] Иманалиев М. Очерки о внешней политике Кыргызстана [M]. Бишкек: Сабыр, 2002.

[33] Иманалиев М. Политические партии в Кыргызстане[M]. Бишкек: Полиграфический центр《ASKA》, 2006.

[34] Ибраимов Т, Искаков Г. Политические партии Кыргызстана [G]. Бишкек: НПО "Развитие Гуманитарногом Пространства", 2000.

[35] Искакова Г Т. Выборы и демократия в Кыргызстане: конституционный дизайн президентско – парламетских отношений [M]. Бишкек: Бийиктик, 2003.

[36] Койчуманова Ч У. Становление политической системы суверенного Кыргызстана[M]. Бишкек:《Салам》, 2004.

[37] Какеев А Ч. Современный Кыргызстан: к открытом обществу [M]. Бишкек: Фонд Сороса, 1995.

[38] Койчуев Т. Кыргызстан: каким будет путь в завтра[M]. Бишкек: Учкун, 1994.

[39] Койчуев Т. Как жить дальше? [M]. Бишкек: Илим, 1996.

[40] Койчуев Т, Брудный А. Независимый Кыргызстан: третий путь[M].

Бишкек:Илим,1993.

[41] Койчуев Т, Плоских В М. Аскар Акаев. Ученый, Политик[М]. Бишкек:Илим,1996.

[42] Койчуев Т. Политика, экономика, миросвязи Кыргызстана[М]. Бишкек:ЦЭС при ПКР,ОО《Экономисты за реформу》,2007.

[43] Князев А. Государственный переворот. 24 марта 2005 г. в Киргизии [М]. Бишкек:Общественный фонд Александра Князева,2006.

[44] Князев А. Афганский конфликт и радикальный ислам в Центральной Азии[М]. Бишкек:Илтм,2001.

[45] Князев А. Афганский кризис и безопасность Центральной Азии (Ⅹ Ⅸ – начало ⅩⅪ в.)[М]. Душанбе:Дониш,2004.

[46] Князев А. К истории и современному состоянию производства наркотиков в Афганистпне и их распространения в Центральной Азии[М]. Бишкек:Илим,2003.

[47] Кафедра экономической теории КРСУ. Социально – экономические проблемы переходного периода в Кыргызстане[М]. Бишкек:КРСУ,1998.

[48] Карина Сафарова, Корнелия Ридель. Центральная Азия: собственный взгляд[М]. Бишкек:Принтхаус,2006.

[49] Кривоклякина Г Е, Кривоклякина Г Е. Государственная власть и местное самоуправление:Методические указания[М]. Бишкек:КРСУ,2002.

[50] Кушкумбаев С К. Центральная Азия на путях интеграции: геополитика, этничность, безопасность[М]. Алматы: ТОО Издательский дом "Казахстан",2002.

[51] Маслов В И. Региональная безопасность:история и проблемы новых независимых государств Центральной Азии[М]. Москва – Бишкек: Илим,2000.

[52] Молдалиев О А. Современные вызовы безопасности Кыргызстана и Центральной Азии[М]. Бишкек:Осоо《Изопринт》,2001.

[53] Малабаев Дж. История государственности Кыргызстана[М]. Бишкек:Илим,1997.

[54] Национальная Академтя Наук Кыргызской Республики. Кыргызы и Кыргызстан: опыт нового исторического осмысления[М]. Бишкек: Илим,1994.

[55] Ожукеева Т О. Политические процессы в странах Центральной

Азии. Принцип разделения властей (Кн. 2) [М]. Бишкек: КГНУ, 1996.

[56] Ожукеева Т. Парламент и парламентаризм в Кыргызской Республике [М]. Бишкек: ПРООН, 2000.

[57] Олкотт М Б. Второй шанс Центральной Азии [М]. Москва - Вашингтон: Мир, 2005.

[58] Омаров Н М. Внешняя политика Кыргызской Республики в эпоху стратегической неопределенности [М]. Бишкек: Илим, 2005.

[59] Омаров М Н Кыргызстан. политика и экономика: мамериалы и документы [М]. Бишкек: Принтхаус ЛТД, 2006.

[60] Плоских В М. 24 марта 2005 г.: 《Народная революция》?! [М]. Бишкек: Илим, 2005.

[61] Рудов Г. Российско - кыргызские отношения: история и современность [М]. Москва - Бишкек: Илим, 2001.

[62] Рудов Г. Нам суждено жить вечно в дружбе [М]. Москва - Бишкек: Илим, 2002.

[63] Сааданбеков Ж С. Сумерки авторитаризма: закат или рассвет? [М]. Киев: Кика - Центр, 2000.

[64] Сааданбеков Ж. Авторитаризм и демократия на востоке [М]. Астана: Фолиант, 2003.

[65] Сооданбеков С С. Конституционное право Кыргызской Республики [М]. Бишкек: КГНУ, 1999.

[66] Садыков Б. Государства Центральной Азии: Опыт и перспективы социокультурных моделей сотрудничества [М]. Бишкек: Алтын тамга, 2003.

[67] Станбеков Т А. Топливно - энергетический комплекс стран Центральной Азии: региональный подход к развитию [М]. Бишкек: Турар, 2007.

[68] Суюнбаев М. Геополитические основы развития и безопасности Кыргызстана [М]. Бишкек: ИИМОП КНУ, 2005.

[69] Старцева О А. Этика и психология политики: Политические теории в политических процесах в Кыргызстане [М]. Бишкек: КРСУ, 2004.

[70] Стрельникова Л М. Политическая власть: проблемы институци - ализации и легитимизации [М]. Бишкек: КРСУ, 2003.

[71] Токтомушев К. Внешняя политика независимого Кыргызстана [М]. Бишкек: Сабыр, 2001.

[72] Тогусаков О А, Абилдаев Э Е, Жунусов А. Принцип разделения властей в государственном устройстве Кыргызской Республики. современность философские и правовые проблемы (Ч. 2)[M]. Бишкек: ИфиП НАН КР,2000.

[73] Тургунбеков Р Т. Конституционный строй Кыргызской Республики [M]. Бишкек: Илим,1996.

[74] Табышалиева А. Центральная Азия: новое пространство для сотрудничества[M]. Бишкек: САОЗТ《АЛЛ – Пресс》,2000.

[75] Турсункулова Бермет. Перспективы развития постсоветских государств Центральной Азии в глобализирующемся мире[M]. Бишкек: КРСУ,2006.

[76] Укушев М К, Бокоеев Ж А. Президент КР[M]. Бишкек: Шат,1997.

[77] Факультет международных отношений КРСУ. Кыргызстан: десять лет независимости. Время и пространство, люди и события[M]. Бишкек: КРСУ,2001.

[78] Халяпина Н В. Международные отношения в Центральной Азии: история и современность[M]. Бишкек: КРСУ,2000.

[79] Чиналиев У. Кыргызстан на пути к демократии: трансформация политической системы[M]. Москва: РГТУ,2004.

[80] Чиналиев У. Реализация принципа разделения властей в современном Кыргызстане[M]. Киев: Довіра,1998.

[81] Чиналиев У. Политические партии Кыргызстана[M]. Москва: НИК,1999.

[82] Чиналиев У. Особенности формирования гражданского общества в Кыргызской Республике[M]. Москва: Нок,2001.

[83] Чотонов У. Кыргызстан на пути суверенитета[M]. Бишкек: Алтын тамга,2007.

[84] Чотонов У. Суверенный Кыргызстан: выбор исторического пути [M]. Бишкек: Кыргызстан,1995.

[85] Шеримкулов М. Ш. Парламент независимого Кыргызстана[M]. Бишкек: Кыргызыстан,1998.

[86] Эркебаев А. 1990 год: приход к власти А. Акаева[M]. Бишкек: Кыргызстан,1997.

[87] Элебаева А Б. Политическая трансформация: опыт Кыргызстана в

мировом контексте[M]. Бишкек: Илим, 2002.

[88]Эйзенштадт А. Революция и преобразование обществ: сравнительное изучение цивилизаций[M]. Москва: Аспект – Пресс, 1999.

(二)英文文献

[89]John Anderson. Kyrgyzstan: Central Asia's island of democracy? [M]. Amsteldijk: OPA, 1999.

[90]Margaret Levi. Institutional change and political continuity in Post – Soviet Central Asia: power, perceptions, and pacts[M]. Cambridge: Cambridge University Press, 2002.

[91]Kelly M McMann. Economic autonomy and democracy: hybrid regimes in Russia and Kyrgyzstan[M]. Cambridge : Cambridge University Press, 2006.

[92]Ali Mohammad Rather. Social transformation in Central Asia a case study of Uzbekistan[M]. New Delhi: Classical Publishing Company, 2004.

[93]Boris Rumer. Central Asia in Transition: Dilemmas of Political and Economic Development[M]. New York: M. E. Sharp, 1996.

[94]Boris Rumer, Stanislav Zhukov. Central Asia: The Challenges of Independence[M]. New York: M. E. Sharp, 1998.

[95]Mandelbaum, Michael, ed. Central Asia and the World: Kazakhstan, Uzbekistan, Tajikistan, Kyrgyzstan, and Turkmenistan[M]. New York: Council on Foreign Relations Press, 1994.

后 记

本书是在我的博士论文《吉尔吉斯斯坦政治转型研究》的基础上进行相应补充修改而完成的。在这部凝聚着我博士阶段研究心血的专著即将付梓之际，内心难免思绪万千，几多感慨。

2005 年 9 月，金城兰州已是秋风送爽，为了实现萦绕心头多年的那个理想，行将不惑之年的我负笈申城，在美丽的华东师范大学开始了我的博士生涯。几年忙碌而紧张的博士生活使我不仅深深感受到学术之旅的艰辛，同时也体悟了“清苦学问”中思想自由飞翔的快乐与深妙。囿于自己的学养和研究能力，加之学术资料匮乏，选择吉尔吉斯斯坦政治转型这样一个带有很大难度的论题作为博士论文研究对象对我是一个极大的挑战。尽管我一直倾尽心力，丝毫不敢懈怠，但仍自觉与导师的期望尚有一定距离。因而，即便是拙著即将出版，心中也依旧没有期待中的轻松与踏实。诚然，华东师范大学几年的学术历练无疑是我人生一笔宝贵的财富，而这一切离不开诸多师长、学友和亲人们的无私付出和支持。在此除了心存感激，无以回报。

首先衷心感谢我的导师冯绍雷教授。承蒙先生不弃，使我能有幸投师其门下并聆听先生的教诲。先生风度儒雅，学识渊博，治学严谨，在我的博士论文指导上倾注了大量的心血。当我想借此机会表达多年来默默埋藏于心间的对先生的敬重与感激之情时，顿觉语言之苍白，方知大恩不言谢，唯愿今后更加努力，以不辜负恩师的厚望。

在此也要特别感谢兰州大学前副校长、中亚研究所所长杨恕教授多年来对晚辈学术成长的关心和厚爱，先生阅读了我博士论文的全部内容，并提出了自己独到的见解，这在本书中都有一定程度的体现。

感谢中国社科院东欧中亚研究所原中亚室主任、我国资深中亚问题研究专家赵常庆研究员对我博士论文框架结构所提出的建设性意见；感谢东华大学黄军甫副教授给予我论文写作的帮助，与他学术交谈永远是一件愉快的事。

感谢华东师大国际关系与地区发展研究院周尚文教授、陈洁华教授、杨烨教授等为我们授业解惑；对国际关系学院及华东师大其他老师和同学在我学习期间给予的关怀与帮助也深表谢意；在此我还要感谢我的硕士导师朱达秋教授，她的关怀和培养使我永远难以忘怀。

借此机会也对我的工作单位兰州大学政治与行政学院各位领导多年来对我学业的一贯支持表示深深的谢意。

2007年在吉尔吉斯斯坦吉尔吉斯—俄罗斯斯拉夫大学为期一年的学术访问为我的博士论文写作发挥了关键的作用,使我不仅收集到了一定的第一手资料,而且与吉国不少专家学者进行了学术交流。感谢笔者在吉国学术访问的导师、吉尔吉斯斯坦总统办公厅前主任、吉尔吉斯共和国时任外交部长卡拉巴耶夫(Э. Карабаев)先生给予的帮助和关爱;感谢吉尔吉斯斯坦总统战略研究所所长鲍加特列夫(В. Богатырев),副所长萨特科维奇(М. Сатыкович),吉尔吉斯共和国前外长及驻华大使、社会政策研究所所长伊马纳利耶夫(М. Иманалиев),美国中亚大学前副校长、社会民主党领袖、议会议员别申莫夫(Бешимов),吉尔吉斯斯坦国家科学院前副院长、吉尔吉斯斯坦政府高级参事员、著名经济学院士科伊丘耶夫(Т. Койчуев),吉尔吉斯斯坦国家科学院副院长、历史学院士普洛茨基赫(М. Плотских),吉尔吉斯斯坦国家科学院历史研究所所长朱努沙利耶夫(Джунушалиев),吉尔吉斯斯坦外交学院副院长苏尤巴耶夫(М. Суюбаев),欧安组织比什凯克研究院院长吉姆(Тим),斯拉夫大学政治学教研室教授奥马罗夫(Н. Омаров)、柯尼亚泽夫(А. Князев),吉尔吉斯斯坦国立民族大学历史学教授乔多诺夫(У. Чотонов),比什凯克人文大学教授尤苏波夫(Р. Юсупов),吉尔吉斯斯坦国家科学院历史学副博士科伊丘马诺娃女士(Ч. Койчуманова)等一系列专家学者拨冗相见,与笔者进行学术交流。特别要感谢斯拉夫大学国际关系系汉学研究中心主任奇纳拉(Чинара)女士为我在吉国访学所作的周到安排,也要感谢德国艾伯特基金会驻比什凯克办事处主任哈丽玛(Халима)女士馈赠相关学术资料。

最后,我要感谢我的亲人。感谢我的妻子王一宇女士对我的理解与尊重以及为操持家务所付出的辛勤劳作;感谢我的儿子焦冠达,他对我写作的关心与问候常使我心中荡起无比的幸福。感谢我那远在西北乡村年逾古稀的母亲,在我论文写作最关键的时刻,她突然中风,至今卧床不起,但她并没有忘记对我学业的惦念,虽然远隔千里,但是母亲那双关注的眼神仿佛时刻伴随在我的身边,也常使我因“忠孝不能两全”而愧疚难当,唯愿本书出版给她老人家带去些许慰藉;同时也将此书献给我那远在天国的父亲。感谢我的兄弟姐妹,他们的理解与支持给予了我从事学术研究无穷的动力,只有学业上的进步才是回报他们最好的礼物。

由于作者研究水平有限,尽管在写作过程中尽了最大努力,但书中疏漏与不足之处在所难免,敬请各位专家同仁批评指正。

焦一强

2010年6月8日于兰州